Nilton Pinheiro
Microsoft SQL Server Most Valuable Professional (MVP)

Marcelo Fernandes
Microsoft SQL Server Most Valuable Professional (MVP)

CB004169

SQL Server 2014
Alta Disponibilidade na Prática com AlwaysOn Failover Cluster Instances

1ª Edição

Oérica | **Saraiva**

Dados Internacionais de Catalogação na Publicação (CIP)
Angélica Ilacqua CRB-8/7057

> Pinheiro, Nilton
>
> SQL Server 2014 : alta disponibilidade na prática com Always On Failover Cluster Instances / Nilton Pinheiro, Marcelo Fernandes. – São Paulo : Érica, 2015.
>
> 352 p.
>
> Bibliografia.
> ISBN 978-85-365-1299-0
>
> 1. SQL server (Programa de computador) 2. Redes de computadores I. Título II. Fernandes, Marcelo
>
> 15-0143
>
> CDD 005.3
> CDU 004.4

Índice para catálogo sistemático:
1. SQL server (Programa de computador)

Coordenação Editorial:	Rosana Arruda da Silva
Edição de Texto:	Beatriz M. Carneiro, Paula Craveiro, Raquel F. Abranches, Silvia Campos
Preparação de Texto:	Clara Diament
Produção Editorial:	Dalete Oliveira, Graziele Liborni, Laudemir Marinho dos Santos, Lívia Vilela, Rosana Aparecida A. Santos
Capa e Editoração:	IS Comunicação
Produção Digital:	Alline Bullara

Os Autores e a Editora acreditam que todas as informações aqui apresentadas estão corretas e podem ser utilizadas para qualquer fim legal. Entretanto, não existe qualquer garantia, explícita ou implícita, de que o uso de tais informações conduzirá sempre ao resultado desejado. Os nomes de sites e empresas, porventura mencionados, foram utilizados apenas para ilustrar os exemplos, não tendo vínculo nenhum com o livro, não garantindo a sua existência nem divulgação. Eventuais erratas estarão disponíveis para download no site da Editora Érica.

Conteúdo adaptado ao Novo Acordo Ortográfico da Língua Portuguesa, em execução desde 1º de janeiro de 2009.

A Ilustração de capa e algumas imagens de miolo foram retiradas de <www.shutterstock.com>, empresa com a qual se mantém contrato ativo na data de publicação do livro. Outras foram obtidas da Coleção MasterClips/MasterPhotos© da IMSI, 100 Rowland Way, 3rd floor Novato, CA 94945, USA, e do CorelDRAW X5 e X6, Corel Gallery e Corel Corporation Samples. Copyright© 2013 Editora Érica, Corel Corporation e seus licenciadores. Todos os direitos reservados.

Todos os esforços foram feitos para creditar devidamente os detentores dos direitos das imagens utilizadas neste livro. Eventuais omissões de crédito e copyright não são intencionais e serão devidamente solucionadas nas próximas edições, bastando que seus proprietários contatem os editores.

> **Seu cadastro é muito importante para nós**
>
> Ao preencher e remeter a ficha de cadastro constante no site da Editora Érica, você passará a receber informações sobre nossos lançamentos em sua área de preferência.
>
> Conhecendo melhor os leitores e suas preferências, vamos produzir títulos que atendam suas necessidades.

Editora Érica Ltda. | Uma Empresa do Grupo Saraiva
Rua Henrique Schaumann, 270
Pinheiros - São Paulo - SP - CEP: 05413-010
Fone: (11) 3613-3000
www.editoraerica.com.br

Fabricante

Produto: Microsoft® SQL Server® 2014

Fabricante: Microsoft Corporation

Site: www.microsoft.com

Endereço no Brasil:

Microsoft Informática Ltda.

Av. Nações Unidas, 12.901 - Torre Norte - 31º andar

04578-000 - São Paulo - SP

Fone: (11) 5504.2155

Fax: (11) 5504.2227/2228

Site: www.microsoft.com.br

Requisitos de Hardware e Software

- Computador com sistema operacional Windows 8 ou Windows 8.1, Windows Server 2012 ou ainda Windows Server 2012 R2.

- 6 GB RAM ou superior.

- Disco com 200 GB de espaço livre ou superior.

- Windows Server 2012 R2 para criação das máquinas virtuais (no livro é utilizada a versão de avaliação de 180 dias).

- SQL Server 2014 Standard ou Enterprise Edition (no livro é utilizada a versão de avaliação de 180 dias).

Dedicatória

Dedico este livro à minha esposa Leslie e a meus filhos Lorena e Rafael pela total compreensão e apoio necessários durante o desenvolvimento deste livro.

Nilton Pinheiro

Dedico este livro à minha família, especialmente à minha amada esposa Camila e a meus amados sobrinhos Amy, Arthur, Rebeca e Kauã pela paciência, apoio e carinho durante todo o tempo que investi escrevendo este livro. Agradeço a meus pais por serem um exemplo de responsabilidade e de como agir de maneira correta neste caótico mundo. Agradeço também a toda a comunidade técnica que me motiva a estudar e compartilhar conhecimentos a cada dia.

Marcelo Fernandes

Agradecimentos

Gostaríamos de agradecer ao nosso grande amigo Fábio Gentile pela sua excelente e valorosa atuação como revisor técnico deste livro e à comunidade técnica SQL Server, que foi sem dúvida a grande motivadora para o desenvolvimento deste conteúdo.

Sumário

Sobre este Livro

Buscando se desprender da teoria e de muitos conceitos, este livro tem como objetivo guiar e prover toda a prática necessária para a implementação de um ambiente de alta disponibilidade com *SQL Server 2014 AlwaysOn Failover Cluster Instances*.

Ao longo deste livro, você terá a oportunidade de executar na prática todos os passos para a configuração de um SQL Server Failover Cluster, realizando atividades como configuração de rede das máquinas de um cluster, configuração de discos no cluster e no SQL Server, instalação do SQL Server 2014 em cluster, enfim, todos os passos necessários para a implementação de um ambiente de alta disponibilidade com SQL Server 2014 AlwaysOn Failover Cluster Instances.

Portanto, se você busca um livro cujo foco é ensinar de forma prática sobre alta disponibilidade com SQL Server, este é o livro certo para você.

Focando no SQL Server AlwaysOn Failover Cluster Instances (FCIs), este livro oferece a oportunidade de você conhecer os componentes e requisitos necessários para a implementação de um ambiente de alta disponibilidade com SQL Server 2014. Você aprenderá, de forma prática e direta, a implantar um ambiente de alta disponibilidade com FCIs.

O objetivo deste livro é que ao final de sua leitura você tenha absorvido todo o conhecimento necessário para implementar um cluster com dois nós rodando Windows Server 2012 R2 e suportando duas instâncias do SQL Server 2014.

Entendemos que esse objetivo não pode ser alcançado sem você colocar a mão na massa. Portanto, para lhe dar todo o conhecimento necessário para a implementação desses ambientes, cobriremos de forma prática e com passo a passo a criação de um laboratório em que executaremos:

- a configuração de um servidor Domain Controler com Windows Server 2012 R2;
- a configuração de um servidor DNS com Windows Server 2012 R2;
- a implementação de um cluster com dois nós rodando Windows Server 2012 R2;
- a criação de discos e sua posterior configuração no cluster. Para essa abordagem, será utilizada a funcionalidade do iSCSI Target Server integrada ao Windows Server 2012 R2;
- a implementação de duas instâncias do SQL Server 2014 no cluster, formando assim uma configuração multi-instance;
- e muito mais.

Assim, ao adquirir este livro, esteja preparado não apenas para lê-lo, mas principalmente para aprender colocando a mão na massa. Se você busca um livro que seja prático e lhe proporcione a base necessária para a implementação de ambientes de alta disponibilidade com SQL Server 2014, certamente este é o livro que você procura.

Esperamos que ele lhe proporcione um excelente aprendizado!

A cada dia mais e mais empresas se preocupam com a disponibilidade de suas aplicações e buscam soluções que proporcionem maior disponibilidade para suas aplicações e consequentemente reduzam o impacto nos negócios.

Como parte da solução SQL Server 2014 AlwaysOn que engloba AlwaysOn Failover Cluster Instances (FCIs) e AlwaysOn Availability Groups (AGs), as FCIs fazem uso da funcionalidade de Windows Server Failover Clustering (WSFC) do Windows para prover alta disponibilidade local no nível de instância.

As FCIs são então soluções de alta disponibilidade que atendem a essa demanda das empresas. Aqui você conhecerá e aprenderá de forma prática todos os passos necessários para implementar uma solução de SQL Server Failover Clustering composto por dois servidores (ou nós) com Windows Server 2012 R2 e duas instâncias de SQL Server 2014.

Para proporcionar a você o conhecimento pretendido neste livro, criaremos um laboratório montado sobre o Hyper-V do Windows Server 2012 R2, configurado com três máquinas virtuais rodando Windows Server 2012 R2.

Caso você já tenha um ambiente de laboratório com as características apresentadas, poderá utilizá-lo. Caso contrário, utilizaremos os roteiros descritos no Capítulo 2, e assim podermos seguir com o aprendizado proposto.

A Figura I.1 representa a arquitetura do laboratório a ser criado no decorrer deste livro. No Capítulo 2 abordaremos em mais detalhes sua criação e configuração.

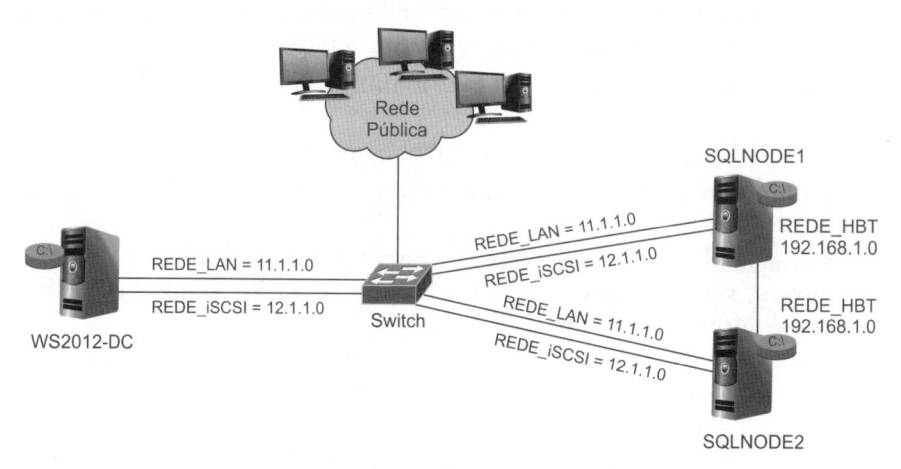

Figura I.1 | Arquitetura inicial da rede do laboratório.

Sobre os Autores

Nilton Pinheiro

Antes de iniciar sua carreira como administrador de banco de dados, trabalhou como estagiário de suporte técnico em uma pequena softwarehouse onde atuou com desenvolvedor em Microsoft Access, Visual Basic 3, Visual Basic 6 e também no treinamento dos softwares que desenvolvia. Após concluir sua graduação em Análise de Sistemas pela Universidade Paulista (Unip) em 1998, iniciou seus estudos para obtenção da certificação de Microsoft System Engineer (MCSE) em Windows NT4, quando então teve seu primeiro contato com o SQL Server, na época SQL Server 7.0.

Já como um MCSE, no início do ano 2000, trabalhou como analista de suporte a redes em uma Microsoft Solution Provider, onde atuava na implementação física de redes, instalação de servidores, suporte ao sistema operacional Windows e, quando necessário, também no SQL Server. No início de 2001 teve a oportunidade de trabalhar como administrador de banco de dados júnior no Banco Itaú S/A, desempenhando atividades de suporte a analistas e desenvolvedores, análise de problemas de desempenho, atuação em projetos de infraestrutura de Banco de Dados para ambientes corporativos de missão crítica (Alta Disponibilidade e Disaster Recovery), instalações e migrações de servidores SQL Server 6.5/7.0/2000, tendo começado a desenvolver sua carreira dedicada ao SQL Server.

Em 2004 concluiu sua pós-graduação em Redes Corporativas de Voz-Dados pela Universidade São Judas Tadeu e fundou o site MCDBA Brasil (www.mcdbabrasil.com.br), passando a atuar constantemente em fóruns de discussão como TechNet/MSDN, escrever artigos para as revistas *SQL Magazine* e *.NET Magazine* e a acompanhar a comunidade técnica SQL Server. Detentor de várias certificações, como MCSA\MCSE: SQL Server 2012, MCSE: Windows, MCDBA, MCITP, MCTS e MCT, em 2006 foi nomeado pela primeira vez um Microsoft Most Valuable Professional (MVP) em SQL Server, e desde então tem participado de eventos internacionais como o Microsoft MVP Summit e SQL Server PASS Summit, atuando intensamente na comunidade desenvolvendo conteúdo sobre alta disponibilidade para o portal Microsoft Virtual Academy *(MVA)*, vídeos sobre SQL Server Failover Cluster, SQL Server AlwaysOn, e principalmente como palestrante em vários eventos online e presenciais, como Microsoft TechEd Brasil, SQL Server Saturday, MVP Showcast, MVP Virtual Conference, Virtual PASS BR, entre outros.

Em 2007 transferiu-se para o Banco Itaú BBA, onde, como DBA Pleno, atuou no suporte de 3º nível a analistas e desenvolvedores, auxiliando-os nas atividades de tuning e otimização de queries, implantações e migrações e administração de servidores SQL Server corporativos de missão crítica. Já como especialista em SQL Server, atuou na elaboração e planejamento, coordenação e execução de vários projetos de missão crítica com SQL Server envolvendo configurações de Cluster Geográfico e SQL Server Failover Cluster em configurações single-instances e multi-instances. Desde 2011, Nilton Pinheiro trabalha como Subject Matter Expert (SME) em SQL Server na IBM Brasil, atuando em projetos de transição e migrações de ambientes de alta criticidade e no suporte a ambientes SQL Server.

Sinta-se à vontade para segui-lo no Twitter (@nilton_pinheiro) ou mesmo encontrá-lo no fórum do site MCDBA Brasil.

Marcelo Fernandes

Iniciou sua carreira em 1999 como analista de suporte e programador ASP e SQL. Eventualmente também dava suporte a servidores Windows Server e SQL Server, e foi nessa atuação que identificou sua vocação para administração de servidores de banco de dados.

Em 2005 tornou-se analista de suporte de SQL Server em um centro de treinamentos em São Paulo, onde teve contato com MVPs e iniciou seu contato com a comunidade técnica, atuando na extinta lista NNTP, que hoje é o fórum MSDN e Technet.

Marcelo Fernandes atua na comunidade técnica, fazendo palestras em eventos presenciais e em WebCasts. Atua também no Forum TechNet/MSDN e no portal MCDBABrasil.

Devido a essas contribuições para a comunidade, recebeu em julho de 2014 o título de Microsoft MVP (Most Valuable Professional), e desde então tem participado de eventos internacionais como o MVP Summit e o PASS Summit.

Atualmente, Marcelo Fernandes atua como analista de banco de dados sênior em uma grande instituição financeira de São Paulo, elaborando e implementando projetos com foco em Missão Crítica, Performance e Alta disponibilidade.

Você pode entrar em contato com Marcelo Fernandes no Fórum TechNet/MSDN, em palestras, meio de seu blog <http://marcelodba.wordpress.com> ou pelo Twitter @MarceloDBA.

Revisão Técnica

Fábio Gentile

Graduado em Ciência da Computação pela Universidade Federal de São Carlos, em 1993. Em 1995 teve o seu primeiro contato com os servidores da Microsoft através do Windows NT 3.51, mas foi apenas em 1998 que sua carreira de administrador de banco de dados deslanchou, instalando e administrando clusters rodando SQL Server 7.0 sob o Windows NT 4.0.

Em 2000, tornou-se engenheiro de suporte a sistemas de missão crítica na HP Brasil, instalando e suportando instâncias do SQL Server 2000 e SQL Server 2005, sob o Windows 2000 Server e Windows Server 2003. Em 2007, transferiu-se para a Microsoft Brasil, para atuar como Premier Field Engineer (PFE) junto ao Suporte Premier, especializado em SQL Server, com foco em performance, alta disponibilidade e migração. Desde 2001 detém os títulos de MCSE, MCITP e MCT.

Introdução ao Failover Clustering

Este capítulo tem como objetivo entrar um pouco no conceito de Failover Clustering, bem como abordar os requisitos básicos para a implementação de um cluster Windows. Veremos seus benefícios, algumas das principais terminologias utilizadas, o que é alta disponibilidade e por que ela é importante, bem como o funcionamento de um Failover Cluster.

1.1 O que é alta disponibilidade?

Ao contrário do que muitos possam pensar, alta disponibilidade não é um produto ou sistema, mas sim uma característica de um sistema ou ambiente. Para que se possa entender melhor o que é alta disponibilidade, vamos a um exemplo bem simples.

Imagine um sistema de controle de acesso em um edifício comercial em que o banco de dados desse sistema está instalado em uma instância SQL Server cujo servidor está fisicamente posicionado embaixo da mesa do chefe da segurança. Obviamente que esse servidor é uma máquina comum e sem qualquer redundância de hardware, mas todos sabem que uma indisponibilidade nesse servidor causará um grande impacto na liberação de crachás de acesso ao edifício. Então, um belo dia, uma descarga de energia um pouco mais forte causa a queima da fonte de alimentação do servidor e o sistema de controle de acesso fica indisponível por várias horas. Então, para evitar uma nova indisponibilidade causada pela queima da fonte, o chefe da segurança solicitou a compra de um novo servidor, mas dessa vez com duas fontes e dois estabilizadores. Ele foi esperto e colocou um estabilizador ligado em cada fonte de energia do computador, cada estabilizador também ligado a uma tomada diferente da rede elétrica. No entanto, o que ele não esperava era que a queima de um fusível na sala de segurança pudesse causar uma queda de energia, desligando o servidor e novamente indisponibilizando o sistema de controle de acesso por alguns minutos, mas o suficiente para provocar uma enorme fila na liberação de crachás e mais uma vez prejudicando a imagem do edifício perante seus frequentadores.

Bom, obviamente que agora, com um pouco mais de noção sobre o impacto da indisponibilidade desse sistema, o chefe da segurança solicitou a compra de um nobreak para a sala de segurança e conectou o servidor ao nobreak. Tudo foi bem até que uma falha na placa de rede do servidor causou uma nova indisponibilidade no sistema. Infelizmente o servidor não tinha placas de rede redundantes!

Por isso costumamos dizer que a alta disponibilidade não se define, mas se mede, e que o grau de alta disponibilidade requerido depende exclusivamente da necessidade do negócio. Ou seja, quantas horas por mês sua necessidade de negócio requer que os bancos de dados estejam disponíveis para os usuários? Em caso de uma falha no servidor, qual é o tempo máximo de indisponibilidade ou downtime permitido?

Uma vez que olhamos para dentro do ambiente e encontramos as respostas para essas perguntas, podemos facilmente definir os níveis de disponibilidade necessários para o ambiente tendo como base a indisponibilidade ou downtime permitido.

Então, sabendo que podemos classificar as indisponibilidades de um ambiente em:

1) **Indisponibilidade planejada:** indisponibilidade que é administrada ou controlada pelo pessoal de TI, como o desligamento de um servidor para uma manutenção programada.

2) **Indisponibilidade não planejada:** indisponibilidade que está fora do controle do pessoal de TI, como o desligamento de um servidor devido uma falha na fonte de energia.

Do tempo de indisponibilidade total excluem-se os momentos ou necessidades de indisponibilidade planejada, e chegamos à Tabela 1.1, que apresenta o nível de indisponibilidade não planejada permitida, por grau de disponibilidade requerida.

Tabela 1.1 | Disponibilidade permitida por grau de disponibilidade requerida

Disponibilidade requerida (%)	Indisponibilidade permitida/ano	Indisponibilidade não planejada permitida/mês
99%	3 dias, 15 h 36 min	7 h 12 min
99,9%	8 h 46 min	43 min
99,99%	52 min	4 min
99.999%	5 min	25 s

Olhando para a Tabela 1.1, temos que para alcançar uma disponibilidade de 99,999% ao ano é permitido ter no máximo uma indisponibilidade não planejada de apenas 5 minutos.

Na verdade, quando falamos em disponibilidade dos sistemas a situação se torna bem mais complexa. Isso porque, pensando em sistemas, um simples processo de desfragmentação de índices sendo executado em um banco de dados pode ser uma fonte de indisponibilidade para um sistema se ocorrem bloqueios de sessões no SQL Server. No entanto, o servidor de banco de dados não está indisponível. Outro exemplo pode ser uma falha de rede que impeça as aplicações de chegarem até o SQL Server. Então, embora o SQL Server esteja online e operacional, do ponto de vista de aplicação existe uma indisponibilidade.

Assim, pensando em indisponibilidade do servidor, fica claro que quanto maior a necessidade de disponibilidade do ambiente, maior também será a exigência de redundância da infraestrutura para atingir a disponibilidade requerida. Isso porque, como notamos no exemplo do sistema de controle de acesso, para aumentar a disponibilidade é preciso evitar a existência de pontos únicos de falha, ou seja, eliminar pontos que caso falhem provoquem a indisponibilidade dos sistemas ou do ambiente como um todo. Com isso, chegamos também à conclusão de que reduzir os pontos únicos de falha exige investimentos e adiciona um considerável grau de complexidade à infraestrutura. É por isso que incorporar alta disponibilidade a um ambiente não é barato, e os investimentos necessários estarão diretamente ligados ao grau de disponibilidade que se deseja manter ou que o seu negócio requer.

1.2 Por que alta disponibilidade é importante?

A cada dia, pequenas, médias e grandes empresas têm passado a depender cada vez mais de seus sistemas, que demandam acesso 24 horas/dia e em que uma pequena indisponibilidade pode ser suficiente para provocar grandes perdas.

Introdução ao Failover Clustering

Como exemplo, podemos utilizar uma empresa de ecommerce. Imagine um grande site de vendas online cujo seu servidor de banco de dados fica indisponível por horas justamente no tão esperado dia da Black Friday devido a um problema na placa de rede. São centenas de usuários tentando aproveitar as promoções do site que, aliás, consumiram muitas horas de planejamento, e milhares de vendas deixando de ser concluídas.

Sabemos que o impacto de uma indisponibilidade como essa é suficiente para provocar perdas milionárias. No entanto, ainda é muito comum encontrar ambientes críticos em que fatores simples como a redundância da placa de rede sequer são levados em consideração na hora da implementação de um ambiente de alta disponibilidade.

Se existe uma coisa no mundo de TI da qual podemos ter absoluta certeza é que os servidores falham. No mais, servidores podem ficar indisponíveis por diversos fatores, como: necessidade de manutenção de hardware ou software, necessidades de atualizações, falta de energia, acidentes e até mesmo desastres.

Quando não houver disponibilidade dos sistemas, operações deixarão de ser executadas, a inatividade causará perdas de produtividade, dependendo do segmento da empresa, perdas de receita, e a imagem da empresa poderá ser negativamente afetada perante seus usuários ou clientes. Por isso, durante a implementação de um ambiente crítico ou que requeira alta disponibilidade é importante analisar todos os fatores que possam maximizar a disponibilidade do ambiente.

1.3 O que é Failover Clustering?

É muito comum as pessoas confundirem a solução de Failover Clustering com soluções de balanceamento de carga, achando que a implementação de um cluster melhorará o desempenho ou balanceará a carga de processamento de um ambiente. No entanto, é importante ficar claro que uma solução de balanceamento de carga (load balance) tem como objetivo filtrar e distribuir o tráfego TCP/IP de uma rede através de um range de nós, regulando a carga de conexões de acordo com as regras definidas por um administrador, buscando sempre melhorar a escalabilidade das aplicações.

Já o Failover Clustering tem como objetivo prover alta disponibilidade para aplicações ou serviços (chamados de recursos) mantendo uma imagem consistente desses recursos e do cluster em todos os servidores ou nós que compõem o cluster e permitindo ainda que esses recursos sejam transferidos e executados em qualquer um dos nós do cluster.

A Tabela 1.2 mostra o que você pode esperar de uma solução de SQL Server Failover Cluster Instances. Nela é destacado o que um Failover Cluster com SQL Server atende e o que ele não atende.

Tabela 1.2 | Pontos atendidos e não atendidos por uma solução de cluster SQL Server

Atende	Não atende
Aumentar a disponibilidade das aplicações garantindo um mínimo downtime em eventos como falhas de hardware ou software.	Proteger o ambiente contra falhas de discos. Você não estará protegendo seus dados com a implementação de um Failover Cluster.
Reduzir o downtime de aplicações durante manutenções planejadas, seja para efetuar reparos dos nós do cluster ou mesmo para atualização do sistema operacional ou aplicação de service packs.	Não atende às necessidades de balanceamento de carga. Exceto quando é possível utilizar múltiplas instâncias de SQL Server e fazer uma distribuição dos bancos de dados entre as instâncias.
Elimina a necessidade de reconfiguração de acesso das aplicações quando da ocorrência de falhas.	Não provê downtime zero, ele ajuda a reduzir o downtime, mas não zerar.
Redundância no nível de instância, ou seja, provê alta disponibilidade para todos os bancos de dados existentes em uma instância de SQL Server.	Não melhora a performance do ambiente. Exceto quando ao implantar um cluster também é aumentada a capacidade de processamento dos servidores.
	Não replica bancos de dados entre os nós do cluster. Os discos usados por cada uma das instâncias são únicos no cluster, e o acesso a eles se dá em apenas um nó por vez.

Isso posto, podemos dizer que Failover Clustering é nada mais nada menos que uma solução de alta disponibilidade (high availability – HA) que ajuda uma empresa ou organização a prover ou aumentar a alta disponibilidade de suas aplicações ou serviços mais críticos, como servidores de bancos de dados, arquivos, e-mails, entre outros.

Um Failover Cluster é formado por um grupo de servidores que, embora independentes, trabalham juntos para aumentar a disponibilidade de serviços ou aplicações. Muitas vezes denominadas **clustered applications and services**, essas aplicações incluem Microsoft Exchange Server, Hyper-V, Microsoft SQL Server, e até mesmo servidores de arquivos.

Os servidores que compõem um cluster (popularmente chamados de nós) são fisicamente conectados por cabos e também por software. Assim, se um dos servidores que formam o cluster tiver algum problema de hardware e chegar a ficar indisponível, através de um processo chamado Failover as aplicações ou serviços em execução no nó onde ocorreu a falha são transferidos para outro nó do cluster, e esse outro nó passa a tratar as requisições e disponibilizar os serviços.

Da mesma forma, as aplicações ou serviços são constantemente monitorados para garantir que estão funcionando apropriadamente. Então, se eles falharem ou por qualquer motivo deixarem de funcionar, serão inicialmente reiniciados no mesmo servidor físico ou nó, e, não voltando ao estado normal de funcionamento, são transferidos para outro nó do cluster.

Por esse motivo, em uma solução de Failover Cluster é recomendado que os servidores que compõem um cluster possuam capacidade de processamento e recursos de hardware equivalentes, permitindo que os serviços, quando transferidos entre os servidores que compõem o cluster, possam ser retomados sem perdas de desempenho.

É importante ressaltar que essa funcionalidade ou capacidade de Failover das aplicações/serviços é provida por uma funcionalidade do Windows chamada **Windows Server Failover Clustering** (WSFC). Esse recurso é nativo do sistema operacional Windows, precisando apenas ser ativado nos servidores que farão parte de uma configuração de cluster.

No Windows Server 2012 R2, um Failover Cluster é gerenciado utilizando um snap-in chamado Failover Cluster Manager (Figura 1.2). Por meio dele é possível, entre várias coisas, verificar o status do cluster e das aplicações, bem como gerenciar a movimentação das aplicações entre os nós que compõem o cluster.

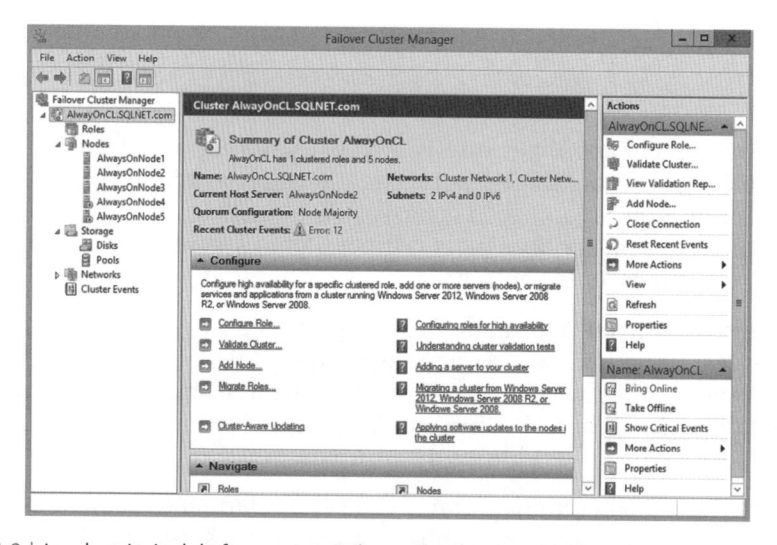

Figura 1.2 | Janela principal da ferramenta Failover Cluster Manager do Windows Server 2012 R2.

1.4 Como funciona um Failover Cluster

Como vimos no Tópico 1.2, em um ambiente que não possui alta disponibilidade, quando existe alguma falha de hardware ou software em um servidor, as aplicações em execução no referido servidor ficam indisponíveis e, com isso, aplicações clientes que se conectam ao servidor deixam de funcionar, causando indisponibilidade dos serviços. O mesmo acontece quando é preciso desligar um servidor para uma manutenção programada, uma aplicação de Service Pack, hotfix etc.

Pensando exclusivamente em um servidor SQL Server, quando o SQL Server está configurado para Failover Cluster, a alta disponibilidade do SQL Server é garantida pela presença de servidores redundantes no cluster. Dessa forma, no caso de uma falha em um dos servidores, seja falha de hardware, recursos do sistema operacional ou aplicação, a partir de um processo chamado Failover o SQL Server é transferido para outro servidor do cluster.

Para exemplificar, na Figura 1.3 é possível ver um cluster composto por dois servidores ou nós. Esse cluster possui uma aplicação, que no caso é uma instalação de SQL Server e está conectado por duas redes, a rede pública – por onde chegam as conexões das aplicações que se conectam ao SQL Server – e a rede de *heartbeat* – uma rede privada ligando apenas os dois servidores por onde ocorrem as monitorações da saúde dos serviços do cluster.

 Nota

Vale ressaltar que o conceito de rede dedicada para o heartbeat mudou desde o Windows Server 2008. Formalmente, uma rede pode ser usada ou não pelo cluster. E, se for usada por ele, pode permitir ou não conexões de clientes através delas. Para saber mais sobre o heartbeat, consulte o Tópico 1.5.

No exemplo, com a ocorrência de uma falha no servidor SERVER01, o SQL Server foi transferido para o servidor SERVER02, voltando então a ficar operacional e disponível para tratar as conexões ou reconexões das aplicações.

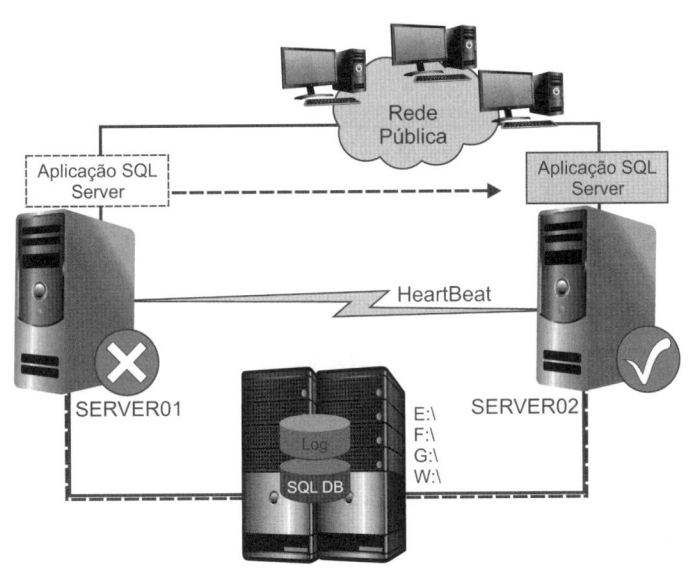

Figura 1.3 | Cluster de dois nós com SQL Server instalado em cluster.

Agora, como essa mágica acontece? Como os serviços do SQL Server que estavam em execução em uma máquina são transferidos para outra? Quanto aos discos, existe replicação entre eles?

Na verdade, quando instalamos o SQL Server em cluster dedicamos a ele um nome de rede, um endereço IP e um conjunto de discos, que dentro do cluster são chamados de recursos. Esse nome e endereço IP são diferentes do nome e endereço IP dos nós físicos, e esses recursos são agrupados em um grupo de recursos que na nomenclatura do Windows Server 2012 R2 é chamado Roles. Uma visão simples disso seria o apresentado na Figura 1.4.

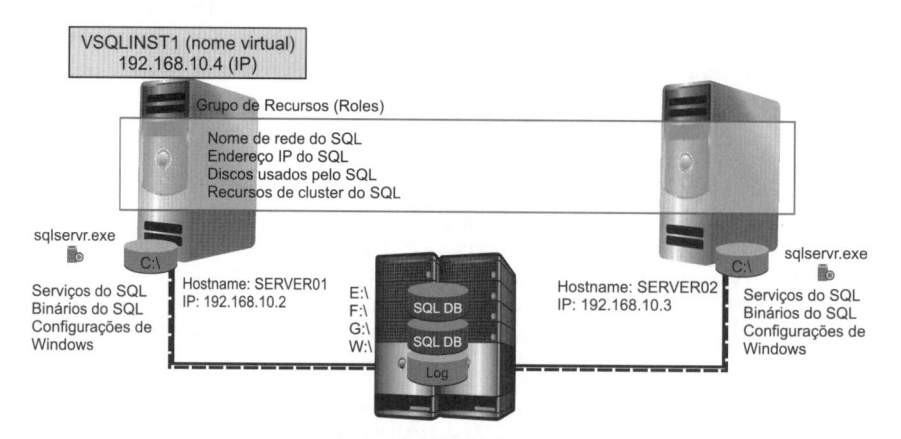

Figura 1.4 | Visão de uma arquitetura de SQL Server Failover Cluster.

Então, quando instalamos uma instância do SQL Server, seus binários são instalados em todos os nós que compõem o cluster, assim como seus serviços e configurações de Windows. Dessa forma, cada nó do cluster possui os serviços do SQL Server, binários e configurações específicas do SQL Server para cada nó. Dentro do cluster é então criada uma Role que representará a instância instalada do SQL Server. Esta é referenciada durante a instalação do SQL Server e servirá para agrupar os recursos da instância.

O grupo de recursos, bem como seus respectivos recursos, pode navegar entre todos os nós do cluster, porém, sempre ficam ativos em um único nó por vez, e apenas o nó em que os recursos estiverem ativos possuirá acesso aos recursos, como acesso para leitura e gravação nos discos.

Os recursos podem variar de acordo com os componentes instalados, mas normalmente se resumem aos seguintes recursos para cada instância instalada:

‖ recurso para o serviço do SQL Server;

‖ recurso para o serviço do SQL Server Agent;

‖ recurso para o nome virtual do SQL Server;

‖ recurso para o endereço IP utilizado pelo nome virtual do SQL Server;

‖ recurso para cada disco utilizado pelo SQL Server.

Olhando para a Figura 1.4, notamos que cada nó do cluster possui seu próprio nome e endereço IP. Além disso, o SQL Server também possui um nome (VSQLINST1) e endereço IP virtual. Denomina-se virtual porque ele é independente dos nós físicos, e é isso que provê ao SQL Server a capacidade de ser executado em cada um dos nós do cluster com o mesmo nome e endereço IP. Isso minimiza o impacto para as aplicações, pois é através desse nome e endereço IP que as aplicações se conectam ao SQL Server, independentemente do nó físico em que ele estiver sendo executado.

Então, no exemplo da Figura 1.4 podemos notar que o SQL Server e seus recursos estão ativos no nó SERVER01. Isso significa que o nó SERVER01 é o Owner Node dos recursos. Nesse momento, os serviços do SQL Server estão online nesse nó, mas off-line no nó SERVER02. Da mesma forma, os discos utilizados pelo SQL Server estão online e acessíveis para leitura e gravação apenas pelo nó SERVER01.

Na ocorrência de uma falha no nó SERVER01, a princípio o serviço de cluster (este em execução em todos os nós do cluster) tenta colocar os recursos novamente online no mesmo nó. Não conseguindo, ocorre então o processo de Failover, em que o grupo de recursos e seus recursos são transferidos para o servidor SERVER02. Nesse momento, os serviços do SQL Server são colocados como off-line no nó SERVER01 e online no nó SERVER02. Da mesma forma, os discos ficam inacessíveis para o nó SERVER01 e passam a ficar acessíveis apenas para o nó SERVER02, que passa a ser o novo Owner Node dos recursos. Na Figura 1.5 temos uma representação do exemplo da Figura 1.4 após uma falha no nó SERVER01.

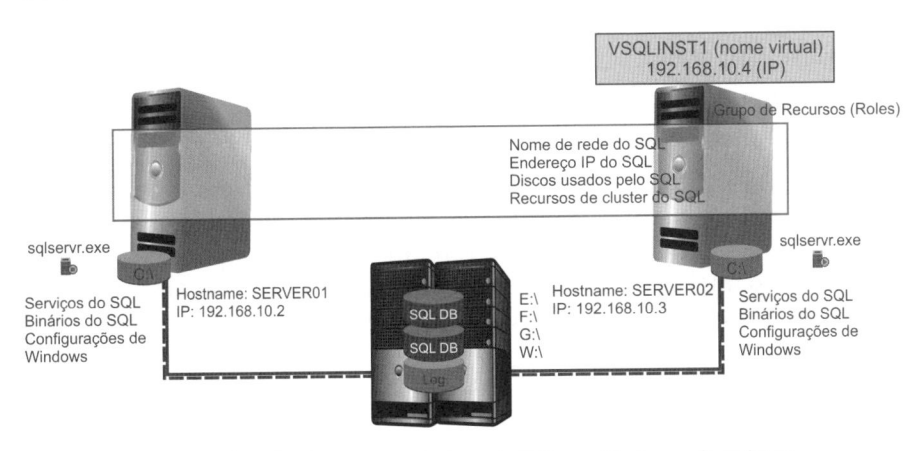

Figura 1.5 | Visão de uma arquitetura de Failover Cluster após Failover.

Então, diferentemente do que muitos pensam, em uma solução de SQL Server Failover Cluster Instances não existe replicação entre discos. Na verdade, os discos são os mesmos, apresentados para todos os nós que compõem o cluster; o que muda é o nó que pode visualizá-los e acessá-los em um dado momento.

Vale destacar que, embora o processo de Failover permita minimizar o tempo de indisponibilidade ou downtime das aplicações, ele não é transparente para as aplicações. A conexão de rede entre os clientes e o SQL Server é interrompida, transações em execução entram em processo de rollback, e os clientes precisam se reconectar ao SQL Server depois da inicialização do serviço em outro nó. É possível tratar a falha/reconexão no código das aplicações, mas esta abordagem não é muito popular. No mais, o Failover pode ocorrer de forma automática, como no caso de uma falha inesperada em um servidor, ou manual, permitindo então reduzir o downtime das aplicações inclusive em situações de manutenção programada.

Alguns benefícios importantes que podem ser obtidos quando se tem um SQL Server configurado em cluster são:

|| provê alta disponibilidade não apenas de um banco de dados, mas da instância SQL Server como um todo, incluindo as bases de sistemas do SQL Server;

|| Failover automático entre os nós em caso de falhas;

|| para que aplicações se conectem a uma instância de SQL Server em cluster não é necessária nenhuma configuração do lado das aplicações;

|| aplicações se conectam ao SQL Server utilizando um nome de servidor ou endereço IP virtual, permitindo que em casos de falhas o ambiente seja restabelecido rapidamente e sem qualquer alteração nas aplicações;

|| redução do downtime na execução de atividades de manutenção ou mesmo upgrade.

Por outro lado, é importante observar que a solução de cluster também possui algumas limitações como:

|| **Failover Cluster não oferece melhoria de performance:** esse é um ponto de confusão muito comum, em que muitos profissionais pensam que a solução de cluster melhorará a performance do ambiente. Cluster é uma solução que visa aumentar a alta disponibilidade do ambiente e não distribuir carga. Então, se você estiver com problema de performance em um servidor SQL Server, migrar para uma solução de cluster não resolverá o problema, a não ser que você migre para um servidor com maior capacidade de processamento ou distribua os bancos de dados entre duas ou mais instâncias de SQL Server, obviamente possuindo também um cluster de dois ou mais nós.

|| **Não oferece proteção contra falhas de discos na storage:** como veremos nos próximos módulos, a solução de cluster tipicamente utiliza uma configuração de disco chamada shared storage. Esses discos devem estar em

uma storage, e o acesso aos discos é compartilhado entre os nós que compõem o cluster. No entanto, o acesso de gravação nos discos é liberado a apenas um dos nós por vez, que é aquele em que o serviço do SQL Server estiver ativo. O ponto é que, nesse caso, o disco é um ponto único de falha, já que a falta de acesso ao disco causará a falha de um ou mais bancos de dados de usuário ou sistema, e por fim a falha da instância do SQL Server independentemente do nó em que esteja em execução.

|| **Não oferece proteção contra falhas de rede:** falhas de rede ou mesmo de placas de rede podem causar a falha do cluster, e, portanto, a ativação do processo de Failover. Por isso, dependendo do nível de disponibilidade desejada para o ambiente, o ideal é que os servidores possuam placas de rede redundantes e sejam configuradas em teaming (duas placas de rede atuando como se fosse uma única placa).

|| **Não oferece proteção contra erros operacionais.**

|| **Não oferece proteção contra desastre de site,** a menos que o ambiente esteja utilizando uma configuração de cluster geográfico ou Multi-Site Clustering.

|| **Não é inerentemente mais segura que uma instalação standalone,** do ponto de vista de segurança. Ou seja, se uma determinada versão do SQL Server possui vulnerabilidade de segurança, que estará presente em instalações standalone e em cluster.

1.5 Terminologia

Como todos sabem, o mundo de TI é uma grande sopa de letrinhas, com novas siglas e termos surgindo todos os dias.

A solução de cluster não é diferente e possui inclusive um grande glossário dedicado exclusivamente a termos utilizados no mundo do Failover Cluster. Esse glossário está disponível online[1].

O grande problema é que, como a solução de Failover Cluster está diretamente ligada ao sistema operacional Windows, a cada nova versão do Windows alguns termos acabam sendo alterados ou renomeados. Então, para você que está buscando o aprendizado em Failover Cluster, tenha em mente que um dos pontos principais do aprendizado é estar por dentro dos termos e terminologias utilizados na solução.

Acessando o link indicado anteriormente você terá acesso a um grande glossário de termos, mas destacamos a seguir alguns dos principais termos usados no mundo do Failover Cluster e principalmente os que utilizaremos no decorrer deste livro.

---

1   Disponível em: <http://msdn.microsoft.com/en-us/library/windows/desktop/aa367182(v=vs.85).aspx>. Acesso em: 1 dez. 2014.

Introdução ao Failover Clustering

‖ **Cluster Service:** o serviço do cluster propriamente dito. É o componente do Windows que provê a funcionalidade de Failover Cluster ao sistema operacional e é responsável por controlar todos os aspectos da operação do Failover Cluster, bem como gerenciar o banco de dados de configuração do cluster. Quando você instala a funcionalidade de cluster nos servidores, cada servidor do cluster terá uma instância desse serviço em execução, que pode ser encontrado em Administrative Tools, Services.

‖ **Recursos/Resources:** recursos são aplicações, serviços, endereços IP, discos, nomes de rede ou network names (como o nome virtual de uma instância SQL Server) que são gerenciados pelo cluster. Dentro do cluster esses recursos são agrupados e gerenciados como uma unidade através de um grupo de recursos (Roles).

‖ **Roles:** também popularmente conhecidas como Services and Applications e até Resource Group em versões anteriores do Windows, as Roles nada mais são que um contêiner ou conjunto lógico de recursos. Quando se efetua a instalação de uma instância de SQL Server em cluster é possível criar uma Role vazia ou deixar que o próprio setup do SQL Server faça sua criação. Ao final do setup, você encontrará uma Role com alguns recursos como o nome virtual do SQL Server (o virtual network name) e seu endereço IP correspondente, os discos e os serviços do SQL Server e SQL Server Agent. Dentro de uma Role esses recursos são logicamente vinculados através de dependências e são gerenciados pelo cluster como uma única unidade de Failover, o que significa que se ocorrer a falha de qualquer um dos recursos dentro do grupo o serviço de cluster executará o Failover do grupo como um todo.

‖ **Dependência/Dependency:** dependência é um vínculo lógico que é criado entre dois ou mais recursos dentro do cluster. Um exemplo simples é a dependência do recurso de nome virtual do SQL Server, ou virtual network name, do recurso de endereço IP. Isso porque na arquitetura de cluster, se o endereço IP não ficar online, o nome virtual também não deverá ficar. Da mesma forma, o recurso de serviço do SQL Server possui uma dependência dos discos, isso porque, se por qualquer motivo os recursos de discos não ficarem online, o SQL Server também não ficará por falta de acesso aos discos.

‖ **Client Access Point:** representa a combinação de um recurso de network name e seu correspondente endereço IP.

‖ **Nó/Node:** um servidor membro de um Failover Cluster.

‖ **Nó Preferencial/Preferred Owner:** nó (ou nós) do cluster definido como preferencial para se manter uma determinada Role em execução. Considerando um cluster de três nós, quando uma Role é criada, a ela é associada uma lista (Preferred Owner List) com todos os nós do cluster. Nessa lista você pode definir qual ou quais nós devem ser os nós preferenciais para a execução da Role. Caso um nó falhe e você tenha definido um ou mais nós como nós preferenciais, o serviço de cluster automaticamente

moverá a Role para o próximo nó preferencial da lista. Caso deseje, você pode obter mais informações sobre a lógica utilizada pelo cluster na movimentação das Roles lendo o documento *Failover Behavior on Clusters of Three or More Nodes*[2].

‖ **Failover:** processo de movimentação de uma Role com seus devidos recursos de um nó (normalmente do preferred owner) do cluster para outro. Esse processo ocorre de forma automática quando um servidor ou nó se torna indisponível ou quando um recurso do cluster falha e não restabelece sua funcionalidade no próprio nó dentro de um intervalo de tempo predefinido.

‖ **Failback:** o processo de movimentação ou retorno automático de um grupo de recursos de volta para o nó preferencial do cluster após a recuperação do nó de uma falha.

‖ **Active Node:** nó do cluster em que os recursos de uma Role estão ativos ou em execução.

‖ **Single Instance:** popularmente conhecido como configuração ativo/passivo em versões anteriores do Windows, um cluster Single Instance é um cluster com dois ou mais nós, porém com apenas uma instância virtual do SQL Server. Em uma configuração Single Instance a instância de SQL Server fica em execução em um nó (considerado o nó ativo), sendo os demais nós (nós passivos) utilizados apenas na ocorrência de alguma falha no nó ativo.

‖ **Multi Instance:** popularmente conhecido como configuração ativo/ativo em versões anteriores do Windows, um cluster Multi Instance é um cluster com dois ou mais nós nos quais em cada um existe uma instância de SQL Server em execução. Nessa configuração todos os nós estão ativos, e na ocorrência de falhas um dos demais nós ativos assume a operação do nó que falhou.

‖ **Heartbeat:** formalmente, o heartbeat nada mais é que uma troca de mensagens entre os nós do cluster para detecção de falhas de comunicação ou problemas nos serviços ou nós. Até o Windows Server 2003 existia a necessidade de configurar uma rede dedicada para o tráfego de heartbeat, popularmente conhecida como rede de heartbeat, e devia-se seguir algumas boas práticas de configuração conforme descritas no documento *Recommended Private Heartbeat Configuration on a Cluster Server*[3].

No entanto, a partir do Windows Server 2008, foram implementadas melhorias significativas nas funcionalidades de rede do cluster e a configuração de uma rede dedicada para o tráfego de heartbeat deixou de ser um requisito ou mesmo uma questão de boa prática, podendo ser configurada ou não de cenário para cenário. Informações detalhadas sobre

2   Disponível em: <http://support.microsoft.com/kb/299631>. Acesso em: 1 dez. 2014.
3   Disponível em: <http://support.microsoft.com/kb/258750>. Acesso em: 1 dez. 2014.

essas melhorias podem ser lidas no artigo *Windows Server 2008 Failover Clusters Networking (Part 1)*[4].

II **Instalação standalone:** muitas vezes referenciada simplesmente como instalação local, é uma instalação de SQL Server não clusterizada.

1.6 Requisitos básicos de um Failover Cluster

Nota-se um crescimento cada vez maior na busca por soluções de alta disponibilidade, mas, ao mesmo tempo, percebe-se que ainda são poucas as empresas que realmente estão dispostas a pagar o preço que elas exigem.

Como vimos anteriormente no Tópico 1.1, o grau de disponibilidade de um ambiente está diretamente ligado a o quanto se pode ou pretende investir. Quanto mais disponibilidade você desejar, maior terá que ser a capacidade de tolerância a falhas do ambiente, e, consequentemente, mais investimentos em hardwares, softwares e infraestrutura de rede terão que ser feitos.

Em geral, a implementação de um Failover Cluster é relativamente simples, mas é preciso conhecer as necessidades e requisitos da solução para evitar a implementação de um ambiente que ao final acabe não atendendo as expectativas.

Neste tópico cobriremos quatro requisitos importantes para a implementação de um Failover Cluster.

1.6.1 Requisitos de hardware

Até o Windows Server 2003, a implementação de um Failover Cluster exigia que, em geral, os servidores e hardwares utilizados nas soluções de cluster fizessem parte de uma lista de hardwares homologados e certificados para tal, chamada Hardware Compatibility List (HCL) e Windows Server Catalog (WSC). Qualquer solução de cluster cujos hardwares não estivessem listados na categoria Cluster da HCL ou WSC era tida como não suportada. Na prática, isso significava que, se você tivesse algum problema no ambiente, o time de suporte da Microsoft até poderia atuar no seu problema, mas não daria nenhuma garantia de que seria encontrada uma solução. Mais informações sobre HCL e WSC podem ser lidas no documento *The Microsoft Support Policy for Server Clusters, the Hardware Compatibility List, and the Windows Server Catalog*[5].

---

4 Disponível em: <http://blogs.technet.com/b/askcore/archive/2010/02/12/windows-server-2008-Failover-clusters-networking-part-1.aspx>. Acesso em: 2 dez. 2014.
5 Disponível em: <http://support.microsoft.com/kb/309395>. Acesso em: 1 dez. 2014.

Felizmente, a partir do Windows Server 2008 a Microsoft introduziu à funcionalidade de cluster do Windows uma ferramenta chamada *Validate a Configuration Wizard* e mudanças significativas foram feitas na política de suporte a Failover Cluster. Agora, para que uma solução de cluster seja considerada oficialmente suportada pelo time de suporte, basicamente a solução deve satisfazer os seguintes critérios:

|| Todos os componentes de hardware e software devem possuir o logo para a versão de Windows na qual o Failover Cluster está implementado. Ou seja, se for implementar um Failover Cluster com Windows Server 2012 R2, os componentes devem possuir o logo *Certified for Windows Server 2012 R2*.

|| Toda a solução configurada deve passar com sucesso pelo teste FULL do Validate a configuration Wizard.

O Validate a Configuration Wizard é uma ferramenta que, integrada à funcionalidade de Failover Cluster, executa uma varredura nos servidores que irão compor o cluster para validar as configurações de hardware, software, rede e disco, garantindo que tudo está dentro dos requisitos para se criar um cluster Windows. Esse é um passo muito importante do processo de criação de um cluster e deve ser executado também sempre que modificações importantes forem feitas no cluster. Por exemplo, executá-lo sempre que novos discos forem adicionados ou removidos do cluster, placas de redes forem trocadas ou adicionadas, novos nós forem adicionados etc.

Ao executar o Validate a Configuration Wizard você tem a opção de executar um teste completo ou selecionar um teste mais pontual, por exemplo, apenas fazer a validação de discos ou configurações de rede. No entanto, para estar coberto pela política de suporte, antes mesmo de iniciar a criação de um cluster você deve executar um teste completo, que contempla as seguintes categorias:

|| **Inventory:** executa validação de configurações do sistema operacional, lista de softwares e drivers instalados, informações de BIOS, processos em execução, serviços e muitos outros.

|| **Network:** executa validação das configurações de rede como endereçamento IP, comunicação entre os servidores, resolução de nome etc.

|| **Storage:** executa uma validação completa dos discos que estarão no cluster, latência de acesso, teste de Failover, entre os nós, entre outros.

|| **System Configuration:** executa validação da edição do sistema operacional, nível de service pack instalado no Windows, arquitetura dos servidores (x86 ou x64), entre outros.

A Figura 1.6 apresenta um exemplo de uma validação executada com sucesso no Windows Server 2012 R2.

Introdução ao Failover Clustering

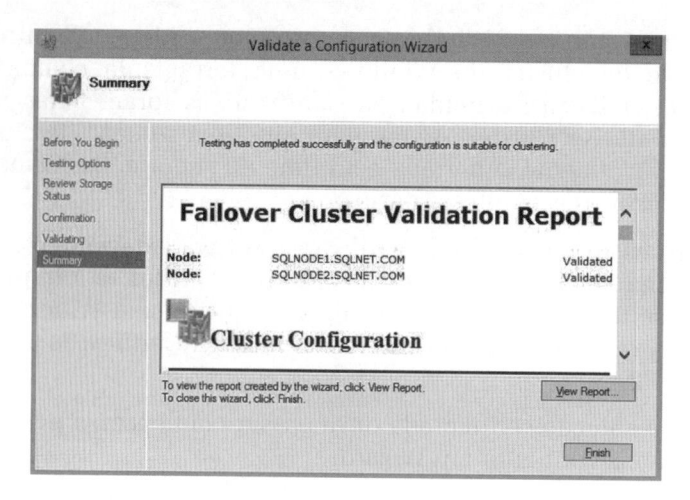

Figura 1.6 | Execução bem-sucedida dos testes de validação do cluster.

Após concluir a validação, o Validate a Configuration Wizard gera um arquivo de extensão .mht no caminho C:\Windows\Cluster\Reports contendo um relatório com o status de validação de cada teste para cada categoria. Então, para que a sua solução de cluster seja oficialmente suportada pelo time de suporte em caso de uma necessidade, esse relatório não pode apresentar erros em nenhum dos itens validados. O relatório até pode ter alguns alertas, indicando que alguma coisa está fora da boa prática recomendada para uma solução de cluster, e nesse caso deve ser avaliado para garantir que é aceitável para propósito do cluster, mas não pode conter erros.

Um exemplo do relatório gerado pela ferramenta pode ser visto na Figura 1.7.

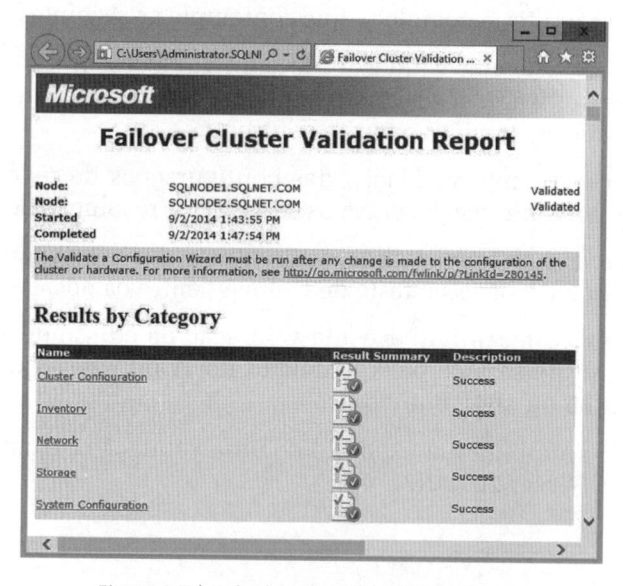

Figura 1.7 | Relatório de validação do cluster.

Você pode obter mais informações sobre a política de suporte para Failover Cluster implementado sobre o Windows Server 2012 R2 acessando o documento *The Microsoft Support Policy for Windows Server 2012 or Windows Server 2012 R2 Failover Clusters*[6]. Ou, ainda, pode obter mais informações sobre o processo de validação de hardware para um Failover Cluster no documento *Failover Cluster Step-by-Step Guide: Validating Hardware for a Failover Cluster*[7].

Pensando em uma possível configuração mínima de hardware (processador e memória) para a instalação do SQL Server 2014, e nesse caso independe se é uma implementação em cluster ou não, se seguirmos a recomendação disponível na documentação oficial do SQL Server 2014 (*Hardware and Software Requirements for Installing SQL Server 2014*)[8], o recomendado são servidores com um mínimo de 4 GB de RAM e processadores x86 (32 bits) ou x64 (64 bits) de 2.0 GHz ou mais rápidos. No entanto, não é comum se ver implementações de alta disponibilidade com tão baixa configuração de hardware. Lembre-se de que a capacidade de processamento dos servidores deve estar diretamente ligada à carga de processamento que se pretende colocar neles.

1.6.2 Requisitos de storage

Historicamente, as implementações de SQL Server em Cluster sempre foram feitas utilizando uma shared storage. No entanto, com a evolução das tecnologias de armazenamento, o sistema operacional Windows e o próprio SQL Server, é possível implementar uma instalação do SQL Server 2014 em cluster utilizando os três possíveis tipos de armazenamento a seguir:

- Shared Storage;
- SMB File Share;
- Cluster Shared Volume (CSV).

Shared storage

É o tipo mais comumente utilizado e divulgado, e é comum se ouvir que para a implementação de Failover Cluster com SQL Server um dos principais requisitos é a existência de uma Storage. Com shared storage, os discos a serem utilizados pelo SQL Server (popularmente conhecidos como shared disks) devem ser apresentados para todos os nós que compõem o cluster, com o serviço de cluster, no entanto, controlando o acesso aos discos e garantindo que os discos sejam acessados para leitura e gravação por apenas um nó por vez.

Para um melhor entendimento do conceito de shared storage, vamos imaginar um cenário em que temos um ambiente com dois servidores e uma storage conforme o apresentado na Figura 1.8.

---

6   Disponível em: <http://support.microsoft.com/kb/2775067>. Acesso em: 10 dez. 2014.
7   Disponível em: <http://technet.microsoft.com/en-us/library/cc732035.aspx>. Acesso em: 29 nov. 2014.
8   Disponível em: <http://technet.microsoft.com/en-us/library/ms143506.aspx>. Acesso em: 1 dez. 2014.

Figura 1.8 | Ambiente com dois servidores interligados a uma storage.

Foi definido que para atender à necessidade de uma instalação do SQL Server em cluster será preciso a criação de três discos: um para a instalação do SQL Server + bases de sistemas, um para armazenar os arquivos de dados dos bancos de dados e um para armazenar os arquivos de log dos bancos de dados. Com isso é solicitada ao time de storage a criação de três volumes de 150 GB em RAID10 e apresentação dos mesmos para os servidores SERVER01 e SERVER02.

Então, para atender à solicitação, o time de storage cria os três volumes, aloca-os em um disk group na storage e apresenta-os aos servidores. Temos então o cenário como o apresentado na Figura 1.9.

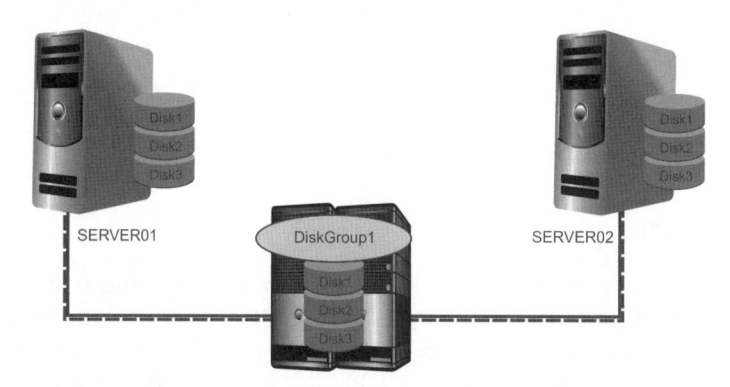

Figura 1.9 | Volumes criados e apresentados aos servidores.

A partir desse ponto já é possível acessar os discos através da ferramenta Disk Management em ambos os servidores, colocá-los online, inicializá-los, formatá-los e atribuir-lhes uma letra. No entanto, o que se faz é eleger um dos servidores como, digamos, o servidor principal e executar esses procedimentos em um único servidor. Assim que os discos forem formatados no servidor principal, caso eles sejam colocados online também no servidor secundário, já aparecerão formatados.

Com a instalação da funcionalidade de Failover Clustering nos servidores e a criação do cluster, esses discos devem então ser adicionados como recursos em uma Role que será futuramente utilizada para a instalação do SQL Server. Então, a partir do momento em que os discos são adicionados a uma Role, eles passam a ficar acessíveis apenas no nó em que a Role estiver ativa.

Na Figura 1.10 temos a representação gráfica desse cenário. No exemplo, temos uma Role de nome SQLINST e os discos adicionados como recursos dessa Role, que por sua vez está ativa no nó SERVER01. Dizemos nesse caso que o nó SERVER01 é o owner node dos recursos de disco, e apenas através desse nó os discos podem ser acessados para leitura e gravação.

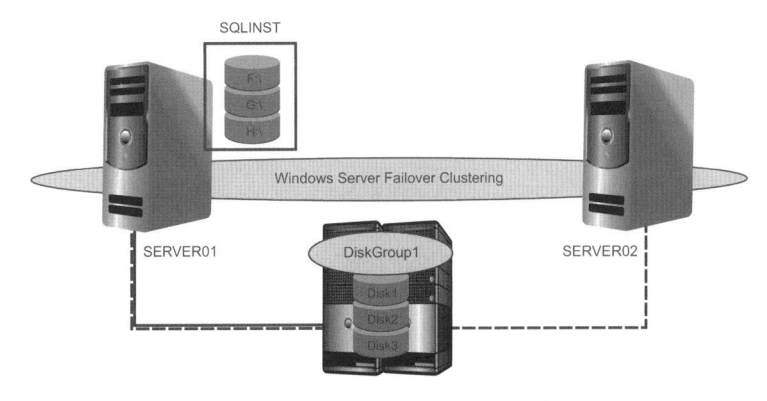

Figura 1.10 | Discos ativos e acessíveis no nó SERVER01.

Então, a partir do momento em que uma falha acontece no nó SERVER01 o serviço de cluster identifica a falha, coloca os discos em off-line (o que significa que o nó SERVER01 perde o acesso aos discos) e automaticamente transfere a Role e os discos para o nó SERVER02. No nó SERVER02 os discos são colocados online, o nó passa a ser o novo Owner Node dos discos e consequentemente ganha o direito de acesso aos discos para leitura e gravação. Na Figura 1.11 temos esse cenário após a ocorrência de uma falha no nó SERVER01.

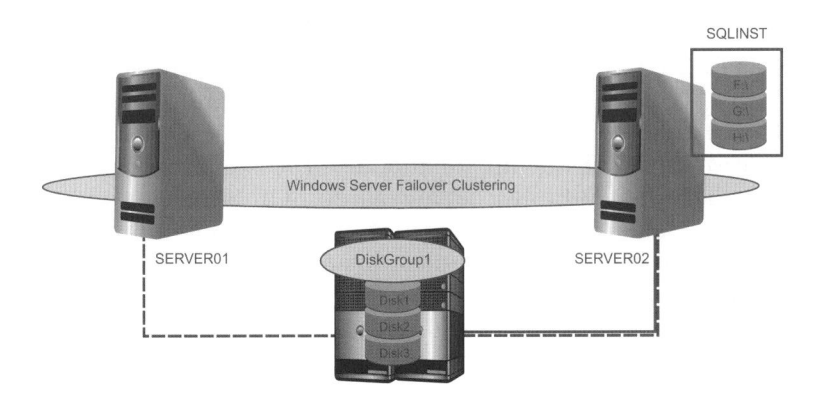

Figura 1.11 | Discos ativos e acessíveis no nó SERVER02.

Introdução ao Failover Clustering

Então, como você já deve ter percebido, embora o termo shared storage possa passar a impressão de que os discos são lidos e gravados de forma simultânea em todos os nós do cluster, não é isso que verdadeiramente acontece. O termo shared storage apenas indica que o disco utilizado na solução de cluster é único, no sentido de que o que é gravado em um nó é o que aparecerá nos outros nós quando nestes o disco estiver acessível, e precisa ter a capacidade de ser movimentado entre todos os nós do cluster.

SMB File Share

Suportado a partir do SQL Server 2012, o SMB File Share permite a utilização de um compartilhamento de rede para armazenar os dados dos bancos de dados do SQL Server. A opção pode ser utilizada não apenas para os arquivos dos bancos de dados de usuários, mas também para os bancos de dados de sistemas (master, model, msdb e tempdb), devendo o caminho de armazenamento ser informado no formato \\ServerName\ShareName.

Embora possível de utilização e oficialmente suportado tanto em instalações em cluster quanto standalone do SQL Server, ainda é pouco comum encontrar um ambiente SQL Server que faça uso do SMB File Share como uma opção de armazenamento. Não cobriremos a utilização do SMB File Share neste livro, mas, caso você deseje obter mais informações sobre a tecnologia, duas excelentes fontes obrigatórias de leitura são os documentos *Install SQL Server with SMB Fileshare as a Storage Option*[9] e *Description of Support for Network Database Files in SQL Server*[10].

Cluster Shared Volume (CSV)

Suportado a partir do SQL Server 2014, podemos dizer que com o Cluster Shared Volume (CSV) finalmente passamos a ter uma solução de shared disk de verdade. Suportado desde o Windows Server 2008 R2, o CSV já vem sendo bastante utilizado em ambientes de máquinas virtuais com Hyper-V. No entanto, para implementações de Failover Cluster com SQL Server, somente com o SQL Server 2014 passamos a ter esse suporte.

A base do CSV continua tendo como requisito uma shared storage para prover os shared disk ao cluster. No entanto, o CSV permite que os discos sejam acessados para leitura e gravação de forma simultânea por todos os nós que compõem o cluster. Essa funcionalidade provê uma enorme flexibilidade à implementação de múltiplas instâncias de SQL Server em um cluster, pois elimina a necessidade de letras nos discos, o uso de mount points e de ter conjuntos de discos dedicados para cada instância. Além disso, otimiza muito o tempo de Failover, uma vez que com CSV os discos não precisam sofrer a ação do Failover.

9   Disponível em: <http://msdn.microsoft.com/en-us/library/hh759341(v=sql.120).aspx>. Acesso em: 21 nov. 2014.
10   Disponível em: <http://support.microsoft.com/kb/304261/en-us>. Acesso em: 1 dez. 2014.

No laboratório a ser montado no decorrer deste livro utilizaremos a solução de shared disk tradicional, mas abordaremos o assunto em mais detalhes e veremos como executar sua configuração em cluster com SQL Server 2014 no Capítulo 10. No mais, caso você queira se aprofundar nos estudos sobre CSV, uma excelente fonte é o documento *Use Cluster Shared Volumes in a Failover Cluster*[11].

No Capítulo 5 você terá a oportunidade de executar e aprender na prática todas as atividades para criação e configuração dos discos para um cluster. Como não temos acesso a uma storage real, vamos utilizar o iSCSI Target Server do Windows Server 2012 R2 para simular uma shared storage.

Alguns outros requisitos e boas práticas que também se aplicam à parte de discos são os seguintes:

|| Para utilizar o suporte nativo a disco do Failover Cluster os discos devem ser mantidos como basic disks e não convertidos para dynamic disks.

|| Formate os discos utilizando NTFS. FAT32 também é suportado, no entanto o NTFS oferece uma melhor segurança e é o formato recomendado.

|| Caso utilize um disk witness para o quórum do cluster; esse deve ser formatado como NTFS.

|| Ao criar uma partição, os estilos de partição suportados são o *Master Boot Record* (MBR) e o *GUID partition table* (GPT). Utilize GPT para discos maiores que 2TB.

|| Sempre que possível, utilize RAID10 ou RAID1 para os discos de dados, log e tempdb. É muito comum ver implementações de SQL Server utilizando RAID5, mas na grande maioria das vezes isso é mais por uma questão de custo do que propriamente por desempenho. RAID5 é uma boa opção para bancos de dados com maior característica de leituras, o que faz dele uma péssima escolha para os discos de log que possuem característica de gravação intensiva. Do ponto de vista de desempenho de escrita, RAID10 ou RAID1 oferecem um melhor desempenho sobre o RAID5, sendo então a melhor escolha principalmente para os discos de log e tempdb. Podemos dizer que no geral, quando as características de leitura dos bancos de dados estão na faixa de 75% a 80%, é possível que o RAID5 venha a ser uma melhor opção.

|| Ao formatar os discos para o SQL Server, sempre utilize unidades de alocação de 64K.

|| Não instale o SQL Server em discos com compressão ou criptografia ativados.

---

11   Disponível em: <http://technet.microsoft.com/en-us/library/jj612868.aspx>. Acesso em: 1 dez. 2014.

Introdução ao Failover Clustering

ll   Ao solicitar discos para o SQL Server, procure solicitar no mínimo três: um para a instalação do SQL Server + bancos de dados de sistemas, um para os arquivos de dados dos bancos de dados de usuários e um para os arquivos de log dos bancos de dados de usuários. Isso não é na verdade um requisito, mas manter arquivos de dados e log em discos distintos ajuda na organização dos dados em disco e no desempenho de I/O do servidor.

No mais, o documento *SQL Server Best Practices*[12] é uma excelente referência para aqueles que querem entender um pouco mais sobre I/O, procedimentos e testes para determinar a saturação de um disco, sugestões de ferramentas gratuitas para efetuar testes de desempenho e muito mais.

1.6.3 Requisitos de software

Quando falamos de instalação do SQL Server 2014 em Failover Cluster, nosso foco se restringe a apenas três edições determinadas como Principal Editions, que são: *Standard*, *Enterprise* e *Business Intelligence*. Isso porque apenas essas três edições possuem suporte à funcionalidade de Failover Cluster Instances oferecida pelo SQL Server 2014. O mesmo se aplica ao SQL Server 2012.

Com relação ao suporte a Failover Cluster, o que diferencia uma edição da outra é apenas o número máximo de nós em cluster que cada edição suporta. Por exemplo, para implementação de um Failover Cluster com três ou mais nós, é necessário utilizar a edição Enterprise do SQL Server 2014, uma vez que apenas ela suporta cluster com mais de dois nós. No entanto, se o objetivo é a implementação de um cluster com dois nós, a edição Standard atende perfeitamente.

A Tabela 1.3 apresenta uma relação de edições *versus* quantidade máxima de nós suportados a partir do SQL Server 2012. Para saber o limite suportado por versões anteriores do SQL Server, acesse o documento *Features Supported by the Editions of SQL Server 2008 R2*[13].

Tabela 1.3 | Edições do SQL Server *vs.* número de nós suportados no cluster

Versão e edição do SQL Server	Nós suportados no Failover Cluster
SQL Server 2012 Standard Edition	Até 2 nós
SQL Server 2012 Business Intelligence Edition	Até 2 nós
SQL Server 2012 Enterprise Edition	O máximo suportado pela edição do Windows utilizada no cluster
SQL Server 2014 Standard Edition	Até 2 nós
SQL Server 2014 Business Intelligence Edition	Até 2 nós
SQL Server 2014 Enterprise Edition	O máximo suportado pela edição do Windows utilizada no cluster

---

12   Disponível em: <http://technet.microsoft.com/library/Cc966412>. Acesso em: 19 nov. 2014.
13   Disponível em: <http://msdn.microsoft.com/en-us/library/cc645993(v=sql.105).aspx>. Acesso em: 5 dez. 2014.

Com relação ao Windows, até o Windows Server 2008 R2 o número máximo de nós suportados em um cluster estava diretamente ligado à edição do Windows e a funcionalidade de Failover Cluster estava disponível apenas nas edições Enterprise e Datacenter. Felizmente, a partir do Windows Server 2012 o suporte à funcionalidade de Failover Cluster foi adicionado também à edição Standard, e tanto a edição Standard quanto a Datacenter possuem um suporte máximo para até 64 nós em um único Failover Cluster. O mesmo se aplica ao Windows Server 2012 R2.

A Tabela 1.4 sumariza as edições do Windows (a partir do Windows Server 2012) e o número máximo de nós suportados no cluster. Caso queira saber os números de nós suportados por versões anteriores do Windows, consulte o documento *Maximum Number of Supported Nodes in a Cluster*[14].

Tabela 1.4 | Edições do Windows *vs.* número de nós suportados no cluster

Versão e edição do Windows	Nós suportados a Failover Cluster
Windows Server 2012 Standard Edition	Até 64 nós
Windows Server 2012 Datacenter Edition	Até 64 nós
Windows Server 2012 R2 Standard Edition	Até 64 nós
Windows Server 2012 R2 Datacenter Edition	Até 64 nós

Vale ressaltar ainda que a partir do Windows Server 2012 tanto a edição Standard quanto a edição Datacenter possuem exatamente os mesmos conjuntos de funcionalidades e limitações, exceto quando o assunto é suportabilidade a máquinas virtuais em um cluster Hyper-V. Você pode saber mais sobre as novidades oferecidas pelas duas edições do Windows consultando o documento *What's New in Windows Server*[15].

No mais, independentemente da edição do SQL Server 2014 a ser instalada, existem também algumas considerações importantes que devem ser observadas e validadas antes de iniciar o setup do SQL Server. São elas:

‖ Instalar a feature de Failover Clustering do Windows Server 2012 R2 em todos os nós que formarão o Windows Server Failover Cluster.

‖ O .NET Framework 3.5 SP1 é um requisito necessário para a instalação do SQL Server 2014. No Windows Server 2012 e no Windows Server 2012 R2, os procedimentos necessários para habilitar essa versão do .NET Framework estão documentados em *Microsoft .NET Framework 3.5 Deployment Considerations*[16].

14   Disponível em: <http://support.microsoft.com/kb/288778>. Acesso em: 1 dez. 2014.
15   Disponível em: <http://technet.microsoft.com/en-us/library/dn250019.aspx>. Acesso em: 1 dez. 2014.
16   Disponível em: <http://msdn.microsoft.com/library/windows/hardware/hh975396>. Acesso em: 18 nov. 2014.

‖ O .NET Framework 4.0 também é requerido para a instalação do SQL Server 2014. Porém, como o .NET Framework 4.5 é habilitado por default no Windows Server 2012 e no Windows Server 2012 R2, você não precisará instalá-lo, uma vez que a versão 4.5 já inclui a versão 4.0.

‖ Todos os nós do cluster devem possuir a mesma arquitetura de hardware, x64 ou x86.

‖ Procure deixar todos os nós no mesmo nível de atualização, seja service packs, versões de drivers de placas de rede, firmwares de controladores de disco etc. O recomendado é sempre manter o ambiente o mais homogêneo possível. Se puder, execute uma atualização completa do Windows através do Windows Update antes de iniciar a instalação do SQL Server.

1.6.4 Requisitos de rede

Um ponto bastante sensível de uma implementação de Failover Cluster é a infraestrutura de rede. Como destacado no tópico sobre requisitos de hardware, ao executar o Validate a Configuration Wizard ele executará um teste em sua rede para garantir que tudo está de acordo com os requisitos necessários para um Failover Cluster. No entanto, você pode se antecipar a possíveis problemas observando pontos como os destacados a seguir:

‖ Sempre que possível, procure utilizar placas de rede de um mesmo fabricante e que tenham o logo de certificação para a versão de Windows instalada.

‖ Mantenha sempre a mesma versão de drivers em todos os nós.

‖ Ao configurar as placas de rede, evite deixá-las com velocidades configuradas como *Auto*. O ideal é sempre fixar a velocidade e o modo de operação das placas de rede, de acordo com a configuração das portas dos switches onde estão conectadas.

‖ Garanta que a resolução de nomes dos nós do cluster esteja sendo feita corretamente pelo servidor DNS.

‖ Ao criar o cluster pela primeira vez ou adicionar novos nós a um cluster existente, certifique-se de estar logado no Windows com uma conta de usuário de domínio e que tenha direitos administrativos em todos os nós que compõem o cluster. O usuário não precisa ser necessariamente um administrador do domínio, mas nesse caso é preciso garantir que a conta de usuário ou o grupo de domínio no qual ele pertence possua a permissão *Create Computer Objects* no domínio.

‖ Utilize servidores com múltiplas placas de rede, e considere o uso de NIC Teaming. O Windows Server 2012 e o Windows Server 2012 R2 possuem suporte nativo para configuração de NIC Teaming, suportando inclusive a configuração de Teaming com placas de diferentes fabricantes e provendo os seguintes benefícios:

- Agregação de banda (balanceamento de carga): **soma a capacidade de banda das placas de rede fazendo com que duas placas sejam vistas como uma única, mas com o dobro de capacidade de banda. Nesse caso, as duas placas de rede estarão trabalhando juntas para balancear o tráfego de rede no servidor.**

- Proteção contra falhas (Failover): **faz com que as conexões de rede continuem funcionando mesmo na eventualidade de falha em uma das placas que formam o teaming. Nesse caso, enquanto uma placa de rede está ativa tratando as requisições, a outra fica em standby aguardando que uma falha aconteça para assumir o processamento.**

Para saber mais sobre NIC Teaming no Windows Server 2012 ou no Windows Server 2012 R2, consulte o documento *Windows Server 2012 NIC Teaming (LBFO) Deployment and Management*[17].

1.7 Multi-Site Clustering

Quando se pensa em Multi-Site Clustering normalmente se está buscando uma solução que permita ao ambiente sobreviver a um desastre de site. Podemos entender site como sendo, por exemplo, um DataCenter ou o CPD principal de uma empresa. Ou seja, uma solução para Disaster Recovery (DR).

Ter uma solução de Failover Clustering significa ter servidores e componentes de rede redundantes para prover alta disponibilidade local para serviços e aplicações. Ter um Multi-Site Clustering significa ter tudo isso duplicado em outro site para prover alta disponibilidade não apenas local, mas também entre os sites.

Muitas vezes referenciado também como GeoClustering ou Cluster Geográfico, o Multi-Site Clustering é nada mais nada menos que ter um Failover Cluster com seus nós distribuídos geograficamente entre dois ou mais sites e que tem como principais requisitos o seguinte:

Ⅱ Possuir pelo menos uma storage em cada site, garantindo que em caso de falhas no site principal haverá uma cópia fiel dos dados no site DR, podendo esses dados ser usados para continuar mantendo o ambiente em operação.

Ⅱ Garantir que os nós estejam conectados à storage de tal forma que acessem apenas os dados da storage de seus respectivos sites.

Ⅱ Possuir uma solução de replicação de dados para replicar os dados entre as storages. Na grande maioria das vezes essa solução é implementada utilizando solução do próprio fornecedor de storages, embora também existam soluções que garantem essa replicação no nível de softwares ou appliances. Sempre que possível, dê preferência às soluções do próprio fornecedor de storages.

---

17   Disponível em: <http://www.microsoft.com/en-us/download/details.aspx?id=30160>. Acesso em: 1 dez. 2014.

- Manter links de comunicação de rede redundantes para evitar que os sites percam a comunicação em caso de uma falha de link. Recomenda-se inclusive que os links sejam de operadoras diferentes.

- Manter links de dados redundantes para garantir que a replicação de dados entre as storages não seja interrompida no caso de uma falha de link. Recomenda-se inclusive que os links sejam de operadoras diferentes.

Do ponto de vista de instalação, um Multi-Site Cluster é muito parecido com a instalação de um Failover Cluster, podendo inclusive prover ou não um processo de Failover automático entre os sites. Os desafios são basicamente estabelecer a comunicação de rede entre os sites, implementar uma solução para replicação de dados entre as storages (conhecido também como replicação SAN-to-SAN) e garantir que, independentemente de falhas de hardware ou problemas de comunicação entre os nós, sempre haverá uma única instância do SQL Server sendo executada por vez. Como se pode imaginar, é um tipo de solução que requer um grande investimento e planejamento.

Até o SQL Server 2012 a comunicação de rede era um grande desafio, pois não havia suporte para múltiplas subnets, então era preciso fazer uso de extensão de VLAN (Virtual Local Area Network), formando assim uma grande rede entre os sites e permitindo que os endereços IPs fossem únicos entre os sites.

Na Figura 1.12 temos a representação de um Multi-Site Cluster utilizando extensão de VLAN.

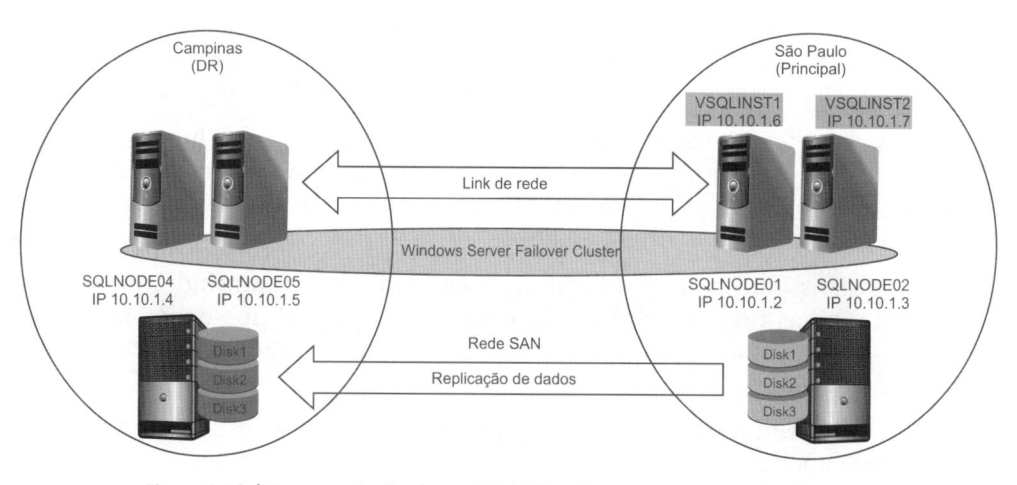

Figura 1.12 | Representação de um Multi-Site Cluster com extensão de VLAN.

No cenário apresentado na Figura 1.12 temos um Multi-Site Cluster composto por quatro nós e duas instâncias de SQL Server. As instâncias estão ativas no site principal e tudo que entra na storage do site principal é replicado para a storage do site de DR. Nesse cenário, tem-se uma alta disponibilidade local entre os nós SQLNODE01 e SQLNODE02, pois na eventualidade de uma falha

de um dos nós o nó que permanecer online poderá assumir a carga de processamento das duas instâncias mesmo antes de mover a instância para um dos nós no site DR. Ou então, se preferir, tem-se a total flexibilidade de em caso de falhas a instância ser automaticamente transferida para um dos nós do site DR, não sobrecarregando assim o nó restante no site principal.

É importante observar ainda que nesse cenário o endereçamento IP ou subnet é único. Ou seja, independentemente do site onde a instância de SQL Server estiver em execução, ela sempre estará respondendo pelo mesmo nome de rede e endereço IP.

A partir do SQL Server 2012, uma das grandes novidades foi o suporte do SQL Server a Multi-Subnet Failover Cluster, o que passou a permitir a implementação de Multi-Site Cluster utilizando múltiplas subnets.

Na Figura 1.13 temos uma representação de um Multi-Site Cluster utilizando multi-subnet.

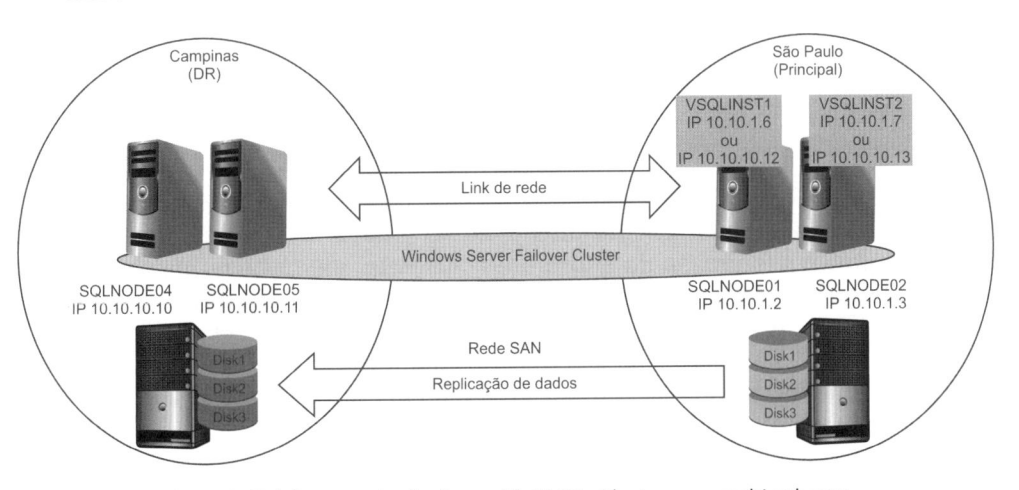

Figura 1.13 | Representação de um Multi-Site Cluster com multi-subnets.

No cenário da Figura 1.14 podemos observar que cada site possui sua própria subnet. Com isso, tem-se dois nós do cluster em uma subnet e outros dois nós em outra subnet. Do ponto de vista de configuração do SQL Server, durante o setup o SQL Server já identificará que está em um ambiente com múltiplas subnets e configurará as dependências do recurso de IP no cluster como OR. Isso significa que durante um Failover o SQL Server sempre ficará online com o endereço IP da subnet onde estiver ativo, mantendo o outro endereço IP do grupo do cluster como offline.

Em uma configuração multi-subnet tanto o endereço IP online quanto o offline são registrados no servidor DNS. Então, ao estabelecer uma conexão, as aplicações recebem todos os endereços IPs registrados para o nome do SQL Server e tentam estabelecer uma conexão seguindo a ordem na qual

os IPs são recebidos. Esse comportamento padrão pode gerar problemas de conectividade quando o primeiro endereço for o endereço IP que está offline. No entanto, esse problema é resolvido quando as strings de conexão das aplicações utilizam o parâmetro **MultiSubnetFailover** como **True**. Nesse caso, a tentativa de conectividade será feita simultaneamente em todos os endereços IPs e a conexão será estabelecida com o primeiro endereço que responder.

Uma vez que o parâmetro **MultiSubnetFailover** está disponível somente a partir do SQL Native Client/ODBC 11.0, quando trabalhando com aplicações legadas em ambiente SQL Server com múltiplas subnets, deve-se dar uma atenção especial à questão de resolução de nomes e configuração dos servidores DNS. Isso porque, em uma implementação com múltiplas subnets, embora após um Failover o nome de rede da instância SQL Server continue o mesmo, esse nome sempre estará associado ao endereço IP da subnet em que o SQL Server estiver ativo. Isso poderá ser um problema, por exemplo, em ambientes em que a resolução de nomes DNS não funcione adequadamente, o parâmetro **MultiSubnetFailover** não possa ser adicionado à string de conexão, ou mesmo para aplicações que se conectam ao SQL Server utilizando apenas o endereço IP. Também é importante ficar atento ao fato de que sem o uso do parâmetro **MultiSubnetFailover** na string de conexão o cliente vai usar o mesmo endereço IP enquanto a resolução do nome da instância do SQL Server estiver válida no seu cache.

Além da configuração DNS, outro ponto que também requer bastante atenção é quanto à configuração do quórum do cluster quando este possuir um número par de nós. Abordaremos o quórum em detalhes no Capítulo 6, mas em um Multi-Site Cluster a recomendação é sempre fazer uso de um file share witness (FSW) para balancear o cluster e evitar que, por exemplo, em um cluster de quatro nós a falha de dois nós ou mesmo uma falha no link que liga os sites acabe causando a indisponibilidade do cluster em ambos os sites.

Em um Multi-Site Cluster uma dúvida muito comum está relacionada ao local ou site onde o FSW deve ser configurado. Isso porque para essa configuração existem três possíveis opções:

‖ **Configurar o FSW no site principal:** essa é uma boa opção para proteger o site principal, mas não provê disponibilidade do site DR caso o site principal venha a sofrer um desastre. Usando como exemplo a Figura 1.12, ao colocar o FSW no site principal, em caso de uma falha do link entre os sites ou mesmo de indisponibilidade dos dois servidores do site DR o cluster continuará operacional no site principal, visto que ele manterá a maioria dos votos do cluster. No entanto, se ocorrer uma falha geral no site principal, o cluster não subirá no site DR, visto que este ficará

com a minoria dos votos do cluster. Nesse caso, para colocar o cluster online terá que haver uma intervenção manual para forçar a subida do quórum manualmente. Então, desde que você tenha um bom procedimento detalhando os passos necessários para recuperação do cluster no caso de desastre, essa pode ser considerada uma opção.

‖ **Configurar o FSW no site DR:** esta é sem dúvida a pior das opções! Nessa configuração, uma simples falha no link entre os sites será o suficiente para indisponibilizar o cluster no site principal. Isso porque, ao perder o link entre os sites, o site principal ficará com a minoria dos votos do cluster, forçando o seu desligamento e o Failover das instâncias para o site de DR.

‖ **Configurar o FSW em um terceiro site:** esta é a melhor das opções, e muitas vezes você verá literaturas sendo taxativas na recomendação dessa configuração! Nessa configuração o site principal e o site DR são ligados a um terceiro site onde está o FSW. Isso garantirá um Failover automático na ocorrência de uma falha tanto do site principal quanto no site DR ou ainda uma perda de link entre o site principal e DR. Um dos problemas para essa configuração é que nem sempre as empresas possuem um terceiro site ou mesmo dispõem de dinheiro para investir em um terceiro site. Nesse caso, a adoção da opção (a) se torna a melhor delas.

Implementar um Multi-Site Cluster está fora do escopo deste livro, então, caso deseje conhecer mais sobre Multi-Site Clustering e multi-subnets, duas excelentes fontes de referência que você não deve deixar de ler são os documentos *SQL Server Multi-Subnet Clustering*[18] e *Requirements and Recommendations for a Multi-Site Failover Cluster*[19].

---

18   Disponível em: <http://msdn.microsoft.com/en-us/library/ff878716.aspx>. Acesso em: 1 dez. 2014.

19   Disponível em: <http://technet.microsoft.com/en-us/library/dd197575(v=ws.10).aspx>. Acesso em: 7 dez. 2014.

1) Considerando que a necessidade de disponibilidade de um servidor é de 99,99%, qual seria o downtime anual permitido?

   a. 3 dias.

   b. 8 horas.

   c. 52 minutos.

   d. 5 minutos.

2) O que pode ser considerado como indisponibilidade planejada?

   a. Falha de placa de rede.

   b. Restart inesperado do servidor.

   c. Parada programada para aplicação de Service Pack.

   d. Falha na controladora de disco.

3) O que se pode esperar de uma solução de SQL Server Failover Cluster Instances? (Escolha todas que se aplicam).

   a. Proteger o ambiente contra falhas de storage.

   b. Aumentar a disponibilidade das aplicações garantindo um mínimo downtime em eventos como falhas de hardware ou software.

   c. Prover proteção no nível de instância, ou seja, proteger todos os bancos de dados existentes na instância de SQL Server.

   d. Todas as alternativas anteriores.

4) Como é chamado o servidor ou nó do cluster em que os recursos de uma Role estão ativos ou em execução?

   a. Nó ativo.

   b. Nó passivo.

   c. Nó réplica.

   d. Todas as alternativas estão corretas.

Configuração da Rede e Ambiente

Uma vez que este livro tem como foco oferecer uma abordagem totalmente prática, entendemos que isso não seria possível se o leitor não tiver um laboratório onde possa executar o passo-a-passo apresentado no decorrer do livro. Então, partiremos do princípio de que o leitor não possui acesso a um ambiente real de servidores e cobriremos em detalhes neste capítulo a criação de um ambiente de laboratório.

Para a criação desse laboratório é preciso que você tenha um computador ou notebook com Windows 8, Windows 8.1, Windows Server 2012 ou Windows Server 2012 R2, com a funcionalidade do Hyper-V habilitada. Para permitir a implementação de um Failover Cluster composto por dois nós (dois servidores) e duas instâncias de SQL Server 2014 em configuração multi-instances, serão então criadas no Hyper-V três máquinas virtuais como se segue:

1) **WS2012-DC:** este será o servidor que atuará como Controlador de Domínio (Domain Controller) e DNS (Domain Name System) da rede desse laboratório. Você verá mais sobre o servidor Domain Controller e DNS no Capítulo 3. Esse servidor também será o servidor que atuará como a Storage da rede. Em um ambiente de rede real os papéis de Domain Controller e DNS normalmente são exer-

cidos por diferentes servidores físicos, bem como a Storage é uma storage real. No entanto, para o laboratório deste livro esses papéis serão acumulados em um único servidor virtual.

2) **SQLNODE1:** este será um dos servidores que comporá o Failover Cluster e sobre o qual estará rodando uma das instâncias de SQL Server a serem instaladas no cluster.

3) **SQLNODE2:** este será um dos servidores que comporá o Failover Cluster e sobre o qual também estará rodando uma das instâncias de SQL Server a serem instaladas no cluster, formando uma configuração multi-instances.

Nesse laboratório, o servidor WS2012-DC possuirá duas placas de rede e os servidores SQLNODE1 e SQLNODE2 possuirão três placas de rede cada um. Você verá em detalhes como configurar essas redes nos Tópicos 2.4 e 2.5, mas na Tabela 2.1 é possível ver como ficará cada servidor virtual e suas redes.

Tabela 2.1 | Configuração de rede dos servidores virtuais do laboratório

Servidor	Função	LAN_NIC	iSCSI_NIC	HBT_NIC
WS2012-DC	Servidor Domain Controler, DNS e Storage Server	11.1.1.1	12.1.1.1	N/A
SQLNODE1	Servidor SQL Server	11.1.1.2	12.1.1.2	192.168.1.1
SQLNODE2	Servidor SQL Server	11.1.1.3	12.1.1.3	192.168.1.2

Após a criação e configuração das redes e servidores virtuais para o laboratório, teremos um desenho de rede igual ao apresentado na Figura 2.1. Embora a rede de heartbeat não seja mais um requisito, para efeito de aprendizado estará sendo considerada sua configuração nesse laboratório.

É óbvio que, caso tenha acesso a um ambiente real de servidores, seja em sua casa ou no trabalho, você não precisa seguir os passos deste capítulo para a criação do laboratório, mas é importante que você configure seus servidores de forma que ao final seu ambiente esteja como o aqui apresentado. Isso permitirá que você siga os roteiros apresentados nos demais capítulos deste livro.

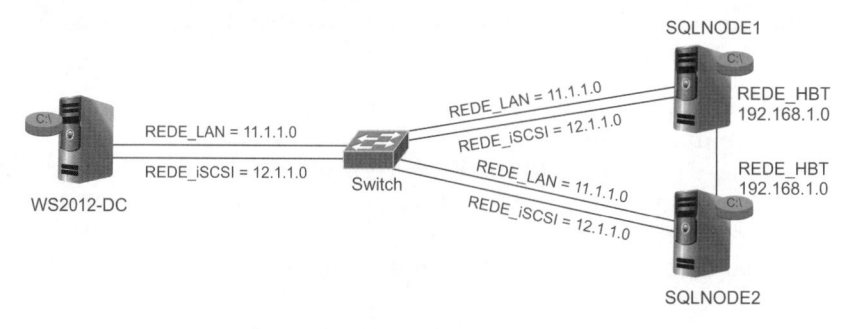

Figura 2.1 | Desenho de rede do ambiente de laboratório.

2.1 Storage

Como abordado no Tópico 1.6, quando se pensa em criar um ambiente de SQL Server AlwaysOn Failover Cluster Instances, um dos primeiros requisitos a ser atendido é a existência de uma Storage. De forma simples, uma storage é um hardware que possui a capacidade para armazenar um grande número de discos.

Na storage esses discos são utilizados para se criar os volumes, comumente chamados de LUNs (Logical Unit Numbers), que são criados utilizando pequenas partes de cada disco. Uma vez criados os volumes, estes são apresentados aos servidores que compõem o cluster através de uma rede SAN (Storage Area Network), que interliga a storage e os servidores utilizando cabos de fibra óptica (Fiber Channel), que nos servidores são conectados em controladoras específicas conhecidas como HBAs (Host Bus Adapters).

Uma vez apresentadas essas LUNs aos servidores, elas são formatadas e utilizadas pelo SQL Server para armazenagem dos arquivos dos bancos de dados.

Para a criação do laboratório proposto neste livro, como não temos acesso a uma storage de um ambiente real, será utilizada a feature de iSCSI Target Server do Windows Server 2012 R2, que, uma vez configurada, permitirá que o Windows atue na rede como um Storage Server. Estando o Windows Server 2012 R2 configurado como um Storage Server, teremos no laboratório uma storage virtual iSCSI onde será possível então criar os volumes virtuais e utilizá-los nos servidores que irão compor o cluster.

A configuração da feature do iSCSI Target Server no Windows Server 2012 R2, bem como a criação e a configuração dos volumes, será abordada em detalhes no Capítulo 5.

2.2 Configuração do Hyper-V no Windows

O Hyper-V é a solução de virtualização da Microsoft e que já vem integrada ao sistema operacional Windows Server 2012/R2 ou ainda ao Windows 8.

Uma vez que estaremos trabalhando com o Hyper-V, alguns termos básicos que você deve conhecer são:

‖ **Hyper-V Server:** um computador rodando Windows Server ou Windows 8 e com a funcionalidade de Hyper-V configurada, popularmente conhecido como Host Server. O Windows Server ou Windows 8 em execução no Host Server é chamado *Management Operating System*.

‖ **Máquina virtual:** também conhecida como Child Partition, são as máquinas virtuais que você pode criar utilizando a ferramenta Hyper-V Manager do Hyper-V Server. O Windows Server ou o Windows 8 instalado nas máquinas virtuais são conhecidos como *Guest Operating System*.

Configuração da Rede e Ambiente

Para que possamos seguir em frente com a criação e a configuração das máquinas ou servidores virtuais a serem utilizados no ambiente de laboratório proposto, será necessário primeiramente configurar a funcionalidade de Hyper-V do Windows, tornando o computador um Hyper-V Server. Configurado o Hyper-V, será possível então efetuar a criação das três máquinas virtuais citadas na introdução deste capítulo.

Para este livro, estaremos configurando o Hyper-V em um notebook com o Windows 8 Enterprise, mas você também pode configurá-lo em um computador, notebook ou servidor que possua uma edição do Windows Server 2012/R2.

Assim, para configurar a funcionalidade de Hyper-V no Windows e tornar o seu computador um Hyper-V Server, siga os passos conforme descrito a seguir:

1) Abra o *Control Panel* do Windows. Por exemplo, na Start Page do Windows, clique em *Search* e pesquise pela aplicação *Control Panel*.

Figura 2.2 | Pesquisando pela aplicação Control Panel no Windows.

2) Em *Control Panel*, selecione a opção *Programs and Features* e no painel esquerdo selecione a opção *Turn Windows features on or off*.

3) Na janela *Windows Features*, selecione as features do Hyper-V, conforme a Figura 2.3, e clique em *OK*.

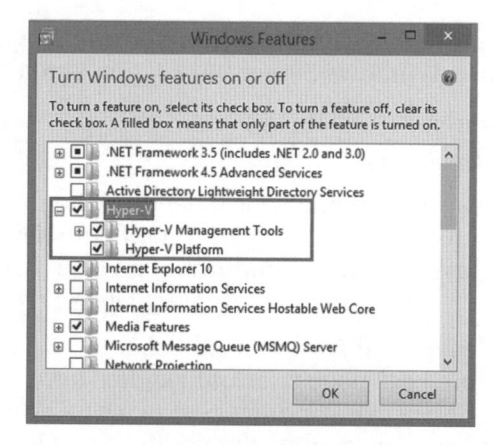

Figura 2.3 | Ativando as features de Hyper-V no Windows.

4) Isso conclui a instalação das features do Hyper-V. A partir de agora você pode utilizar o Hyper-V para criar máquinas virtuais, entre elas as que serão utilizadas no laboratório deste livro. Para finalizar, execute um Restart do computador para efetivar a instalação das features.

Após o restart do computador, você verá o ícone da ferramenta Hyper-V Manager instalado na Start Page do Windows, similar ao apresentado na Figura 2.4.

Figura 2.4 | Start Page do Windows com a ferramenta Hyper-V Manager.

O Hyper-V Manager é a ferramenta para administração de toda a solução de máquinas virtuais criadas no Hyper-V. Com ela é possível criar e gerenciar discos e máquinas virtuais, placas de rede virtuais, bem como iniciar e acessar a console das máquinas virtuais. É essa a ferramenta que utilizaremos a partir de agora para prosseguir com a montagem do nosso ambiente de laboratório proposto para o livro.

A Figura 2.5 mostra o Hyper-V Manager com algumas máquinas virtuais já criadas a título de exemplo.

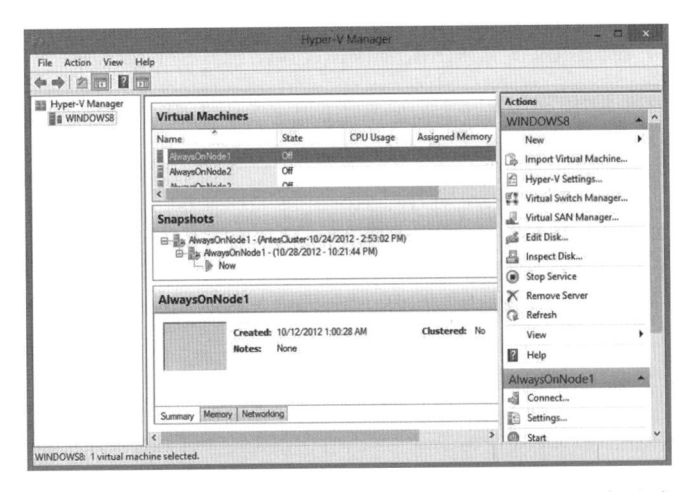

Figura 2.5 | Hyper-V Manager com algumas máquinas virtuais já criadas.

Configuração da Rede e Ambiente

2.2.1 Criação dos servidores virtuais no Hyper-V

Uma vez instalado o Hyper-V, o próximo passo do processo de criação ou montagem do laboratório é criar as máquinas virtuais (MV) para os servidores que serão utilizados no Failover Cluster.

Como você notará, o processo de criação de uma máquina virtual no Hyper-V é bastante simples. Será descrita passo a passo a criação da máquina virtual para o servidor WS2012-DC e depois bastará repetir os passos para a criação das máquinas virtuais para os servidores SQLNODE1 e SQLNODE2.

Como este livro não cobrirá a instalação do sistema operacional Windows Server 2012 R2 nas máquinas virtuais, e pensando também nos leitores que não possuem uma licença válida do Windows Server 2012 R2 ou mesmo não possuem experiência ou familiaridade com o processo de instalação do Windows Server 2012 R2, utilizaremos nas máquinas virtuais um arquivo de disco virtual (VHD) do Windows Server 2012 R2 Trial, conhecido também como versão de avaliação.

Esse arquivo está disponível para download gratuito no website da Microsoft e já possui o Windows Server 2012 R2 instalado. Por ser uma versão de avaliação, o Windows Server 2012 R2 funcionará por 180 dias, e após esse prazo expirará a sua validade, deixando então de funcionar. Ou seja, utilizando a versão de avaliação do Windows Server 2012 R2 você não precisará se preocupar com as licenças de Windows para as máquinas virtuais e a partir da ativação das máquinas virtuais você terá 180 dias para concluir o aprendizado proposto por este livro.

Isso posto, siga então estes passos para fazer o download gratuito do arquivo de disco virtual (VHD) do Windows Server 2012 R2 Trial.

1) Localize em seu computador um disco com o maior espaço livre possível e nele crie a pasta VM-LivroSQLAlwaysOn. No nosso caso, o disco com maior espaço livre disponível é o disco F\ (51GB livres). Então, após criar a pasta, teremos o caminho F\VM-LivroSQLAlwaysOn.

2) Acesse o link *Download the Evaluation: Windows Server 2012 R2*[20] e na caixa de listagem *Select a Version*, selecione a versão *Windows Server 2012 R2 Datacenter VHD*, conforme a Figura 2.6. Depois clique sobre o botão *GET STARTED NOW*. Ao acessar o link indicado anteriormente, você notará que é possível fazer download da versão Trial também em formato .ISO. Portanto, caso você tenha familiaridade com a instalação do Windows, essa também pode ser uma opção para seu download.

---

20 Disponível em: <http://msdn.microsoft.com/en-us/evalcenter/dn205302.aspx>. Acesso em: 9 dez. 2014.

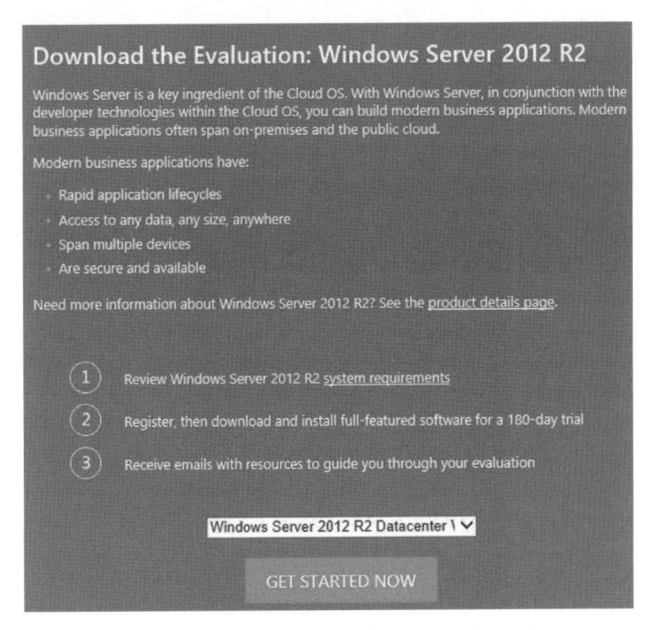

Figura 2.6 | Selecionando o arquivo na versão VHD.

3) Efetue logon no portal do MSDN usando sua Microsoft Account (caso não tenha uma conta Microsoft, siga os passos descritos no site para a criação de uma), preencha o pequeno formulário e clique em *Continue*. Em alguns segundos será iniciado o download do arquivo **9600.16415. amd64fre.winblue_refresh.130928-2229_server_serverdatacentere- val_en-us.vhd** para seu computador. Depois salve o arquivo na pasta VM-LivroSQLAlwaysOn criada no passo 1.

4) Caso você tenha problemas com os passos 2 e 3 anteriores, pode tentar fazer o download utilizando o link direto para o arquivo[21].

5) Após o download, crie a subpasta Windows2012R2-Base sob a pasta VM-LivroSQLAlwaysOn.

6) Mova o arquivo VHD para a pasta VM-LivroSQLAlwaysOn\Windows 2012R2-Base e renomeie o arquivo para **Windows2012R2_Base.vhd**.

7) Clique com o botão direito sobre o arquivo **Windows2012R2_Base.vhd** e selecione a opção *Properties.*

8) Na página de propriedades do arquivo, selecione o atributo de *Read-only* e clique em *OK*. Isso marcará o arquivo como um arquivo somente de leitura, impedindo que sejam feitas alterações no conteúdo do arquivo.

---

21 Disponível em: <http://care.dlservice.microsoft.com/dl/download/5/8/1/58147EF7-5E3C-4107- B7FE-F296B05F435F/9600.16415.amd64fre.winblue_refresh.130928-2229_server_serverdatacentereval_ en-us.vhd>. Acesso em: 1 dez. 2014.

9) Na pasta VM-LivroSQLAlwaysOn, crie também as subpastas WS2012-DC\Virtual Hard Disks, SQLNODE1\Virtual Hard Disks e SQLNODE2\Virtual Hard Disks.

Caso tenha executado todos esses passos corretamente, você deverá estar com estrutura de pastas igual à apresentada na Figura 2.7.

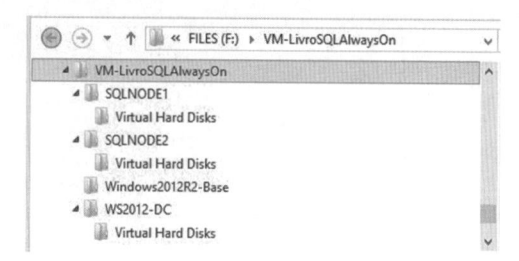

Figura 2.7 | Estrutura de pastas criadas para as máquinas virtuais.

Concluídos os passos de download do arquivo do Windows Server 2012 R2 Trial e criação das estruturas de pastas, é preciso agora criar os arquivos de disco virtual (.VHD) para cada uma das três máquinas virtuais a serem utilizadas no laboratório. Para um melhor consumo de espaço em disco, os arquivos serão criados tendo como base o arquivo .VHD armazenado na pasta VM-LivroSQLAlwaysOn\Windows2012R2-Base. Isso permitirá que os novos arquivos de discos virtuais mantenham apenas um diferencial do arquivo original, proporcionando uma boa economia de espaço em disco.

Sendo assim, abra a ferramenta Hyper-V Manager e siga os passos indicados para criar o arquivo .VHD para a máquina virtual WS2012-DC.

1) Estando com o Hyper-V Manager aberto, no painel *Actions*, clique sobre *New* e selecione a opção *Hard Disk...*, como na Figura 2.8.

Figura 2.8 | Criando um disco virtual no Hyper-V Manager.

2) Na página *Choose Disk Format*, simplesmente selecione a opção *VHD* e clique em *Next* para prosseguir.

3) Na página *Choose Disk Type*, selecione a opção *Differencing* (Figura 2.9) e clique em *Next*.

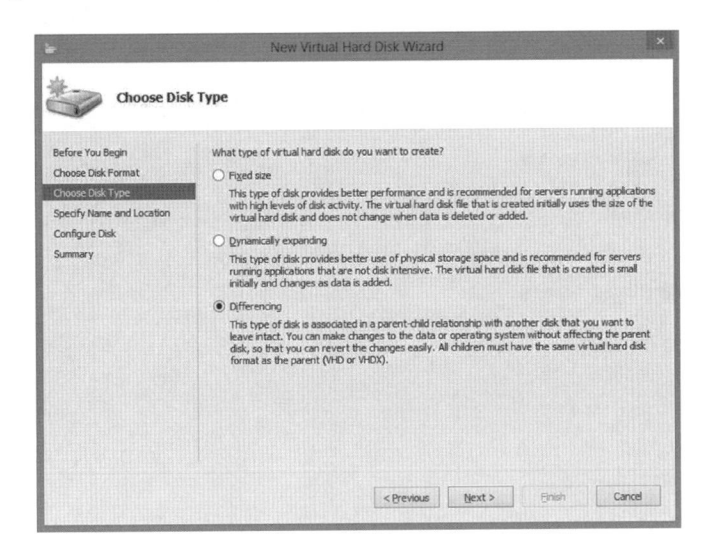

Figura 2.9 | Escolhendo o tipo de disco como Diferencial.

4) Na página *Specify Name and Location* você deve informar um nome para o disco virtual e o local onde este deverá ser armazenado. Para manter o disco virtual com o mesmo nome da máquina virtual, entre com o nome WS2012-DC_C.vhd e informe como nome o caminho VM-LivroSQLAlwaysOn\WS2012-DC\Virtual Hard Disks\ (Figura 2.10). Clique em *Next* para prosseguir.

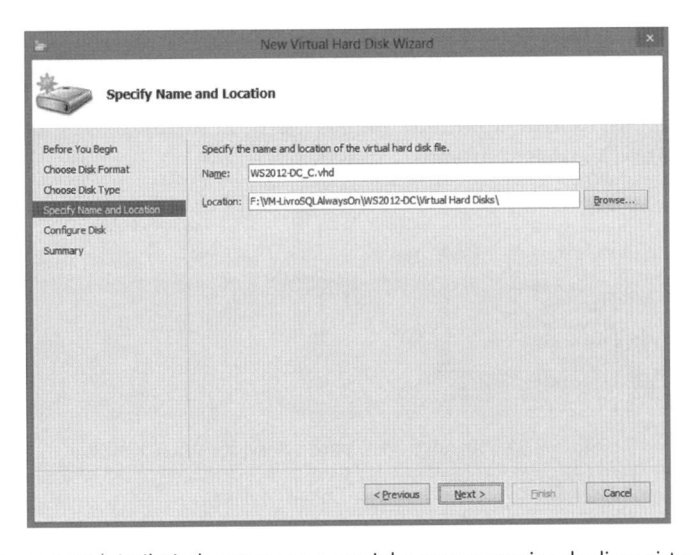

Figura 2.10 | Atribuindo um nome e caminho para o arquivo de disco virtual.

Configuração da Rede e Ambiente

5) Na página *Configure Disk* deve-se informar o arquivo de disco virtual que queremos utilizar como base para a criação do novo arquivo de disco virtual diferencial. Assim, neste ponto informe o arquivo **Windows2012R2_Base.vhd** que foi armazenado no caminho VM-LivroSQLAlwaysOn\Windows2012R2-Base\.

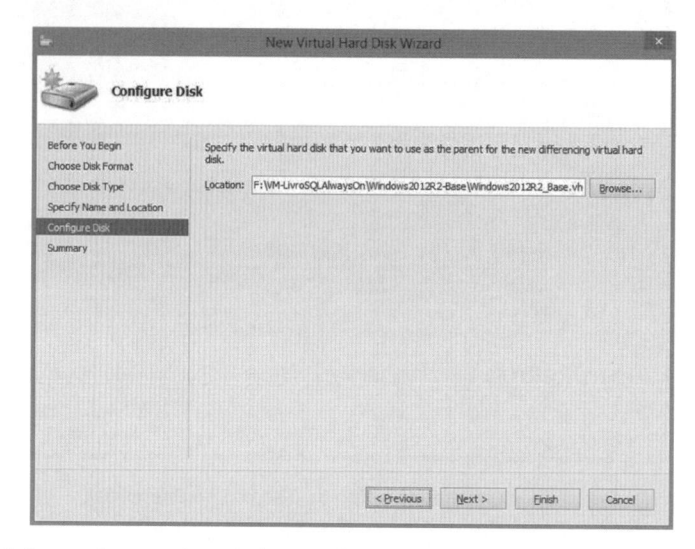

Figura 2.11 | Informando o arquivo Windows2012R2_Base.vhd como base para o novo disco virtual.

6) Na página *Completing the New Virtual Hard Disk Wizard,* certifique-se de que os caminhos e nomes estão corretos e clique em *Finish* para concluir o processo de criação do disco virtual para a máquina virtual WS2012-DC.

7) Se você seguiu todos os passos corretamente até aqui, deverá notar a existência de um arquivo de disco virtual sob a pasta VM-LivroSQLAlwaysOn\WS2012-DC\Virtual Hard Disks, como apresentado na Figura 2.12. Observe ainda que, diferentemente do arquivo VHD original utilizado como base e que possui um tamanho de 7.47 GB, o arquivo criado para o servidor WS2012-DC possui apenas 156 KB.

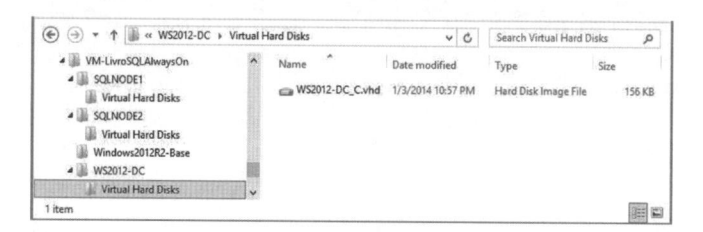

Figura 2.12 | Arquivo .VHD para o servidor WS2012-DC.

8) Concluída a criação do arquivo de disco virtual para a máquina virtual WS2012-DC, utilize as informações da Tabela 2.2 e reexecute os passos de 1 a 6 para criação dos arquivos de disco virtual para as máquinas virtuais SQLNODE1 e SQLNODE2. Lembre-se de utilizar o arquivo **Windows2012R2_Base.vhd** como base para os novos arquivos.

Tabela 2.2 | Informações para criação dos arquivos dos demais servidores

Máquina virtual	Nome para o arquivo	Localização para o arquivo
SQLNODE1	SQLNODE1_C.vhd	VM-LivroSQLAlwaysOn\SQLNODE1\Virtual Hard Disks
SQLNODE2	SQLNODE2_C.vhd	VM-LivroSQLAlwaysOn\SQLNODE2\Virtual Hard Disks

Assim que concluir a criação dos arquivos de discos virtuais para as máquinas SQLNODE1 e SQLNODE2, você poderá então prosseguir com a criação das máquinas virtuais propriamente dita utilizando novamente a ferramenta Hyper-V Manager.

Assim, siga os passos indicados para criar a máquina virtual para o servidor WS2012-DC.

1) Estando com o Hyper-V Manager aberto, no painel *Actions*, clique sobre *New* e selecione a opção *Virtual Machine...*, como apresentado na Figura 2.13.

Figura 2.13 | Criando uma máquina virtual no Hyper-V Manager.

2) Na página *Specify Name and Location*, entre com o nome WS2012-DC para a nova máquina virtual. Em *Store the virtual machine in a diferent location* você tem a opção de informar um disco e pasta onde deseja que os arquivos da máquina virtual sejam armazenados. Como na Figura 2.14, marque essa opção e informe o caminho para a pasta VM-LivroSQLAlwaysOn. No nosso caso aqui esse caminho é F:\VM- LivroSQLAlwaysOn.

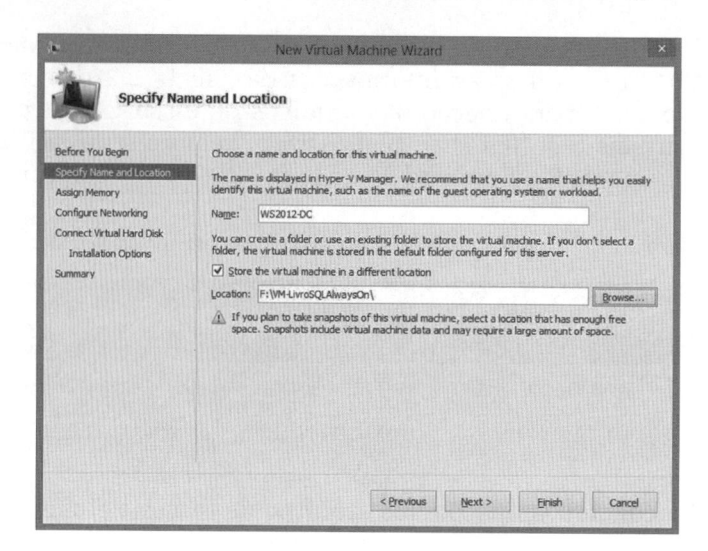

Figura 2.14 | Informando um nome e local para armazenar os arquivos da máquina virtual.

3) Após informar um nome para a máquina virtual e o caminho, como exemplificado na Figura 2.14, clique em *Next* para prosseguir.

4) Na página *Assign Memory*, especifique a quantidade de memória que deverá ser utilizada pela máquina virtual e clique em *Next*. Para melhor desempenho, o recomendado é utilizar 2 GB (2048 MB) ou mais, como apresentado na Figura 2.15.

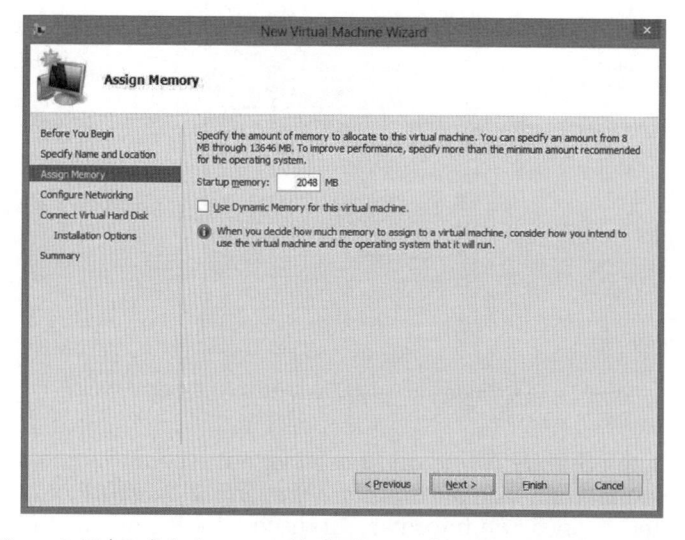

Figura 2.15 | Definindo a quantidade de memória para a máquina virtual.

5) Na página *Configure Networking*, mantenha a configuração padrão (Figura 2.16) e clique em *Next*. Abordaremos a configuração das redes nas máquinas virtuais no Tópico 2.3.

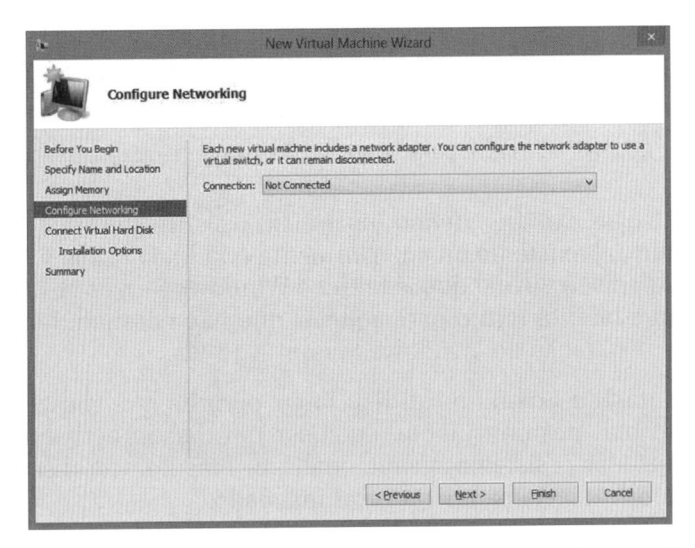

Figura 2.16 | Mantendo a configuração de rede como Not Connected.

6) Na página *Connect Virtual Hard Disk*, é possível escolher dentre três opções para configurar o disco virtual:

   a. **Create a virtual hard disk**: uma máquina virtual requer que um disco virtual seja criado para a instalação do sistema operacional que será executado pela máquina virtual. Essa opção é selecionada por padrão e permite que você especifique um nome para o arquivo de disco virtual, a localização em que o arquivo será armazenado e o tamanho para o disco virtual. Caso você mantenha essa opção selecionada, você terá que posteriormente, na página *Installation Options*, informar como o sistema operacional será instalado na máquina virtual. Isso poderá ser feito utilizando um CD/DVD do Windows Server 2012 R2, ou mesmo um arquivo ISO, como exemplificado na Figura 2.17. No entanto, certamente essa não é uma boa opção para aqueles que não possuem familiaridade com a instalação do Windows Server 2012 R2.

Configuração da Rede e Ambiente

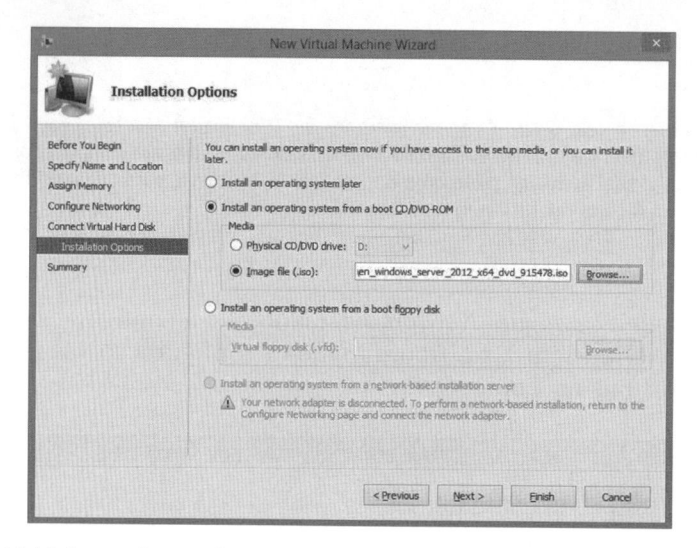

Figura 2.17 | Informando a opção para instalação do sistema operacional com arquivo .iso.

b. **Use an existing virtual hard disk:** permite que você utilize um disco virtual existente ou anteriormente criado. Ou seja, você pode utilizar um disco virtual que já tenha o Windows Server 2012 R2 instalado, o que facilita muito para aqueles que não possuem familiaridade com a instalação do Windows Server 2012 R2.

c. **Attach a virtual hard disk later:** permite que você informe um disk virtual posteriormente. Pode ser um disco novo, e aí você terá que instalar o sistema operacional, ou, mesmo, um disco virtual que já tenha o sistema operacional instalado.

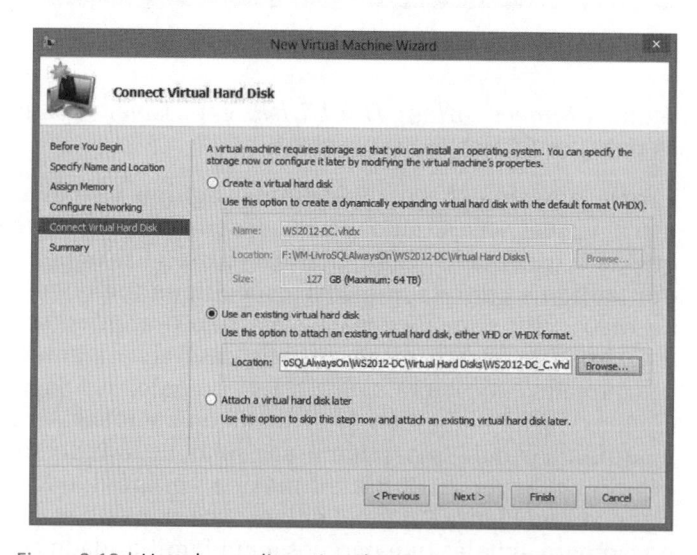

Figura 2.18 | Usando um disco virtual existente para a máquina virtual.

Como você já deve estar imaginando, utilizaremos a opção b, que nos permitirá utilizar o arquivo de disco virtual das respectivas máquinas virtuais que criamos nos passos anteriores. Assim, como apresentado na Figura 2.18, selecione a opção *Use an existing virtual hard disk*, clique sobre o botão *Browse* e selecione o arquivo WS2012-DC_C.vhd que foi armazenado na pasta VM-LivroSQLAlwaysOn\WS2012-DC\Virtual Hard Disks.

7) Ao clicar em *Next*, na página *Summary* você terá o resumo das configurações da máquina virtual conforme Figura 2.19. Certifique-se de que o caminho para o arquivo VHD está correto e clique em *Finish* para concluir o processo de criação da máquina virtual para o servidor WS2012-DC.

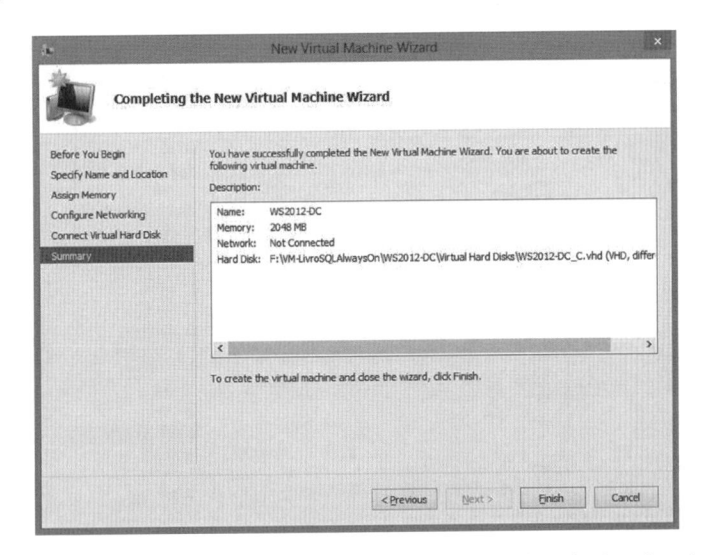

Figura 2.19 | Sumário das configurações para criação da máquina virtual.

Concluída a criação da máquina virtual para o servidor WS2012-DC, reexecute os passos 1 a 7 para criar as máquinas virtuais para os servidores SQLNODE1 e SQLNODE2. Não deixe de, onde apropriado, utilizar os nomes SQLNODE1 e SQLNODE2 como nome para as máquinas virtuais, bem como selecionar os arquivos .VHD correspondentes na opção *Use an existing virtual hard disk* da página *Connect Virtual Hard Disk*.

Se você executar todos os passos corretamente, sua estrutura de pastas deverá estar conforme Figura 2.20. Para cada nome de máquina virtual, deverá ter as subpastas *Virtual Hard Disk* (que contém o respectivo arquivo de disco virtual) e a subpasta *Virtual Machines* (que contém as configurações da máquina virtual).

Você também já poderá visualizar as máquinas virtuais dos novos servidores por meio da ferramenta Hyper-V Manager como apresentado na Figura 2.21.

Configuração da Rede e Ambiente

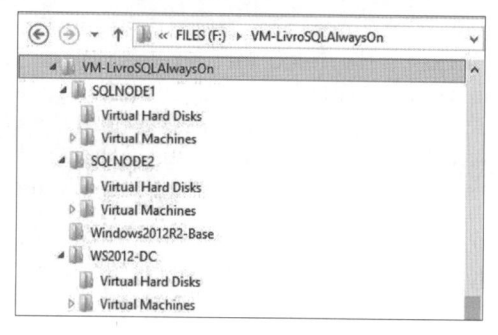

Figura 2.20 | Estrutura de pastas no Windows Explorer após a criação das máquinas virtuais.

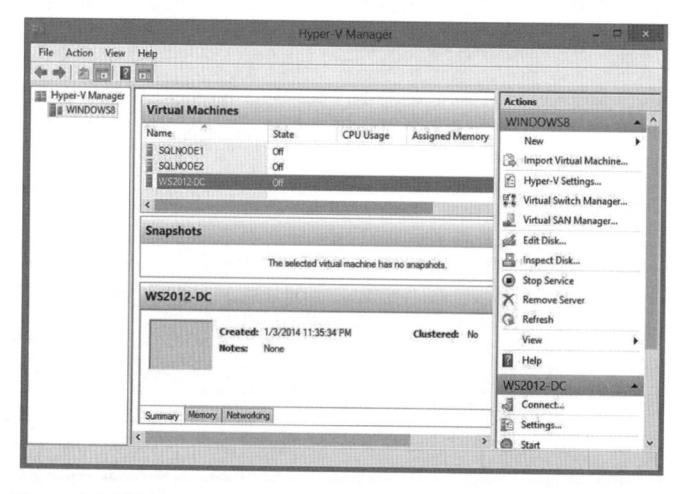

Figura 2.21 | Hyper-V Manager com as três máquinas virtuais criadas.

Concluída a criação das máquinas virtuais dos três servidores, é chegado o momento de inicializar o sistema operacional Windows Server 2012 R2 das máquinas virtuais, o Guest Operating System.

Nesta primeira inicialização você deverá efetuar algumas pequenas configurações no Windows Server 2012 R2 e também alterar o nome do servidor para que cada servidor reflita o nome que queremos atribuir a cada máquina virtual.

Mostraremos o passo-a-passo para inicialização do servidor WS2012-DC e depois você reexecutará os passos para inicializar os servidores SQLNODE1 e SQLNODE2. Para isso, execute então os passos conforme descritos a seguir:

1) No Hyper-V Manager, clique com o botão direito do mouse no servidor WS2012-DC e selecione a opção *Start* como demonstrado na Figura 2.22.

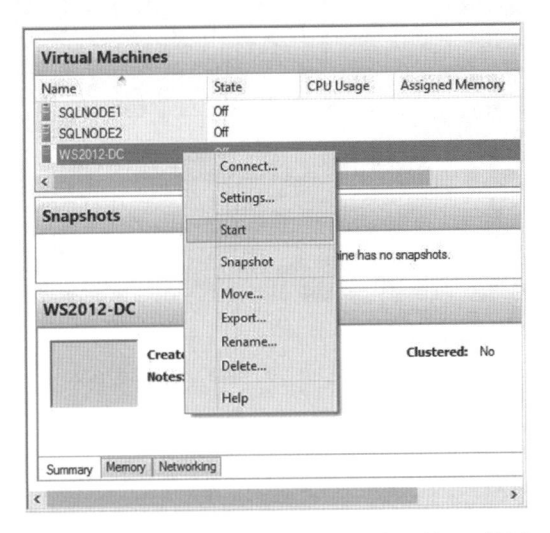

Figura 2.22 | Iniciando o servidor WS2012-DC no Hyper-V Manager.

2) Ao selecionar *Start*, você verá o servidor WS2012-DC sendo iniciado (Figura 2.23). Clique novamente com o botão direito do mouse sobre ele e dessa vez selecione a opção *Connect* para que seja aberto o console do servidor.

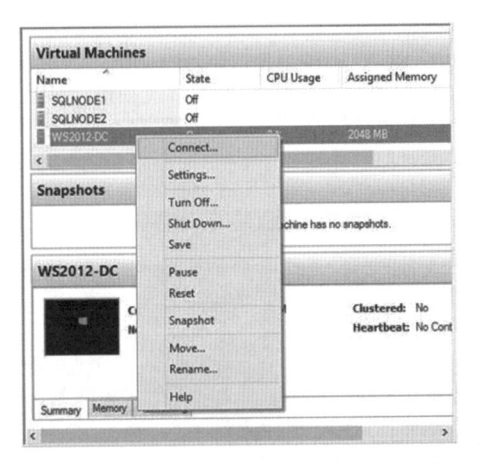

Figura 2.23 | Conectando-se ao console do servidor WS2012-DC.

3) Assim que o Windows concluir sua inicialização na página *Region and Language*, altere o *Keyboard layout* de *US* para *United States International* como apresentado na Figura 2.24 e clique em *Next* para prosseguir.

Configuração da Rede e Ambiente

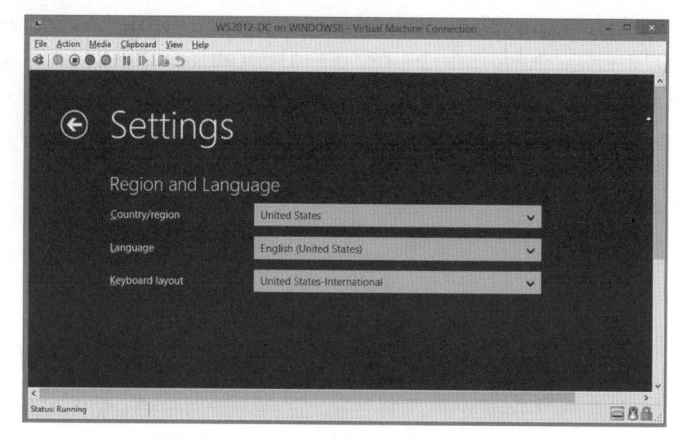

Figura 2.24 | Alterando o teclado para o padrão internacional.

Nota

O padrão de teclado United States – International é o compatível com a maioria dos tecla-
dos de padrão internacional. No entanto, se você estiver utilizando um teclado com o padrão
brasileiro, como um teclado que possua a tecla Ç, possivelmente você precisará selecionar o
padrão Portuguese (Brasil ABNT) ou mesmo Portuguese (Brasil ABNT2) para que seu teclado
funcione corretamente no Windows.

4) Na página seguinte você terá que aceitar os termos de licença de uso do
Windows antes de prosseguir. Então, como demonstrado na Figura 2.25,
clique sobre *I accept the license terms for using Windows* e depois sobre o
botão *I accept*.

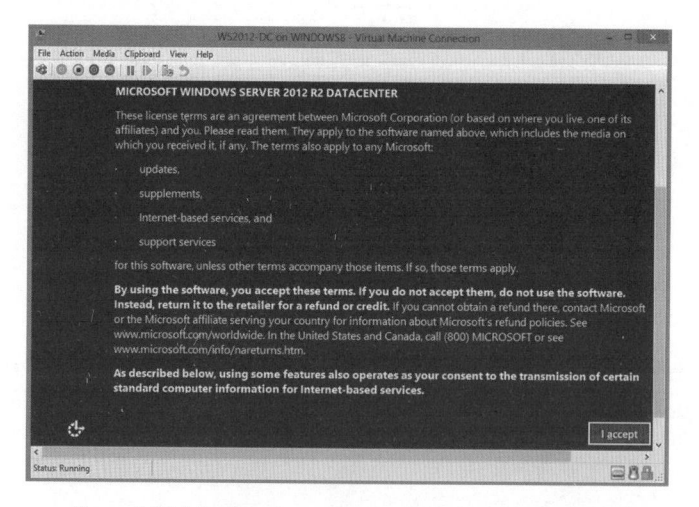

Figura 2.25 | Aceitando os termos de licença do Windows.

5) Na janela seguinte, como na Figura 2.26, entre com uma senha para o usuário *Administrator* do Windows e clique em *Finish* para concluir o processo de configuração. Para esse laboratório utilize a senha como **P@sswOrd**.

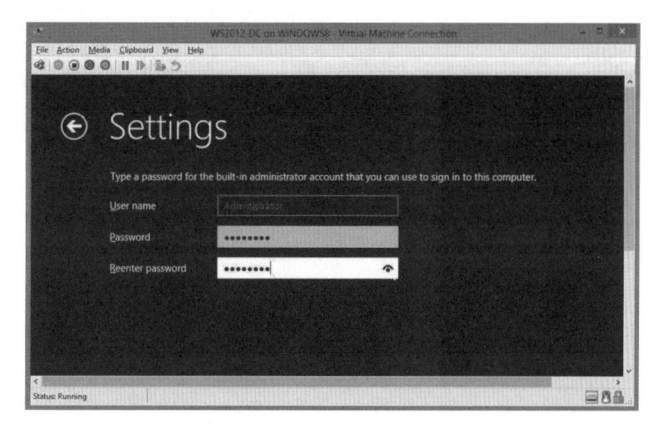

Figura 2.26 | Informando a senha para o usuário administrador do Windows.

6) Concluída a configuração, na janela *Press Crtl+Alt+Del to sign in*, pressione simultaneamente as teclas *Crtl+Alt+End* (quando usando máquinas virtuais no Hyper-V utiliza-se Ctrl+Alt+End) para efetuar logon no Windows, entre com a senha para o usuário *Administrator* e pronto. Você terá acesso ao console e à janela *Server Manager* do Windows Server 2012 R2 como apresentado na Figura 2.27.

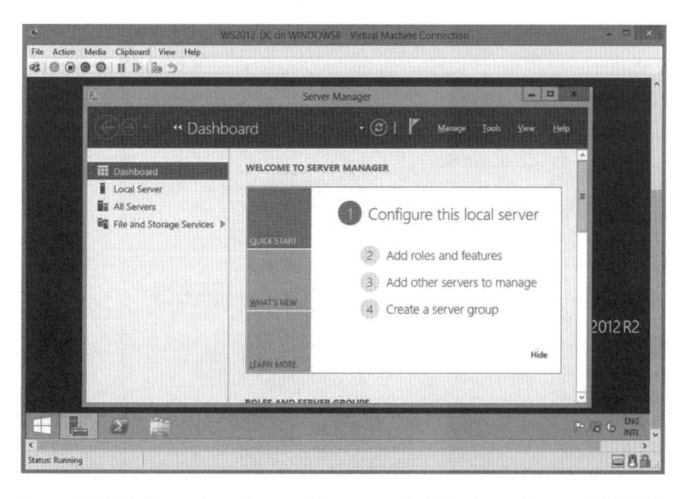

Figura 2.27 | Console e Server Manager do Windows Server 2012 R2.

7) No painel esquerdo da janela *Server Manager*, clique sobre *Local Server* para obter acesso às propriedades do servidor.

Configuração da Rede e Ambiente

8) Em *Local Server* uma das propriedades existentes é o nome do computador ou *Computer name*, conforme Figura 2.28. Para concluir a configuração da máquina virtual esse nome deve ser alterado para WS2012-DC, ficando assim igual ao nome da máquina virtual criada no Hyper-V.

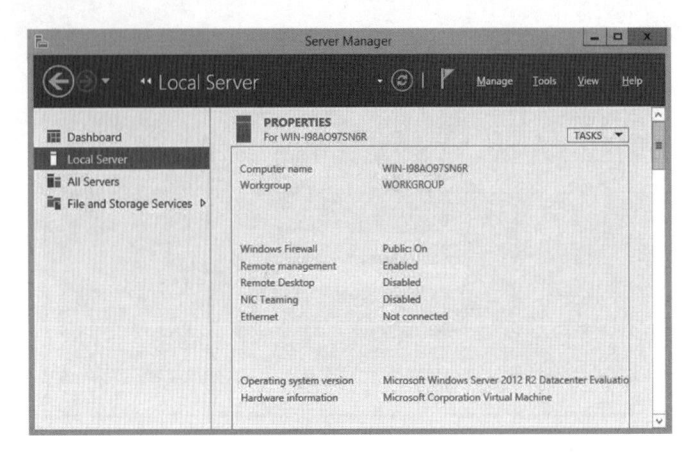

Figura 2.28 | Propriedades do servidor destacando o *Computer name*.

9) Para alterar o nome do computador, no *Server Manager* clique sobre o nome atual do computador, que no exemplo da Figura 2.28 é **WIN-I98AO97SN6R**. Isso abrirá a janela *System Properties* apresentada na Figura 2.29.

10) Na janela *System Properties*, clique sobre o botão *Change*.

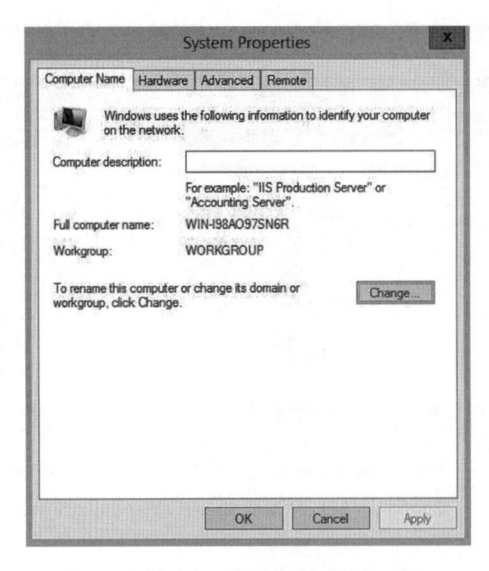

Figura 2.29 | Janela System Properties.

11) Ao ser aberta a janela *Computer Name/Domain Changes* altere o campo *Computer Name* para **WS2012-DC**, ficando essa janela igual à apresentada na Figura 2.30, e clique em *OK*.

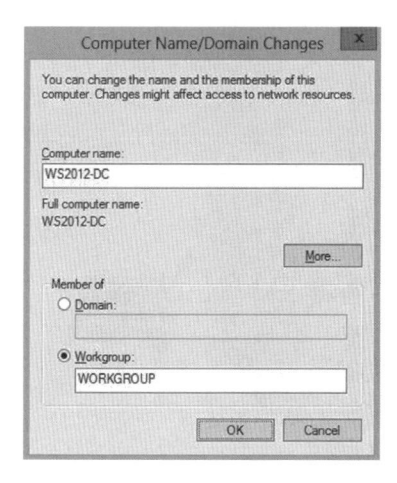

Figura 2.30 | Alterando o nome do computador para WS2012-DC.

12) Clique novamente em *OK* e reinicie o computador para efetivar a alteração do nome.

Com esse restart você concluirá a inicialização do Windows Server 2012 R2 e a alteração do nome do servidor virtual para WS2012-DC. Agora, reexecute os passos de 1 a 12 também para as máquinas virtuais SQLNODE1 e SQLNODE2, não esquecendo de efetuar a alteração para os respectivos nomes no passo 11.

Uma vez executados os passos de 1 a 12 para as máquinas virtuais SQLNODE1 e SQLNODE2, você terá concluído todo o processo de criação dos três servidores que serão utilizados no decorrer deste livro e poderá então seguir para o Tópico 2.3, Criação e Configuração das Redes no Hyper-V, onde veremos como criar redes no Hyper-V.

2.3 Criação e configuração das redes no Hyper-V

Na arquitetura do Hyper-V a única forma de acessar as máquinas virtuais ou fazer com que elas se comuniquem é através de um serviço de rede, exatamente como você já está acostumado ao acessar os computadores de uma rede, e para criar as redes no Hyper-V utilizaremos uma funcionalidade do Hyper-V chamada Virtual Switch.

Um Virtual Switch é um componente do Hyper-V que permite a configuração de placas de redes virtuais dentro das máquinas virtuais, permitindo então que elas se comuniquem. A Figura 2.31 ilustra um Virtual Switch no Hyper-V.

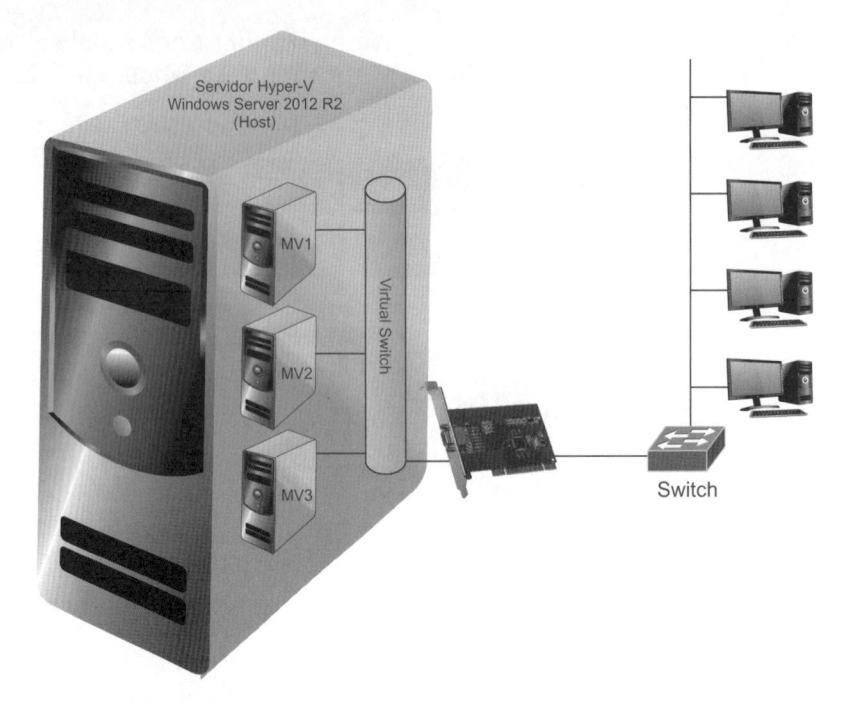

Figura 2.31 | Virtual Switch no Hyper-V Server.

Durante o processo de instalação do Hyper-V todas as placas de redes existentes no computador (o então Host Server) são identificadas, e a partir desse momento você pode utilizar um Virtual Switch para compartilhar a placa de rede com as máquinas virtuais criadas no Hyper-V Server. Na verdade, existem três tipos de Virtual Switches que você pode configurar, dependendo do objetivo pretendido.

‖ **Private Switch:** não está vinculado a uma placa de rede do Host Server e permite a comunicação apenas entre as máquinas virtuais existentes no Hyper-V. Com esse tipo de switch não é possível, por exemplo, acessar ou trocar arquivos entre as máquinas virtuais e o Host Server, ou mesmo, estabelecer qualquer comunicação com os computadores de uma rede física. Ou seja, é uma rede totalmente isolada e que permite a comunicação apenas entre as máquinas virtuais.

‖ **Internal Switch:** é semelhante ao private switch com a adição de que o internal switch permite que as máquinas virtuais se comuniquem com o Host Server. Ou seja, com um internal switch é possível se comunicar entre as máquinas virtuais, acessar ou trocar arquivos entre as máquinas virtuais e o Host Server, mas não é possível se comunicar com os computadores de uma rede física. Ao criar um internal switch você notará a criação de uma nova placa de rede (virtual) nas propriedades de rede do seu Host Server, e é através dessa placa que a comunicação entre as máquinas virtuais e o Host Server será estabelecida.

II **External Switch:** deve sempre estar vinculado a uma placa de rede do Host Server e, por isso, permite a comunicação entre as máquinas virtuais, acessar ou trocar arquivos entre as máquinas virtuais e o Host Server e estabelecer comunicação com os computadores de uma rede física.

Ao criar um external switch, você notará a criação de uma nova placa de rede (virtual) nas propriedades de rede do seu Host Server. Notará ainda que as configurações da placa física vinculada ao external switch serão copiadas para a nova placa de rede virtual e na placa física antiga ficará habilitada apenas a opção *Hyper-V Extensible Virtual Switch*. Nas Figuras 2.32 e 2.33 você pode ver uma ilustração dessas configurações.

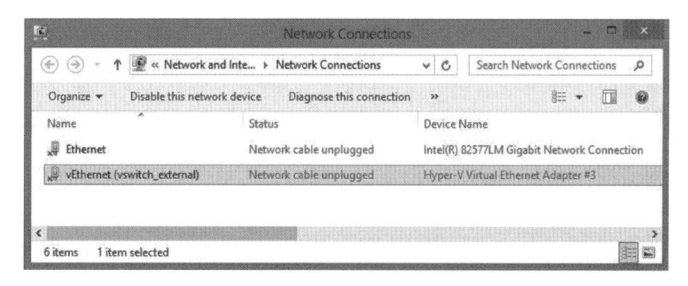

Figura 2.32 | Placa de rede virtual criada nas propriedades de rede do Host Server.

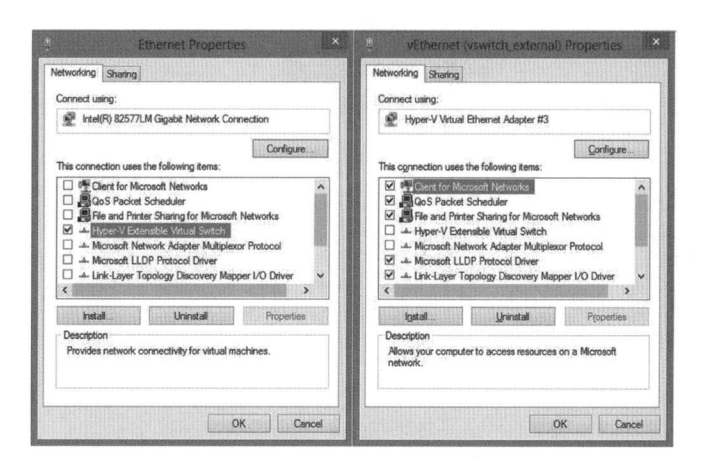

Figura 2.33 | Propriedades das placas de redes física e virtual.

Neste caso, é na placa de rede virtual que as configurações e o endereçamento IP devem ser realizados, sendo possível inclusive usar o mesmo range de endereçamento IP usado em rede física.

Para um melhor entendimento na Tabela 2.3 é apresentado um resumo dos tipos de Virtual Switches e as comunicações suportadas por cada um deles:

Tabela 2.3 | Tipos de Virtual Switches existentes no Hyper-V Server

Tipo	Comunicação com o Host	Comunica com as máquinas virtuais do mesmo Hyper-V Server	Comunica com máquinas virtuais em outros Hyper-V Servers	Comunica com a rede física
Private Switch		x		
Internal Switch	x	x		
External Switch	x	x	x	x

Agora que você conhece os tipos de Virtual Switches existentes no Hyper-V, chegou a hora de configurar o ambiente de rede do laboratório.

Como pode ser observado na Figura 2.34, cada servidor criado para o laboratório deverá estar conectado a duas redes principais REDE_LAN e REDE_iSCSI. Especificamente os servidores SQLNODE1 e SQLNODE2 também deverão estar conectados um ao outro por uma rede privada, aqui chamada de REDE_HBT. Lembramos que a configuração de uma rede dedicada ao tráfego de heartbeat do cluster não é mais um requisito nos dias de hoje, embora ainda seja bastante comum encontrá-las principalmente em ambientes em que não existe uma redundância de placas de redes. Então, para efeito de aprendizado, iremos considerá-la para o ambiente deste laboratório.

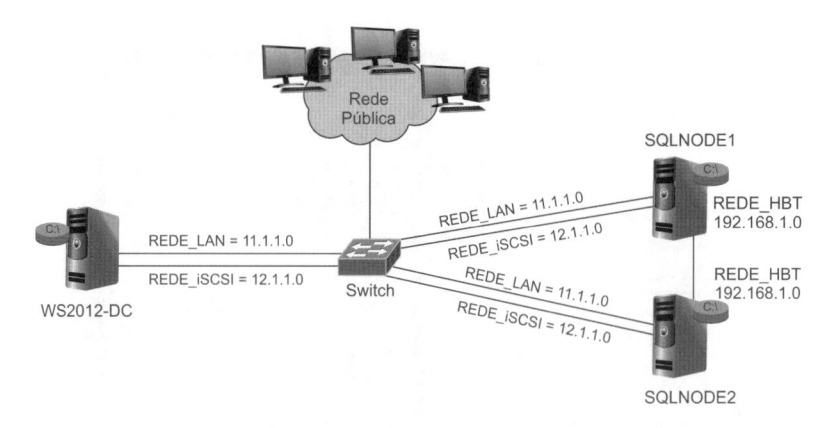

Figura 2.34 | Diagrama da rede do laboratório.

Então, como o objetivo do laboratório é permitir a comunicação de rede apenas entre as máquinas virtuais, veremos nos passos seguintes como criar um Virtual Switch do tipo *Internal* e *Private*.

Para um melhor entendimento de cada uma das redes, temos o seguinte:

‖ **REDE_LAN:** é, na verdade, a rede pública, ou seja, imagine que é nessa rede que estão conectados todos os servidores, aplicações e estações de trabalho que estarão se conectando ao SQL Server. Essa rede possuirá o endereçamento TCP/IP 11.1.1.0.

|| **REDE_iSCSI:** essa rede será utilizada exclusivamente pelo tráfego de dados TCP/IP gerado pelos discos virtuais iSCSI e possuirá o endereçamento TCP/IP 12.1.1.0. Isso permitirá separar o tráfego gerado pela rede pública do tráfego gerado pelas operações de gravação e leitura dos dados pelo SQL Server nos discos virtuais iSCSI. Em um ambiente de rede real e que faz uso de discos iSCSI essa segregação do tráfego em redes distintas é uma boa prática comumente seguida e recomendada, muitas vezes inclusive utilizando-se rede de 10 gigabits (10 GB). Isso porque, em se tratando de ambientes SQL Server, normalmente se tem a utilização de grandes volumes de dados, o que gera uma alta taxa de gravação e leitura nos discos virtuais, e a não segregação do tráfego em redes distintas certamente acarretaria grandes problemas de desempenho no ambiente como um todo. Assim, adotaremos essa boa prática também em nosso laboratório.

|| **REDE_HBT:** a REDE_HBT será a rede de HeartBeat (HBT) do cluster e possuirá o endereçamento TCP/IP 192.168.1.0. A rede de heartbeat é uma rede exclusiva ou privada por onde trafegam informações importantes sobre a saúde dos nós do cluster e do SQL Server. É através dessa rede que o Failover Cluster Service identifica as possíveis falhas de comunicação entre os nós do SQL Server e toma a decisão de automaticamente executar o processo de Failover dos recursos do cluster de um nó para outro.

Em ambientes Failover Cluster com até dois nós, como será o montado no laboratório apresentado neste livro, a conexão entre os nós consiste em um cabo de rede conectado diretamente entre os dois nós. Entretanto, em ambientes com três ou mais nós no cluster, é necessária a utilização de switches para a criação de uma VLAN (Virtual Network) específica para a rede de heartbeat. Para obter mais informações sobre heartbeat, reveja o Tópico 1.5, no Capítulo 1.

Isso posto, vamos então ao passo-a-passo para a criação dos Virtual Switches no Hyper-V:

1) Abra o Hyper-V Manager.

2) No painel *Actions*, clique sobre o link do Virtual Switch Manager (Figura 2.35).

3) Na janela *Virtual Switch Manager*, como apresentado na Figura 2.36, clique sobre a opção *Private* para criar um Virtual Switch do tipo privado e, depois, clique em *Create Virtual Switch*.

Figura 2.35 | Selecionando o Virtual Switch Manager no Hyper-V.

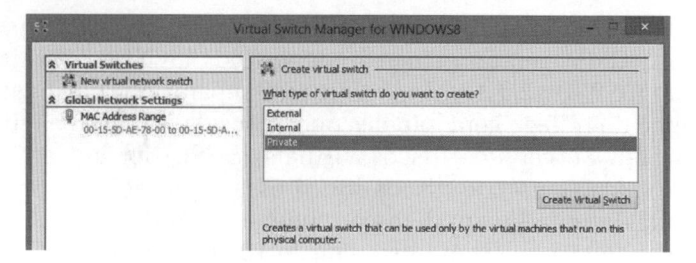

Figura 2.36 | Criando um Virtual Switch privado no Hyper-V.

4) Na janela seguinte, entre com o nome **vswitch_privado**, mantenha a opção *Private network* selecionada e clique sobre o botão *Apply* para confirmar a criação do switch.

5) Ainda na mesma janela, selecione novamente a opção *New virtual network switch* no canto superior esquerdo da janela. Dessa vez, selecione a opção *Internal* e clique sobre o botão *Create Virtual Switch*.

6) Na janela seguinte, entre com o nome **vswitch_interno**, mantenha a opção *Internal network* selecionada e clique sobre o botão *Apply* para confirmar a criação do switch.

Isso conclui a criação dos Virtual Switches no Hyper-V e estamos prontos para configurar as placas de rede nas máquinas virtuais. Se você executou todos os passos corretamente, a configuração dos switches deve estar como a apresentada na Figura 2.37. Nesse caso, basta clicar em *OK* para fechar a janela.

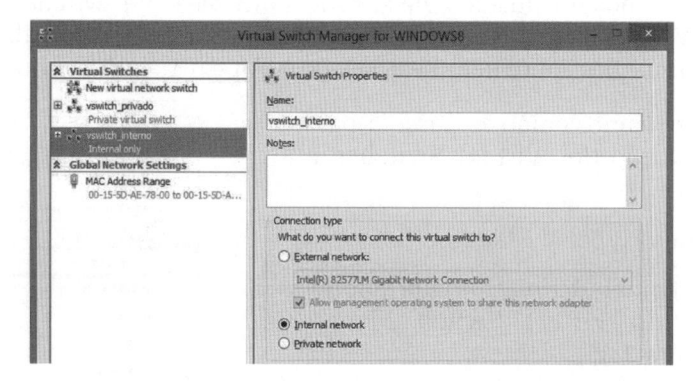

Figura 2.37 | Virtual Switches criados no Hyper-V Manager.

Nota

Não estamos criando aqui um Virtual Switch dedicado para o segmento da rede iSCSI, no entanto isso é perfeitamente possível e pode ser executado caso você queira ir além do que estamos propondo para este laboratório.

2.4 Configuração das placas de rede nos servidores virtuais

Como dito na introdução deste capítulo, nesse laboratório o servidor WS2012-DC possuirá duas placas de rede sendo uma conectada à REDE_LAN (11.1.1.0) e a outra conectada na REDE_iSCSI (12.1.1.0).

O mesmo deverá ser configurado para os servidores SQLNODE1 e SQLNODE2, com a adição que para esses servidores também deverá ser configurada uma terceira placa de rede para o heartbeat. Na Tabela 2.4 é apresentado o endereçamento IP que deve ser utilizado em cada uma das placas das respectivas máquinas virtuais.

Tabela 2.4 | Configuração de rede das máquinas virtuais do laboratório

Servidor	Função	LAN_NIC	iSCSI_NIC	HBT_NIC
WS2012-DC	Servidor Domain Controler, DNS e Storage Server	11.1.1.1	12.1.1.1	N/A
SQLNODE1	Servidor SQL Server	11.1.1.2	12.1.1.2	192.168.1.1
SQLNODE2	Servidor SQL Server	11.1.1.3	12.1.1.3	192.168.1.2

Na Figura 2.38 temos uma representação gráfica da arquitetura de rede do laboratório, bem como das placas de rede e endereçamento IP que deve ser utilizado em cada placa.

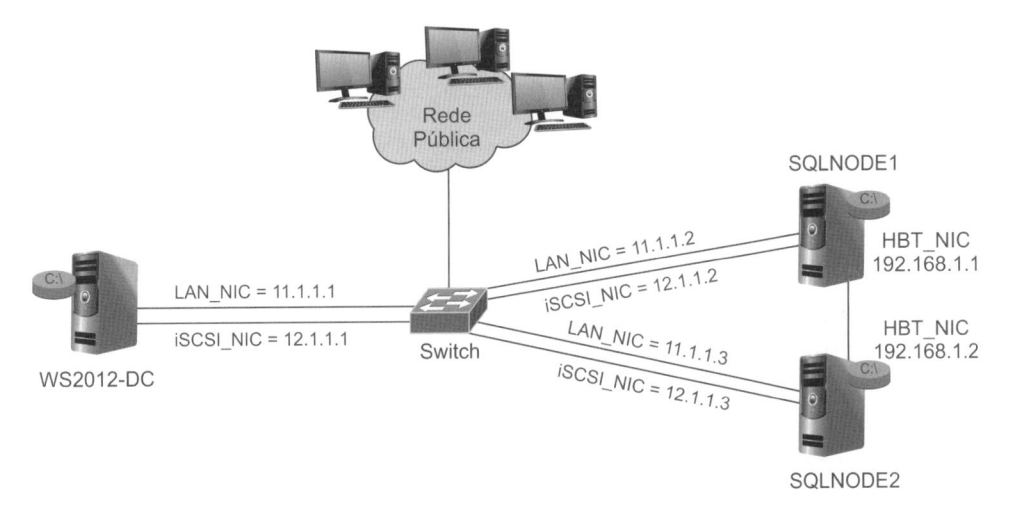

Figura 2.38 | Representação gráfica da arquitetura de rede do laboratório.

2.4.1 Criação das placas de redes nos servidores

Concluída a configuração dos Virtual Switches no Hyper-V e de posse das informações apresentadas na Figura 2.38, já é possível seguir em frente com a criação e configuração das placas de rede em cada uma das máquinas virtuais do laboratório.

Assim, cumpra os passos descritos a seguir para criação da placa de rede LAN_NIC para a máquina virtual WS2012-DC:

1) Com o Hyper-V Manager aberto, clique com o botão direito sobre a máquina virtual WS2012-DC e selecione a opção *Setting...* (Figura 2.39).

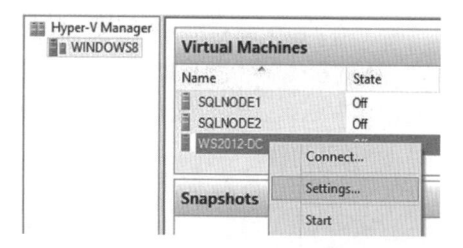

Figura 2.39 | Acessando as configurações de uma máquina virtual.

2) Na janela de configurações, na lista de hardware, selecione *Network Adapter*, que representa a primeira placa de rede dessa máquina virtual.

3) No *Network Adapter*, em *Virtual Switch* selecione o switch **vswitch_interno** como na Figura 2.40.

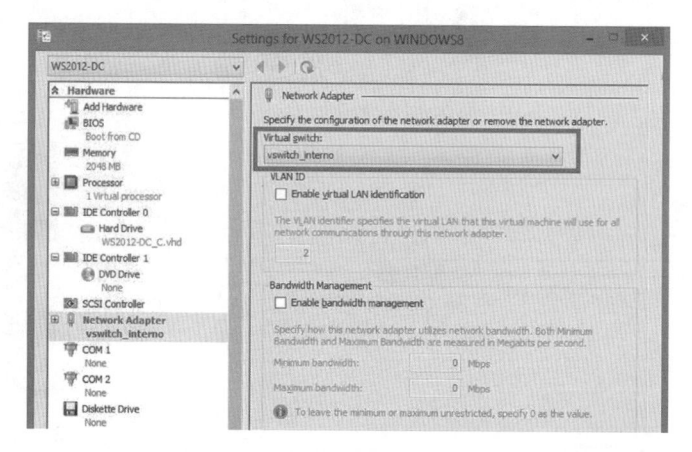

Figura 2.40 | Selecionando um Virtual Switch para a placa de rede.

4) Selecionado o *Virtual Switch*, clique sobre os botões *Apply* e depois em *OK*.

5) Inicialize a máquina virtual clicando com o botão direito sobre o nome WS2012-DC e selecionando a opção *Start*.

6) Clique novamente com o botão direito sobre a máquina virtual e selecione a opção *Connect* para se conectar a ele.

7) Após concluir a inicialização do Windows, tecle *Crtl+Alt+End* para efetuar o logon.

8) Na janela de logon, informe a senha para o usuário *Administrator*. Se você seguiu a orientação feita no momento da configuração do Windows, essa senha deve ser **P@sswOrd**.

9) Após efetuar o logon, você notará no canto inferior direito da janela e próximo ao relógio do Windows o ícone de uma placa de rede igual ao apresentado na Figura 2.41.

Figura 2.41 | Ícone da placa de rede no Windows.

10) Clique com o botão direito sobre o ícone da placa de rede e selecione a opção *Open Network and Sharing Center*.

11) Na janela *Network and Sharing Center*, selecione o link *Change adapter settings* no canto superior esquerdo.

12) Na janela *Network Connections* você notará a presença de uma placa de rede de nome *Ethernet*. Clique com o botão direito do mouse sobre ela, selecione a opção *Rename* e entre com o nome LAN_NIC.

Isso feito, mantenha a janela da máquina virtual WS2012-DC aberta, volte para a janela do Hyper-V Manager e reexecute os passos de 1 a 12 para criar a placa de rede LAN_NIC também para as máquinas virtuais SQLNODE1 e SQLNODE2.

Concluída a criação da placa de rede LAN_NIC, é preciso ainda criar a placa de rede iSCSI_NIC nos três servidores. Lembre-se de que essa placa será utilizada exclusivamente para o tráfego de rede gerado pelo I/O dos discos que serão utilizados pelo SQL Server, até por isso essas placas serão configuradas em outro range de endereçamento TCP/IP.

Então, para criar a placa de rede iSCSI_NIC no servidor WS2012-DC, volte para a janela do Hyper-V Manager e siga estes passos:

1) Clique com o botão direito do mouse sobre as máquinas virtuais e selecione a opção *Shut Down* para desligar as máquinas virtuais dos três servidores, conforme Figura 2.42.

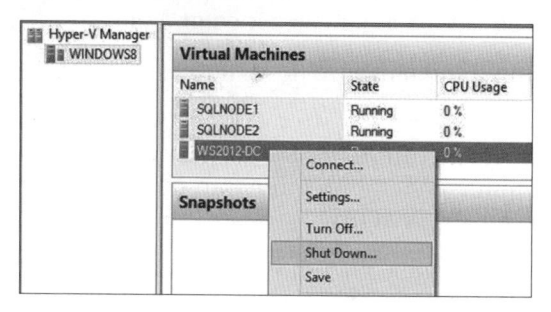

Figura 2.42 | Desligando os servidores virtuais.

2) Após o desligamento das máquinas virtuais, clique novamente com o botão direito do mouse no WS2012-DC e selecione a opção *Settings...*

3) Na janela de configuração, como apresentado na Figura 2.43, selecione a opção *Network Adapter* e clique sobre o botão *Add*.

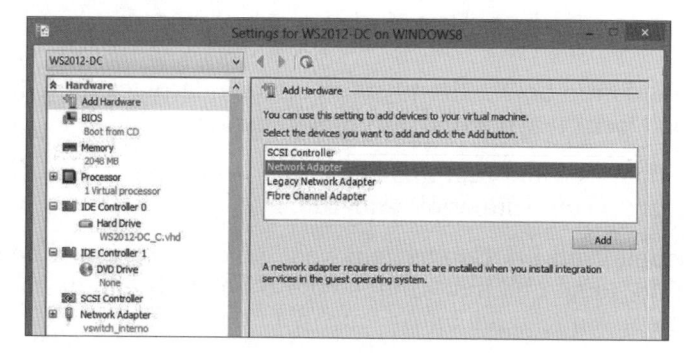

Figura 2.43 | Adicionando uma nova placa de rede para a máquina virtual WS2012-DC.

4) Após clicar no botão *Add* você notará que uma nova placa de rede será adicionada na lista de hardware. Para essa nova placa de rede, conforme demonstrado na Figura 2.44, selecione o *Virtual Switch* **vswitch_interno**, clique sobre o botão *Apply* e depois em *OK*, para confirmar a criação e fechar a janela de configuração.

Nota

Se no momento da criação dos Virtual Switches você optou por criar um Virtual Switch dedicado para o iSCSI, selecione-o neste momento no lugar do vswitch_interno.

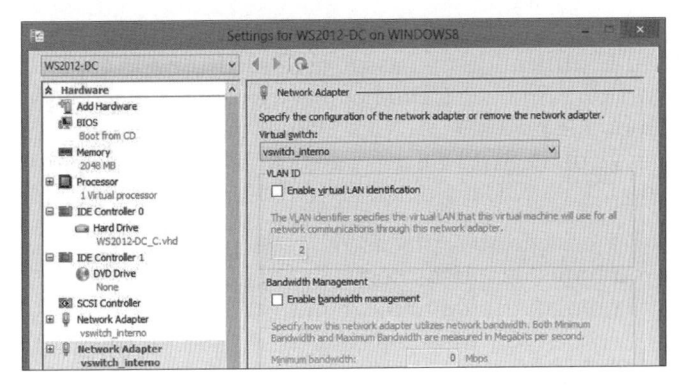

Figura 2.44| Selecionando o Virtual Switch para a nova placa de rede.

Isso feito, reexecute os passos de 1 a 4 para as máquinas virtuais SQLNODE1 e SQLNODE2, criando para essas também uma nova placa de rede.

Concluída a criação da segunda placa de rede para as três máquinas virtuais, se você observar a Tabela 2.4 – apresentada no início do Tópico 2.4 – notará que para as máquinas virtuais SQLNODE1 e SQLNODE2 existe ainda a necessidade de criação de uma terceira placa de rede, a placa de rede HBT_NIC. No entanto, essa placa será utilizada para comunicação privada do cluster, o que também chamamos de comunicação *intracluster*. Então, estas deverão ser configuradas no Virtual Switch **vswitch_privado**. Assim, apenas para as máquinas virtuais SQLNODE1 e SQLNODE2 reexecute os passos de 1 a 4 para criar uma terceira placa de rede e no passo 4 selecione o Virtual Switch **vswitch_privado**. Ao final, se você executar todos os passos corretamente para as máquinas virtuais SQLNODE1 e SQLNODE2, estas deverão estar com três placas de rede, como apresentado na Figura 2.45.

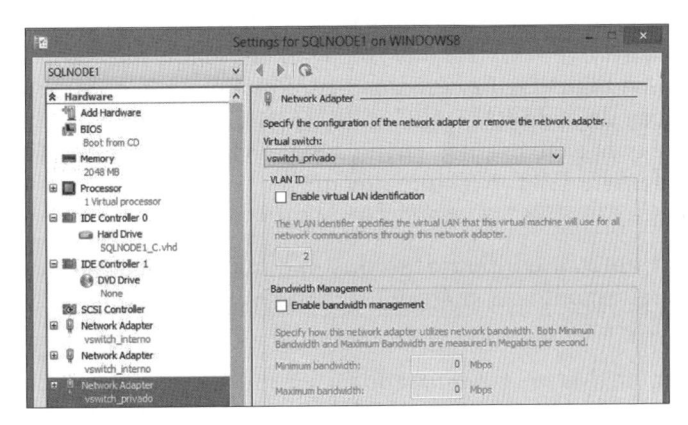

Figura 2.45 | Placas de redes criadas no servidor virtual SQLNODE1.

Após isso, inicie e conecte-se nas três máquinas virtuais. Depois efetue logon no WS2012-DC utilizando os passos já descritos neste tópico. Então, acesse o *Open Network and Sharing Center* e em *Network Connections* renomeie a placa de rede *Ethernet 2* para iSCSI_NIC. Depois reexecute os mesmos passos para as máquinas virtuais SQLNODE1 e SQLNODE2 renomeando a placa de rede *Ethernet* para iSCSI_NIC e a placa de rede *Ethernet 2* para HBT_NIC.

Isso conclui a criação das placas de rede para as máquinas virtuais, e, se você executou todos os passos corretamente, cada uma das máquinas virtuais deverá estar como apresentado nas Figuras 2.46 e 2.47.

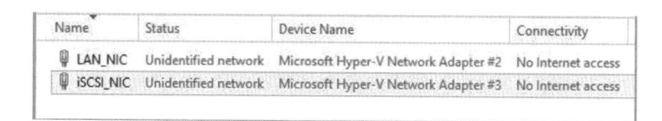

Figura 2.46 | Placas de rede da máquina virtual WS2012-DC.

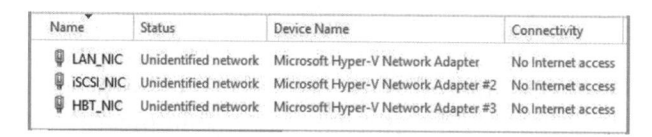

Figura 2.47 | Placas de rede das máquinas virtuais SQLNODE1 e SQLNODE2.

2.4.2 Configuração do endereçamento TCP/IP nas placas de rede

Concluída a criação das placas de rede nas máquinas virtuais, de acordo com a Figura 2.38 as placas de rede LAN_NIC deverão possuir os endereços IP 11.1.1.1, 11.1.1.2, 11.1.1.3, e as placas de rede iSCSI_NIC, os endereços IP 12.1.1.1, 12.1.1.2 e 12.1.1.3 nas respectivas máquinas virtuais WS2012-DC, SQLNODE1 e SQLNODE2. Assim, a próxima etapa é configurar os endereços IP nas placas de rede LAN_NIC e iSCSI_NIC de cada máquina virtual. Lembrando que para as máquinas virtuais SQLNODE1 e SQLNODE2 existem ainda as placas de rede HBT_NIC que devem ser configuradas com os endereços IP 192.168.1.1 e 192.168.1.2, respectivamente.

Para iniciar então a configuração dos endereços IP nas placas de rede, efetue logon primeiramente na máquina virtual WS2012-DC e siga os passos conforme descritos:

1) Na janela *Network Connections*, clique com o botão direito do mouse sobre a placa de rede LAN_NIC e selecione a opção *Properties*.

2) Na janela *LAN_NIC Properties*, conforme apresentado na Figura 2.48, mantenha os protocolos IPv6 e IPv4 habilitados, selecione o item *Internet Protocol Version 4 (TCP/IP4)* e depois clique sobre o botão *Properties*.

3) Após clicar sobre o botão *Properties*, será aberta a janela de propriedades do protocolo TCP/IPv4. Nessa janela, deve ser informado qual será o endereço IP a ser utilizado pela placa de rede. Assim, selecione a opção *Use the following IP Address* e nos campos *IP Address* e *Subnet mask* entre respectivamente com 11.1.1.1 e 255.255.255.0 como apresentado na Figura 2.49.

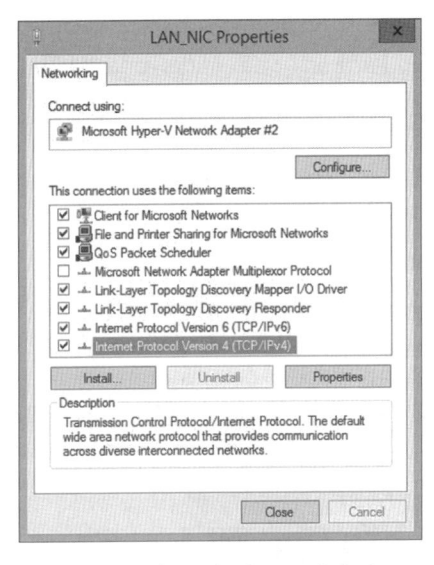

Figura 2.48 | Janela de propriedades da placa de rede LAN_NIC.

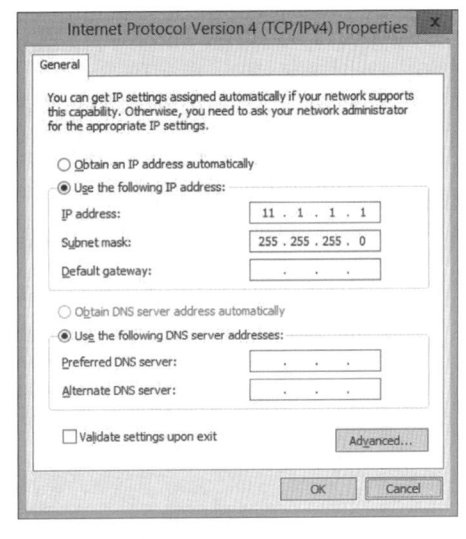

Figura 2.49 | Informando o endereço IP para a placa de rede.

4) Isso feito, clique no botão *OK* para fechar a janela de propriedades do protocolo TCP/IPv4 e novamente em *OK* para fechar a janela de propriedades da placa de rede LAN_NIC.

5) Reexecute os passos de 1 a 4 agora para a placa de rede iSCSI_NIC, dessa vez utilizando o endereço IP 12.1.1.1.

Configuração da Rede e Ambiente

Isso conclui a configuração das placas de rede LAN_NIC e iSCSI_NIC para a máquina virtual WS2012-DC. Então, retorne à máquina virtual SQLNODE1 e reexecute os passos de 1 a 5 para configurar os endereços IP 11.1.1.2 e 12.1.1.2 nas placas de rede LAN_NIC e iSCSI_NIC e depois reexecute os mesmos passos para a máquina virtual SQLNODE2 usando os endereços IP 11.1.1.3 e 12.1.1.3.

Depois, apenas para as máquinas virtuais SQLNODE1 e SQLNODE2 configure a placa de rede HBT_NIC utilizando os respectivos endereços IPs 192.168.1.1 e 192.168.1.2.

2.4.3 Testando a comunicação TCP/IP entre os servidores virtuais

Até aqui temos as placas de rede LAN_NIC devidamente criadas e com seus respectivos endereços TCP/IP configurados em cada um dos servidores virtuais. No entanto, como saber se a comunicação TCP/IP entre os servidores está funcionando adequadamente? Ou seja, como saber se um servidor consegue se comunicar com o outro usando o endereço IP configurado?

Bom, é hora então de executar os devidos testes para garantir que essa comunicação está funcionando adequadamente. Para isso, em cada uma das máquinas virtuais devemos utilizar o utilitário de linha de comando **ping.exe** para validar essa comunicação TCP/IP. Assim, siga estes passos:

1) Estando logado na máquina virtual WS2012-DC, abra um prompt de comando utilizando as teclas *Windows + R*.

2) Na janela *Run*, digite o comando **cmd.exe** e tecle *ENTER*.

3) Agora, no prompt de comando digite o comando **ping 11.1.1.2** e tecle *ENTER*, em que 11.1.1.2 é o endereço IP da placa de rede LAN_NIC da máquina virtual SQLNODE1. Certamente você receberá mensagens informando que a requisição caiu por *timed out*, de maneira semelhante ao apresentado na Figura 2.50.

```
Administrator: C:\Windows\system32\cmd.exe
Microsoft Windows [Version 6.3.9600]
(c) 2013 Microsoft Corporation. All rights reserved.

C:\Users\Administrator>ping 11.1.1.2

Pinging 11.1.1.2 with 32 bytes of data:
Request timed out.
Request timed out.
Request timed out.
Request timed out.

Ping statistics for 11.1.1.2:
    Packets: Sent = 4, Received = 0, Lost = 4 (100% loss),

C:\Users\Administrator>
```

Figura 2.50 | Erro de comunicação com a máquina virtual SQLNODE1.

Bom, esse problema inicial de comunicação existe porque por padrão o Windows Server 2012 R2 mantém as configurações de firewall do Windows ativas. Ou seja, as regras de firewall do Windows não estão permitindo a comunicação TCP/IP entre as máquinas virtuais. Assim, para que o teste de comunicação seja feito é preciso desativar o firewall do Windows nas máquinas virtuais. Inclusive a sugestão é que você mantenha o firewall desativado até que todo o ambiente seja configurado.

Então, para seguir com a validação da comunicação entre os servidores, prossiga executando os passos a seguir:

1) Efetue logon na máquina virtual SQLNODE1 e tecle as teclas *Windows* + *X*. Você terá acesso ao menu de contexto igual ao apresentado na Figura 2.51. Nele, selecione a opção *Control Panel*.

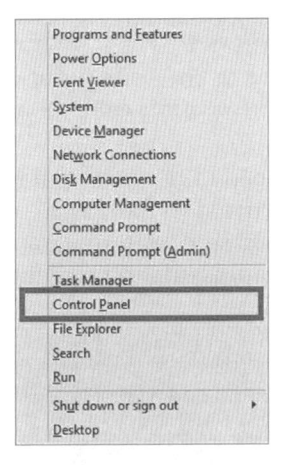

Figura 2.51 | **Menu de contexto das teclas Windows + X.**

2) Na janela do *Control Panel*, selecione o item *System and Security*.

3) Na janela *System and Security*, selecione a opção *Windows Firewall*.

4) Na janela *Windows Firewall*, dentre as várias opções existentes no painel esquerdo, selecione a opção *Turn Windows Firewall on or off*.

5) Na janela *Customize Settings*, em *Public network settings*, selecione a opção *Turn off Windows Firewall (not recommended)*, conforme apresentado na Figura 2.52, e clique em *OK*.

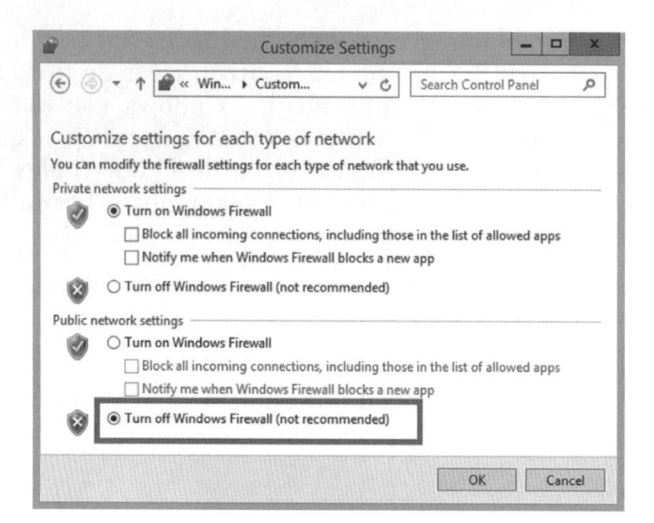

Figura 2.52 | Desativando o Windows
Firewall para a rede pública.

6) Concluída a desativação do *Firewall* para a máquina virtual SQLNODE1, retorne à máquina virtual WS2012-DC e reexecute o teste de ping no IP 11.1.1.2. Dessa vez, seu teste deverá ser executado com sucesso e o retorno será igual ao apresentado na Figura 2.53a.

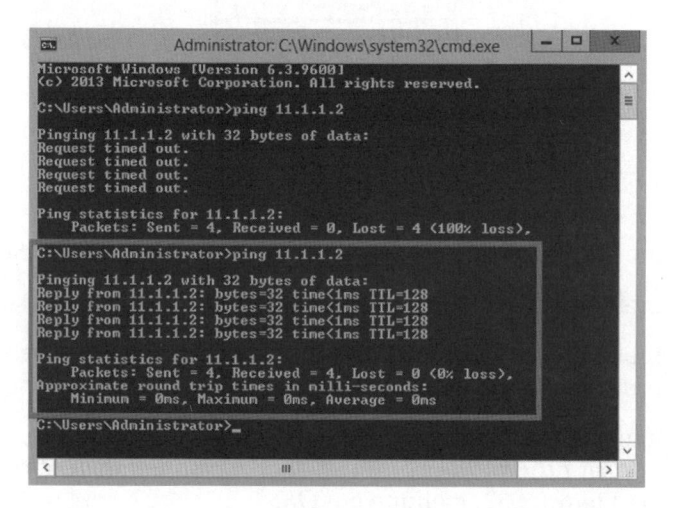

Figura 2.53a | Sucesso no teste de ping para o IP 11.1.1.2.

Tendo o teste de ping para o IP 11.1.1.2 retornado com sucesso, isso nos garante que a comunicação entre as máquinas virtuais WS2012-DC e SQLNODE1 pela placa de rede LAN_NIC está funcionando adequadamente. Então, agora que o primeiro teste foi executado com sucesso e você já sabe como fazer, desative o serviço do Windows Firewall também nas máquinas virtuais WS2012-DC e SQLNODE2 e utilizando as informações apresentadas

na Tabela 2.5 garanta que a comunicação está funcionando adequadamente entre as três máquinas virtuais e para todas as placas de rede.

Caso algum teste de ping não retorne com sucesso, reveja as configurações de endereço IP das placas de rede para garantir que os endereços IP foram configurados corretamente e estão como definidos na Tabela 2.1 apresentada no início deste tópico.

Tabela 2.5 | Tabela para validação dos IPs de todos os servidores

Estando no Servidor	ping os IPs do SQLNODE1	ping os IPs do SQLNODE2	ping os IPs do WS2012-DC
WS2012-DC	11.1.1.2 12.1.1.2	11.1.1.3 12.1.1.3	
SQLNODE1		11.1.1.3 12.1.1.3 192.168.1.2	11.1.1.1 12.1.1.1
SQLNODE2	11.1.1.2 12.1.1.2 192.168.1.1		11.1.1.1 12.1.1.1

Após garantir que a comunicação via IP entre as máquinas virtuais está funcionando adequadamente, é preciso validar um ponto da configuração que é bastante importante – validar e definir a ordem de comunicação das placas de rede.

Agora que você já sabe como executar testes de ping, estando na máquina virtual SQLNODE1, execute um teste de ping nos nomes WS2012-DC e SQLNODE2. Se a sua configuração estiver correta, o resultado será como o apresentado na Figura 2.53b.

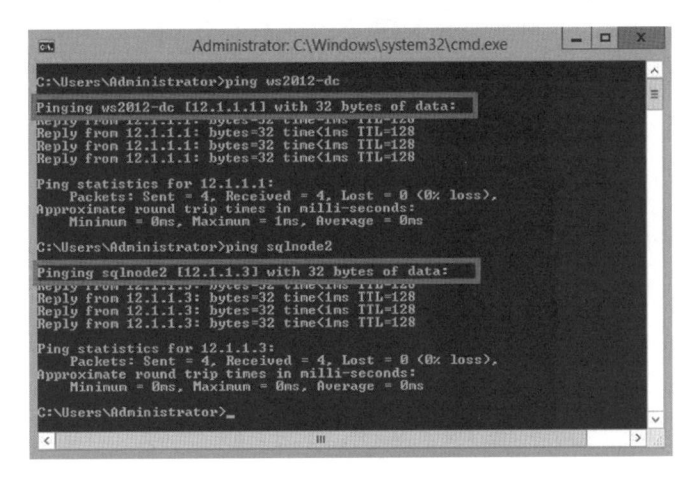

Figura 2.53b | Testando a comunicação usando o nome dos servidores.

Configuração da Rede e Ambiente

Como podemos observar, para ambos os nomes o endereço IP retornado foi o endereço IP definido para a placa de rede iSCSI_NIC das respectivas máquinas virtuais. Isso significa que entre essas máquinas, se utilizarmos o nome do servidor para estabelecer uma comunicação, essa comunicação será feita pela rede que estamos destinando para o tráfego de dados iSCSI e isso não é o que queremos, correto? O que queremos é que a comunicação entre os servidores seja feita primordialmente pela placa de rede LAN_NIC – a rede pública.

Portanto, precisamos acertar a ordem ou binding das placas de rede para garantir o uso correto das redes. Isso posto, estando logado na máquina virtual SQLNODE1, realize os passos como segue:

1) Acesse o *Open Network and Sharing Center* e, depois, o *Network Connections*.

2) Na janela *Network Connections*, tecle a tecla *Alt* para visualizar a barra de menus.

3) Na barra de menus, selecione o menu *Advanced* e depois a opção *Advanced Settings...* como apresentado na Figura 2.54.

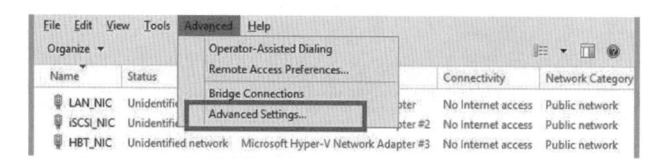

Figura 2.54 | Acessando as configurações avançadas.

4) Na janela *Advanced Settings*, na guia *Adapters and Bindings*, utilize os botões do lado direito do quadro *Connections* para garantir que a ordem das placas esteja igual ao apresentado na Figura 2.55. Depois clique em *OK* para confirmar as alterações.

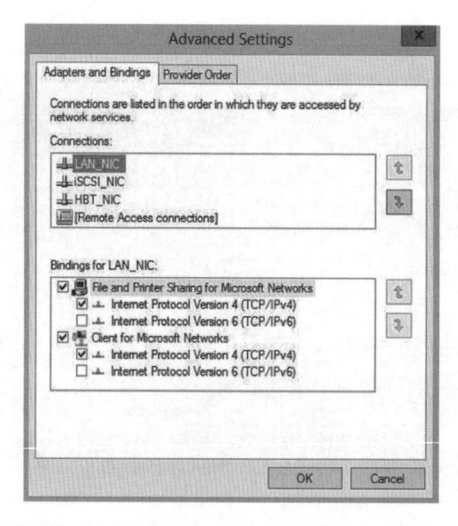

Figura 2.55 | Definindo a ordem de comunicação das placas no Windows.

5) Reexecute os passos de 1 a 4 também para as máquinas virtuais WS2012-DC e SQLNODE2, ressaltando que para a WS2012-DC a ordem deve ser apenas LAN_NIC e iSCSI_NIC, uma vez que nesta não existe a placa de rede HBT_NIC.

6) Finalizada a configuração da ordem das placas, na máquina WS2012-DC reexecute os testes de ping sobre os nomes SQLNODE1 e SQLNODE2. Se tudo estiver correto, agora sim o teste de ping sobre os nomes deverá estar retornando os endereços IPs esperados para cada nome como o apresentado na Figura 2.56.

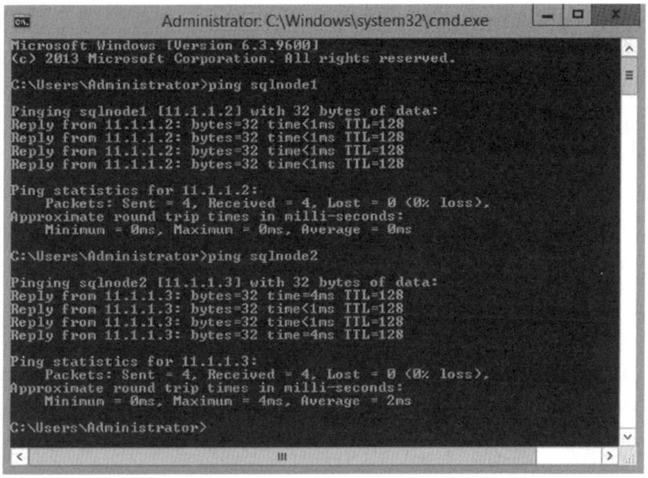

Figura 2.56 | Testando a comunicação usando o nome dos servidores.

Se você seguiu corretamente todos os passos descritos neste capítulo deverá estar com a infraestrutura de rede e comunicação entre as máquinas virtuais funcionando adequadamente, e com isso está pronto para seguir em frente com o próximo capítulo, no qual trataremos da instalação do servidor controlador de domínio para a rede.

1) Selecione um dos principais requisitos para a implementação de um SQL Server Failover Cluster Instance.

    a.   Aplicar Windows Update.

    b.   Criação do Page File no Windows.

    c.   Existência de uma storage.

    d.   Nenhuma das alternativas anteriores.

2) Qual feature do Windows Server 2012 R2 pode ser utilizada para prover uma solução de storage virtual?

    a.   Failover Clustering.

    b.   iSCSI Target Server.

    c.   .NET Framework 3.5.

    d.   File Server.

3) Qual o nome da solução de virtualização da Microsoft que permite a criação de máquinas virtuais no Windows Server 2012 R2?

    a.   Hyper-V.

    b.   Hyper-Windows.

    c.   Server Manager.

    d.   Disk Management.

4) Qual utilitário de linha de comando você deve utilizar para testar a comunicação TPC/IP entre dois servidores?

    a.   Findstr.exe

    b.   Dns.exe

    c.   Ping.exe

    d.   Nenhuma das alternativas anteriores.

Instalação do Servidor Domain Controller e DNS

Um dos pré-requisitos para a configuração de um ambiente de alta disponibilidade com SQL Server 2014 AlwaysOn é a existência de um servidor controlador de domínio ou Domain Controller na rede.

O servidor controlador de domínio é configurado através da instalação de uma Role do Windows Server 2012 R2 chamada Active Directory Domain Services, ou simplesmente AD DS.

O AD DS provê um banco de dados distribuído que armazena e gerencia informações sobre recursos ou elementos de rede como usuários – conhecidos como usuários de domínio, contas de computadores – cada computador instalado na rede possui uma conta de computador no AD DS e dados de aplicações conhecidas como directory-enabled, assim como o Microsoft Exchange Server e o Microsoft SQL Server.

Este capítulo não tem como objetivo abordar os conceitos sobre o AD DS, mas sim demonstrar passo a passo como instalar e configurar o Active Diretory Domain Service (AD DS) no servidor WS2012-DC, tornando-o o Controlador de Domínio da rede do nosso laboratório, e na sequência mostrar como configurar esse mesmo servidor como um servidor DNS ou Domain Name System.

Caso você queira se aprofundar no aprendizado do AD DS, uma excelente referência é o documento *Active Directory Domain Services Overview*[22].

3.1 Instalação e configuração do Active Directory Domain Services

Como falado na introdução deste capítulo, a existência de um Controlador de Domínio em uma rede é pré-requisito para a implementação de um ambiente de alta disponibilidade com SQL Server 2014 AlwaysOn. Assim, neste tópico será demonstrado passo a passo como instalar a role Active Directory Domain Services no servidor WS2012-DC e torná-lo um controlador de domínio para a rede do nosso laboratório.

Se você executou com sucesso todos os passos descritos no Capítulo 2, deverá estar com as máquinas virtuais WS2012-DC, SQLNODE1 e SQLNODE2 criadas no Hyper-V e com a configuração de rede concluída. Então, estamos prontos para configurar o servidor WS2012-DC como um controlador de domínio.

Para isso, utilizando o Hyper-V Manager, inicialize e conecte-se à máquina virtual WS2012-DC. Após isso, siga estes passos para configurá-la como um Controlador de Domínio:

1) Estando na console do servidor WS2012-DC, na janela *Server Manager*, clique sobre a opção *Add roles and features* como apresentado na Figura 3.1.

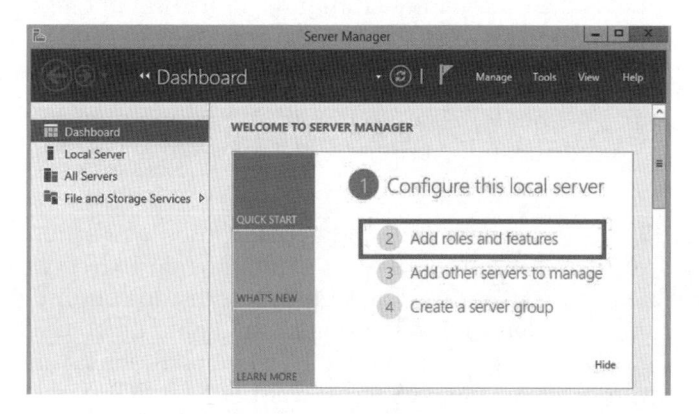

Figura 3.1 | Selecionando *Add roles and features* no Server Manager.

2) A janela seguinte apenas faz um resumo das atividades que estão para acontecer. Simplesmente clique sobre o botão *Next* para prosseguir.

3) Na janela *Select Installation Type*, selecione a opção *Role-based or feature-based installation* e clique em *Next*.

---

22   Disponível em: <http://technet.microsoft.com/en-us/library/hh831484.aspx>. Acesso em: 1 dez. 2014.

4) Na janela *Select destination server*, como apresentado na Figura 3.2, você notará que o servidor WS2012-DC já aparece selecionado. Nesse caso, apenas mantenha a opção selecionada e clique em *Next*.

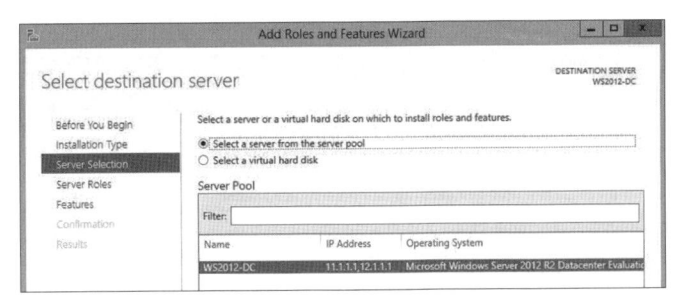

Figura 3.2 | Selecionando o servidor WS2012-DC.

5) A próxima janela é a *Select server roles*, na qual nosso objetivo é selecionar a opção *Active Directory Domain Services (AD DS)*. Ao selecioná-la, você será surpreendido com uma nova janela informando todos os serviços e features requeridos para a configuração do AD DS e que serão adicionados ao Windows Server 2012 R2. Ao clicar sobre o botão *Add Features*, sua janela deverá estar igual à apresentada na Figura 3.3; então, clique em *Next*.

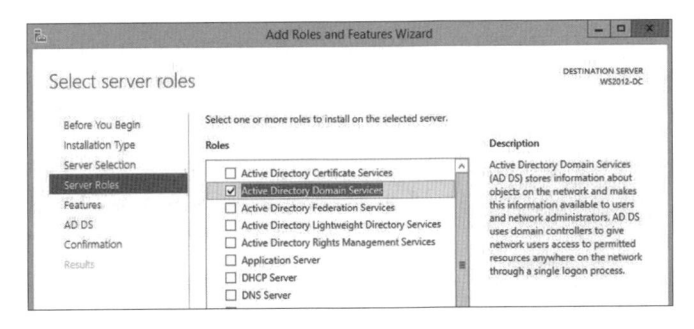

Figura 3.3 | Selecionando a role *Active Directory Domain Services*.

6) Na janela *Select features* você tem a opção de selecionar novas features como *.NET Framework 3.5* e outras, porém todas as features necessárias para a configuração do AD DS já foram selecionadas anteriormente, portanto simplesmente clique em *Next* para prosseguir.

7) A janela seguinte apenas apresenta algumas informações gerais sobre o AD DS, então só clique em *Next*.

8) Na janela *Confirm installation selections* você tem um resumo das roles e features que serão instaladas e a opção para deixar que o Windows seja reiniciado automaticamente se necessário. Como algumas roles e features requerem que o servidor seja reiniciado para concluir a instalação, é

interessante deixar essa opção selecionada. Então, garanta que sua janela esteja igual à apresentada na Figura 3.4 e clique sobre o botão *Install* para iniciar o processo de instalação das roles e features do *Active Directory Domain Services*.

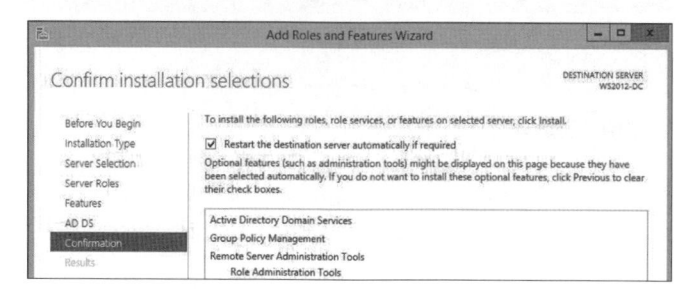

Figura 3.4 | Deixando o Windows reiniciar automaticamente se necessário.

9) Isso feito, basta acompanhar o progresso da instalação através da janela *Installation progress*. Clique sobre o botão *Close* assim que a instalação for concluída.

Ao contrário do que você possa pensar, esse processo não conclui ainda a configuração do AD DS. Ele apenas instalou os arquivos necessários para que o servidor seja promovido a *Domain Controller*. Assim, após o servidor reiniciar, na janela *Server Manager* você deverá notar a presença de um ícone de notificação ao lado do item de menu *Manage*, como apresentado na Figura 3.5. Para prosseguir com a configuração do servidor como um *Domain Controller*, clique sobre o link *Promote this server to a domain controller*.

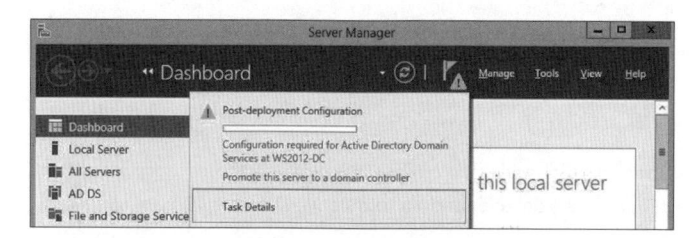

Figura 3.5 | Promovendo o servidor para domain controller.

Nesse momento, será apresentada a janela *Active Directory Domain Services Configuration Wizard*. Como esse é o primeiro controlador de domínio da rede, na página *Deployment Configuration* selecione a opção *Add a new forest* e em *Root domain name* entre com o nome SQLNET.COM, conforme apresentado na Figura 3.6. Clique em *Next* para prosseguir.

Figura 3.6 | Criando o domínio SQLNET.COM.

A página seguinte é a *Domain Controller Options*, conforme mostra a Figura 3.7, em que você tem a opção de alterar algumas das opções de configuração para o servidor controlador de domínio, entre elas, adicionar ao servidor a capacidade de ser também um servidor DNS - um requisito para o AD DS (mais informações sobre DNS consulte o tópico *Configuração do Servidor DNS*).

Nessa página, apenas informe uma senha para o *Directory Services Restore Mode (DSRM)* e clique em *Next* para prosseguir.

 Nota

O DSRM é um modo de recuperação existente nos servidores controladores de domínio que permite aos administradores recuperar ou restaurar o banco de dados do AD DS caso algum problema aconteça no futuro. Portanto, é bom ter essa senha guardada em um local bem seguro.

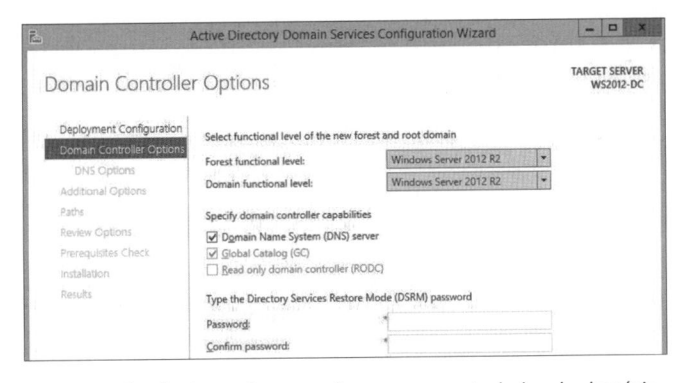

Figura 3.7 | Selecionando as opções para o controlador de domínio.

Após informar uma senha para o DSRM e clicar em *Next*, será apresentada a página *DNS Options*, onde você simplesmente deve clicar em *Next* para prosseguir.

Na página *Aditional Options*, mantenha o nome SQLNET para o *NetBIOS domain name* e clique em *Next*.

Para a página *Paths*, mantenha os caminhos padrões para *Database folder*, *Log files folder*, *SYSVOL folder*, e clique em *Next*.

Nesse momento será apresentada a página *Review Options*, conforme Figura 3.8, onde você pode revisar todas as opções de configuração selecionadas até aqui. Note que além de configurar o servidor como um controlador de domínio esse servidor também será o servidor DNS da rede.

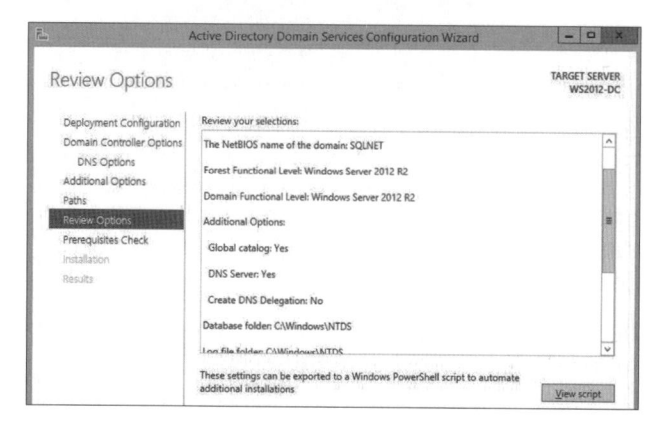

Figura 3.8 | Revisando as opções de configuração para o domain controller.

Uma vez revistas as opções de configuração, clique em *Next* e você será levado à página *Prerequisites Check,* apresentada na Figura 3.9.

O *Prerequisites Check* é uma funcionalidade do processo de configuração de um AD DS que faz uma série de testes e validações para garantir que ele possa ser configurado no servidor. Você pode executar os testes quantas vezes forem necessárias e o processo de configuração do controlador de domínio não prossegue enquanto todos os requisitos não forem atendidos.

Na Figura 3.9 temos um exemplo em que a verificação falhou durante a validação dos pré-requisitos de DNS Services.

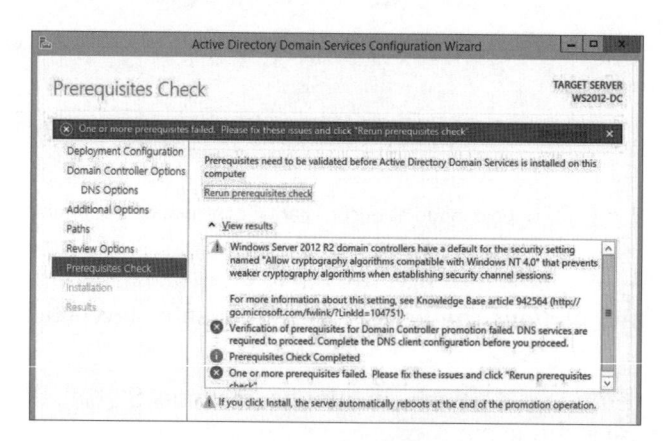

Figura 3.9 | Falha durante a validação dos pré-requisitos para a configuração do AD DS.

O erro acontece quando a configuração de cliente DNS da placa de rede do servidor onde o AD DS está sendo instalado não possui uma entrada válida de servidor DNS. Como esse servidor também será um servidor DNS, é preciso que a configuração DNS da placa de rede LAN_NIC tenha uma entrada apontando para o mesmo endereço IP do servidor.

Assim, caso você encontre esse problema durante a validação dos pré-requisitos, acesse as propriedades da placa de rede LAN_NIC e nas propriedades do protocolo TCP/IPv4 informe o endereço IP 11.1.1.1 para Preferred DNS Server como apresentado na Figura 3.10. Depois clique em OK para salvar as configurações e reexecute a verificação clicando sobre o link *Rerun prerequisites check* na página *Prerequisites Check*.

Uma vez atendido os pré-requisitos, clique sobre o botão *Install* para iniciar a instalação e a configuração do AD DS no servidor, que será reiniciado automaticamente assim que o processo for concluído.

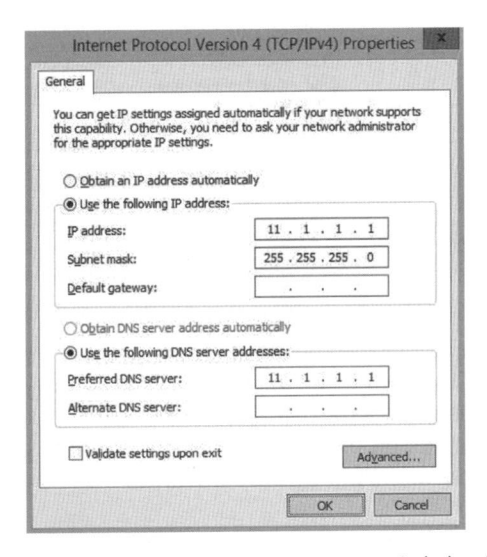

Figura 3.10 | Configurando o DNS Server nas propriedades do TCP/IP.

Assim que o processo de reinicialização do servidor for concluído você notará, na janela de logon do Windows (Figura 3.11), que o usuário *Administrator* passou a ser um usuário do domínio SQLNET. Então, basta informar a mesma senha **P@sswOrd** para que você possa ter acesso ao console do servidor não mais como um usuário local, mas como um usuário administrador do domínio.

Figura 3.11 | Janela de logon com usuário do domínio SQLNET.

Após efetuar logon no Windows, agora como administrador do domínio SQLNET, você notará no menu *Tools* da janela *Server Manager* a presença de vários itens de menu para ferramentas que permitem administrar o *Active Directory*, entre elas a ferramenta *Active Directory Users and Computer* (Figura 3.12), que permite que você gerencie os usuários e computadores do domínio.

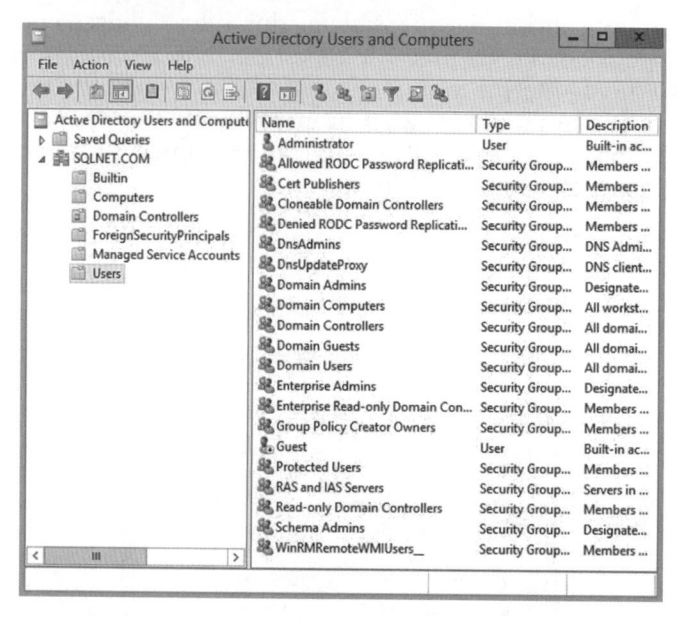

Figura 3.12 | Ferramenta Active Directory Users and Computers.

A partir desse ponto, abra a ferramenta *Active Directory Users and Computers* e navegue na sua estrutura de pastas para se familiarizar com elas. *Users* é sem dúvida uma das pastas mais importantes, pois é nela que são listados todos os usuários, grupos de usuários e também onde você pode associar os usuários aos grupos.

Agora que o controlador de domínio já está instalado e configurado, vamos criar os dois primeiros usuários de nosso domínio. Um deles será o usuário **svc_sqlservice**, que será usado no Capítulo 9 como usuário para a conta de serviço do SQL Server. Para este, vamos usar o prefixo **svc_** (uma abreviação comumente conhecida para services), para sinalizar que esse é um usuário de serviço. O outro usuário será o **adminuser**, que será administrador do domínio, semelhante ao SQLNET\Administrator.

Para isso, estando na ferramenta *Active Directory Users and Computers*, siga estes passos:

1) Clique com o botão direito do mouse sobre a pasta *Users* e selecione as opções *New* e, depois, *User*, como apresentado na Figura 3.13.

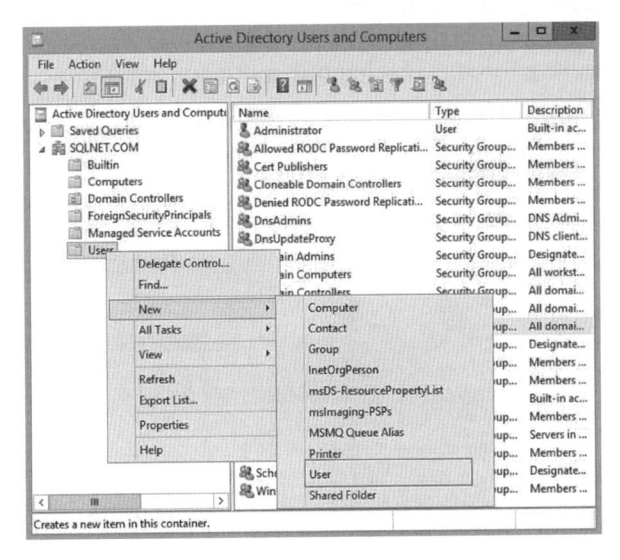

Figura 3.13 | Criando um novo usuário no domínio SQLNET.

2) Na janela *New Object - User*, informe os dados para criação do usuário **adminuser** conforme apresentado na Figura 3.14 e clique em *Next*.

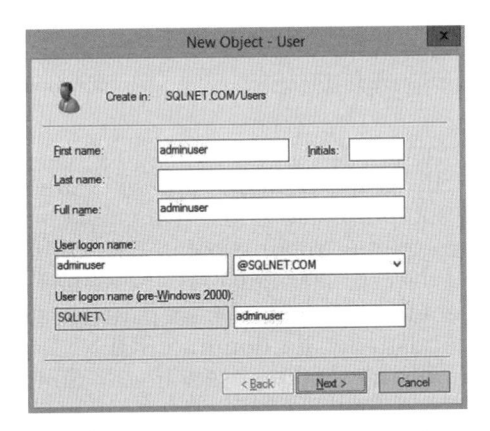

Figura 3.14 | Criando o usuário adminuser.

3) Na janela seguinte, entre com uma senha para o novo usuário. Para este laboratório, utilize a senha **P@sswOrd**. Como o próprio nome diz, esse será um usuário administrador, então não queremos que a senha dele expire. Portanto, marque a opção correspondente como apresentado na Figura 3.15 e clique sobre o botão *Next*.

Com o usuário criado, você já poderá vê-lo na lista de usuários na pasta *Users*. Até este ponto ele é um usuário comum, o que chamamos *Domain User*. O próximo passo é torná-lo um administrador do domínio SQLNET. Para isso, na pasta *Users*, localize o grupo de domínio *Domain Admins*, clique com o botão direito do mouse sobre ele e selecione a opção *Properties*.

Na janela *Domain Admins Properties*, conforme apresentado na Figura 3.16, selecione a guia *Members*.

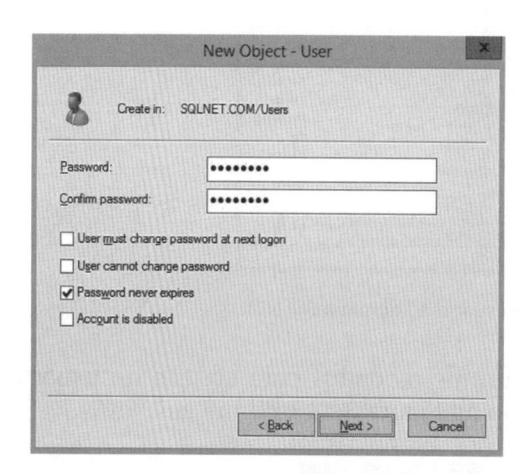

Figura 3.15 | Definindo a conta como *never expires*.

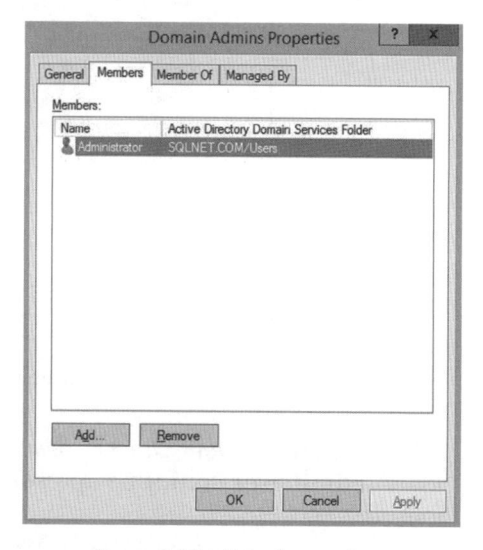

Figura 3.16 | Lista de membros do grupo *Domain Admins*.

Como você pode notar, o usuário *Administrator* já foi definido por padrão como um membro do grupo *Domain Admins*. Então, para incluir o usuário **adminuser**, clique sobre o botão *Add....* Na janela que será aberta, informe o usuário **adminuser** e clique sobre o botão *OK*. Ao final, a lista de membros de *Domain Admins* deverá estar igual ao apresentado na Figura 3.17. Assim, clique em *OK* para confirmar a inclusão, e a partir de agora o usuário **adminuser** é o mais novo administrador do domínio SQLNET, podendo ser usado para efetuar logon e administrar qualquer servidor do domínio.

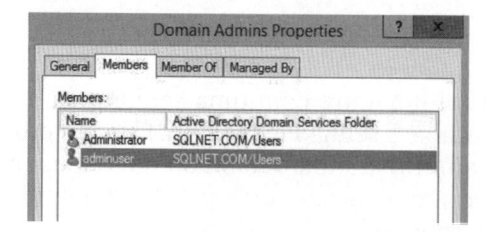

Figura 3.17 | Inclusão do usuário adminuser como um *Domain Admins*.

Após criar o usuário **adminuser**, reexecute os passos de 1 a 3 para criar também o usuário **svc_sqlservice**. Porém, como esse será um usuário dedicado para a conta de serviço do SQL Server, ele não precisa ser adicionado ao grupo *Domain Admins* do domínio.

No mundo real, é bastante comum ver administradores de rede e de banco de dados colocando o usuário da conta de serviço do SQL Server como um administrador de domínio. No entanto, isso não é necessário e muito menos um requisito para o correto funcionamento do SQL Server. Tenha em mente ainda que o ideal, do ponto de vista de segurança, é inclusive que esse usuário não seja utilizado para logon nos servidores, sendo ele exclusivamente dedicado para usar como usuário de conta de serviço para o SQL Server.

Uma vez concluída a criação dos dois usuários, o *Active Directory Users and Computers* deverá estar como o apresentado na Figura 3.18.

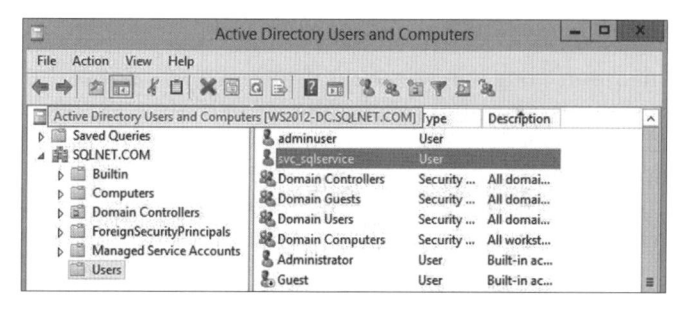

Figura 3.18 | Dois novos usuários criados no *Active Directory*.

Com isso concluem-se também a instalação e configuração do *Active Directory* no servidor WS2012-DC, tornando-o o servidor controlador de domínio do nosso laboratório.

3.2 Configuração do servidor DNS

Como você deve ter notado no Tópico 3.1, durante a instalação do Active Directory Domain Services (AD DS) o assistente de instalação ofereceu a opção de instalar a funcionalidade de servidor DNS ou Domain Name System (Figura 3.7) no mesmo servidor controlador de domínio. Isso permite que, caso ainda não tenha um servidor DNS na rede, você possa configurar o mesmo servidor AD DS também como um DNS Server, mantendo, assim, os dois serviços totalmente integrados. Essa foi a opção que usamos durante a nossa configuração.

Em uma rede que utiliza o protocolo TCP/IP para a comunicação entre os servidores ou computadores, toda a comunicação é feita utilizando-se o endereço IP, configurado em cada servidor ou computador. No entanto, na grande maioria das vezes esse endereço IP é desconhecido dos usuários, e tudo o que eles

sabem é o nome do servidor ou computador, até porque é muito mais fácil lembrar-se de um nome de computador do que do endereço IP. Então, uma vez que a comunicação entre os computadores de uma rede TCP/IP é feita pelo endereço IP, alguma forma precisaria ser encontrada para se fazer uma resolução de nomes ou "de-para" entre o nome do computador e o seu respectivo endereço IP na rede. Essa é a função do servidor DNS!

Então, DNS é na verdade um protocolo que faz a resolução de nomes para redes TCP/IP. O servidor que possui a função de DNS Server armazena um banco de dados distribuído contendo nomes de computadores e seus respectivos endereços IPs, sendo então esse banco de dados consultado pelos computadores da rede durante a comunicação entre eles.

Em um ambiente de SQL Server em cluster, assim como o servidor controlador de domínio, a existência de um servidor DNS também é um pré-requisito. Até porque, como vimos durante a instalação do servidor controlador de domínio, o AD DS requer a existência de um servidor DNS.

Este livro não tem como objetivo aprofundar-se nos conceitos de um servidor DNS, mas mostrar o passo-a-passo de como configurá-lo de forma a prover a funcionalidade necessária para a implementação de um ambiente com SQL Server Failover Cluster Instances. Caso você queira se aprofundar nos conceitos de um servidor DNS, uma excelente referência é o documento *How DNS Works*[23].

Agora que você sabe a importância do servidor DNS para uma rede, vamos, nos passos seguintes, configurar o DNS Server que está instalado no servidor WS2012-DC. Para isso, efetue logon no console do servidor WS2012-DC usando o usuário de domínio SQLNET\Administrator. Uma vez logado no servidor, será apresentada a janela *Server Manager*, onde você poderá, através do menu *Tools*, acessar a opção *DNS* para abrir a ferramenta de administração do servidor DNS, o *DNS Manager* (Figura 3.19).

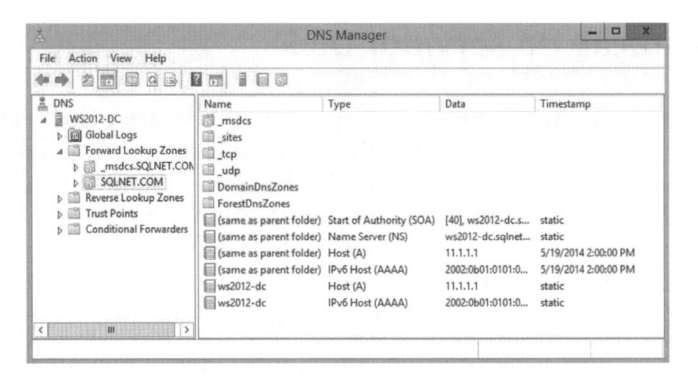

Figura 3.19 | Ferramenta *DNS Manager*.

---

23 Disponível em: <http://technet.microsoft.com/en-us/library/dd197446(v=ws.10).aspx>. Acesso em: 10 dez. 2014.

Na ferramenta *DNS Manager*, você poderá navegar na estrutura de pastas chegando até às duas pastas que você deve conhecer: *Forward Lookup Zones* e *Reverse Lookup Zones*.

A *Forward Lookup Zones* é a zona do domínio DNS responsável por manter o mapeamento dos endereços IPs para os respectivos nomes DNS (também conhecido como "nome completo" ou Fully Qualified Domain Name – FQDN) dos servidores ou computadores de um domínio, no nosso caso, SQLNET. COM. Ao se comunicarem através de uma rede TCP/IP, os computadores de um domínio usam essa zona para obter informações sobre qual o endereço IP que corresponde a um determinado nome de computador. Ou seja, dado o nome de um computador, se espera receber como resultado o endereço IP do referido computador na rede.

Usando como exemplo o servidor WS2012-DC, podemos observar na Figura 3.19 os registros DNS armazenados para esse servidor dentro do *Forward Lookup Zones*. Então, ao executar um ping no nome WS2012-DC, o esperado é que você tenha um resultado igual ao apresentado na Figura 3.20. Nela nota-se que o nome DNS para o servidor é **WS2012-DC.SQLNET.COM** e seu endereço IP é **11.1.1.1**. O lado bom é que a *Forward Lookup Zones* é configurada automaticamente quando você instala o DNS Server.

```
Administrator: C:\Windows\system32\cmd.exe

C:\Users\Administrator>ping ws2012-dc

Pinging WS2012-DC.SQLNET.COM [11.1.1.1] with 32 bytes of data:
Reply from 11.1.1.1: bytes=32 time<1ms TTL=128
Reply from 11.1.1.1: bytes=32 time<1ms TTL=128
Reply from 11.1.1.1: bytes=32 time<1ms TTL=128
Reply from 11.1.1.1: bytes=32 time<1ms TTL=128

Ping statistics for 11.1.1.1:
    Packets: Sent = 4, Received = 4, Lost = 0 (0% loss),
Approximate round trip times in milli-seconds:
    Minimum = 0ms, Maximum = 0ms, Average = 0ms

C:\Users\Administrator>_
```

Figura 3.20 | Resolução do nome DNS para o servidor WS2012-DC.

Outra zona DNS e também importante é a *Reverse Lookup Zones*. Como o próprio nome diz, a *Reverse Lookup Zones* faz o trabalho inverso da *Forward Lookup Zones*, ou seja, dado um endereço IP ela retorna o nome DNS do computador. A outra diferença é que a *Reverse Lookup Zones*, não é configurada automaticamente durante a configuração do DNS Server, então, se você precisar desta funcionalidade em sua rede, e um ambiente de Failover Cluster requer isso, é necessário executar a configuração manualmente. E é isso que faremos nos passos a seguir.

Estando na ferramenta *DNS Manager* execute os seguintes passos:

1) No *DNS Manager*, clique com o botão direito do mouse sobre a pasta *Reverse Lookup Zones* e selecione a opção *New Zone...*

2) Na janela *New Zone Wizard*, clique sobre o botão *Next*.

3) Na janela *Zone Type*, conforme apresentado na Figura 3.21, selecione a opção *Primary zone* e mantenha a opção *Store the zone in Active Directory* selecionada para que as informações sejam armazenadas no AD DS.

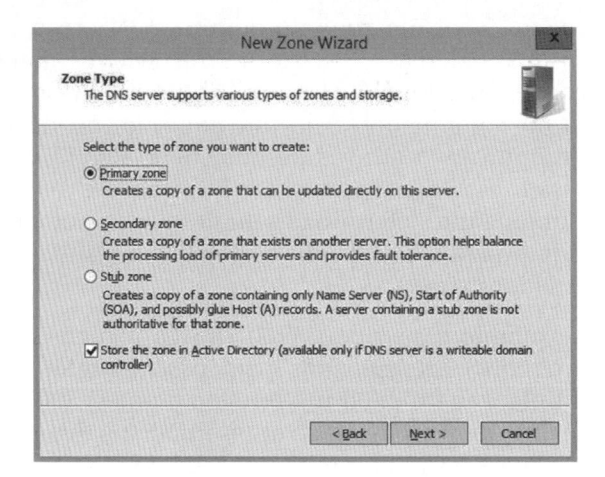

Figura 3.21 | Selecionando o tipo de zona para o *Reverse Lookup Zone*.

4) Na janela seguinte, mantenha selecionada a opção conforme a apresentada na Figura 3.22 e clique em *Next*.

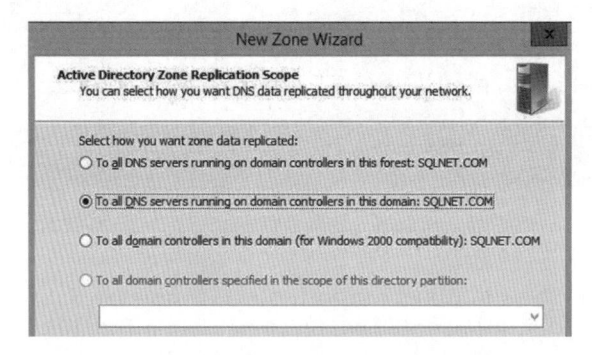

Figura 3.22 | Selecionando o escopo de replicação da zona.

5) Na janela *Reverse Lookup Zone Name*, selecione a opção *IPv4 Reverse Lookup Zone* e clique em *Next*.

6) Na janela seguinte deve-se informar o *Network ID* da rede ou o *Reverse Lookup Zone Name*. O network ID é, na verdade, as três primeiras partes do endereçamento IP da rede. Usando como exemplo o endereço IP do servidor ws2012-DC, que é 11.1.1.1, podemos assumir que o *Network ID* da nossa rede é 11.1.1. Então, entre com as informações conforme a apresentada na Figura 3.23 e clique em *Next* para prosseguir.

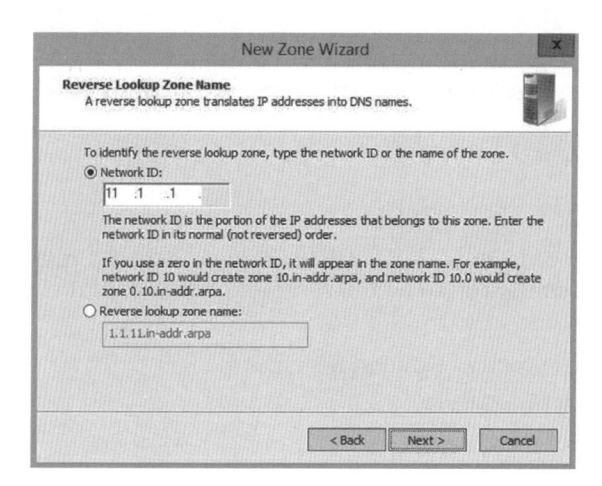

Figura 3.23 | Informando o Network ID da rede.

7) Na janela *Dynamic Update*, mantenha selecionada a opção recomendada *Allow only secure dynamic updates* e clique em *Next*.

8) Por fim, na janela *Completing the New Zone Wizard*, clique sobre o botão *Finish* para concluir a configuração.

Se você tiver executado todos os passos corretamente, sua janela do *DNS Manager* deverá estar igual à apresentada na Figura 3.24.

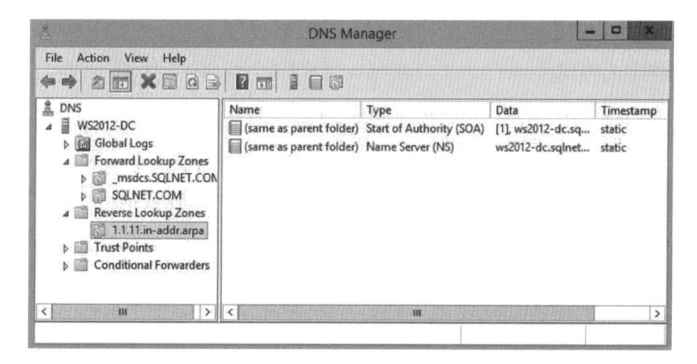

Figura 3.24 | Informando o Network ID da rede.

Com isso, concluímos a configuração do Active Directory Domain Services e o DNS Server do nosso laboratório e a partir deste ponto, qualquer servidor ou computador que for adicionado ao domínio SQLNET.COM, como os servidores SQLNODE1 e SQLNODE2, terão automaticamente suas informações de nome e IP registradas nos bancos de dados do Active Directory e DNS.

1) Qual o nome da Role do Windows Server 2012 R2 que deve ser instalada para a configuração de um servidor Controlador de Domínio em uma rede?

   a. Active Directory Domain Services.

   b. Application Server.

   c. Hyper-V.

   d. Active Directory Federation Services.

2) Qual a função do Controlador de Domínio em uma rede?

   a. Resolver endereços IPs.

   b. Replicação de dados.

   c. Armazenar e gerenciar informações de recursos ou elementos de rede como usuários, computadores e dados de aplicações.

   d. Nenhuma das alternativas.

3) Qual a nome da zona DNS responsável por fazer a resolução do nome de um servidor para seu respectivo endereço IP?

   a. Clean Zone.

   b. Reverse Lookup Zones.

   c. Forward Lookup Zone.

   d. Todas as alternativas anteriores.

4) Qual a nome da zona DNS responsável por fazer a resolução do endereço IP de um servidor para seu respectivo nome DNS?

   a. Reverse Lookup Zones.

   b. Back Zone.

   c. Forward Lookup Zone.

   d. Todas as alternativas anteriores.

Configuração dos Servidores do Cluster

Tendo concluído a instalação e configuração do *Active Directory* e DNS, é chegado o momento de adicionar ou registrar os servidores SQLNODE1 e SQLNODE2 no domínio SQLNET.COM.

Então, neste capítulo você aprenderá a adicionar os servidores ao domínio SQLNET.COM de forma que eles passem a fazer parte do domínio. Porém, antes disso é preciso ajustar as configurações da placa de rede LAN_NIC dos servidores SQLNODE1 e SQLNODE2 adicionando a informação referente ao servidor DNS e, por fim, executaremos as devidas validações para garantir que tudo está correto com as configurações de rede e DNS do nosso ambiente de laboratório.

4.1 Ajustes das configurações de rede

No Capítulo 2 você viu e executou passo a passo todas as etapas para que os servidores SQLNODE1 e SQLNODE2 pudessem se comunicar através de uma rede TCP/IP. No entanto, até aquele momento ainda não tínhamos a informação do servidor DNS da rede. Agora que nossa rede já possui um controlador de domínio e um servidor DNS, é preciso ajustar as configurações de rede em cada servidor antes de efetivamente incluí-los do domínio SQLNET.COM.

Sendo assim, uma vez logado na console do servidor SQLNODE1, acesse as propriedades da placa de rede LAN_NIC como apresentado na Figura 4.1. Caso tenha dúvidas sobre como chegar às propriedades da placa de rede LAN_NIC, consulte o tópico 2.4.2 Configuração do Endereçamento TCP/IP nas placas de rede no Capítulo 2.

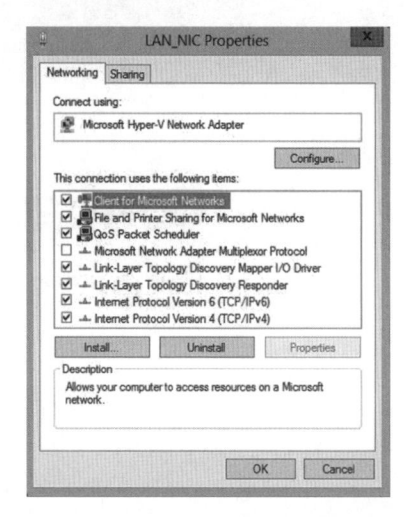

Figura 4.1 | Propriedades da placa de rede LAN_NIC do servidor SQLNODE1.

Estando nas propriedades da placa de rede LAN_NIC, siga estes passos:

1) Selecione o protocolo *Internet Protocol Version 4 (TCP/IPv4)* e, em seguida, clique sobre o botão *Properties.*

2) Na janela de propriedades do protocolo TCP/IPv4, na opção *Use the following DNS server adresses,* entre com o endereço IP do servidor WS2012-DC no campo *Preferred DNS server* conforme apresentado na Figura 4.2.

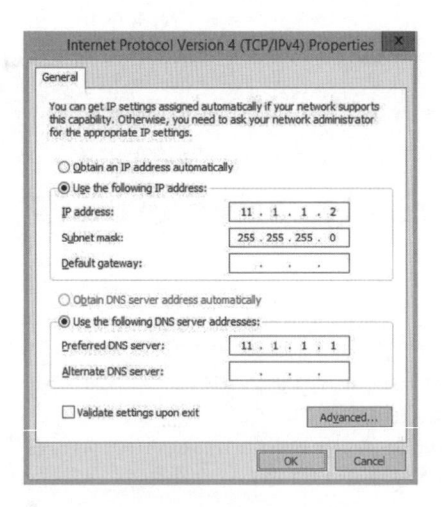

Figura 4.2 | Configurando o servidor DNS para o servidor SQLNODE1.

Lembre-se que o servidor WS2012-DC, além de ser um controlador de domínio, também é o servidor DNS da nossa rede. Caso tivéssemos outro servidor DNS seria possível também usá-lo como uma alternativa, configurando-o como *Alternate DNS server*, no entanto, como temos apenas um servidor DNS, configuramos apenas o *Preferred Server*.

3) Clique sobre o botão *OK* para confirmar as informações e em *Close* para fechar a janela de propriedades da placa de rede LAN_NIC.

4) Para validar a configuração do *DNS Server*, abra um prompt de comando (tecla Windows+R) e no prompt digite o comando *ipconfig /all*. Você deverá ver as informações conforme as apresentadas na Figura 4.3.

```
Administrator: C:\Windows\system32\cmd.exe

Microsoft Windows [Version 6.3.9600]
(c) 2013 Microsoft Corporation. All rights reserved.

C:\Users\Administrator>ipconfig /all

Windows IP Configuration

   Host Name . . . . . . . . . . . . : SQLNODE1
   Primary Dns Suffix  . . . . . . . :
   Node Type . . . . . . . . . . . . : Mixed
   IP Routing Enabled. . . . . . . . : No
   WINS Proxy Enabled. . . . . . . . : No

Ethernet adapter LAN_NIC:

   Connection-specific DNS Suffix  . :
   Description . . . . . . . . . . . : Microsoft Hyper-V Network Adapter
   Physical Address. . . . . . . . . : 00-15-5D-AE-78-46
   DHCP Enabled. . . . . . . . . . . : No
   Autoconfiguration Enabled . . . . : Yes
   IPv4 Address. . . . . . . . . . . : 11.1.1.2(Preferred)
   Subnet Mask . . . . . . . . . . . : 255.255.255.0
   Default Gateway . . . . . . . . . :
   DNS Servers . . . . . . . . . . . : 11.1.1.1
   NetBIOS over Tcpip. . . . . . . . : Enabled
```

Figura 4.3 | Configuração do servidor DNS para o servidor SQLNODE1.

Isso conclui o ajuste para a placa de rede LAN_NIC do servidor SQLNODE1. Então, acesse o servidor SQLNODE2 e reexecute os passos anteriormente apresentados também para a placa de rede LAN_NIC do mesmo.

4.2 Registro dos servidores no domínio

Uma vez realizado o ajuste de configuração DNS nas placas de rede LAN_NIC dos servidores SQLNODE1 e SQLNODE2, os servidores estão prontos para serem adicionados ao domínio. Sendo assim, neste tópico você aprenderá como adicionar esses servidores no domínio SQLNET.COM, criado no Capítulo 3.

Então, iniciando pelo servidor SQLNODE1 siga os passos conforme descritos:

1) Uma vez logado no servidor SQLNODE1, na janela *Server Manager* acesse as propriedades do servidor selecionando a página *Local Server* como apresentado na Figura 4.4.

Configuração dos Servidores do Cluster

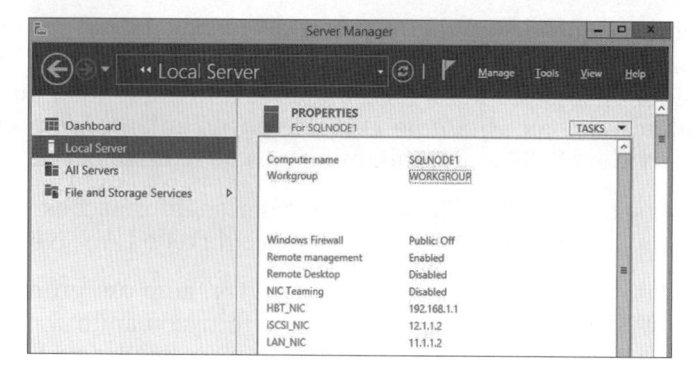

Figura 4.4 | **Propriedades do servidor SQLNODE1.**

2) Clique sobre o link WORKGROUP.

3) Na janela *System Properties*, em *To rename this computer or change its domain or workgroup, click Change*, clique sobre o botão *Change...*

4) Na janela *Computer Name/Domain Changes*, em *Member of* clique sobre a opção *Domain* e entre com o nome do domínio SQLNET.COM conforme apresentado na Figura 4.5.

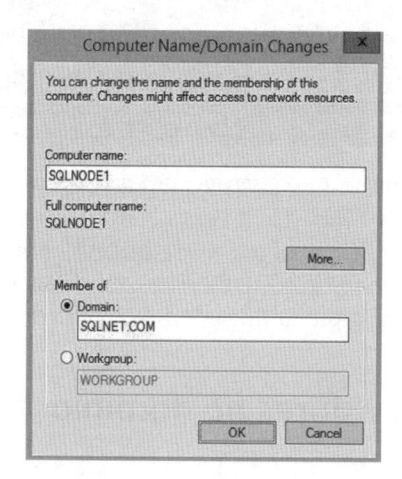

Figura 4.5 | **Alterando o domínio para SQLNET.COM.**

5) Clique sobre o botão *OK* para confirmar a alteração para o novo domínio.

6) Na janela *Windows Security*, é preciso informar um usuário que tenha poder de administrador do domínio SQLNET.COM. Então, entre com as informações para o usuário SQLNET\Administrator conforme apresentado na Figura 4.6 e clique em *OK* para confirmar.

Figura 4.6 | Entrando com as informações de segurança para o domínio.

7) Isso feito, após alguns segundos será apresentada uma mensagem de boas-vindas ao domínio SQLNET.COM como a apresentada na Figura 4.7.

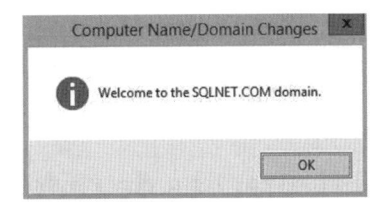

Figura 4.7 | Boas-vindas ao domínio SQLNET.COM.

8) Agora é só clicar sobre o botão *OK* e confirmar a reinicialização do servidor SQLNODE1 para efetivar as novas configurações.

Agora que o servidor SQLNODE1 está no domínio SQLNET.COM, após sua reinicialização você pode efetuar logon no servidor usando qualquer usuário do domínio e não mais o usuário *Administrator* local (SQLNODE1\Administrator), até então utilizado.

Em verdade, a partir desse momento o usuário *Administrator* local deixará de ser usado e qualquer logon deve ser feito usando um usuário de domínio, como o usuário SQLNET\Administrator.

Para isso, na janela de logon do Windows clique sobre o botão de seta localizado do lado esquerdo do nome de usuário SQLNODE1\Administrator (Figura 4.8).

Figura 4.8 | Janela de logon do Windows após inclusão do servidor SQLNODE1 ao domínio.

Selecione a opção *Other user* e na janela de logon entre com o nome e senha do usuário de domínio. Na Figura 4.9, usamos como exemplo o usuário SQLNET\ Administrator. Na janela de logon, observe a designação do domínio SQLNET em *Sign in to SQLNET*.

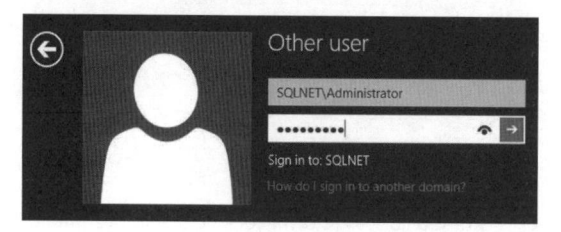

Figura 4.9 | **Logando no servidor SQLNODE1 com um usuário de domínio.**

Isso conclui a inclusão do servidor SQLNODE1 ao domínio. Agora, reexecute os passos de 1 a 8 também para o servidor SQLNODE2 para incluí-lo ao domínio SQLNET.COM. Após sua inclusão ao domínio efetue logon no Windows usando o usuário administrador do domínio SQLNET\Administrator para garantir que tudo está funcionando corretamente.

4.3 Validação das configurações de rede e DNS

Estando os servidores SQLNODE1 e SQLNODE2 no domínio, neste tópico faremos uma validação das configurações de rede e DNS para garantir que tudo está funcionando corretamente e possamos no Capítulo 5 executar a configuração do *Windows Failover Cluster*.

No Tópico 4.2 você seguiu todos os passos para incluir os servidores SQLNODE1 e SQLNODE2 ao domínio SQLNET.COM, então, vamos validar se os servidores foram criados corretamente no domínio, se os registros de nome DNS e IP dos servidores foram criados corretamente no DNS e garantir que a resolução de nomes DNS está funcionando como esperado.

Então, estando logado no servidor WS2012-DC primeiramente siga os passos apresentados adiante para verificar a criação dos servidores SQLNODE1 e SQLNODE2 no domínio.

1) Na janela *Server Manager*, no menu *Tools*, selecione a ferramenta *Active Directory Users and Computers*.

2) Na ferramenta *Active Directory Users and Computers*, expanda a pasta SQLNET.COM e clique sobre a pasta *Computers*.

3) Na pasta *Computers* você deverá ver uma entrada para cada servidor ou computador que for adicionado ao domínio. Em nosso caso, devemos ver os registros dos servidores SQLNODE1 e SQLNODE2 conforme apresentado na Figura 4.10.

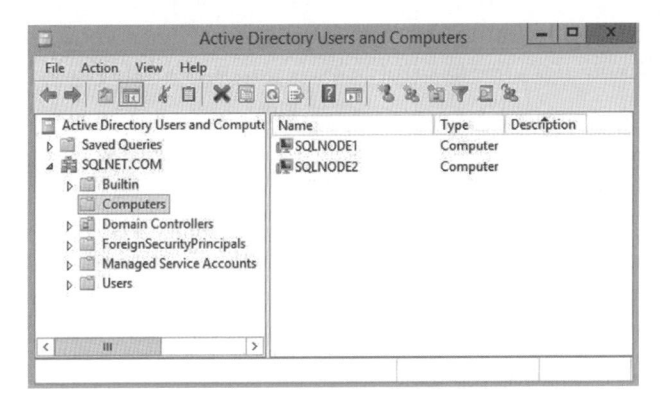

Figura 4.10 | Registro dos servidores no *Active Directory*.

Constatado que os servidores estão corretamente registrados no *Active Directory*, vamos verificar os registros DNS. Para isso, ainda no servidor WS2012-DC, execute os passos a seguir:

1) Na janela *Server Manager*, no menu *Tools* selecione a ferramenta *DNS*.

2) Na ferramenta *DNS Manager*, expanda a pasta SQLNET.COM e clique sobre a pasta *Forward Lookup Zones*.

3) Em *Forward Lookup Zones*, você deverá ver uma ou mais entradas para cada servidor ou computador que for adicionado ao domínio e consequentemente tiver suas placas de rede configuradas com o endereço IP do referido servidor DNS, seja como um *Preferred DNS server* ou *Alternate DNS server*. Em nosso caso, para os servidores SQLNODE1 e SQLNODE2 foi configurada apenas a placa de rede LAN_NIC com o endereço IP do servidor DNS, então, devemos ver os registros conforme apresentado na Figura 4.11.

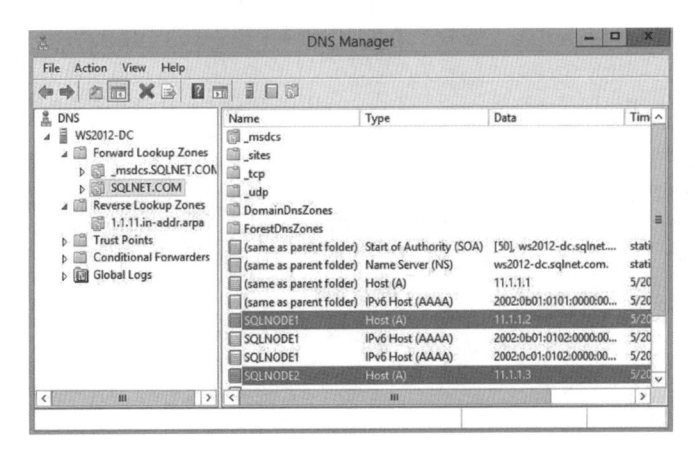

Figura 4.11 | Entradas DNS em *Forward Lookup Zones* para os servidores SQLNODE1 e SQLNODE2.

4) De forma semelhante, em *Reverse Lookup Zones* você também deverá ver as entradas para os servidores SQLNODE1 e SQLNODE2 conforme Figura 4.12.

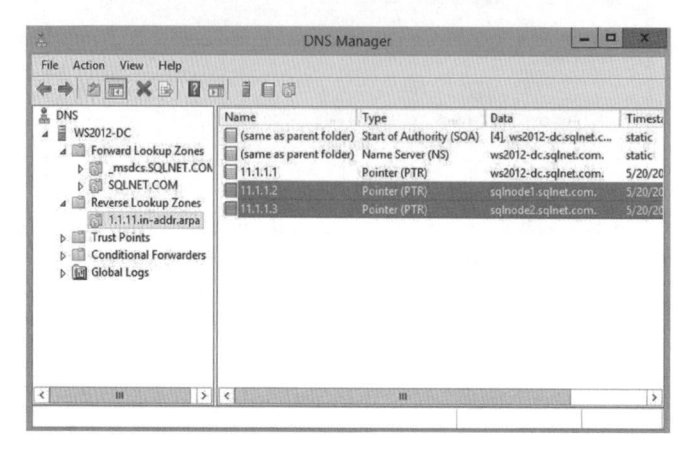

Figura 4.12 | Entradas DNS em *Reverse Lookup Zones* para os servidores SQLNODE1 e SQLNODE2.

Estando tudo certo com os registros dos servidores no *Active Directory* e DNS uma última validação é garantir que a comunicação TCP/IP e resolução de nomes DNS entre os servidores estão funcionando adequadamente.

Para isso, iniciando pelo servidor WS2012-DC execute os passos a seguir:

1) Abra o prompt de comando pressionando as teclas Windows + R do teclado.

2) Na janela *Run*, digite o comando *cmd* e tecle *ENTER*.

3) No prompt de comando, utilize o comando *ping SQLNODE1* como apresentado na Figura 4.13 para executar um teste de ping no nome do servidor SQLNODE1. No resultado, observe que o nome do servidor é retornado como *sqlnode1.SQLNET.COM* e o IP [11.1.1.2]. Isso indica que a resolução de nomes foi corretamente feita pelo servidor DNS.

Figura 4.13 | Executando um teste de ping no servidor SQLNODE1.

4) Conhecido o endereço IP do servidor SQLNODE1, execute um novo teste de ping, mas desta vez utilizando o endereço IP, isso deverá validar a resolução reversa no DNS. O resultado deve ser como o apresentado na Figura 4.14. Observe que passado o endereço IP a resolução foi feita corretamente, retornando o nome DNS para o servidor SQLNODE1.

Nota

No utilitário ping, o parâmetro "-a" é o que indica ao utilitário que deve ser executada uma resolução reversa, ou seja, de endereço IP para nome DNS.

```
Administrator: C:\Windows\system32\cmd.exe

C:\Users\Administrator>ping -a 11.1.1.2

Pinging sqlnode1.sqlnet.com [11.1.1.2] with 32 bytes of data:
Reply from 11.1.1.2: bytes=32 time=1ms TTL=128
Reply from 11.1.1.2: bytes=32 time<1ms TTL=128
Reply from 11.1.1.2: bytes=32 time<1ms TTL=128
Reply from 11.1.1.2: bytes=32 time<1ms TTL=128

Ping statistics for 11.1.1.2:
    Packets: Sent = 4, Received = 4, Lost = 0 (0% loss),
Approximate round trip times in milli-seconds:
    Minimum = 0ms, Maximum = 1ms, Average = 0ms

C:\Users\Administrator>_
```

Figura 4.14 | Executando um teste de resolução reversa para o IP do servidor SQLNODE1.

Agora que você já sabe como executar os testes, estando ainda no servidor WS2012-DC reexecute os passos de 1 a 4 também para o servidor SQLNODE2. Depois, acesse cada um dos servidores SQLNODE1 e SQLNODE2 e reexecute os testes executando um ping para os servidores WS2012-DC, SQLNODE2 e SQLNODE1, dependendo do servidor onde o teste estiver sendo executado.

Por fim, estando no servidor SQLNODE1 execute um teste de ping nas placas de rede iSCSI_NIC e HBT_NIC do servidor SQLNODE2 usando respectivamente os endereços IPs 12.1.1.3 e 192.168.1.2. O resultado deverá ser igual ao apresentado na Figura 4.15.

Vale destacar que as redes das placas iSCSI_NIC e HBT_NIC não devem ser registradas no servidor DNS, então, para estes testes de ping você não deverá ver um retorno com nomes DNS.

Execute o mesmo teste de ping do servidor SQLNODE2 para o servidor SQLNODE1. Desta vez utilize os endereços IPs 12.1.1.2 (iSCSI_NIC) e 192.168.1.1 (HBT_NIC).

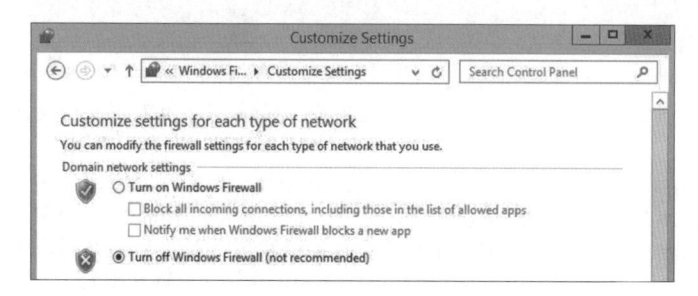

Figura 4.15 | Validando a comunicação TCP/IP para as placas iSCS_NIC e HBT_NIC.

Caso você tenha algum problema, como erro de time-out ao executar os testes de ping para algum dos servidores, acesse o servidor alvo do teste e em *Control Panel*, *System and Security* e *Windows Firewall*, garanta que o firewall está desativado para o item *Domain network settings*, como apresentado na Figura 4.16.

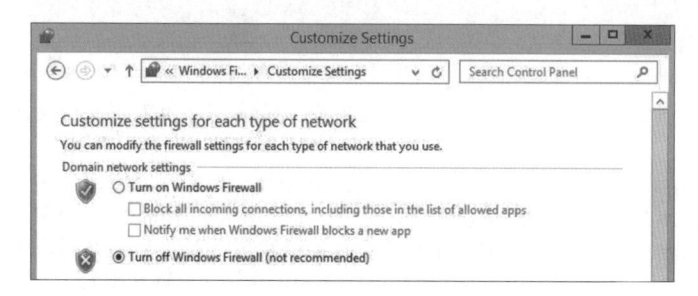

Figura 4.16 | Desativação do Windows Firewall para *Domain network settings*.

Uma vez concluída as validações para todos os servidores e garantido que tudo está funcionando adequadamente, pode-se considerar o ambiente pronto para a configuração do Windows Server Failover Cluster, o que será visto no próximo capítulo.

Prática

1) Qual utilitário de linha de comando você pode utilizar para obter o endereço IP do servidor DNS configurado em um servidor?

   a.   dnsconfig

   b.   ipconfig /dns

   c.   ipconfig /all

   d.   nbtstat

2) Qual ferramenta você deve utilizar para verificar as contas de computador criadas em um domínio?

   a.   Active Directory Users and Computers.

   b.   Server Manager.

   c.   ipconfig /all.

   d.   Ping.exe

3) Qual utilitário de linha de comando você pode utilizar para validar a comunicação TCP/IP e resolução de nomes DNS entre dois servidores de uma rede?

   a.   comunicationcheck

   b.   ping.exe

   c.   tracert

   d.   servercheck

Configuração dos Discos para o Failover Cluster

Quando se pensa em criar um ambiente de alta disponibilidade com SQL Server, um dos primeiros requisitos a ser atendido é a existência de uma Storage. De forma simples, uma storage é um hardware que possui a capacidade para armazenar um grande número de discos.

Na storage estes discos são então utilizados para se criar os volumes, comumente chamados de LUNs (*Logical Unit Numbers*), que são criados utilizando pequenas partes de cada disco existente na storage. Uma vez criadas, as LUNs são normalmente agrupadas em grupos de discos (popularmente conhecidos como disk group) e apresentadas aos servidores que formarão o cluster através de uma rede SAN (*Storage Area Network*), que interliga a storage e os servidores utilizando switchs e cabos de fibra óptica (Fiber Channel), cabos estes que nos servidores são conectados em controladoras específicas conhecidas como HBAs (*Host Bus Adapters*).

Uma vez apresentadas aos servidores, as LUNs são então formatadas e utilizadas pelo SQL Server para a armazenagem dos arquivos dos bancos de dados.

Sabemos que nem todos possuem o privilégio de ter uma storage em casa, às vezes nem mesmo no trabalho, então para o laboratório deste livro utilizaremos uma funcionalidade do Windows Server 2012 R2 chamada iSCSI Target Server e que uma vez configurada permitirá que o Windows atue na rede como um Storage Server.

Neste capítulo veremos então passa a passo como instalar e configurar a feature de iSCSI Target Server no servidor WS2012-DC, tornando-o o Storage Server da nossa rede. Posteriormente será então feita a criação e apresentação das LUNs aos servidores SQLNODE1 e SQLNODE3.

5.1 Introdução ao iSCSI Target Server

Originalmente integrado a duas edições especiais do Windows chamadas Windows Unified Data Storage Server (WUDSS) e Windows Storage Server (WSS) com o nome de iSCSI Software Target, permitia que o Windows atuasse como uma opção de Storage compartilhada na rede, provendo assim uma solução para criação de discos virtuais no servidor, denominado Storage Server, e podendo usar esses discos em outros servidores ou computadores de uma rede.

Essas edições do Windows não estavam disponíveis através dos canais de vendas Microsoft e eram comercializadas apenas como soluções OEM (*Original Equipment Manufacturer*), ou seja, somente podiam ser adquiridas através da compra de hardware que já trouxessem o produto pré-instalado.

A partir de abril 2011, finalmente o iSCSI Software Target, já em sua versão 3.3, passou a ser disponibilizado publicamente para download e sua instalação suportada nas versões do Windows Server 2008 R2 ou Windows Server 2008 R2 SP1. Isso facilitou bastante o uso do iSCSI Software Target em cenários de uso com Hyper-V ou Windows Server Failover Cluster, seja para uso em ambientes de produção ou simplesmente para criação de ambientes de laboratórios onde o uso de uma storage real não era possível.

Uma vez instalado no Windows Server 2008 R2 o produto se integra ao Windows e sua administração é feita através da console *Microsoft iSCSI Software Target Management Console*, apresentada na Figura 5.1.

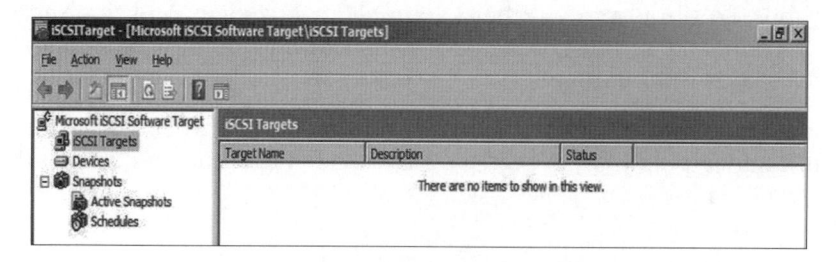

Figura 5.1 | Console de administração do iSCSI Software Target.

Para aqueles que possuem um servidor Windows Server 2008 R2 ainda é possível instalar o iSCSI Software Target fazendo download gratuito[24]. No entanto, com a chegada do Windows Server 2012 o iSCSI Software Target foi incorporado ao Windows com o nome de iSCSI Target Server e agora não é mais necessário fazer download do produto, basta instalar a funcionalidade iSCSI Target Server e através da ferramenta de administração integrada ao Server Manager fazer todo o gerenciamento dos discos.

Neste capítulo utilizaremos então o iSCSI Target Server do Windows Server 2012 R2 para criar os discos que serão posteriormente utilizados pelo ambiente de cluster proposto pelo livro.

5.2 Como o iSCSI Target Server funciona

Antes de iniciarmos as atividades com o iSCSI Target Server é importante você saber que toda a funcionalidade do produto está baseada em dois componentes principais chamados *iSCSI Target Server* e *iSCSI Initiator*.

Como o próprio nome sugere, o iSCSI Target Server é o componente de nível servidor, que uma vez instalado e configurado transforma o servidor em um Storage Server.

O iSCSI Initiator é o componente de nível cliente, que deve ser ativado e configurado em cada servidor ou computador que poderá acessar os discos fornecidos pelo servidor Storage Server.

O interessante do iSCSI Target Server é que você não precisa de nenhum hardware especial para sua utilização. Todos os dados são trafegados através de uma rede TCP/IP utilizando um protocolo chamado iSCSI.

Para que você possa entender melhor o *iSCSI Target Server*, existem alguns termos que você precisa conhecer:

⏸ iSCSI: protocolo sobre redes TCP/IP que permite o compartilhamento de pacotes ou blocos de dados em uma rede.

⏸ **iSCSI Target Server:** o servidor que possui os discos virtuais sendo compartilhados.

⏸ **iSCSI Initiator:** muitas vezes chamados de Initiator, é o computador ou servidor que acessa os discos. Normalmente o iSCSI Initiator é um servidor de aplicação, por exemplo, o iSCSI Target Server fornece os discos para um servidor SQL Server, então o servidor SQL Server é o iSCSI Initiator.

---

24 Disponível em: <http://www.microsoft.com/en-us/download/details.aspx?id=19867>. Acesso em: 2 dez. 2014.

Configuração dos Discos para o Failover Cluster

‖ **Target:** o Target é um objeto que permite aos Initiator estabelecer a conexão com os discos. Quando criados, os discos são atribuídos a um Target, então, também podemos nos referir ao target como sendo um disk group, nomenclatura muito utilizada pelo pessoal que trabalha com storage.

‖ **iSCSI Virtual Disk:** são os discos virtuais propriamente dito, muitas vezes também chamados de LUNs.

A Figura 5.2 representa de forma gráfica como estes componentes estão relacionados.

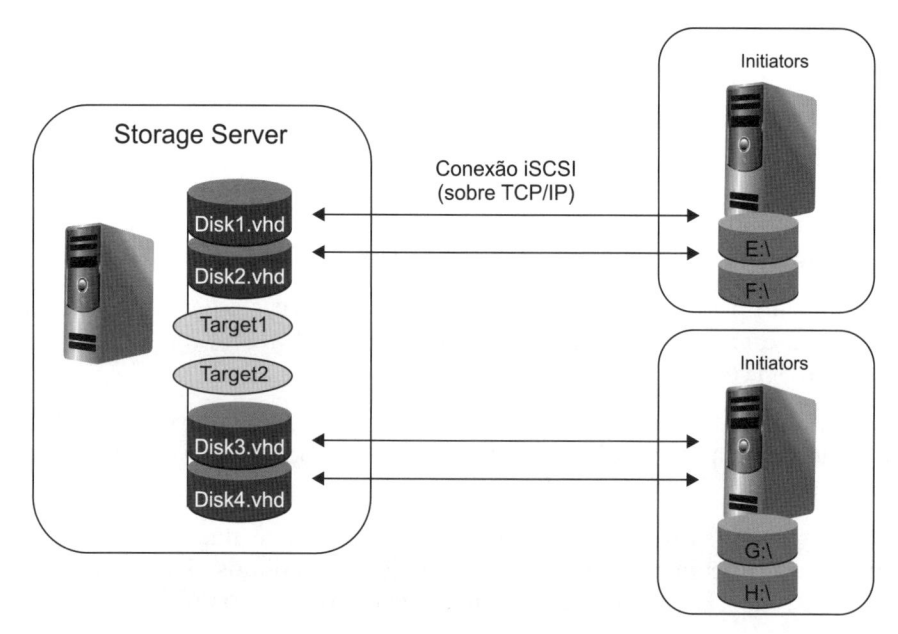

Figura 5.2 | Representação dos componentes de uma solução *iSCSI Target Server.*

Na Figura 5.2 podemos observar que no servidor Storage Server, o iSCSI Target Server está configurado com dois Targets (disk group) e para cada Target foram criados dois discos. O Target1 foi então apresentado para um servidor, o que faz com que este servidor possa acessar apenas os discos do Target1. O Target2 foi apresentado para o segundo servidor, o que faz com que este servidor possa acessar apenas os discos do Target2.

Embora seja possível configurar o acesso aos Targets de forma que múltiplos Initiators acessem um mesmo Target, esta configuração somente deve ser feita quando se configurando um ambiente em cluster. Isso porque quando múltiplos Initiators se conectam a um mesmo Target, todos os Initiators podem ler e gravar nos mesmos discos, o que poderá levar à corrupção de dados. Porém, quando trabalhando com cluster, o serviço de cluster garante que os discos estarão acessíveis para leitura/gravação apenas no nó que detém a propriedade dos discos – o owner node, garantindo que os dados não serão lidos ou gravados ao mesmo tempo por vários Initiators.

5.3 Instalação do iSCSI Target Server no Windows

Agora que você já sabe que o iSCSI Target Server pode ser utilizado como uma opção simples e barata para configuração de discos para um ambiente cluster, neste tópico veremos como instalar o iSCSI Target Server no Windows Server 2012 R2.

Para isso, efetue logon no servidor WS2012-DC utilizando o usuário administrador do domínio SQLNET\Administrator e siga os passos descritos:

1) Na janela do *Server Manager*, clique sobre o item *Add roles and features*.

2) No *Add Roles and Features Wizard* clique em *Next* para prosseguir.

3) Em *Installation Type*, mantenha selecionada a opção padrão *Role-based or feature-base installation* e clique em *Next*.

4) Em *Server Selection*, mantenha selecionado o servidor WS2012-DC e clique em *Next*.

5) Em *Server Roles*, como na Figura 5.3 selecione a role *iSCSI Target Server* sob *File and Storage Services* e *File and iSCSI Services*. Depois clique em *Next*.

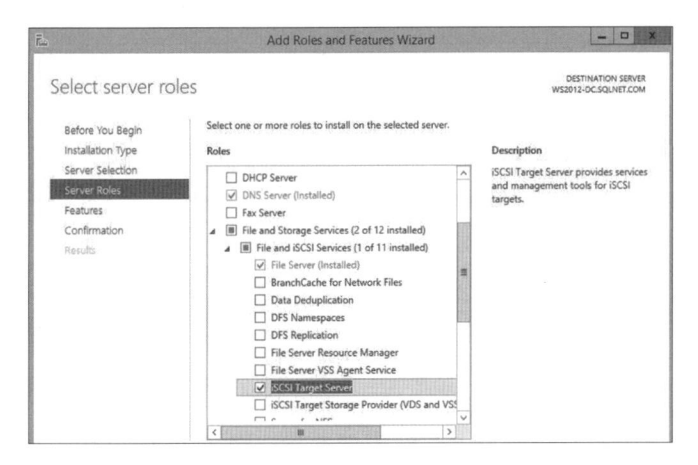

Figura 5.3 | Selecionando a role *iSCSI Target Server* para o servidor WS2012-DC.

6) Em *Features*, simplesmente clique em *Next*.

7) Em *Confirmation* (Figura 5.4), reveja as opções que serão instaladas e marque a opção *Restart the destination server automatically if required* para que o servidor seja reiniciado se necessário.

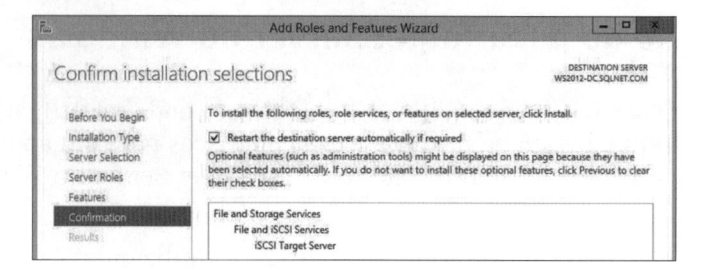

Figura 5.4 | Confirmando a instalação da role *iSCSI Target Server*.

8) Clique sobre o botão *Install* para iniciar o processo de instalação e quando concluído clique em *Close* para fechar a janela do *Add Roles and Features Wizard* e voltar para o Server Manager.

Uma vez instalada a role iSCSI Target Server, na página File and Storage Services do Server Manager você terá acesso à página iSCSI, conforme apresentada na Figura 5.5, por onde poderá então gerenciar os discos do seu novo servidor Storage Server.

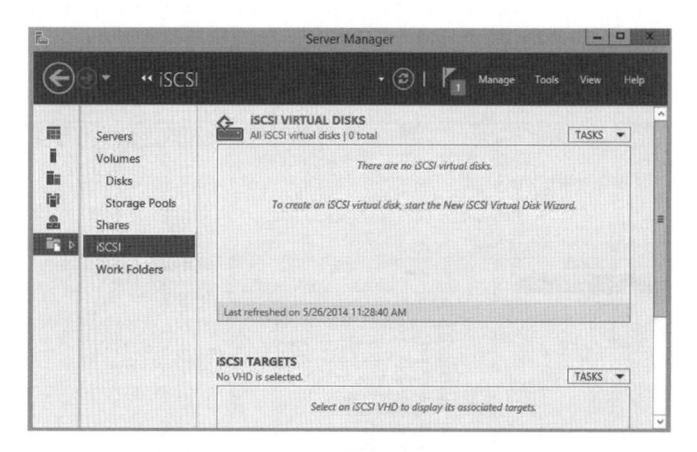

Figura 5.5 | Janela de gerenciamento do iSCSI Target Server.

Com isso, a instalação do iSCSI Target Server está concluída e a partir deste ponto o servidor WS2012-DC está pronto para atuar como um Storage Server para a rede do nosso laboratório.

5.4 Criação dos discos no iSCSI Target Server

Uma vez concluída a instalação do iSCSI Target Server no servidor, você poderá então executar a criação dos discos virtuais que serão utilizados no cluster.

Dando sequência à configuração do laboratório proposto, neste tópico executaremos os passos para criação dos discos que serão utilizados pelas instân-

cias de SQL Server que estarão rodando no servidor SQLNODE1 e SQLNODE2 e também o disco que será utilizado pelo quórum do cluster.

Então, considerando que o cluster possuirá duas instâncias virtuais de SQL Server, a saber VSQLINST1 e VSQLINST2, deverão ser criados três discos para cada instância e um disco para o quórum do cluster.

Para facilitar a distribuição dos discos, deverão ser criados também dois Targets, que chamaremos de DG1 e DG2, fazendo uma alusão a disk group 1 e disk group 2. Cada disk group ou target conterá todos os discos de uma instância e o disco de Quórum deverá ficar no DG1. No mais, os dois disks groups deverão ser acessados pelos dois servidores *Initiators* do cluster, o SQLNODE1 e SQLNODE2.

Nota

Para este laboratório estaremos utilizando uma configuração de Targets onde cada Target conterá os discos específicos de uma instância, no entanto, nada impede que você crie quantos Targets desejar, podendo, por exemplo, criar um Target para os discos que armazenarão os arquivos de dados dos bancos de dados, um Target para os discos de log, um Target para os discos de backup e ainda outro Target para os discos de Quórum e outros. Uma vez que cada Target mantém sua própria fila de requisições o uso de vários Targets, ou, ainda, a distribuição do overhead de I/O dos discos em vários Target pode ajudar no melhor desempenho do I/Os em ambiente com alta utilização de disco.

Um detalhe importante é que como já foi dito anteriormente, todo o tráfego de rede dos dados iSCSI deverá ocorrer por uma rede específica, a 12.1.1.0. Sendo assim, no momento de especificar os *Initiators* para os *Targets*, deve-se usar os respectivos endereços IPs dos servidores SQLNODE1 e SQLNODE2 para a rede 12.1.1.0.

Para facilitar a criação dos discos, utilize os dados fornecidos na Tabela 5.1.

Tabela 5.1 | Informações para criação dos discos virtuais no iSCSI Target Server

Disco	Target	Initiators	Tamanho	Descrição
SQLINST1-E-BIN.vhd	DG1	12.1.1.2 (SQLNODE1) 12.1.1.3 (SQLNODE2)	10GB	Será utilizado pelos arquivos dos bancos de dados de sistemas da instância VSQLINST1
SQLINST1-G-DADOS.vhd	DG1	12.1.1.2 (SQLNODE1) 12.1.1.3 (SQLNODE2)	10GB	Será utilizado pelos arquivos de dados dos bancos de dados de usuários da instância VSQLINST1
SQLINST1-I-LOG.vhd	DG1	12.1.1.2 (SQLNODE1) 12.1.1.3 (SQLNODE2)	5GB	Será utilizado pelos arquivos de log dos bancos de dados de usuários da instância VSQLINST1

Disco	Target	Initiators	Tamanho	Descrição
QUORUM.vhd	DG1	12.1.1.2 (SQLNODE1) 12.1.1.3 (SQLNODE2)	1GB	Será utilizado pelo arquivo de log do cluster
SQLINST2-F-BIN.vhd	DG2	12.1.1.2 (SQLNODE1) 12.1.1.3 (SQLNODE2)	10GB	Será utilizado pelos arquivos dos bancos de dados de sistemas da instância VSQLINST2
SQLINST2-H-DADOS.vhd	DG2	12.1.1.2 (SQLNODE1) 12.1.1.3 (SQLNODE2)	10GB	Será utilizado pelos arquivos de dados dos bancos de dados de usuários da instância VSQLINST2
SQLINST2-J-LOG.vhd	DG2	12.1.1.2 (SQLNODE1) 12.1.1.3 (SQLNODE2)	5GB	Será utilizado pelos arquivos de log dos bancos de dados de usuários da instância VSQLINST2

Ao final deste capítulo a arquitetura de discos do nosso ambiente de laboratório deverá estar igual ao apresentado na Figura 5.6. Nela, temos que o Storage Server possui dois Targets (DG1 e DG2) que são simultaneamente acessados por dois Initiators (SQLNODE1 e SQLNODE2), que consequentemente poderão ler e gravar nos discos associados a cada Target.

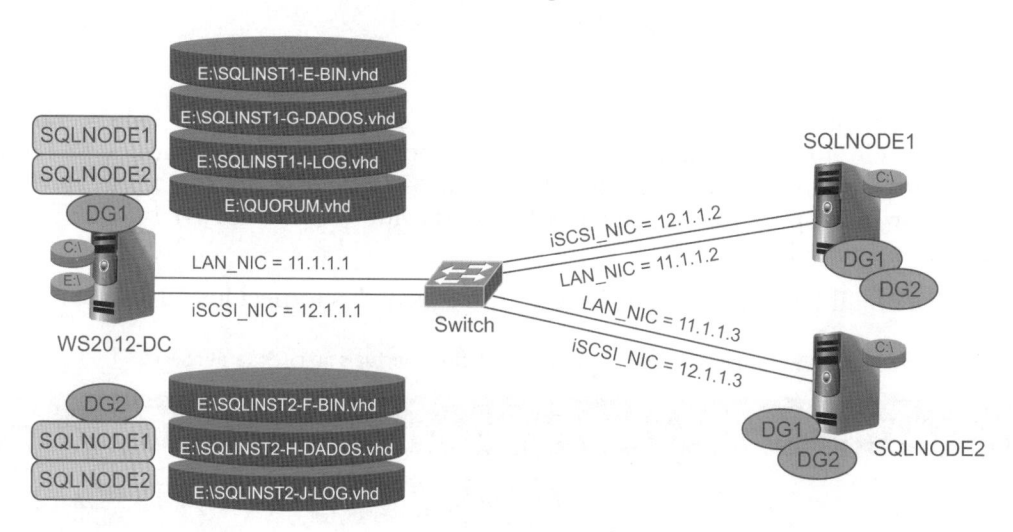

Figura 5.6 | **Configuração dos discos do ambiente de laboratório.**

Note ainda na Figura 5.6 que no servidor Storage Server existe um disco **E:** que será utilizado exclusivamente para armazenar os discos virtuais. Isso será feito para distribuir e organizar os discos virtuais dentro do servidor WS2012-DC. Então, antes de iniciarmos a criação dos discos virtuais para nosso cluster é preciso criar um novo disco no Hyper-V e apresentá-lo para a máquina virtual WS2012-DC.

Para isso, siga os passos conforme descritos a seguir:

1) Na janela do Hyper-V Manager, no painel *Actions*, clique em *New* e depois em *Hard Disk...*, conforme a Figura 5.7.

Figura 5.7 | Criando um novo disco virtual no Hyper-V.

2) Na página *Choose Disk Format*, uma vez que não precisaremos de um disco maior que 2TB, selecione a opção VHD e clique em *Next*.

3) Em *Choose Disk Type*, selecione a opção *Dynamically expanding* e clique em *Next*.

Nota

Considerando que estamos configurando discos para um ambiente de laboratório, para minimizar o uso de disco selecione o tipo *Dynamically expanding*. No entanto, é importante ressaltar que esse tipo de disco dinâmico não é o ideal para aplicações que fazem uso intensivo de disco, então, evite seu uso em ambientes onde você sabidamente precisa de um bom desempenho dos discos. Para estes ambientes a recomendação é usar o tipo Fixed Size.

4) Em *Specify Name and Location*, entre com o nome **iSCSIVirtualDisk.vhd**, informe o caminho VM-LivroSQLAlwaysOn\WS2012-DC\Virtual Hard Disks\ para a criação do disco e clique em *Next* para prosseguir.

5) Em *Configure Disk*, selecione a opção *Create a new blank virtual hard disk* e entre com o tamanho desejado. É importante dizer que para criar este disco você precisa ter em seu computador ou notebook um disco que possua este espaço livre. Embora tenhamos selecionado o tipo dinâmico, lembre-se que ele crescerá de acordo com sua utilização, então é importante garantir que o tamanho informado para a criação esteja dentro do espaço livre existente no disco do seu computador ou notebook. Para esse laboratório utilizaremos um tamanho de 100GB, então garanta que possua este espaço livre no seu disco selecionado.

Configuração dos Discos para o Failover Cluster

6) Na janela *Summary*, como apresentado na Figura 5.8, certifique-se de ter informado os dados corretamente e clique em *Finish* para concluir a criação do arquivo.

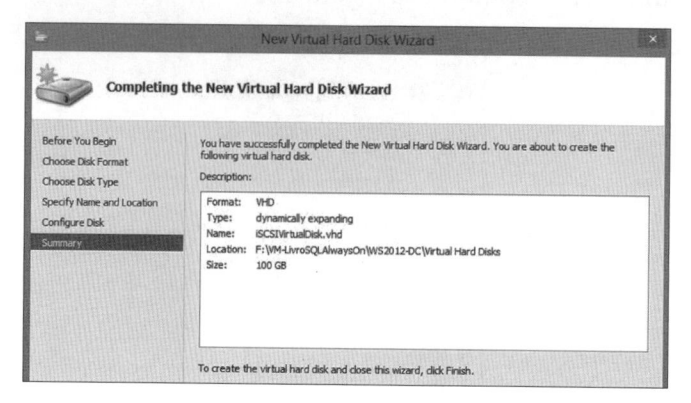

Figura 5.8 | Sumário da criação do disco iSCSIVirtualDisk.vhd.

Concluída a criação de um novo disco, é preciso ainda apresentá-lo para a máquina virtual WS2012-DC no Hyper-V. Então, prossiga executando os passos descritos a seguir:

1) Na janela do *Hyper-V Manager*, clique com o botão direito sobre a máquina virtual WS2012-DC e selecione a opção *Settings...*

2) Na janela *Settings*, conforme apresentado na Figura 5.9, na lista de hardware selecione o item *SCSI Controller*, no painel da direita selecione a opção *Hard Drive* e clique sobre o botão *Add*.

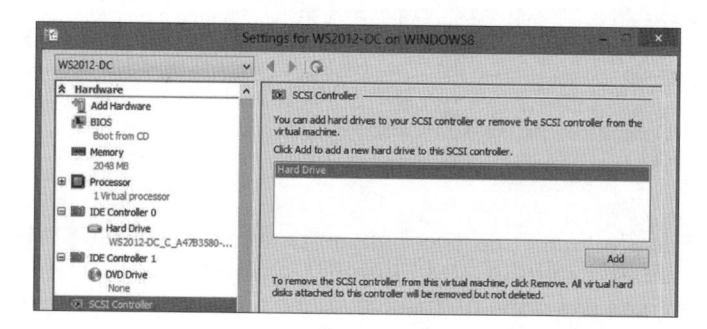

Figura 5.9 | Criando uma iSCSI Controller para um hard drive.

3) Na janela *Hard Drive*, clique sobre o botão *Browse...* e conforme Figura 5.10, informe o caminho para o arquivo iSCSIVirtualDisk.vhd criado anteriormente.

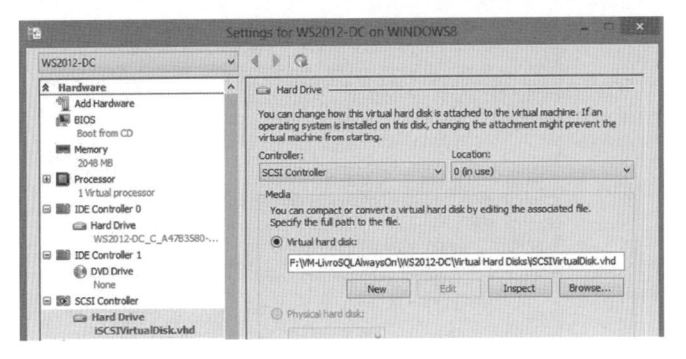

Figura 5.10 | Informando o caminho para o arquivo iSCSIVirtualDisk.vhd.

4) Por fim, na janela *Settings...*, clique sobre o botão *OK* para concluir a inclusão do novo hard drive à máquina virtual.

5) Concluída a adição no novo disco, inicie a máquina virtual WS2012-DC (caso ainda não esteja iniciada) e efetue logon no Windows.

6) Na janela *Server Manager*, no menu *Tools*, selecione a ferramenta *Computer Management*.

7) No *Computer Management*, ao selecionar *Storage | Disk Management*, você notará a presença do novo disco de 100 GB no servidor, conforme apresentado na Figura 5.11.

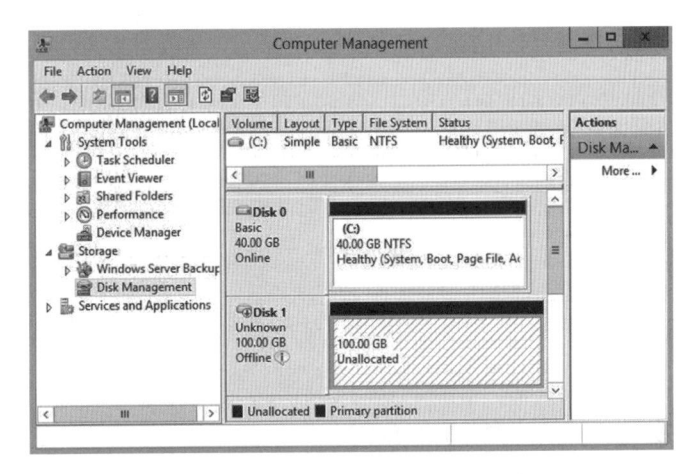

Figura 5.11 | Novo disco apresentado para o servidor WS2012-DC.

8) Clique com o botão direito do mouse sobre *Disk 1* e selecione a opção *Online*. Você notará que isso mudará o status do disco de *Offline* para *Not Initialized*. Então, clique novamente com o botão direito do mouse sobre *Disk 1* e selecione agora a opção *Initialize Disk*, abrindo assim a janela apresentada na Figura 5.12.

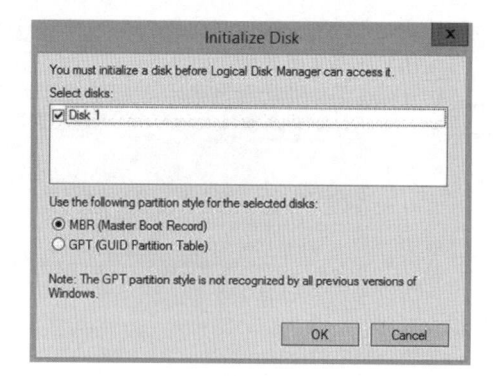

Figura 5.12 | Inicializando o novo disco no servidor WS2012-DC.

9) Na janela *Initialize Disk*, simplesmente clique em *OK* e após alguns segundos você notará a alteração do status do disco para *Online*.

10) Agora, clique com o botão direito sobre a área preta do novo disco e selecione a opção *New Simple Volume...*

11) Na janela inicial do *New Simple Volume Wizard*, clique em *Next* para prosseguir com a criação do novo volume.

12) Na janela *Specify Volume Size*, mantenha o valor padrão e clique em *Next*.

13) Na janela *Assign Drive Letter or Path* mantenha selecionada a opção *Assign the following drive letter* e na lista de letras disponíveis selecione a letra E:\.

14) Já na janela *Format partition*, entre com as informações conforme as apresentadas na Figura 5.13 e clique em *Next* para prosseguir.

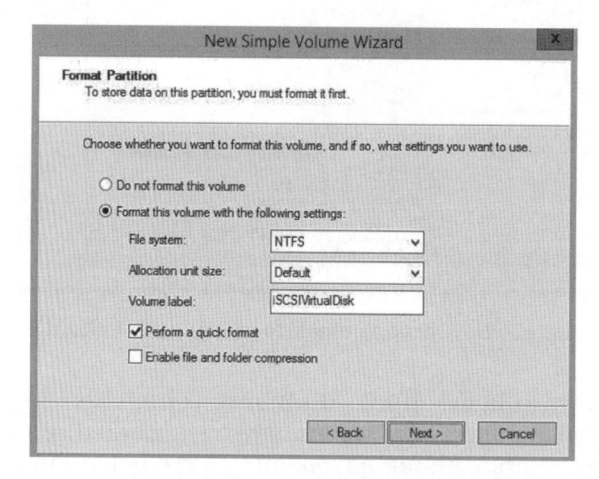

Figura 5.13 | Definindo as opções para formatação do novo disco.

15) Por fim, na janela *Completing the New Simple Volume Wizard*, revise as opções selecionadas e estando tudo certo clique em *Finish* para prosseguir. Se você executou todos os passos corretamente, sua janela deverá estar igual à apresentada na Figura 5.14.

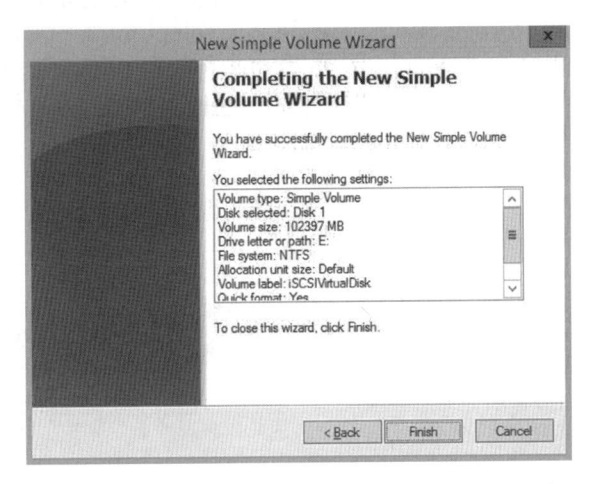

Figura 5.14 | Revisando as opções para criação do novo volume.

Muito bem, após alguns segundos você terá o novo disco **E:** formatado e pronto para uso no servidor WS2012-DC. Se você executou todos os passos corretamente, seu *Disk Management* deverá estar igual ao apresentado na Figura 5.15 e agora sim estamos prontos para prosseguir com a criação dos discos virtuais na ferramenta iSCSI Target Server.

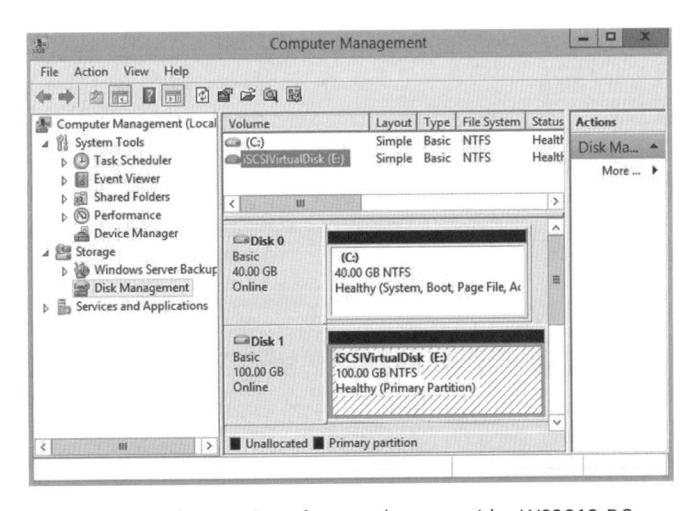

Figura 5.15 | Novo disco formatado no servidor WS2012-DC.

Agora, com o novo disco alocado no servidor WS2012-DC feche a janela da ferramenta *Computer Management* e utilizando as informações da Tabela 5.1

apresentada no início deste módulo, prossiga com a criação dos discos virtuais. Neste momento, garanta também que as máquinas virtuais SQLNODE1 e SQLNODE2 estejam ligadas no Hyper-V.

Então, estando no servidor WS2012-DC, na janela *Server Manager* selecione o item *File and Storage Services* e depois selecione a opção *iSCSI*. Sua janela deverá estar igual à apresentada na Figura 5.5 no início deste módulo e a partir desse ponto siga os passos descritos para prosseguir com a criação dos discos virtuais.

1) Na janela *iSCSI Virtual Disks*, no menu *Tasks*, selecione a opção *New iSCSI Virtual Disk...* como apresentado na Figura 5.16, abrindo assim o *NewiSCSI Virtual Disk Wizard*.

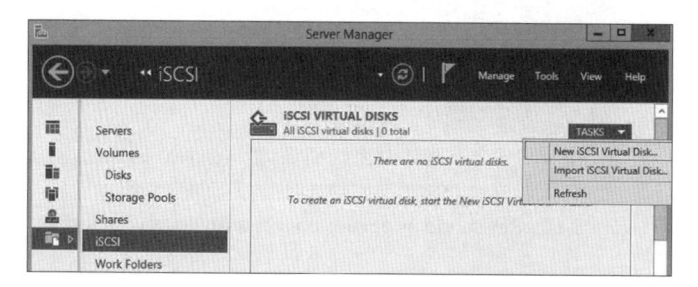

Figura 5.16 | Criando um novo disco virtual no iSCSI.

2) No *New iSCSI Virtual Disk Wizard*, na página *Select iSCSI Virtual Disk Location*, selecione o disco **E:** e clique em *Next*.

3) Na página *iSCSI Virtual Disk Name*, entre com as informações para o primeiro disco da Tabela 5.1, ficando sua janela como a Figura 5.17, e clique em *Next*.

Nota

Observe que em Path é informado o local e nome completo para o arquivo do disco virtual, incluindo a extensão .vhdx.

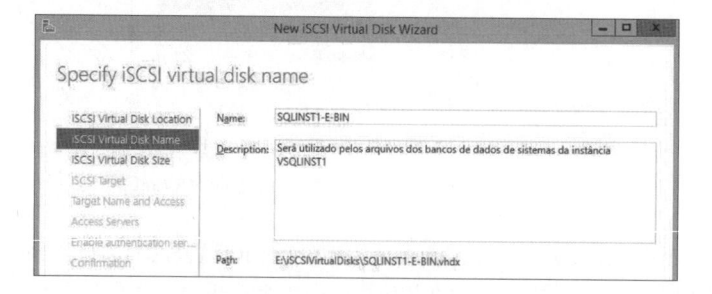

Figura 5.17 | Informações para criação do primeiro disco virtual.

4) Na página *iSCSI Virtual Disk Size*, no campo *Size,* entre com o tamanho para o disco virtual em GB. No caso do disco SQLINST1-E-BIN o tamanho deve ser 10 GB. Depois clique em *Next* para prosseguir.

5) Na página *iSCSI Target,* é preciso associar o novo disco a um *Target* existente ou criar um novo *Target.* Conforme a Tabela 5.1, temos que os discos devem estar distribuídos em dois *Targets* sendo DG1 e DG2. Então, mantenha selecionada a opção *New iSCSI Target* e clique em *Next.*

6) Na página *Target Name and Access,* entre com o nome **DG1** e, como descrição, podemos informar *Target para os discos de INST1,* ficando sua janela como a Figura 5.18. Clique, depois, em *Next.*

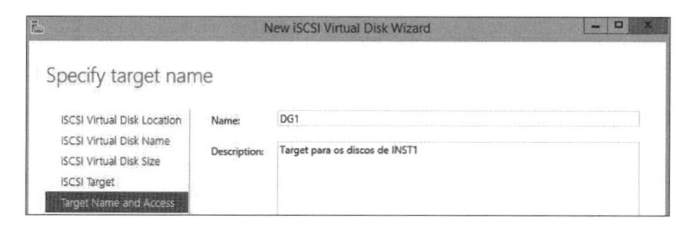

Figura 5.18 | Criação do Target para os discos de INST1.

7) Na página *Access Servers* devemos informar quais servidores da rede terão acesso aos discos virtuais que estiverem nesse *Target.* Em nosso caso, como estamos criando discos que deverão ser acessados por todos os nós do cluster, devemos adicionar os servidores SQLNODE1 e SQLNODE2. Então, clique sobre o botão *Add.*

8) Na janela *Add Initiators ID* selecione a opção *Enter a value for the selected type.* Em *Type* selecione a opção *IP Address* e no campo *Value* entre com o endereço IP da placa de rede **iSCSI_NIC** do servidor SQLNODE1, ficando sua janela igual à Figura 5.19.

9) Repita o passo anterior adicionando também o servidor SQLNODE2, o qual possui o endereço IP 12.1.1.3.

10) Concluída a adição dos dois servidores, na página *Access Servers,* clique em *Next* para prosseguir.

11) Na página *Enable Authentication*, simplesmente clique em *Next.*

Figura 5.19 | Selecionando o método de comunicação com o Initiator SQLNODE1.

12) Na página *Confirmation*, revise se todas as informações foram inseridas corretamente e clique sobre o botão *Create*. Nesse momento serão criados o *Target* **DG1** e o primeiro disco SQLINST1-E-BIN. Se tudo estiver correto, sua janela de confirmação deverá estar igual à apresentada na Figura 5.20.

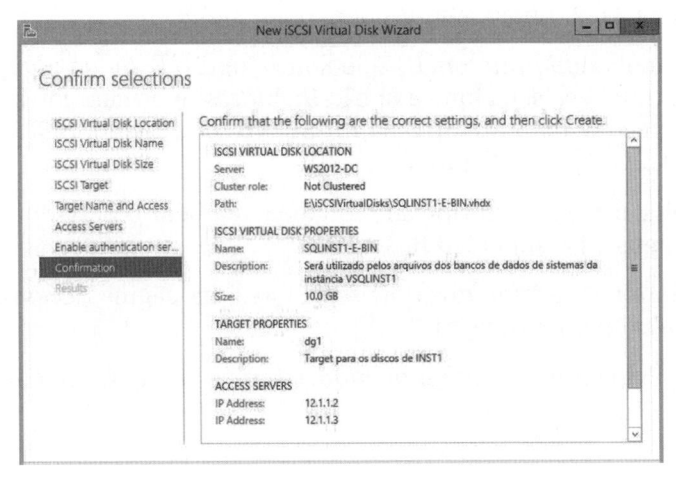

Figura 5.20 | Confirmando as informações para criação do primeiro disco.

Agora que você já sabe como criar um *Target* e os discos virtuais, reexecute os passos anteriores para criar todos os discos apresentados na Tabela 5.1. Observe que os discos com prefixo SQLINST2 devem ser armazenados no Target **DG2**, que deverá então ser criado e ter a ele adicionados os servidores SQLNODE1 e SQLNODE2 como Initiators.

Se executados todos os passos corretamente, sua janela do iSCSI Virtual Disks no Server Manager deverá ficar igual à apresentada na Figura 5.21.

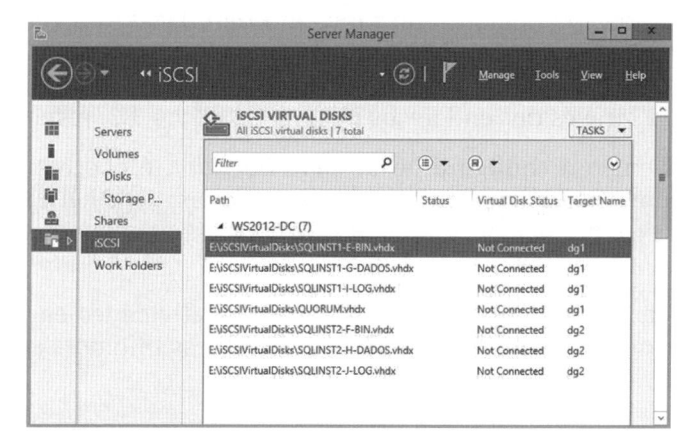

Figura 5.21 | Todos os discos criados no *iSCSI Virtual Disks*.

Na Figura 5.21 temos então um total de sete discos sendo: quatro no DG1 e três no DG2. Esses também podem ser visualizados acessando o disco E:\ através do Windows Explorer, conforme apresentado na Figura 5.22.

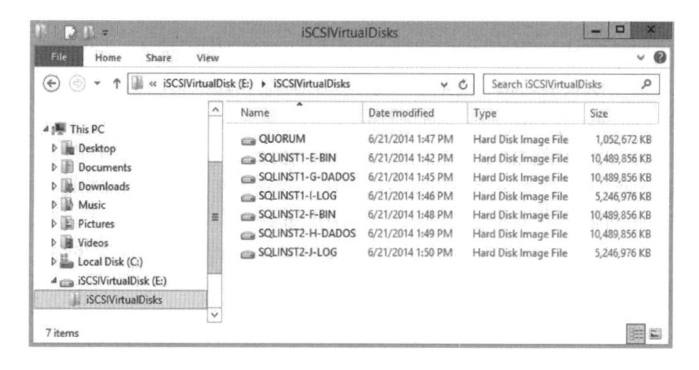

Figura 5.22 | Discos virtuais do iSCSI visualizados pelo Windows Explorer.

Observe ainda na Figura 5.21 que todos os discos possuem o status de *Not Connected*, o que indica que ainda não estão sendo acessados ou utilizados pelos servidores *Initiators*. E isso é o que faremos no Tópico 5.5,

5.5 Apresentação dos discos para os servidores do cluster

Nos tópicos anteriores vimos como instalar a funcionalidade do iSCSI Target Server no Windows Server 2012 R2, tornando-o um servidor Storage Server, e também executamos todo o passo-a-passo para a criação dos discos virtuais que serão utilizados pelas duas instâncias de SQL Server a serem futuramente instaladas em nosso cluster.

Como você deve se lembrar, no momento de criação dos discos foram criados também os *Targets* ou *disk groups* DG1 e DG2, e informamos ainda que os discos desses *disks groups* podem ser acessados pelos *Initiators* SQLNODE1 e SQLNODE2 através dos endereços IP 12.1.1.2 e 12.1.1.3, respectivamente.

Concluída então a configuração do lado *Servidor*, é chegado o momento de mostrar como configurar os servidores *Initiators* SQLNODE1 e SQLNODE2 para que estes possam acessar os discos virtuais criados no servidor Storage Server.

Para facilitar o entendimento, dividiremos as atividades em dois tópicos, a saber: Apresentação dos Discos para os Servidores Initiators e Formatação dos Discos nos Servidores.

5.5.1 Apresentação dos discos para os servidores Initiators

Neste tópico vamos seguir todos os passos para que os discos virtuais sejam apresentados ou, se preferir, acessados pelos servidores SQLNODE1 e SQLNODE2. Então, como primeiro passo, certifique-se de que as máquinas virtuais estão ligadas no Hyper-V, e iniciando pela máquina virtual SQLNODE1 siga estes passos.

1) Efetue logon no servidor com o usuário de domínio SQLNET\Administrator.

2) Na janela do Server Manager selecione o menu Tools e depois a ferramenta iSCSI Initiator. Nesse momento você verá uma mensagem informando que o Microsoft iSCSI service não está em execução e que isso é um requisito para que o iSCSI funcione corretamente. Então, clique no botão *Yes* para iniciar o serviço e garantir que ele também seja iniciado automaticamente a cada vez que o servidor for reiniciado.

3) Após alguns segundos será apresentada a janela *iSCSI Initiator Properties* (Figura 5.23), onde deve ser feita toda a configuração para acesso aos discos iSCSI.

4) Na janela *iSCSI Initiator Properties*, na guia *Targets*, informe no campo *Target* o endereço IP da placa de rede iSCSI_NIC (12.1.1.1) do servidor *Storage Server*, o WS2012-DC. Lembre-se de que toda a comunicação para o tráfego dos dados iSCSI está sendo configurada por uma rede dedicada.

5) Informado o endereço IP, clique no botão *Quick Connect...* Nesse momento será apresentada a janela Q*uick Connect* (Figura 5.24), apresentando os *Targets* ou *disk groups* DG1 e DG2 disponíveis no servidor WS2012-DC e que podem ser acessados pelo servidor SQLNODE1.

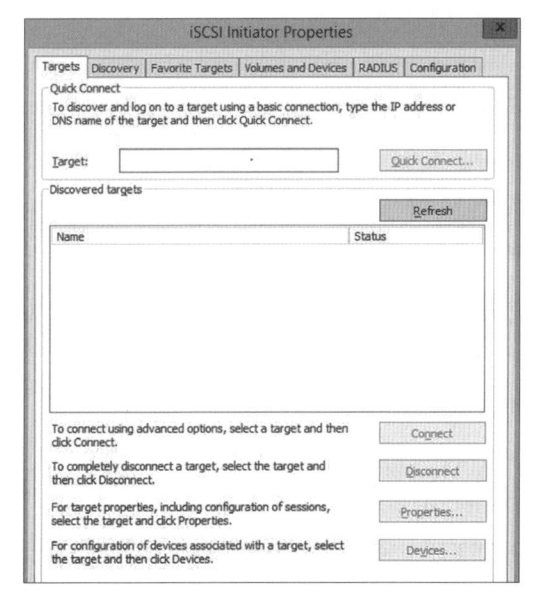

Figura 5.23 | Janela iSCSI Initiator Properties.

Figura 5.24 | *Targets* encontrados no servidor WS2012-DC.

6) Ainda na janela *Quick Connect...*, selecione o primeiro *Target* e clique no botão *Connect*. Você notará que o *Status* do *Target* passará de *Inactive* para *Connected*. Conecte-se também ao *Target* DG2 e ao concluir clique sobre o botão *Done* para fechar a janela.

7) De volta à janela *iSCSI Initiator Properties*, selecione a guia *Volume and Devices*.

8) Na guia *Volume and Devices*, clique sobre o botão *Auto Configure*. Nesse momento você verá alguns volumes sendo listados no quadro *Volume List*. Se você configurou os *Targets* corretamente no servidor WS2012-DC, sua janela deverá estar igual à apresentada na Figura 5.25 e deverá ter exatamente sete volumes. Isso porque cada volume listado representa um disco virtual criado anteriormente no *iSCSI Target Server* do servidor WS2012-DC.

9) Com os volumes apresentados, na janela *iSCSI Initiator Properties* clique sobre o botão *OK* para fechar a janela.

Isso feito, está concluída a apresentação dos discos virtuais para o servidor SQLNODE1. Agora, reexecute os passos anteriores também no servidor SQLNODE2 para que esses discos também sejam apresentados no servidor SQLNODE2.

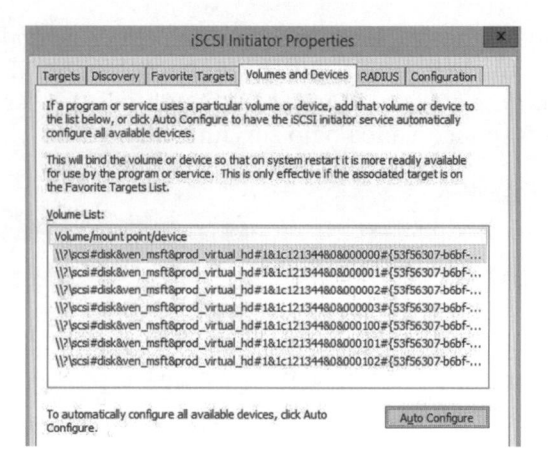

Figura 5.25 | Lista de volumes do *iSCSI Target*.

5.5.2 Formatação dos discos nos servidores

Concluída a apresentação dos discos nos dois servidores *Initiators*, é chegado o momento de formatar esses discos para deixá-los prontos para o uso.

Então, retorne para o servidor SQLNODE1 e execute os passos descritos a seguir:

1) Na janela do *Server Manager*, no menu *Tools*, selecione a ferramenta *Computer Management*.

2) Na janela *Computer Management*, em *Storage | Disk Management* (Figura 5.26), você notará a presença de sete novos discos, representados de *Disk 1* a *Disk 7*.

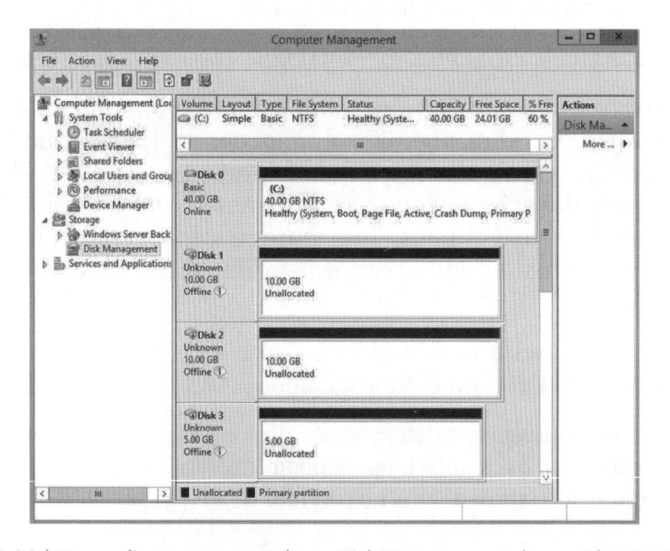

Figura 5.26 | Novos discos apresentado no Disk Management do servidor SQLNODE1.

3) Ao clicar com o botão direito do mouse sobre o primeiro disco *Disk 1* e selecionar a opção *Properties*, será apresentada a janela *MSFT Virtual HD SCSI Disk Device Properties* conforme apresentado na Figura 5.27.

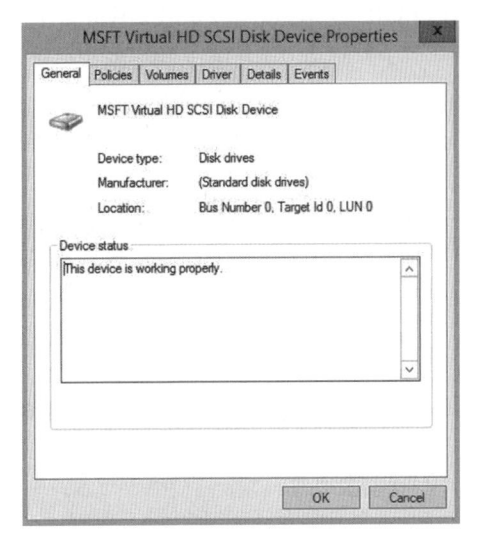

Figura 5.27 | Propriedades do disco *Disk 1*.

4) Na janela de propriedades de *Disk 1*, a informação que nos interessa é a localização (*Location*) do disco. Mais especificamente, o *Target ID* e o *LUN Number*. Portanto, entrando nas propriedades de cada um dos sete discos, crie uma tabela relacionando seus respectivos *Target ID* e o *LUN Number* semelhante à Tabela 5.2.

Tabela 5.2 | Relação de Disco x *Target ID* x *LUN Number*

Disco	Target ID	LUN Number
Disk 1	0	0
Disk 2	0	1
Disk 3	0	2
Disk 4	0	3
Disk 5	1	0
Disk 6	1	1
Disk 7	1	2

Se você observou bem, deve ter notado que temos dois Targets IDs. O Target ID 0 possui quatro LUNs, e o Target ID 1 possui três LUNs. Relacionando isso com os discos virtuais que foram criados no *iSCSI Target Server* podemos então concluir que o Target ID 0 é o *Target* ou *disk group* **DG1**, uma vez que este possui quatro discos virtuais, e o Target ID 1 é o *Target* ou *disk group* **DG2**, uma vez que este possui três discos virtuais.

De maneira bastante fácil, conseguimos identificar os Targets. Agora a grande pergunta é: como fazer para identificar o nome de cada um dos discos?

Muito bem, para obter essa informação volte no servidor WS2012-DC e no Server Manager revise a lista de discos virtuais no iSCSI Virtual Disks (Figura 5.28).

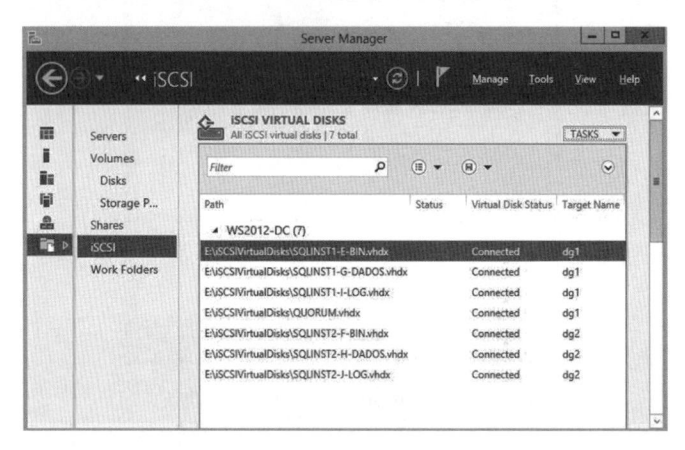

Figura 5.28 | Discos virtuais criados no servidor WS2012-DC.

A primeira coisa que você notará é que agora o status dos discos mudou de *Not Connected* para *Connected*. Isso porque agora eles estão sendo acessados pelos servidores SQLNODE1 e SQLNODE2.

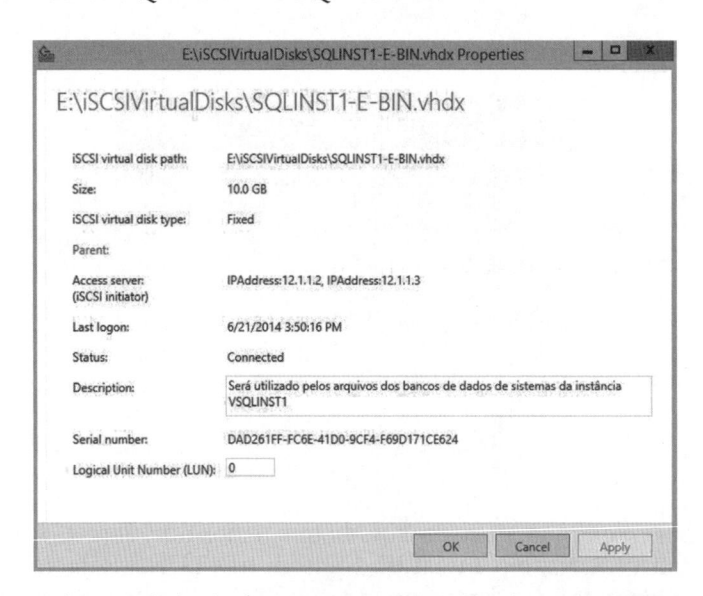

Figura 5.29 | Propriedades do disco SQLINST1-E-BIN com informação de *LUN Number*.

Então, pegando como exemplo o primeiro disco virtual da lista, o SQLINST1-E-BIN, que está no DG1, clique com o botão direito do mouse sobre ele e selecione a opção *Properties*. Nesse momento será aberta a janela de propriedades do disco (Figura 5.29), na qual podemos identificar a informação de *Logical Unit Number (LUN)*.

Na janela de propriedades do disco temos que o *Logical Unit Number (LUN)* para o disco SQLINST1-E-BIN é igual a 0. Ou seja, chegamos à informação de que o *Disk 1*, que está no *Target ID* 0 (DG1) e que possui o *LUN Number* 0, é o disco de nome SQLINST1-E-BIN.

Então, agora que você sabe como identificar o nome dos discos, de posse das informações da Tabela 5.2, clique sobre cada um dos discos virtuais e identifique o nome desses discos para cada *LUN Number*. Relacione isso em uma nova tabela, conforme a Tabela 5.3.

Tabela 5.3 | Relação de LUN Number e seus respectivos nomes

Disco	Target ID	LUN Number	Nome do Disco
Disk 1	0 (DG1)	0	SQLINST1-E-BIN
Disk 2	0 (DG1)	1	SQLINST1-G-DADOS
Disk 3	0 (DG1)	2	SQLINST1-I-LOG
Disk 4	0 (DG1)	3	QUORUM
Disk 5	1 (DG2)	0	SQLINST2-F-BIN
Disk 6	1 (DG2)	1	SQLINST2-H-DADOS
Disk 7	1 (DG2)	2	SQLINST2-J-LOG

Agora que chegamos às informações da Tabela 5.3 fica fácil voltar para o servidor SQLNODE1 e formatar os discos, atribuindo a cada um deles o mesmo nome utilizado quando da sua criação no servidor *iSCSI Target Server*.

Em verdade, em um mundo real é difícil o DBA ou Administrador de Banco de Dados ter contato com o pessoal do time de *Storage* a ponto de poder fazer essa identificação e assim poder facilitar a identificação dos discos no sistema operacional. No entanto, sempre que possível essa é uma boa prática a ser seguida, pois ajuda muito nas operações de manutenção de discos, como expansão de disco ou desapresentação/reapresentação de discos para um servidor. Então, a partir do momento em que se define e utiliza um padrão de nomenclatura para a nomeação dos discos tanto no nível de *Storage* quanto de sistema operacional, as operações de manutenção de discos ficam muito mais simples e principalmente seguras de serem executadas.

Agora, de posse das informações da Tabela 5.3, volte para o servidor SQLNODE1 e, estando no *Disk Management* (Figura 5.26), execute os passos a seguir:

Configuração dos Discos para o Failover Cluster

1) No *Disk Management*, observe que todos os sete novos discos estão com o *Status Offline*. Então, conforme apresentado na Figura 5.30, clique o botão direito do mouse sobre cada um dos discos e selecione a opção *Online*.

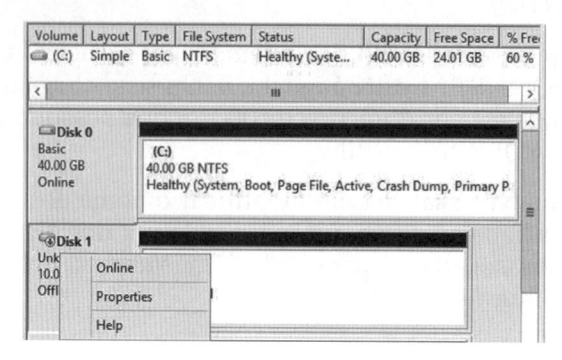

Figura 5.30 | Colocando o disco *Disk 1 Online*.

2) Em seguida, clique novamente com o botão direito do mouse sobre o disco *Disk 1* e selecione a opção *Initialize Disk*. Isso abrirá a janela *Initialize Disk* com os sete discos selecionados. Depois, simplesmente clique no botão *OK* para confirmar a inicialização dos discos.

3) Após todos os discos serem inicializados, você notará que o status deles passará para *Online*.

4) Então, clique com o botão direito do mouse sobre a área preta do disco *Disk 1* e selecione a opção *New Simple Volume...*

5) Na janela *New Simple Volume Wizard*, clique sobre o botão *Next* para prosseguir.

6) Na janela *Specify Volume Size*, mantenha o valor padrão e clique em *Next* para prosseguir.

7) Na janela *Assign Drive Letter or Path*, mantenha selecionada a opção *Assign the following drive letter* e na lista de letras selecione a letra **E**. Depois clique em *Next* para prosseguir.

8) Na janela *Format Partition*, entre com as informações conforme as apresentadas na Figura 5.31 e clique em *Next* para prosseguir.

9) Na janela *Completing the New Simple Volume Wizard* revise as informações para garantir que estão corretas. Estando tudo certo, clique em *Finish* para iniciar a formatação do disco.

Concluída a formatação do disco *Disk 1*, reexecute os passos de 4 a 9 também para os demais discos. Apenas para o disco de QUORUM (Disk 4), selecione a letra Q:\ e mantenha o *Allocation unit size* como *default* (4 K).

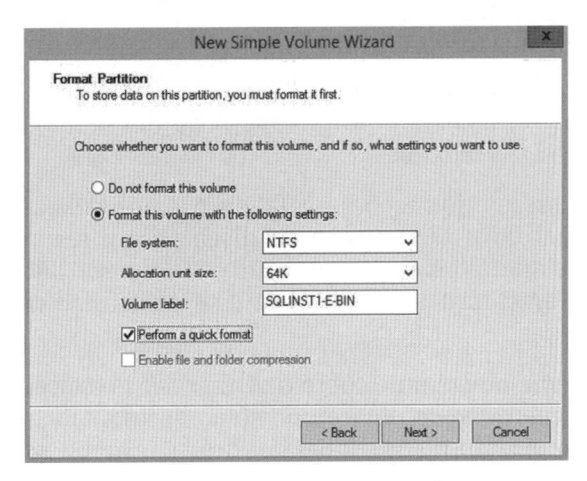

Figura 5.31 | Informações para formatação do disco *Disk 1*.

Se você executar todos os passos corretamente, ao final da formatação de todos os discos a sua janela do *Disk Management* deverá estar com todos os discos formatados igual à Figura 5.32.

Volume	Layout	Type	File System	Status	Capacity	Free Space	% Free
(C:)	Simple	Basic	NTFS	Healthy (S...	40.00 GB	24.66 GB	62 %
QUORUM (Q:)	Simple	Basic	NTFS	Healthy (P...	1021 MB	951 MB	93 %
SQLINST1-E-BIN (E:)	Simple	Basic	NTFS	Healthy (P...	10.00 GB	9.90 GB	99 %
SQLINST1-G-DADOS (G:)	Simple	Basic	NTFS	Healthy (P...	10.00 GB	9.90 GB	99 %
SQLINST1-I-LOG (I:)	Simple	Basic	NTFS	Healthy (P...	5.00 GB	4.92 GB	98 %
SQLINST2-F-BIN (F:)	Simple	Basic	NTFS	Healthy (P...	10.00 GB	9.90 GB	99 %
SQLINST2-H-DADOS (H:)	Simple	Basic	NTFS	Healthy (P...	10.00 GB	9.90 GB	99 %
SQLINST2-J-LOG (J:)	Simple	Basic	NTFS	Healthy (P...	5.00 GB	4.92 GB	98 %

Figura 5.32 | Apresentação dos discos no *Disk Management* após a formatação.

Após concluir a formatação dos discos no servidor SQLNODE1, efetue logon no servidor SQLNODE2 com o usuário SQLNET\Administrator e acesse o *Disk Management* através do menu *Tools | Computer Management* do *Server Manager*.

Na janela do *Computer Management* clique com o botão direito do mouse sobre *Disk Management* e selecione a opção *Refresh* para forçar uma atualização dos discos. Você notará que todos os discos estão com o status de *Offline*, no entanto, eles não estão com a barra preta como estavam inicialmente no servidor SQLNODE1. Isso porque na verdade eles já foram formatados no servidor SQLNODE1.

Embora não seja um requisito, aqui no servidor SQLNODE2 uma configuração que particularmente gostamos de fazer é garantir que quando *Online* o disco de *Target ID* 0 e *LUN Number* 0 também seja o disco de letra E e label SQLINST1-E-BIN. Isso se aplica a todos os demais discos.

Então, estando no *Disk Management* siga estes passos:

1) Clique com o botão direito do mouse sobre *Disk 1* e selecione a opção *Properties*. Na janela de propriedades do disco, anote as informações de *Target ID* e *LUN Number*.

2) Encontre essas informações na Tabela 5.3 utilizada anteriormente e identifique qual deve ser o nome do disco para o respectivo *Target ID/LUN Number*. Fique atento, pois em um mundo real não necessariamente o disco de *Target ID* 0 e *LUN Number* 0 será o mesmo disco *Disk 1* em todos os servidores.

3) Então, clique novamente sobre o disco *Disk 1* e selecione a opção *Online*. Nesse momento você notará que serão apresentados automaticamente o nome e a letra do disco. Então confira se o nome e a letra apresentados para o disco batem com o *Target ID/LUN Number* conforme a Tabela 5.3. Na Figura 5.33 vemos como ficou a configuração no nosso Windows.

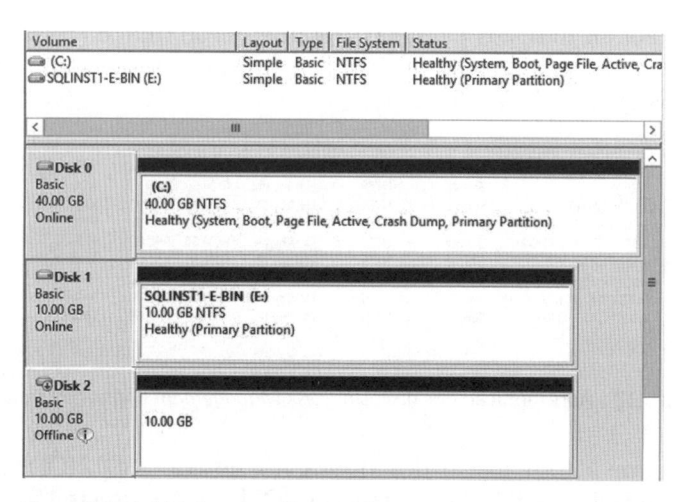

Figura 5.33 | *Disk 1* no servidor SQLODE2 com mesma letra e nome.

4) Faça o mesmo para o *Disk 2*. No nosso Windows ele aparece com *Target ID* 0 e *LUN Number* 1. Com isso temos que esse é o disco SQLINST1-G-DADOS e deve ficar com a letra G:\. No entanto, ao colocá-lo *Online* ele ficou com o nome correto SQLINST1-G-DADOS, mas foi associado à letra F:\. Nesse caso é preciso acertá-lo para que também fique com a letra G.

5) Para acertar a letra do disco, clique com o botão direito do mouse sobre o disco e selecione a opção *Change Drive Letter and Paths*. Será apresentada a janela da Figura 5.34.

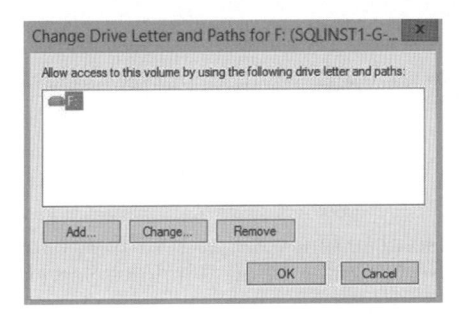

Figura 5.34 | Alterando a letra do disco *Disk 2*.

6) Clique sobre o botão *Change...* e na lista de letras disponíveis selecione a letra G e clique em *OK*. Isso alterará o disco *Disk 2*, deixando-o também com a letra G.

7) Repita então os mesmos passos para deixar todos os outros cinco discos On-line e altere as letras quando necessário.

Ao final, se você executar todos os passos corretamente, sua janela do *Disk Management* no servidor SQLNODE2 deverá estar igual à apresentada na Figura 5.35.

Volume	Layout	Type	File System	Status	Capacity	Free Space	% Free
(C:)	Simple	Basic	NTFS	Healthy (S...	40.00 GB	24.66 GB	62 %
QUORUM (Q:)	Simple	Basic	NTFS	Healthy (P...	1021 MB	951 MB	93 %
SQLINST1-E-BIN (E:)	Simple	Basic	NTFS	Healthy (P...	10.00 GB	9.90 GB	99 %
SQLINST1-G-DADOS (G:)	Simple	Basic	NTFS	Healthy (P...	10.00 GB	9.90 GB	99 %
SQLINST1-I-LOG (I:)	Simple	Basic	NTFS	Healthy (P...	5.00 GB	4.92 GB	98 %
SQLINST2-F-BIN (F:)	Simple	Basic	NTFS	Healthy (P...	10.00 GB	9.90 GB	99 %
SQLINST2-H-DADOS (H:)	Simple	Basic	NTFS	Healthy (P...	10.00 GB	9.90 GB	99 %
SQLINST2-J-LOG (J:)	Simple	Basic	NTFS	Healthy (P...	5.00 GB	4.92 GB	98 %

Figura 5.35 | *Status* final dos discos no servidor SQLNODE2.

Com isso, concluímos todas as atividades necessárias para a configuração dos discos nos dois servidores do cluster e estamos prontos para seguir em frente com o Capítulo 6, onde abordaremos a configuração do Failover Cluster nos servidores.

1) Qual o nome da solução que você pode utilizar para transformar um servidor Windows Server 2008 R2 ou Windows Server 2008 R2 SP1 em um servidor *Storage Server*?

   a. iSCSI Initiator.

   b. iSCSI Software Target.

   c. Storage Server iSCSI.

   d. Windows iSCSI Storage.

2) Dentro da arquitetura do iSCSI Target Server, como é chamado o servidor que possui acesso aos discos disponibilizados por um *Storage Server*?

   a. iSCSI Initiator.

   b. Servidor cliente.

   c. Servidor consumidor.

   d. Nenhuma das alternativas anteriores.

3) Qual feature do Windows Server 2012 R2 deve ser instalada para promover o servidor para um *Storage Server*?

   a. iSCSI Target Server.

   b. iSCSI Initiator.

   c. Storage Server.

   d. Nenhuma das alternativas anteriores.

4) Qual é o tamanho recomendado para o *Allocation unit size* dos discos que armazenarão arquivos de dados e log dos bancos de dados de uma instância SQL Server?

   a. 4 K.

   b. 16 K.

   c. 64 K.

   d. 512 K.

6

Configuração do Failover Cluster

O Windows Server Failover Cluster ou WSFC é na verdade o grande segredo por trás da funcionalidade de alta disponibilidade do SQL Server. O WSFC é um recurso do sistema operacional, disponível em todas as edições do Windows Server 2012 e Windows Server 2012 R2 e que, uma vez instalado nos servidores que formarão o cluster, permite a instalação do SQL Server em uma configuração de cluster ou alta disponibilidade.

Em grandes empresas, essas atividades de instalação da feature de Failover Cluster e criação do cluster no Windows normalmente não são executadas pelo time de Administradores de Bancos de Dados (DBA). No entanto, é fundamental que como um DBA você conheça o processo de criação de um cluster até para que possa prover um melhor suporte a um ambiente em que o SQL Server esteja instalado em configuração de cluster.

Se você tiver seguido corretamente todos os passos até aqui, a estrutura do ambiente de laboratório proposto deverá estar igual ao apresentado na Figura 6.1. Aqui os discos estão sendo mostrados apenas como no servidor SQLNODE1, mas lembre-se de que os discos são shared, então, nesse momento, eles também estão visíveis no servidor SQLNODE2.

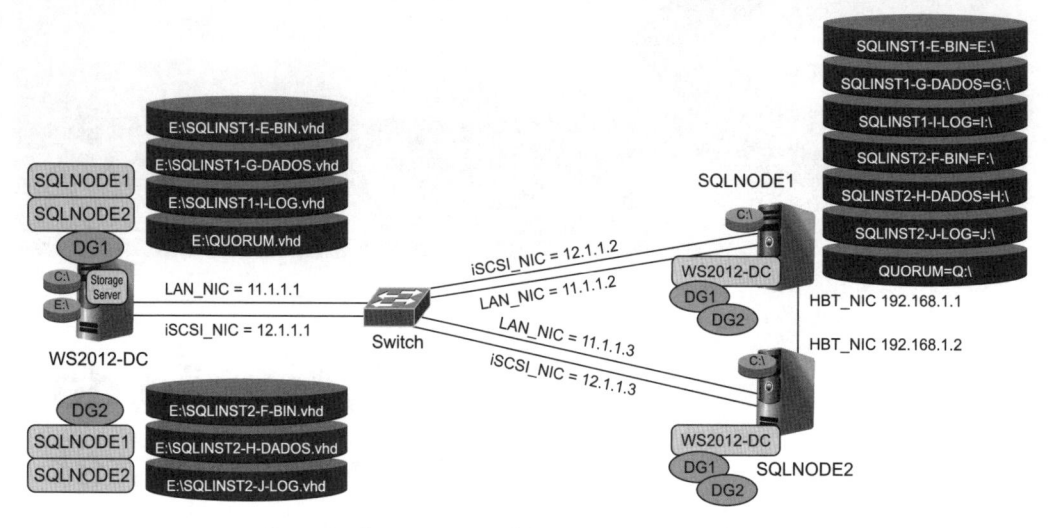

Figura 6.1 | Estrutura atual do ambiente de laboratório.

Nos capítulos anteriores foram executados todos os passos para a configuração desses servidores em rede, a instalação dos serviços de Active Directory Domain Services (AD DS) e Domain Name System (DNS) no servidor WS2012-DC, criando assim o domínio SQLNET e tornando-o o controlador de domínio da rede, e, por fim, a configuração dos servidores SQLNODE1 e SQLNODE2 no domínio SQLNET, bem como a criação e configuração dos discos virtuais nos servidores.

A partir desse ponto o ambiente está pronto para a instalação da feature de Failover Clustering nos servidores e posteriormente para executar a criação de um cluster propriamente dito. É isso que faremos nos tópicos seguintes.

6.1 Instalação do serviço de cluster nos servidores

A criação de um ambiente Failover Cluster começa com a instalação do serviço de cluster do Windows em todos os servidores que formarão o cluster. Em nosso caso, com o Windows Server 2012 isso significa instalar a feature de Failover Clustering nos servidores SQLNODE1 e SQLNODE2.

Assim, para instalar o serviço de cluster no servidor SQLNODE1, efetue logon no Windows usando o usuário administrador do domínio SQLNET\Administrator e siga estes passos:

1) Estando na janela *Server Manager*, no *Dashboard*, selecione *Add roles and features*.

2) Na janela *Add roles and features Wizard*, clique em *Next* para prosseguir.

3) Em *Installation Type*, mantenha selecionada a opção padrão *Role-based or feature-based installation* e clique em *Next* para prosseguir.

4) Em *Server Selection*, mantenha também a seleção padrão e clique em *Next* para prosseguir.

5) Em *Server roles*, não selecione nenhuma role e simplesmente clique em *Next*.

6) Em *Features*, localize e selecione a feature *Failover Clustering*.

 Nota

Como apresentado na Figura 6.2, ao selecionar a feature Failover Clustering será apresentada uma janela informando as ferramentas necessárias para a administração da feature Failover Clustering. Clique sobre o botão *Add Features* e ao retornar para a janela *Features* clique em *Next* para prosseguir.

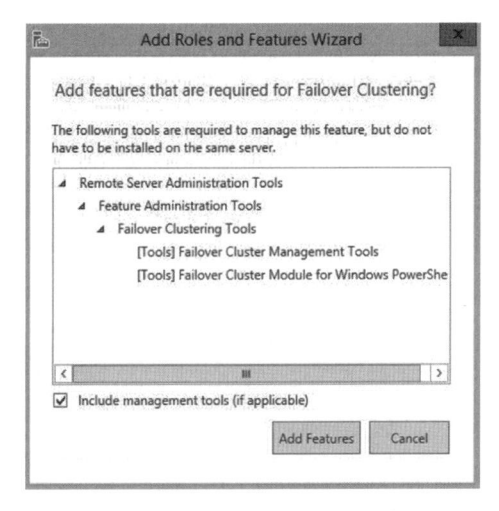

Figura 6.2 | Adicionando as ferramentas necessárias ao Failover Clustering.

7) Em *Confirmation*, selecione a opção *Restart the destination server automatically if required* e clique sobre o botão *Install* para iniciar a instalação. Se você executou todos os passos corretamente sua janela deverá estar igual à Figura 6.3.

 Configuração do Failover Cluster

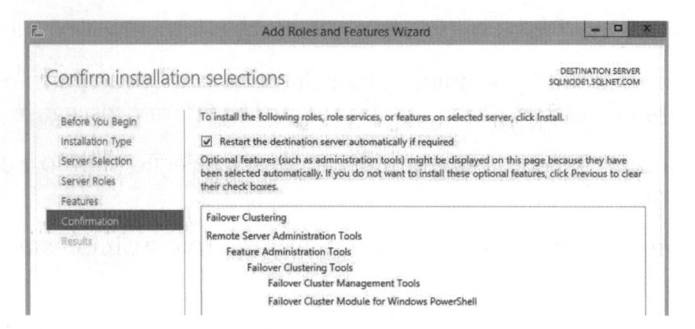

Figura 6.3 | Confirmando as features a serem instaladas.

8) Na janela *Installation progress*, acompanhe o progresso da instalação e ao concluir clique sobre o botão *Close* para fechar a janela.

Ao concluir a instalação, na janela *Server Manager*, ao clicar sobre o menu *Tools* você já deverá ver uma nova opção na lista de ferramentas, o Failover Cluster Manager. Outro ponto importante é que se você olhar a lista de serviços do Windows notará a presença do serviço *Cluster Service* – o coração da funcionalidade de Failover Cluster do Windows.

Para visualizar a lista de serviços do Windows, na janela do Server Manager, no menu *Tools*, selecione a ferramenta *Services*. Sua janela será igual à apresentada na Figura 6.4.

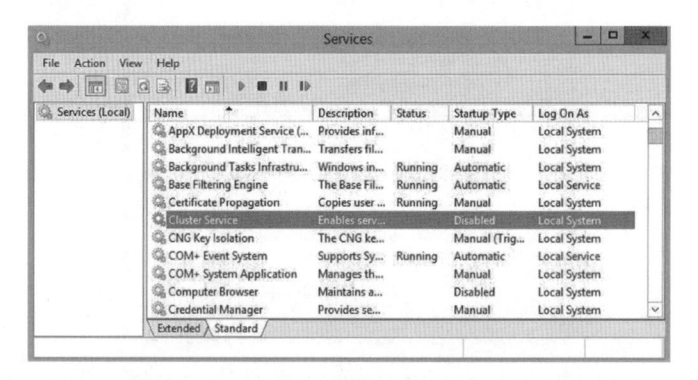

Figura 6.4 | Serviço Cluster Service do Windows.

Nota

A partir do Windows Server 2008 R2 foi feita uma mudança significativa na forma como o serviço do cluster é executado no servidor. No Windows Server 2008 R2 não existe mais a necessidade de ter uma conta de usuário dedicada para o serviço do cluster, conhecida como *Cluster Service Account*. Em vez disso, o serviço do cluster é executado sobre um contexto especial e que fornece as permissões e privilégios necessários para o correto funcionamento do serviço.

Agora, efetue logon no servidor SQLNODE2 e reexecute os passos de 1 a 8 para instalar a feature também nesse servidor. Uma vez concluída a instalação da feature Failover Clustering nos dois servidores, o ambiente estará pronto para seguir com a criação do Failover Cluster no Windows.

6.2 Criação do Failover Cluster no Windows

Como veremos no decorrer deste tópico, a criação de um cluster Windows é bastante simples. No entanto, antes da instalação da feature de Failover Clustering nos servidores, é importante garantir que alguns requisitos sejam atendidos, dentre os quais podemos citar os seguintes:

1) Definir um nome para o cluster ao criar o cluster; será necessário informar um nome para ele. Esse será o nome de rede do cluster, sendo inclusive registrado no *Active Directory* como um nome de computador.

2) Definir um endereço IP para o cluster assim como é necessário informar um nome para o cluster; também é necessário informar um endereço IP. Esse endereço IP será vinculado ao nome do cluster e será registrado no servidor DNS. A partir de então passará a responder na rede como se fosse um computador da rede, sendo possível inclusive executar testes de ping sobre o nome de rede e endereço IP do cluster.

3) Todos os servidores que irão compor o cluster devem estar no mesmo domínio.

4) Todos os servidores que irão compor o cluster devem estar com o serviço *Cluster Service* instalado.

5) Efetuar logon no Windows com uma conta de usuário de domínio e que possua privilégios administrativos em todos os nós do cluster.

6) Execute o *Validate a Configuration Wizard* para garantir que todas as configurações de hardware, sistema, software, rede e discos atendam aos requisitos necessários para a criação do cluster.

Quando executamos o processo de criação de um cluster, o *Create Cluster Wizard*, é preciso garantir que o usuário logado no Windows seja um usuário de domínio e que tenha privilégios administrativos em todos os nós do cluster, ou seja, esteja no grupo local *Administrators* de cada servidor.

A princípio esse usuário não precisa ser um administrador do domínio, o que chamamos de *Domain Admin*. No entanto, se não for, ele precisará ter as permissões *Create Computer Objects* e *Read All Properties* no domínio ou na *Organizational Unit* (OU) em que o *Cluster Name Object (CNO)* será criado.

Durante o processo de criação do cluster, o *Create Cluster Wizard* faz acesso ao *Active Diretory* para criar uma conta de computador com o mesmo nome que for designado ao cluster, conhecida como *Cluster Name Object* (CNO). Essa conta

Configuração do Failover Cluster

é muito importante porque através dela outras contas serão criadas automaticamente à medida que você configurar novos serviços ou aplicações no cluster.

Para evitar problemas relacionados à falta de permissões no *Active Directory* ou mesmo nos nós do cluster durante o setup do cluster e das instâncias SQL Server, o que normalmente muitos administradores fazem é utilizar uma conta com privilégios administrativos no domínio (uma conta *Domain Admin*). Isso é o que também utilizaremos para facilitar a configuração e as operações a serem executadas em nosso ambiente de laboratório. No entanto, é importante ressaltar que em ambientes de produção que requerem uma configuração de maneira mais segura a utilização de uma conta *Domain Admin* não é necessária e não deve ser um requisito. Diante disso, ao implementar um ambiente cluster de produção, algumas considerações adicionais que se aplicam são:

‖ A conta de usuário utilizada para o setup do cluster deve pertencer a um domínio e possuir privilégios administrativos em todos os nós do cluster.

‖ A conta de usuário também precisa possuir os privilégios *Create Computer Objects* e *Read All Properties* no domínio ou na OU onde o CNO será criado (a partir do Windows Server 2012 você pode especificar uma OU para o CNO durante a criação do cluster). Durante o setup do cluster, também será concedido o privilégio de *Create Computer Objects* para o CNO na OU onde ele for criado.

‖ Se a conta usada para o setup do cluster não possuir privilégios suficientes no *Active Directory* para a criação e configuração do CNO, é possível criar o CNO manualmente antes do setup do cluster (popularmente conhecido como pre-staging), usando o procedimento *Steps for prestaging the cluster name account*, disponível no documento *Failover Cluster Step-by-Step Guide Configuring Accounts in Active Directory*[25].

‖ Durante a instalação de uma instância do SQL Server no cluster, o CNO precisa criar um *Virtual Computer Object* (VCO). Se o CNO não possuir privilégios para criar o VCO, é possível criá-lo antes do setup da instância (pre-staging), usando o procedimento *Steps for prestaging an account for a clustered service or application*, disponível no documento *Failover Cluster Step-by-Step Guide Configuring Accounts in Active Directory*[26].

Você também pode obter mais informações sobre CNOs e VCOs através do artigo *How to Create a Cluster in a Restrictive Active Directory Environment*[27].

25   Disponível em: <http://technet.microsoft.com/library/cc731002.aspx>. Acesso em: 1 dez. 2014.
26   Disponível em: <http://technet.microsoft.com/library/cc731002.aspx>. Acesso em: 19 nov. 2014.
27   Disponível em: <http://blogs.msdn.com/b/clustering/archive/2012/03/30/10289577.aspx>. Acesso em: 9 dez. 2014.

Isso dito, inicie fazendo logon no servidor SQLNODE1 com a conta de domínio SQLNET\Administrator e siga estes passos:

1) Na janela do *Server Manager*, em *Tools*, selecione a ferramenta *Failover Cluster Manager*. O *Failover Cluster Manager*, apresentado na Figura 6.5, é a ferramenta gráfica usada para executar qualquer atividade de administração do cluster.

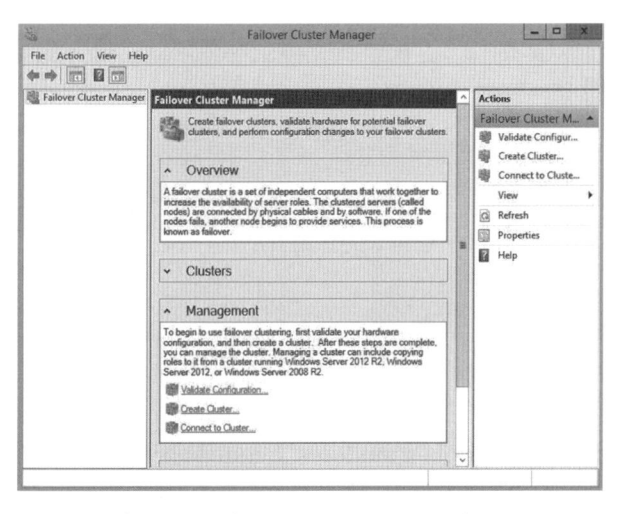

Figura 6.5 | Failover Cluster Manager no servidor SQNODE1.

2) No Failover Cluster Manager, no painel *Management*, você encontrará três opções:

   a) **Validate Configuration:** o *Validate Configuration* é o processo que varrerá seu ambiente e servidores que irão compor o cluster para validar as configurações de hardware, software, rede e disco e garantir que tudo atende aos requisitos necessários para se criar um cluster Windows. Esse é um passo muito importante do processo de criação de um cluster e deve ser executado também sempre que modificações importantes forem feitas no cluster. Por exemplo, executá-lo sempre que novos discos forem adicionados ao cluster.

b) Create Cluster: como o próprio nome diz, execute essa opção para iniciar o processo de criação de um cluster.

c) Connect to Cluster: essa opção permite que você se conecte a um cluster existente.

3) Então, antes de criar o cluster para o nosso laboratório, execute o processo de validação selecionando a opção *Validade Configuration*.

4) Na janela inicial do *Validade a Configuration Wizard*, clique em *Next* para prosseguir.

5) Em *Select Servers or a Cluster*, adicione todos os servidores que formarão o cluster. Em nosso caso, entre com o nome SQLNODE1 e clique sobre o botão *Add*. Você notará que automaticamente o nome do servidor será resolvido para seu nome DNS e adicionado ao quadro *Selected Servers*. Repita o passo para o servidor SQLNODE2. O resultado deverá ser igual ao apresentado na Figura 6.6.

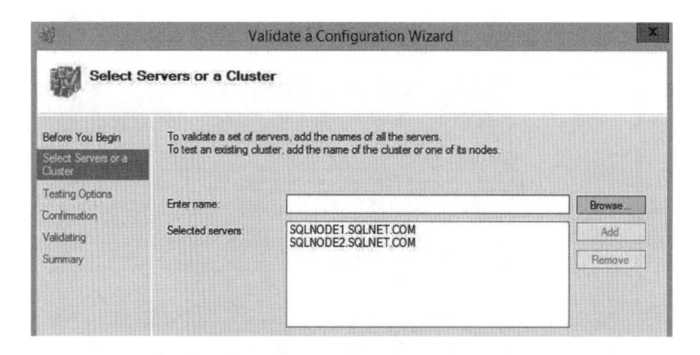

Figura 6.6 | Adicionando os servidores que formarão o cluster.

6) Após adicionar os dois servidores, clique sobre o botão *Next* para prosseguir.

7) Na janela *Testing Options*, você tem a opção de executar um teste completo, o que inclui uma validação dos servidores, rede e discos, ou selecionar um teste mais específico. Por exemplo, quando adicionados novos discos ao cluster você pode executar uma validação apenas de parte dos discos. Para esse momento, mantenha selecionada a opção *Run all tests (recommended)* e clique em *Next* para prosseguir.

8) Na janela *Confirmation* você pode visualizar todos os testes que serão executados, testes estes que estão categorizados em quatro categorias, como se segue:

a) Inventory: executa validação de configurações do sistema operacional, lista de softwares e drivers instalados, informações de BIOS, processos em execução, serviços e muitos outros.

b) Network: executa validação das configurações de rede, endereçamento IP, comunicação entre os servidores, resolução de nomes DNS, entre outros.

c) **Storage:** executa uma validação completa dos discos que estarão no cluster, latência de acesso, teste de Failover entre os nós e outros.

d) **System Configuration:** inclui validação da edição do sistema operacional, nível de service pack instalado no Windows, arquitetura dos servidores (x86 ou x64), entre outros.

9) Após revisar a lista de testes a serem executados, clique sobre o botão *Next* para iniciar o processo de validação. Todo o processo pode ser acompanhado através da janela *Validating*, conforme apresentado na Figura 6.7.

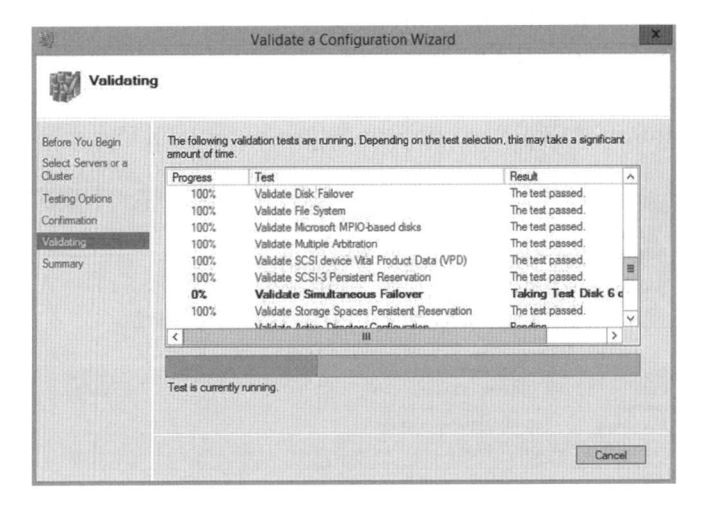

Figura 6.7 | *Status* da execução da validação do cluster.

Ao concluir o processo de validação, você deverá estar com uma janela de resultados semelhante à apresentada na Figura 6.8.

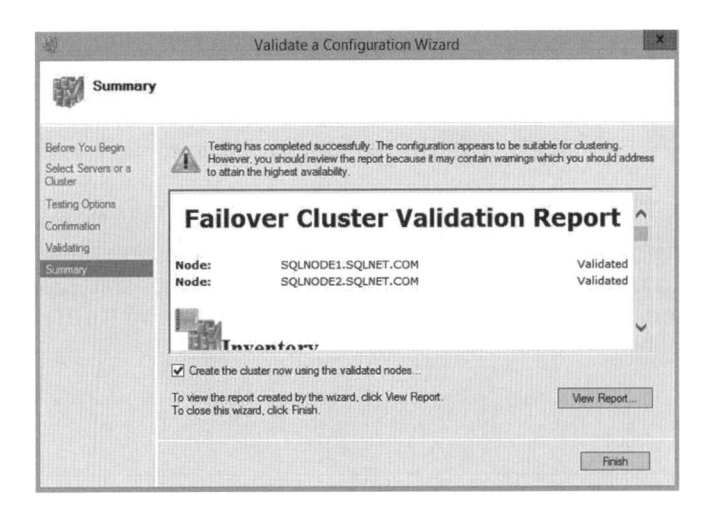

Figura 6.8 | Sumário de execução da validação do cluster.

Como se pode observar na Figura 6.8, os testes foram concluídos com sucesso, no entanto o ícone de *Atenção* no topo da janela de sumário nos indica que alguns *warnings* (alertas) foram identificados e devem ser verificados antes de prosseguir. Embora os *warnings* não impeçam a criação do cluster, o recomendado é fazer as devidas verificações para garantir que o ponto de alerta não é algo que possa provocar problemas no futuro.

Esses testes de validação podem ser reexecutados quantas vezes forem necessárias, e você não conseguirá prosseguir com a criação do cluster enquanto estiver sendo apresentado algum erro no relatório. Para facilitar a visualização dos resultados, o processo cria um relatório destacando os pontos em que houve erros ou alertas e principalmente as suas possíveis causas.

Ao clicar sobre o botão *View Report* na janela de sumário você terá o relatório aberto no Internet Explorer conforme apresentado na Figura 6.9.

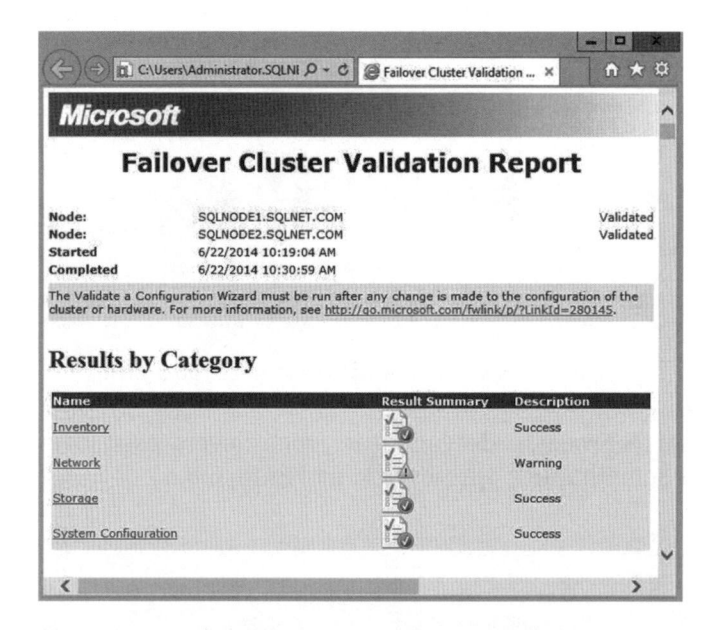

Figura 6.9 | Visualização do relatório no formato html.

Como podemos observar na Figura 6.9, o resultado dos testes está apontando um *warning* na categoria *Network*. Clicando sobre o link da categoria *Network* descemos um pouco mais o nível da verificação e constatamos que o *warning* está relacionado à validação da configuração IP (Figura 6.10).

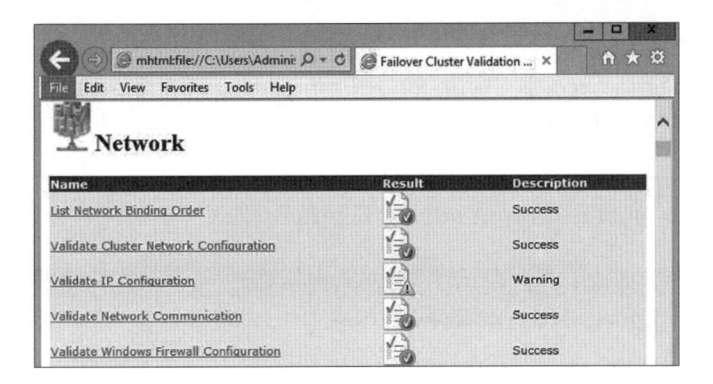

Figura 6.10 | *Warning* sobre validação da configuração IP.

Então, clicando novamente sobre o link *Validate IP Configuration* é possível descer ainda mais o nível da verificação e chegar ao exato ponto do *warning*, como apresentado na Figura 6.11.

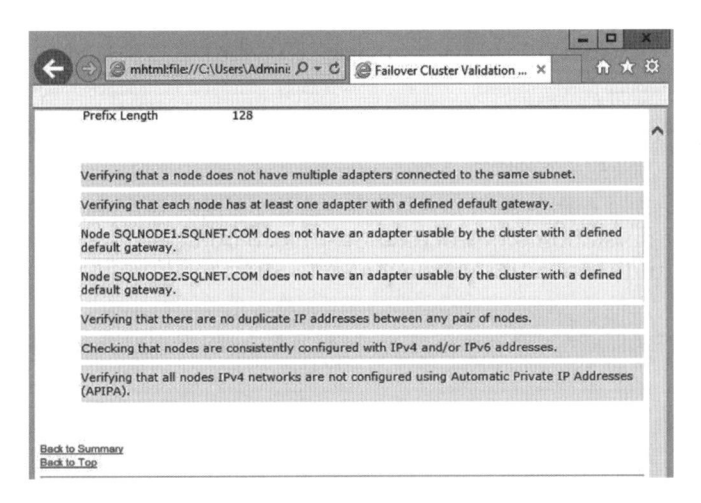

Figura 6.11 | Causa do *warning* da categoria Network.

No nosso caso, o *warning* foi gerado pelo fato de as placas de rede LAN_NIC dos servidores SQLNODE1 e SQLNODE2 não estarem configuradas com o endereço IP de um servidor *default gateway*. Isso é aceitável para a nossa configuração de laboratório, já que não temos saída para internet em nossos servidores e assim não precisamos configurar um *default gateway*. Caso prefira resolver esse ponto do *warning*, você pode adicionar o endereço IP do próprio servidor DNS (WS2012-DC) como sendo o *default gateway* para esses servidores.

Assim, finalizada a validação do cluster sem erros, pode-se retornar para a janela de sumário do *Validate a Configuration Wizard* e clicar sobre o botão *Finish* para fechar a janela e iniciar a criação do cluster. Será aberta então a janela do *Create Cluster Wizard*, onde você deverá seguir estes passos:

1) Na página *Before You Begin* simplesmente clique em *Next*.

2) Na página *Access Point for Administering the Cluster*, você deve informar um nome para o cluster e também o endereço IP a ser utilizado pelo cluster. Em nosso caso, o cluster terá o nome **AlwaysOnCL** e utilizaremos apenas a rede 11.1.1.0/24 com o endereço IP 11.1.1.4, ficando nossa janela igual à apresentada na Figura 6.12.

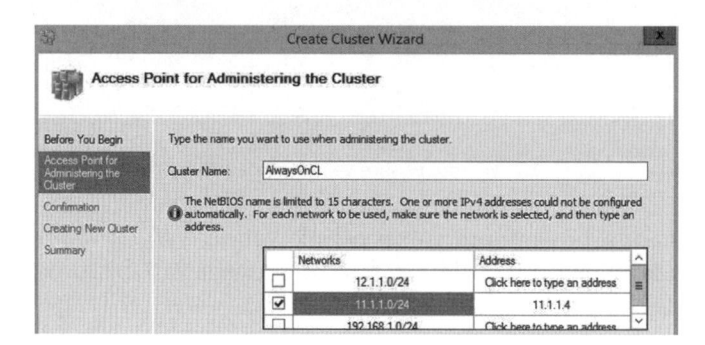

Figura 6.12 | Informando o nome e endereço IP para o cluster.

3) Informados o nome e o endereço IP para o cluster, clique sobre o botão *Next* para prosseguir.

4) Na página *Confirmation*, simplesmente clique em *Next* para prosseguir. A partir desse ponto o processo de criação do cluster será iniciado, e quando concluído será apresentada a página *Summary*, conforme Figura 6.13.

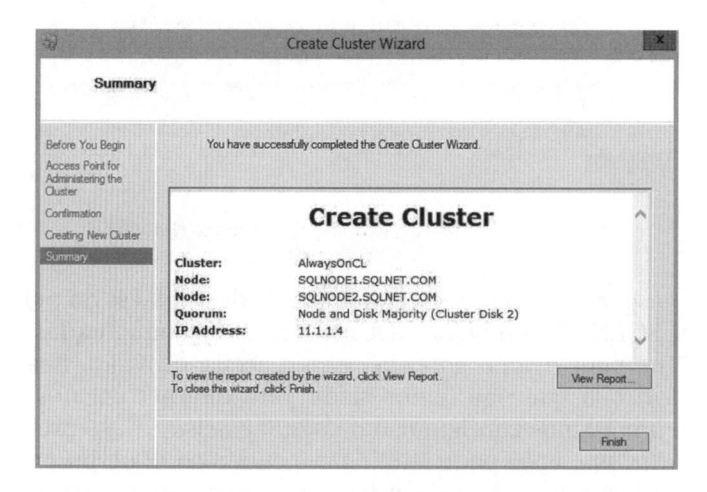

Figura 6.13 | *Status* final da criação do cluster AlwaysOnCL.

Na página *Summary*, clique em *Finish* para fechar a janela do *Create Cluster Wizard* e retornar para a janela do Failover Cluster Manager, conforme apresentado na Figura 6.14, agora já mostrando as informações do cluster recém-criado.

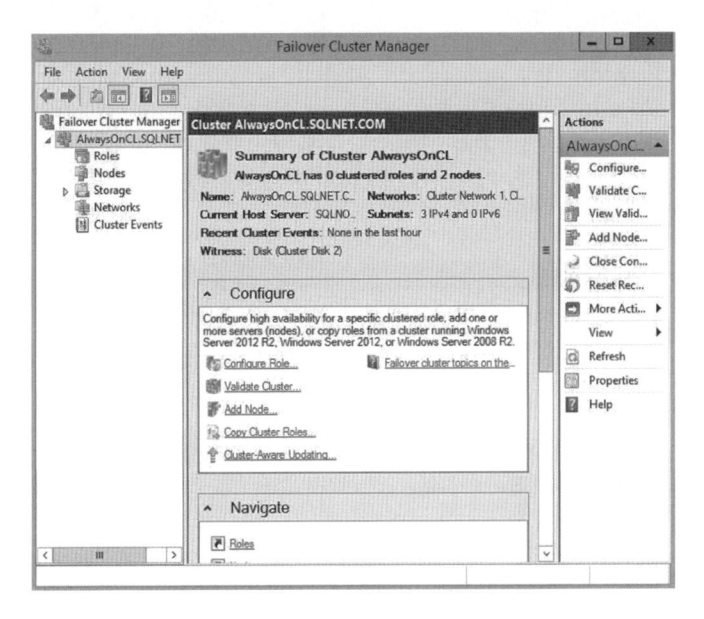

Figura 6.14 | Failover Cluster Manager apresentando as informações do cluster AlwaysOnCL.

Isso conclui a criação do cluster. Agora, navegue entre as pastas *Roles*, *Nodes*, *Storage* e *Networks* para se familiarizar com o Failover Cluster Manager.

Especificamente em *Networks* você notará que as placas de rede dos servidores foram adicionadas ao cluster como *Cluster Network 1*, *Cluster Network 2* e *Cluster Network 3*. Uma boa prática é renomear esses nomes no cluster para que eles reflitam o mesmo nome utilizado no Windows.

Para identificar o nome correto das placas no Cluster, clique sobre *Cluster Network 1* e no painel inferior selecione a guia *Network Connections*. Conforme apresentado na Figura 6.15, você verá quais conexões de rede nos servidores SQLNODE1 e SQLNODE2 formam o *Cluster Network 1*.

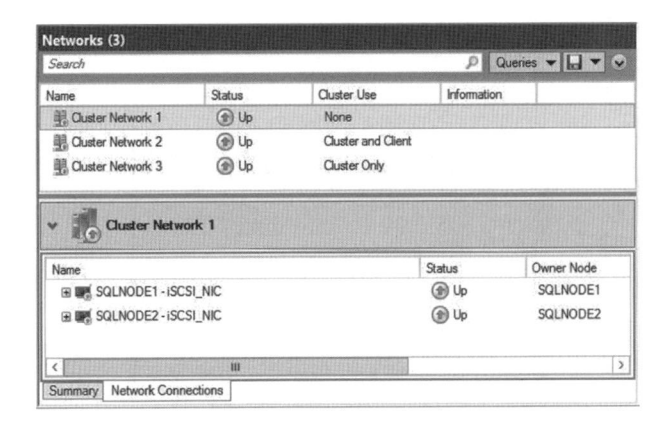

Figura 6.15 | Obtendo informações das placas de rede.

Como se pode observar na Figura 6.15, o *Cluster Network 1* é formado pelas conexões de rede das placas iSCSI_NIC dos respectivos servidores. Então, clique novamente sobre *Cluster Network 1* com o botão direito do mouse e em *Properties* altere o nome para iSCSI_NIC. Faça o mesmo para *Cluster Network 2* e *Cluster Network 3* e ao final você deverá ter sua configuração igual à apresentada na Figura 6.16.

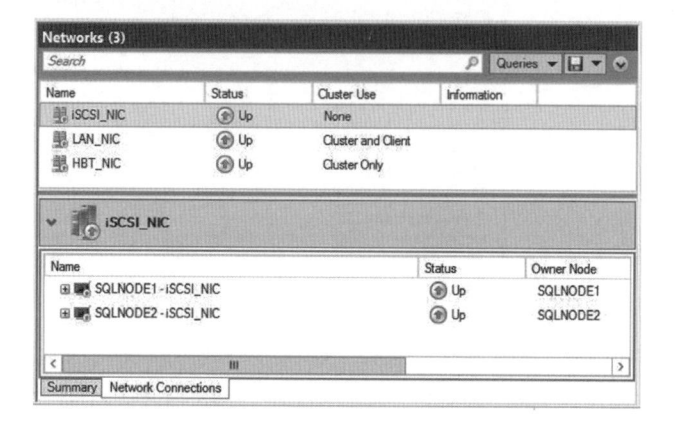

Figura 6.16 | Redes renomeadas no cluster.

Um ponto também muito importante na configuração das redes no cluster está em configurar como elas serão utilizadas dentro do cluster. Olhando a Figura 6.16 é possível notar que a coluna *Cluster Use* possui uma opção diferente para cada rede. Clicando com o botão direito do mouse sobre a rede LAN_NIC e selecionando *Properties*, podemos ver as possíveis opções para *Cluster Use*, como apresentado na Figura 6.17.

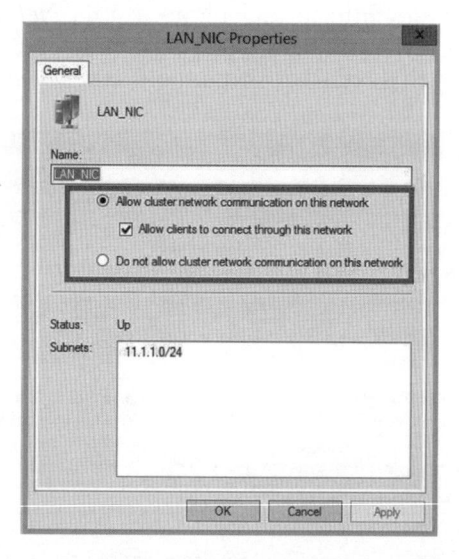

Figura 6.17 | Propriedades da rede LAN_NIC no cluster.

Na Figura 6.17, a opção *Allow cluster network communication on this network* sinaliza para o cluster que essa rede pode ser utilizada para o tráfego de comunicação do cluster, comumente chamado de tráfego intracluster, como o tráfego gerado pela validação da saúde dos nós do cluster. Essa é a configuração que deve ser selecionada para a rede de heartbeat e na coluna *Cluster Use* é apresentada como *Cluster Only*.

Quando selecionada a opção *Allow cluster network communication on this network* também é possível ativar a opção *Allow clients to connect through this network*, e isso sinaliza para o cluster que além do tráfego intracluster essa rede também deve ser utilizada para o tráfego de comunicação com os clientes, ou seja, a comunicação dos computadores da rede ou aplicações com o servidor será feita através dessa rede. Essa é a configuração padrão para a rede pública, no nosso caso a LAN_NIC, e na coluna *Cluster Use* é apresentada como *Cluster and Client*.

A última opção é a *Do not allow cluster network communication on this network*, que, como o próprio nome diz, não permite o tráfego de comunicação do cluster ou de clientes através dessa rede. Essa opção deve ser selecionada quando não queremos que a rede seja utilizada pelo cluster e na coluna *Cluster Use* é apresentada como *None*. No nosso caso, a rede iSCSI_NIC não deve ser utilizada pelo cluster, pois será de uso exclusivo do tráfego de dados gerado nos discos utilizado pelo SQL Server.

Durante o processo de criação do cluster, todas as redes ativadas no Windows são identificadas e criadas dentro do cluster. Na medida do possível, o próprio cluster tenta configurar o uso das redes. No entanto, é importante que após a criação do cluster essas configurações sejam validadas. Para o nosso cluster todas as redes foram criadas e configuradas corretamente, e nenhuma alteração precisa ser feita.

No próximo tópico abordaremos outro ponto muito importante na configuração de um cluster que é a configuração do quórum.

6.3 Quórum

Via de regra, quando configuramos um Failover Cluster cada nó do cluster assume o direito de voto no cluster. Dependendo do modelo de quórum utilizado, além dos nós que compõem o cluster, votos também são atribuídos a um disco (conhecido na nomenclatura de cluster como *disk witness*) ou um compartilhamento de rede (conhecido na nomenclatura de cluster como *File Share Witness ou FSW*) e cada elemento votante do cluster, exceto o *File Share Witness*, contém uma cópia do banco de dados de configuração do cluster, sendo o serviço de cluster o responsável por manter essas cópias sincronizadas.

Então, com base na quantidade de votos disponíveis e em comunicação, os nós do cluster decidem se devem continuar funcionando ou não. Para manter o quórum, o cluster precisa da metade dos votos disponíveis mais 1: (número

Configuração do Failover Cluster

de votos/2)+1. Por outro lado, dizemos que um cluster não tem quórum se a maioria dos votos está indisponível ou perdeu a comunicação entre eles. A perda do quórum causa a indisponibilidade dos serviços ou aplicações em execução no cluster. Então, podemos dizer que na prática o quórum determina o número mínimo de nós que devem estar online e em comunicação para que o cluster funcione.

No Windows Server 2012 ou Windows Server 2012 R2 a configuração do quórum é bastante flexível. Ao utilizar a ferramenta *Configure Cluster Quorum Wizard*, você terá três opções de configuração como se segue:

1) **Use default quorum configuration:** nesta opção o cluster automaticamente atribuirá um voto para cada nó e gerenciará dinamicamente os nós votantes. Dependendo da quantidade de nós no cluster e sendo identificada a presença de discos compartilhados, o cluster selecionará automaticamente um *disk witness*. Em muitos casos essa é a opção mais recomendada, pois permitirá que o próprio cluster configure o melhor modelo de quórum e se necessário um *disk witness*, garantindo para seu cluster a maior disponibilidade possível.

2) **Select the quorum witness:** utilize essa opção sempre que desejar alterar a configuração do modelo de quórum, seja adicionando, alterando ou removendo um *witness*, podendo esse *witness* ser um *disk witness* ou um *file share witness* (FSW). Nessa opção o cluster também atribuirá um voto para cada nó e gerenciará automaticamente os nós votantes.

3) **Advanced quorum configuration:** utilize esta opção sempre que você desejar executar alguma configuração específica nas configurações do quórum. Através dessa opção você pode alterar o tipo de *witness*, determinar quais nós devem ou não contar votos no cluster, muito útil para configurações de ambientes geograficamente distribuídos (Multi-Site Cluster), e também determinar se o cluster deverá ou não gerenciar automaticamente os nós votantes no cluster.

Então, dependendo da opção de configuração utilizada e de configurações específicas que você vier a utilizar, o cluster poderá ser configurado com um destes quatro possíveis modelos de quórum:

1) **Node Majority:** nesta configuração cada nó do cluster conta 1 voto. O cluster possui quórum, e, portanto, permanece online enquanto tiver a maioria dos votos, ou seja, enquanto mais da metade dos nós que formam o cluster estiver online e em comunicação. É a opção recomendada para cluster que possui um número ímpar de nós, por exemplo, três, cinco ou sete nós.

2) **Node and Disk Majority:** nesta configuração cada nó do cluster + um disco (*disk witness*) conta um voto. O cluster possui quórum enquanto tiver a maioria dos votos, ou seja, enquanto mais da metade dos elementos votantes estiver online e em comunicação. É a configuração recomen-

dada para cluster que possui um número par de nós, por exemplo, dois ou quatro nós. Considerando que os clusters com dois nós são os mais frequentemente implementados, esse é o modelo mais comumente utilizado.

3) **Node and File Share Majority:** nesta configuração cada nó do cluster + um file share (*file share witness*, ou FSW) contam um voto. O cluster possui quórum enquanto tiver a maioria dos votos, ou seja, enquanto mais da metade dos elementos votantes estiver online e em comunicação. Esse modelo é semelhante ao *Node and Disk Majority*, com a diferença de que, em vez de utilizar um disco, utiliza-se um file share. É a configuração recomendada para cluster que possui um número par de nós, por exemplo, dois ou quatro nós, e não possui um disco de storage para a configuração do *disk witness*, ou ainda se está configurando um cluster onde os nós estão geograficamente distribuídos, um cluster multi-site.

4) **No Majority: Disk Only:** nesta configuração o cluster funciona enquanto pelo menos 1 nó estiver online e em comunicação com o disco (disk witness). Nesse caso, dizemos que o disco é um ponto único de falha, pois mesmo que todos os nós estejam online e em comunicação, se o disco ficar off-line todo o cluster cairá. Devido a esse ponto crítico de falha, não é mais uma configuração recomendada.

Este livro não tem como objetivo se aprofundar nos conceitos do quórum, mas prover a você o básico para executar uma configuração com sucesso em um ambiente Failover Cluster com SQL Server. Então, caso deseje saber mais sobre o assunto, duas excelentes referências são *Configure and Manage the Quorum in a Windows Server 2012 Failover Cluster*[28] e para aqueles que ainda estão com o Windows Server 2008/R2, *Understanding Quorum in a Failover Cluster*[29].

6.3.1 Quórum e witness dinâmico

No tópico anterior, quando falamos sobre as três opções de configuração do quórum mencionamos nas duas primeiras que o cluster gerenciará dinamicamente os nós votantes. Isso acontece porque com o Windows Server 2012 e com o Windows Server 2012 R2 duas excelentes funcionalidades que foram implementadas e que, além de simplificar significativamente a configuração do quórum, aumentam muito as chances de o cluster sobreviver a falhas são o quórum dinâmico e também o witness dinâmico, duas funcionalidades que abordaremos em mais detalhes a seguir.

Quórum dinâmico

Implementado a partir do Windows Server 2012, o quórum dinâmico ou *Dynamic Quorum* provê ao Failover Cluster a funcionalidade de poder gerenciar auto-

28   Disponível em: <http://technet.microsoft.com/en-us/library/jj612870.aspx>. Acesso em: 1 dez. 2014.
29   Disponível em: <http://technet.microsoft.com/en-us/library/cc731739.aspx>. Acesso em: 11 dez. 2014.

maticamente a atribuição de votos no quórum baseando-se no status de cada nó. Ou seja, considerando se o nó está online ou off-line.

Na prática o que acontece é que quando o nó fica indisponível ele deixa de contar voto e a necessidade mínima de votos para manter o quórum é recalculada automaticamente. Em verdade, quando o nó sofre um *Shutdown*, ele próprio remove seu voto, porém, quando ele é desligado abruptamente, os nós restantes removem o voto do nó que ficou indisponível. Então, quando o nó volta a ficar disponível ou online, ele volta a contar voto, e o cálculo é novamente refeito considerando então o novo elemento votante.

Isso significa que com o *Dynamic Quorum* a reconfiguração dos votos no cluster passa a ser dinâmica. E mais, a ideia com o *Dynamic Quorum* é que, ao permitir que a atribuição de votos e o recálculo do número mínimo de votos necessários para se manter o quórum sejam feitos dinamicamente, o cluster possa sobreviver a falhas sequenciais dos nós mesmo que ao final reste apenas um único nó online no cluster, o que é referenciado como *last man standing*.

O *Dynamic Quorum* é ativado por padrão durante a criação do cluster, e dois pontos que se deve ter em mente são:

1) O *Dynamic Quorum* somente atua sobre nós que estão definidos como elementos votantes no cluster. Isso significa que, se durante a configuração ou reconfiguração do quórum você selecionar um nó como não votante, o *Dynamic Quorum* não atuará sobre ele e não o redefinirá dinamicamente como um elemento votante.

2) O *Dynamic Quorum* somente atua enquanto a indisponibilidade ou falha dos servidores se der de forma sequencial, ou seja, se o cluster perder simultaneamente dois ou mais nós o *Dynamic Quorum* não conseguirá ajustar dinamicamente a atribuição dos votos e consequentemente não conseguirá recalcular o número mínimo de votos necessários para manter o cluster operacional.

Para exemplificar o funcionamento do *Dynamic Quorum*, considere um cluster composto por cinco nós. Para obter as informações de votação do cluster podemos utilizar o comando do PowerShell, **Get-ClusterNode**, conforme exemplificado a seguir:

PS C:\Users\Administrator.SQLNET>**Get-ClusterNode | FT Name, Dynamic-Weigth, NodeWeight, ID, State -AutoSize**

Name	DynamicWeight	NodeWeight	Id	State
SQLNODE1	1	1	1	Up
SQLNODE2	1	1	2	Up
SQLNODE3	1	1	3	Up
SQLNODE4	1	1	4	Up
SQLNODE5	1	1	5	Up

No exemplo, o valor da coluna *DynamicWeight* igual a 1 indica que o nó possui voto dinâmico, e quando é igual a 0 indica que o nó não possui voto dinâmico. Você também pode visualizar essas informações através do Failover Cluster Manager conforme a Figura 6.18, onde temos a configuração dessas opções para os nós do nosso laboratório. Pelo Failover Cluster Manager, a coluna *Current Vote* igual a 1 indica que o nó possui voto dinâmico.

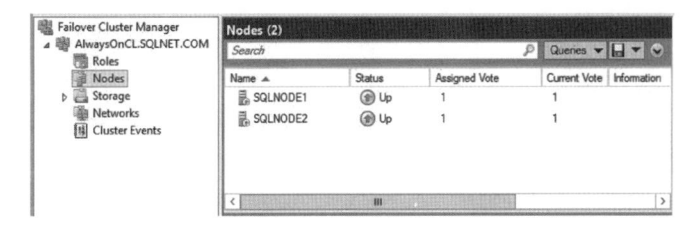

Figura 6.18 | Identificando se o nó está configurado para *dynamic quorum*.

A coluna **NodeWeight**=1 (*Assigned Vote* no Failover Cluster Manager) indica que durante a configuração do quórum do cluster o nó foi selecionado para contar voto no cluster. Então, por padrão, quando todos os nós do cluster estiverem online, ambas as colunas deverão possuir o valor 1 e o valor para *NodeWeight* não se alterará a menos que reconfigurado manualmente. Isso porque se necessário você pode definir manualmente que um nó não deve contar voto no cluster se utilizar a opção de configuração *Advanced quorum configuration* e selecionar apenas os nós que devem contar votos, ou ainda através do comando PowerShell: (Get-ClusterNode "NodeName").NodeWeight=0 ou 1.

Considerando então que no exemplo do cluster de cinco nós os servidores SQLNODE2 e SQLNODE3 sofram uma falha e são desligados, o *Dynamic Quorum* entra em ação, e o resultado da votação ficará como o apresentado a seguir:

```
Name       DynamicWeight NodeWeight Id State
----       ------------- ---------- -- -----
SQLNODE1             1           1 1     Up
SQLNODE2             0           1 2     Down
SQLNODE3             0           1 3     Down
SQLNODE4             1           1 4     Up
SQLNODE5             1           1 5     Up
```

Observe que para os servidores SQLNODE2 e SQLNODE3 a coluna *DynamicWeight* ficou como 0, indicando para o cluster que esses servidores não contam mais voto. Com isso, ao recalcular o número mínimo de votos necessários para manter o quórum, o cluster passa a utilizar a coluna *DynamicWeight* (que ficou com três votos online) e não mais a coluna *NodeWeight*, como seria se o *Dynamic Quorum* não estivesse ativo. Temos então que para o cluster continuar operacional a partir desse ponto é preciso que pelo menos dois servidores (mais de 50% dos elementos votantes disponíveis) permaneçam online.

Considerando agora que o servidor SQLNODE1 também falhe, teremos a reconfiguração dinâmica dos votos como se segue:

```
Name       DynamicWeight NodeWeight Id State
----       ------------- ---------- -- -----
SQLNODE1               0          1 1  Down
SQLNODE2               0          1 2  Down
SQLNODE3               0          1 3  Down
SQLNODE4               0          1 4  Up
SQLNODE5               1          1 5  Up
```

A partir do momento em que apenas dois nós permanecem online (*Up*) no cluster, dá-se um fato curioso. Observe que ficando agora com apenas dois nós online foi removida também a configuração de voto do servidor SQLNODE4, mesmo com ele estando online. Isso ocorre porque quando restam apenas dois nós online o *Dynamic Quorum* tem como regra remover também o voto de um dos dois nós restantes. Isso acontece de forma randômica e busca garantir que na falha do nó que ficou sem voto, no caso o SQLNODE4, o outro nó ainda possa continuar online e atendendo às demandas do ambiente, provendo ao cluster uma chance de 50% de sobreviver a uma nova falha.

A partir desse ponto, o cluster pode perder a comunicação entre os dois nós restantes ou ter uma falha do nó que não conta voto (o SQLNODE4), que ainda assim continuará operacional. Em ambos os casos, conforme apresentado a seguir, entra em ação o *last man standing*, ficando o cluster online e operacional apenas com o nó que possui o voto (o SQLNODE5).

```
Name       DynamicWeight NodeWeight Id State
----       ------------- ---------- -- -----
SQLNODE1               0          1 1  Down
SQLNODE2               0          1 2  Down
SQLNODE3               0          1 3  Down
SQLNODE4               0          1 4  Down
SQLNODE5               1          1 5  Up
```

Agora a grande pergunta que fica é: o que acontece se restando apenas os nós SQLNODE4 e SQLNODE5 ocorrer uma falha no servidor que possuir o voto, o SQLNODE5? Nesse caso, podem ocorrer as seguintes situações:

a) Se o nó SQLNODE5 sofrer uma falha inesperada ou for desligado de forma abrupta, todo o cluster ficará indisponível, uma vez que o nó restante, o SQLNODE4, não possui voto e não poderá sustentar o cluster.

b) Se o nó SQLNODE5 sofrer uma reinicialização ou for desligado de forma planejada, o cluster removerá o voto do SQLNODE5 e atribuirá voto ao SQLNODE4, ficando o cluster operacional apenas com o nó SQLNODE4.

Levando em consideração que em um ambiente real existe uma maior possibilidade de que o item a) aconteça, a partir do momento em que o cluster ficar com apenas dois nós a recomendação é reconfigurar manualmente o quórum adicionando um *witness*, podendo ser um disco ou um *file share*. Dessa forma você adicionará mais um voto ao quórum, mantendo-o com um número ímpar de votos e provendo uma maior proteção ao cluster.

Witness dinâmico

Outro recurso existente a partir do Windows Server 2012 R2 é chamado de *Dynamic Witness*. O *Dynamic Witness* tem exatamente o mesmo conceito do *Dynamic Quorum*, no sentido de que o voto é ajustado dinamicamente, porém ele atua somente sobre a votação do *witness*, seja ele um *disk witness* ou um *file share witness*.

No Windows Server 2012 R2, se o cluster estiver configurado para utilizar *Dynamic Quorum* (o que é o padrão), o voto do *witness* também será atribuído ou removido dinamicamente, levando em consideração o número de nós votantes no cluster, ou seja, nós com **DynamicWeight=1**. Dessa forma, quando o número de nós votantes no cluster for ímpar, o *witness* não contará voto. Por outro lado, se o número de nós votantes no cluster for par, o *witness* passa a contar voto, e assim garante-se um balanceamento do cluster, deixando-o sempre com um número ímpar de votos.

Da mesma forma que com o *Dynamic Quorum* os votos são ajustados com base no status de cada nó, com o *Dynamic Witness* o voto do *witness* é ajustado considerando o status do *witness*. Ou seja, se o recurso de *witness* falhar ou por qualquer motivo ficar off-line, o cluster removerá o voto do *witness*. Quando o recurso de *witness* for recuperado de uma falha ou voltar a ficar online, seu voto será reatribuído automaticamente apenas se o número de nós votantes no cluster for par.

Tanto o *Dynamic Quorum* quanto o *Dynamic Witness* são ativados por padrão durante a criação do cluster. Com isso, sempre que o cluster ficar com um número par de nós votantes o *Dynamic Witness* entrará em ação, atribuindo um voto dinâmico ao *witness*. Você pode visualizar se o *witness* está contando voto ou não consultando o parâmetro **WitnessDynamicWeight** do comando PowerShell **Get-Cluster**. Da mesma forma, pode saber se o *Dynamic Quorum* está ativo ou não através do parâmetro **DynamicQuorum**, conforme exemplificado a seguir:

PS C:\Users\Administrator.SQLNET>**Get-Cluster | FT Name, DynamicQuorum, WitnessDynamicWeight -AutoSize**

Configuração do Failover Cluster

```
Name            DynamicQuorum WitnessDynamicWeight
----            ------------- -------------------
AlwaysOnCL                  1                   1
```

O parâmetro **WitnessDynamicWeight** igual a 1 indica que o *witness* está contando voto no cluster. Quando é igual a 0, indica que o *witness* não está contando voto. Para o parâmetro **DynamicQuorum**, quando este estiver igual a 1 indica que o *Dynamic Quorum* está ativo. Quando igual a 0, não está ativo.

Embora não seja recomendado, caso necessário você pode desativar o *Dynamic Quorum* utilizando o comando **Get-Cluster** como se segue:

PS C:\Users\Administrator.SQLNET>**(Get-Cluster).DynamicQuorum=0**

```
Name            DynamicQuorum
----            -------------
AlwaysOnCL                  0
```

Para reativá-lo, basta reexecutar o comando anterior definindo o **DynamicQuorum=1**. E lembre-se de que o *Dynamic Witness* somente atuará se o *Dynamic Quorum* estiver ativo, e mesmo assim o cluster somente atribuirá voto ao *witness* se necessário. Então, não se espante se mesmo com o *Dynamic Quorum* ativo você identificar o **WitnessDynamicWeight** como 0.

Como vimos, o *Dynamic Quorum* e o *Dynamic Witness* reduzem significativamente as chances de o cluster ficar indisponível por causa de uma falha nos nós ou mesmo do recurso de *witness*. Eles também adicionam uma grande simplicidade e flexibilidade à configuração do quórum, removendo definitivamente a necessidade de uma intervenção manual na configuração ou reconfiguração, pois agora o próprio cluster fará isso de forma dinâmica. Portanto, com o Windows Server 2012 R2 a recomendação é que você sempre mantenha o *Dynamic Quorum* ativo e, independentemente do número de nós existente no cluster, o recurso de *witness* sempre seja configurado.

Tie breaker for 50% node split

Agora que você já sabe como funcionam o *Dynamic Quorum* e o *Dynamic Witness*, podemos falar sobre uma nova funcionalidade do Windows Server 2012 R2 conhecida como *Tie breaker for 50% node Split*. Para um melhor entendimento, porém, vamos imaginar um cenário de cluster multi-site como o apresentado na Figura 6.19.

Na Figura 6.19 temos a configuração de um Failover Cluster composto por seis nós distribuídos geograficamente entre dois sites e um *File Share Witness*

(FSW). Notamos também a presença de uma rede entre as storages dos sites, conhecida como Rede SAN (*Storage Area Network*), por onde todos os dados gravados na storage do site de São Paulo são replicados para a storage do site de Campinas e também a presença de uma rede por onde os servidores e aplicações se comunicam.

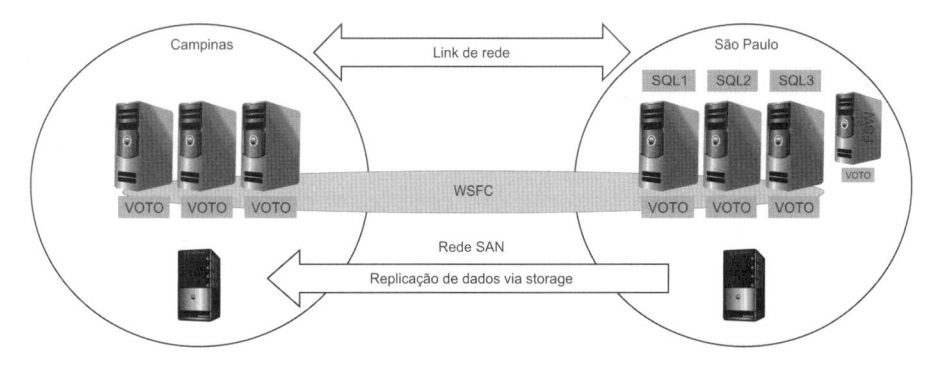

Figura 6.19 | Exemplo de um cluster geograficamente distribuído.

Sabendo agora que o *Dynamic Quorum* e o *Dynamic Witness* são configurados por padrão, temos então que o cluster apresentado no cenário possui um total de sete votos sendo um voto para cada um dos nós e mais um voto para o *witness* (FSW).

Então, imagine agora que devido a um problema de hardware o servidor que mantém o FSW sofre uma indisponibilidade. Nesse momento o *Dynamic Witness* entra em ação e o cluster remove a configuração de voto do *witness*, deixando o cluster então com apenas seis votos. No entanto, como já vimos, o objetivo do *Dynamic Quorum* é procurar sempre manter o cluster com um número ímpar de nós, então, para manter o cluster com um número ímpar de nós o *Dynamic Quorum* entra em ação e o cluster elege aleatoriamente um dos nós do cluster para remover sua configuração de voto. Nesse momento, o cenário pode ficar com um cluster como o apresentado na Figura 6.20, onde um site permanecerá com três votos e o outro site ficará com apenas dois votos.

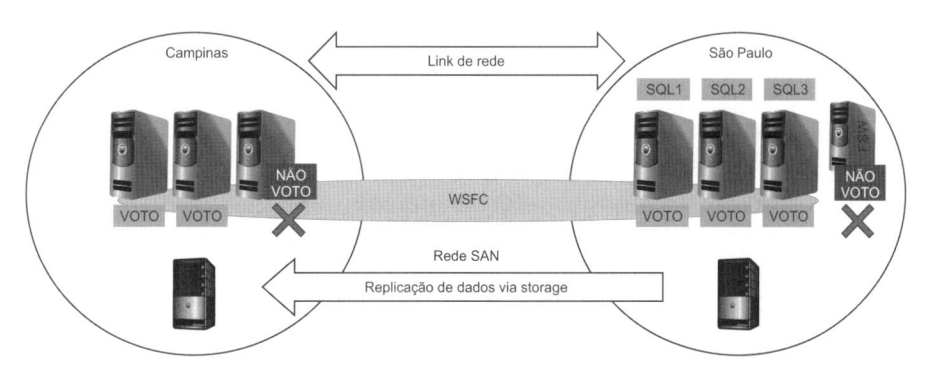

Figura 6.20 | Configuração de voto do cluster após perder dois votos.

Nesse momento, vamos ainda imaginar que devido a um problema de comunicação de rede entre os dois sites os nós do site Campinas não conseguem mais se comunicar com os nós do site São Paulo e assim o cluster é quebrado ou dividido em dois clusters com três nós cada, ou seja, 50% para cada lado, ficando porém dois nós online no site Campinas e três nós online no site São Paulo.

Então, nesse momento o site Campinas, por possuir um menor número de votos, acaba ficando totalmente off-line, e o site São Paulo, por possuir um maior número de votos, mantém-se online e operacional. Temos então nesse cenário a atuação da funcionalidade *Tie breaker for 50% node split*.

Sem a atuação do *Tier breaker* o que ocorreria é que, com a quebra do cluster e cada site ficando com 50% dos nós, teríamos uma situação de perda do quórum e então ocorreria a indisponibilidade total do cluster.

Como citado anteriormente, a partir do momento em que perde o voto do FSW, o cluster elege aleatoriamente um dos nós do cluster para remover seu voto e assim manter o cluster balanceado com um número ímpar de nós. Essa situação aleatória poderia complicar a situação do cluster apresentado no cenário se, por acaso, o nó eleito estivesse no site São Paulo. Então, para permitir que se evite essa eleição aleatória é que foi introduzida no Windows Server 2012 R2 uma nova propriedade no cluster chamada **LowerQuorumPriorityNodeID**. Na prática, essa propriedade permite que você configure qual nó do cluster deve ter o voto removido e assim evite que o próprio cluster eleja um nó aleatoriamente. Ao definir através dessa propriedade qual nó deve ter o voto removido, você pode na verdade determinar qual site deve ser mantido operacional caso aconteça uma situação de quebra do cluster e 50% dos nós sejam mantidos em cada site e nenhum deles mantenha o quórum. Você pode, por exemplo, definir que o voto deve ser removido de um nó que se encontre em um site de Disaster Recovery (DR), evitando que o voto seja removido de um nó em um site principal.

Para definir essa propriedade no cluster você deve utilizar o comando PowerShell **Get-Cluster** conforme apresentado a seguir:

PS C:\Users\Administrator.SQLNET>**(Get-Cluster).LowerQuorumPriorityNodeID** = 2

No exemplo, o número 2 representa o NodeID do nó que deverá ter o voto removido. Vale ressaltar que a propriedade **LowerQuorumPriorityNodeID** pode ser definida para vários nós. Por exemplo, caso você deseje que todos os nós de um site DR tenham seus votos removidos no caso de uma falha de comunicação entre dois sites e ocorrência de uma quebra de 50% para cada site, basta executar o comando **Get-Cluster** conforme apresentado anteriormente, passando em cada execução o NodeID de um dos nós do site DR.

Para consultar o NodeID de um determinado nó do cluster basta utilizar o comando PowerShell **Get-ClusterNode** conforme exemplificado a seguir:

PS C:\Users\Administrator.SQLNET>**Get-ClusterNode | FT Name, DynamicWeigth, NodeWeight, ID, State -AutoSize**

```
Name       DynamicWeight NodeWeight Id State
----       ------------- ---------- -- -----
SQLNODE1              1          1   1  Up
SQLNODE2              1          1   2  Up
```

No resultado apresentado, a coluna ID indica o ID de cada nó. Então basta executar o comando **Get-Cluster** informando o ID para o nó desejado.

Neste tópico abordamos três grandes melhorias implementadas no quórum do cluster no Windows Server 2012 R2. No entanto, caso deseje saber mais sobre as melhorias implementadas para Failover Cluster tanto no Windows Server 2012 R2 quanto no Windows Server 2012, leia o documento *What's New in Failover Clustering in Windows Server*[30].

6.3.2 Configuração do quórum do cluster

Agora que você já sabe da importância do quórum para um Failover Cluster e como ele é constituído, chegou o momento de configurar o quórum para o cluster criado em nosso laboratório. Então, estando com as máquinas virtuais WS2012-DC, SQLNODE1 e SQLNODE2 iniciadas no Hyper-V Manager, efetue logon no servidor SQLNODE1 utilizando o usuário SQLNET\Administrator, e na janela do Server Manager acesse o menu *Tool* e depois Failover Cluster Manager. No Failover Cluster Manager, clique com o botão direito do mouse sobre o nome do cluster e selecione as opções *More Actions | Configure Cluster Quorum Settings...* como apresentado na Figura 6.21.

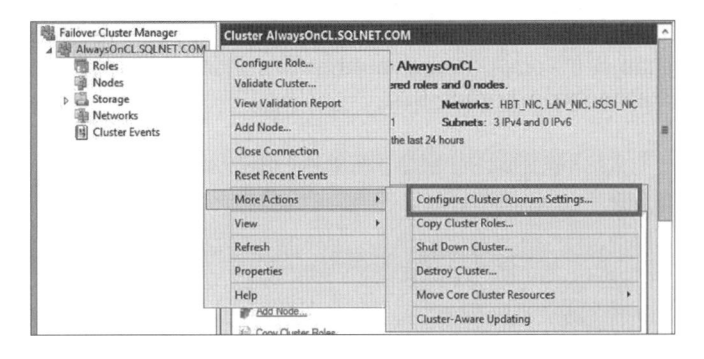

Figura 6.21 | Acessando as configurações do quórum.

---

30   Disponível em: <http://technet.microsoft.com/en-us/library/dn265972.aspx>. Acesso em: 1 dez. 2014.

Será apresentada a janela *Configure Cluster Quorum Wizard*, onde você deve apenas clicar sobre o botão *Next* para prosseguir. Em seguida, em *Select Quorum Configuration Options* (Figura 6.22), você tem exatamente as três opções de configuração detalhadas no Tópico 6.3: *Use default quorum configuration*, *Select the quorum witness* e *Advanced quorum configuration*.

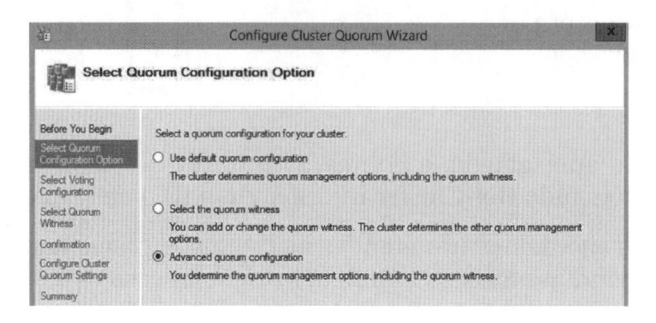

Figura 6.22 | Opções para configuração do quórum.

Para efeito de aprendizado, selecione a opção *Advanced quorum configuration*, uma vez que ela nos permite selecionar também os nós que podem contar voto no cluster e o tipo de *witness* que desejamos configurar.

Em *Select Voting Configuration* (Figura 6.23), você tem a opção de selecionar quais nós deverão ser considerados como elementos votantes no cluster. Por padrão, todos os nós são selecionados. No entanto, caso necessário você pode redefini-los selecionando apenas os nós que você quer que sejam considerados elementos votantes no cluster. Note que se você selecionar a opção *No Nodes*, será obrigado a utilizar um *disk witness*, e, nesse caso, o disco será o seu ponto único de falha no cluster, ou seja, se por qualquer motivo o disco falhar ou os nós não conseguirem acesso a ele, todo o cluster falhará. Essa opção é equivalente ao modelo de quórum *No Majority: Disk Only* detalhado no Tópico 6.3.

Para seguir em frente, mantenha selecionada a opção *All Nodes* e clique em *Next*. A opção *All Nodes* é equivalente ao modelo de quórum *Node Majority*, também detalhada no Tópico 6.3.

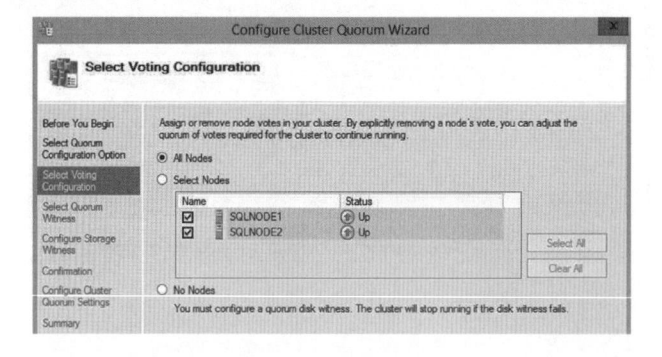

Figura 6.23 | Selecionando os servidores votantes no cluster.

Na janela *Select Quorum Witness*(Figura 6.24), você tem a opção de selecionar qual o tipo de *witness* deseja configurar para o cluster, podendo optar por um *disk witness, file share witness* ou simplesmente não configurar um *witness*. Para o nosso caso, como pretendemos utilizar um disco, mantenha selecionada a opção *Configure a disk witness* e clique em *Next*.

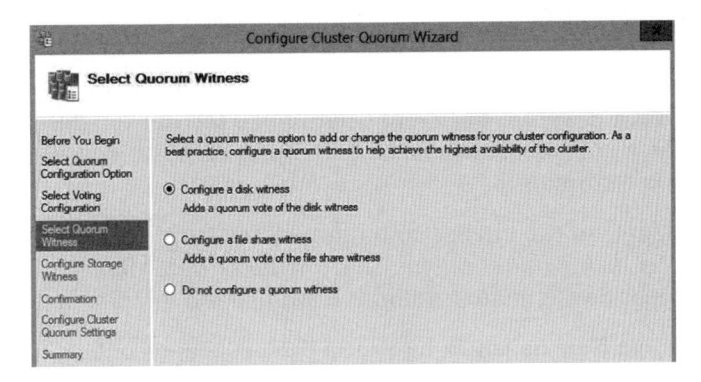

Figura 6.24 | Selecionando o tipo de *witness*.

Considerando as opções apresentadas na Figura 6.24 e também a opção *All Nodes* selecionada no passo anterior (Figura 6.23), é possível traçar uma equivalência dessas opções com os modelos de quórum apresentados no Tópico 6.3, chegando ao apresentado na Tabela 6.1.

Tabela 6.1 | Opções de configuração do quórum e modelo de quórum

Opções	Modelo de quórum
All Nodes + Configure a disk witness	Node and Disk Majority
All Nodes + Configure a file share witness	Node and File Share Majority
All Nodes + Do not configure a quorum witness	Node Majority

Lembre-se de que ao selecionar um *witness* você está na prática adicionando mais uma opção de voto ao cluster. Então, como regra geral para a configuração do quórum você pode seguir as diretrizes apresentadas na Tabela 6.2.

Tabela 6.2 | Característica do cluster *vs.* Recomendação para o quórum

Característica do cluster	Recomendação para o quórum
Cluster com número ímpar de nós	Node Majority
Cluster com número par de nós, mas não um cluster multi-sites	Node and Disk Majority

Característica do cluster	Recomendação para o quórum
Cluster com número par de nós e multi-sites	Node and File Share Majority
Cluster com número par de nós, mas sem um disco de storage para usar como *disk witness*	Node and File Share Majority

Quando você possui um cluster com um número ímpar de nós, se todos os nós contarem voto já será o suficiente para você ter um cluster bem balanceado com relação à votação. Nesse caso, ter apenas os nós como elementos votantes no cluster já é suficiente.

Por outro lado, em um cluster com um número par de nós recomenda-se a configuração do *disk witness* ou *file share witness* para deixar o cluster com um número ímpar de elementos votantes e aumentar a tolerância a falhas dos nós.

Após clicar em *Next* na janela da Figura 6.24, será apresentada a janela *Configure Storage Witness* conforme apresentado na Figura 6.25. Nela deve-se selecionar o disco que será utilizado como *disk witness*. Ao selecionar um disco, ele contará como mais um elemento votante no cluster e também armazenará uma cópia do banco de dados do cluster.

Lembre-se de que na configuração de discos utilizada no laboratório proposto por este livro criamos o disco Q:\ para essa função. Então, basta selecioná-lo na lista de discos e clicar sobre o botão *Next* para prosseguir.

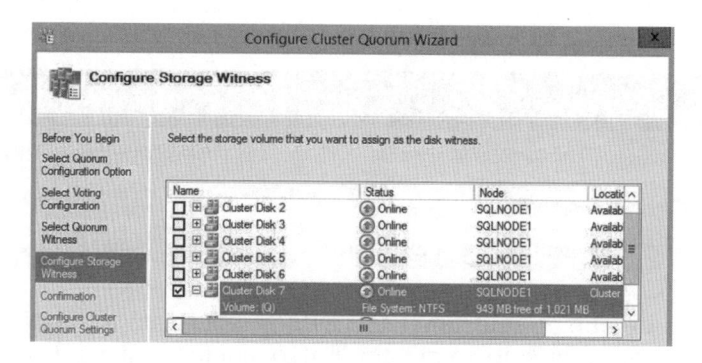

Figura 6.25 | Selecionando o *disk witness*.

Ao optar pela utilização de um disco para o quórum, é importante garantir que alguns requisitos e recomendações sejam atendidos. São eles:

a) Ele deve ser um disco de storage e ter um tamanho mínimo de 512 MB. Normalmente se criam discos de 1 GB.

b) O disco deve ser dedicado para uso do cluster e não pode ser atribuído a outras Roles do cluster.

c) O disco deve ser adicionado ao teste de validação do *Validate a Configuration Wizard* e passar no teste de validação.

d) Ao formatá-lo no Windows, formate-o como *simple volume* e mantenha-o como um disco do tipo *basic*.

e) O uso de uma letra para o disco de quórum é opcional, embora normalmente se costume utilizar a letra Q.

f) O disco pode ser formatado como NTFS ou ReFS.

g) Para aumentar a tolerância a falhas, opcionalmente pode-se utilizar um disco em RAID.

h) Esse disco deve ser excluído de backups e varreduras de antivírus.

Como vimos anteriormente, ao configurar um *witness* tem-se a opção de utilizar um disco ou um *file share*. Então, caso você selecione a opção de *file share*, será apresentada a janela *Configure File Share Witness* conforme apresentado na Figura 6.26.

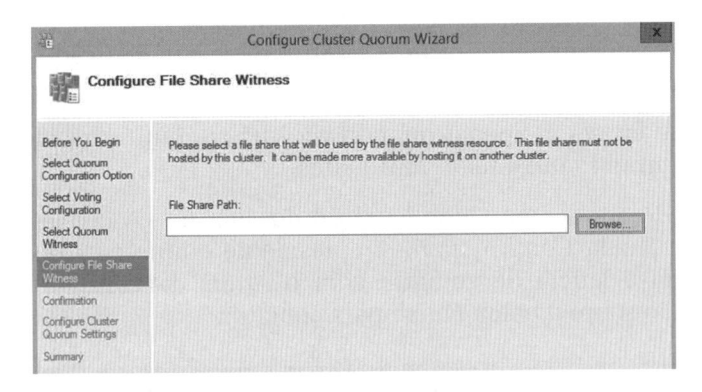

Figura 6.26 | Opção de configuração do quórum com um *File Share Witness*.

Nessa janela você deverá informar um caminho no padrão *UNC* (*Universal Name Convertion*), como \\WS2012-DC\FSW. Diferentemente do *disk witness*, o *file share* não armazena uma cópia do banco de dados do cluster. Em vez disso, apenas mantém informações do cluster em um arquivo chamado *witness.log*. Por outro lado, assim como para um *disk witness*, ao se utilizar um *file share* alguns requisitos e recomendações também devem ser atendidos. São eles:

a) O disco em que está o *file share* deve ter um espaço livre mínimo de 5 MB.

b) O *file share* deve ser dedicado ao cluster e não deve ser utilizado para armazenar dados de usuários ou aplicações.

c) Ao criar o *file share*, atribua permissão de leitura/escrita tanto no compartilhamento (guia *Sharing*) quanto na parte de segurança (guia *Security*) para a conta de objeto computador criada no *Active Directory* para o nome do cluster. Para nosso laboratório esse nome é AlwaysOnCL (AlwaysOnCL$).

d) Ao configurar um cluster multi-sites, a recomendação é que o servidor em que está configurado o *file share* esteja, se possível, em um terceiro site. Isso permitirá que caso os sites em que se encontram os nós do cluster percam a comunicação entre si, ainda assim o cluster sobreviva à falha.

e) O servidor em que o *file share* venha a ser configurado pode ser uma máquina virtual.

f) O servidor em que o *file share* venha a ser configurado não pode ser um dos nós do cluster.

g) Para aumentar a disponibilidade do *file share*, este pode ser configurado em um servidor de arquivos que faça parte de outro cluster.

h) Você pode utilizar um mesmo servidor para criar *file share* para vários clusters. No entanto, cada *file share* deve ser dedicado e utilizado por apenas um cluster.

i) Utilize *file share* apenas quando você não possuir uma storage ou estiver configurando um cluster multi-sites.

Continuando então com a configuração do quórum no cluster do nosso laboratório, na janela *Confirmation*, simplesmente clique em *Next*. Por fim, será apresentada a janela de sumário com o *status* da configuração executada. Clique então sobre o botão *Finish* para concluir.

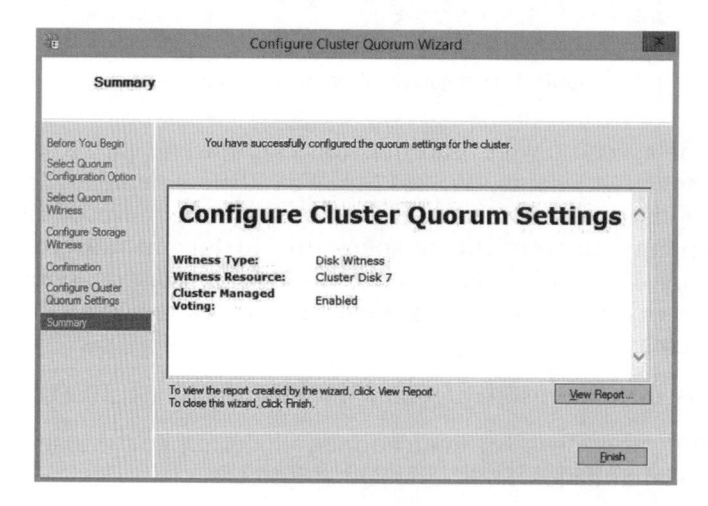

Figura 6.27 | Sumário da configuração do quórum do cluster.

Com isso concluímos a configuração do quórum para o cluster do laboratório. Como você deve ter notado, a configuração do quórum é bastante simples. Sempre que você tiver a necessidade de executar qualquer alteração no quórum, seja alterar seu modelo, escolher os nós que podem contar voto no cluster ou ainda o tipo de *witness*, basta acessar o *Configure Cluster Quorum Wizard* e seguir o passo-a-passo através da ferramenta.

6.3.3 Visualizando as configurações do quórum

Agora que você já está com o quórum do cluster configurado, o natural é querer saber como fazer para obter informações sobre as configurações do quórum. Na verdade, existem basicamente duas formas de se obter essas informações, e para os amantes das ferramentas gráficas é possível obter algumas informações básicas utilizando o Failover Cluster Manager. Já para aqueles que gostam de códigos ou scripts, pode-se utilizar o PowerShell.

A partir do Windows Server 2012 o utilitário cluster.exe foi retirado do Windows, que passou a ter apenas o PowerShell. No entanto, para aqueles que estão acostumados a utilizar o cluster.exe em versões anteriores do Windows, para ajudar nessa transição o time de cluster da Microsoft criou um excelente guia que ajudará você com o mapeamento de comandos do cluster.exe para PowerShell. Esse guia é o *Mapping Cluster.exe Commands to Windows Power-Shell Cmdlets for Failover Clusters*[31].

Assim, se você seguiu corretamente todos os passos do tópico anterior, estará com o quórum devidamente configurado e utilizando o modelo de quórum *Node and Disk Majority*.

Você pode visualizar a informação sobre qual modelo de quórum o cluster está utilizando através do painel central da ferramenta Failover Cluster Manager, conforme apresentado na Figura 6.28.

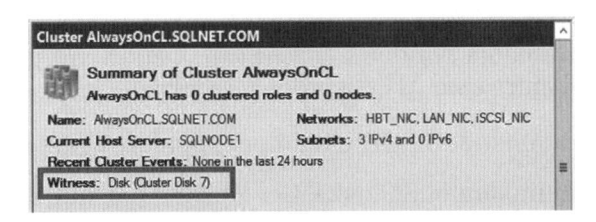

Figura 6.28 | Cluster utilizando o modelo de quórum *Node and Disk Majority*.

Na Figura 6.28, o campo *Witness* como *Disk (Cluster Disk 7)* indica que o cluster está utilizando o modelo de quórum *Node and Disk Majority*. Apesar de que ele também aparecerá como *Disk* (nome do disco), quando o quórum for configurado como *No Majority: Disk Only*.

31   Disponível em: <http://technet.microsoft.com/en-us/library/ee619744(v=ws.10).aspx>. Acesso em: 1 dez. 2014.

Essa informação apresentada no campo *Witness* mudará a cada vez que o modelo de quórum for alterado. A Figura 6.29 mostra o valor do campo *Witness* logo após o modelo ser alterado para *Node and File Share Majority*. Note que no exemplo é utilizado um compartilhamento (\\WS2012-DC\Cluster_FSW) criado no servidor WS2012-DC.

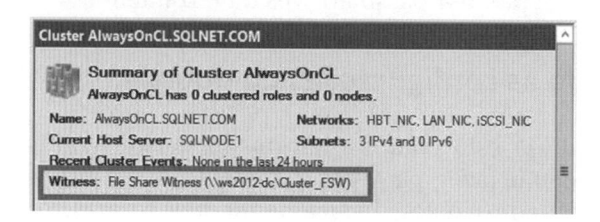

Figura 6.29 | Cluster utilizando o modelo de quórum *Node and File Share Majority*.

Como você pode observar, infelizmente através da ferramenta gráfica a informação sobre o modelo de quórum sendo utilizado pelo cluster não é clara, e, por isso, é preciso utilizar uma correlação como a apresentada na Tabela 6.3.

Tabela 6.3 | Campo Witness *vs.* modelo de quórum

Campo Witness como	Modelo de quórum configurado
None	Node Majority
Disk (nome do disco)	Node and Disk Majority
File Share Witness (\\Servidor\share)	Node and File Share Majority
Disk (nome do disco)	No Majority: Disk Only

Agora, para os amantes do PowerShell essa informação pode ser obtida com um simples comando. Para isso, na janela do *Server Manager*, no menu *Tools*, selecione a ferramenta *Windows PowerShell*. Depois, no prompt de comando do PowerShell, entre com os comandos a seguir:

PS C:\Users\Administrator.SQLNET**import-module FailoverClusters**

PS C:\Users\Administrator.SQLNET**Get-ClusterQuorum | FL**

```
Cluster          : AlwaysOnCL
QuorumResource   : Cluster Disk 7
QuorumType       : NodeAndDiskMajority
```

Note que o campo *QuorumType* informa de maneira mais clara o modelo de quórum que está sendo utilizado pelo cluster.

Quando instalamos o Failover Cluster ou configuramos o quórum, o disco de quórum (*disk witness*) e os demais recursos do cluster, como nome de rede e endereço IP do cluster, ficam associados a uma Role oculta (não está visível na pasta *Roles* através do *Failover Cluster Manager*) chamada *Cluster Group*, que atua como ponto de administração do Failover Cluster.

Embora a Role seja oculta, você pode visualizar os recursos do cluster, entre eles o disco do quórum, através da ferramenta *Failover Cluster Manager*, clicando com o botão direito do mouse sobre o nome do cluster e no painel central descendo a barra de rolagem até o final, como apresentado na Figura 6.30.

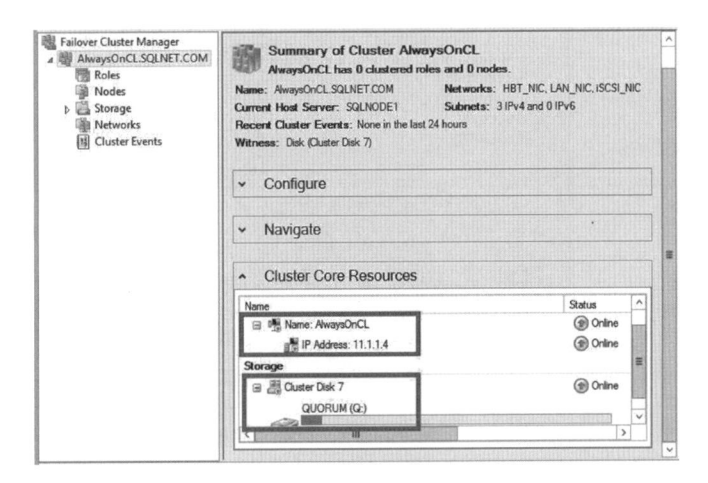

Figura 6.30 | Visualizando os recursos do *Cluster Group* no *Failover Cluster Manager*.

Embora você possa ver os recursos do cluster, observe na Figura 6.30 que não é possível saber em qual nó do cluster esses recursos estão em execução. Para obter essa informação é preciso acessar as propriedades do cluster como demonstrado na Figura 6.31.

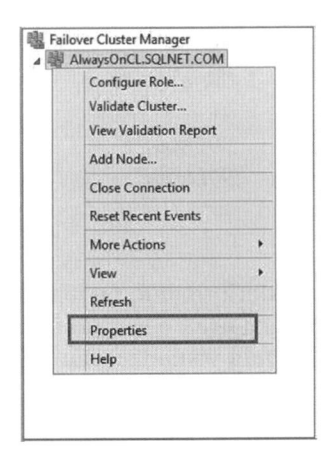

Figura 6.31 | Acessando as propriedades do cluster.

Configuração do Failover Cluster

Na janela de propriedades, clique sobre o link *Manage Core Cluster Resource Group* e você finalmente obterá a informação sobre o nó em que o *Cluster Group* e consequentemente seus recursos estão em execução. Na Figura 6.32 vemos que ele está no nó SQLNODE1.

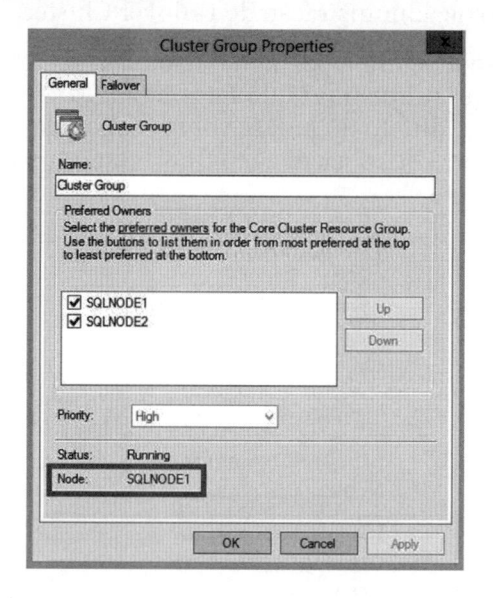

Figura 6.32 | Visualizando o nó em que o *Cluster Group* está em execução.

Essa informação também pode ser obtida através do PowerShell ao executar o comando **Get-ClusterGroup** conforme apresentado a seguir. Note que com o PowerShell fica fácil saber em quais nós os grupos ou Roles do cluster estão em execução. Como ainda não foi criada nenhuma Role no cluster, vemos no resultado apenas as duas Roles padrões da instalação do cluster.

PS C:\Users\Administrator.SQLNET**Get-ClusterGroup**

```
Name                OwnerNode           State
----                ---------           -----
Available Storage   SQLNODE1            Online
Cluster Group       SQLNODE1            Online
```

No resultado apresentado anteriormente podemos ver que o grupo *Cluster Group* está em execução no nó SQLNODE1 e executando o comando **Get-ClusterGroup**, apresentado a seguir, é possível visualizar também os recursos do grupo *Cluster Group*.

PS C:\Users\Administrator.SQLNET**Get-ClusterGroup Cluster Group | Get-ClusterResource**

Name	State	OwnerGroup	ResourceType
Cluster Disk 7	Online	Cluster Group	Physical Disk
Cluster IP Address	Online	Cluster Group	IP Address
Cluster Name	Online	Cluster Group	Network Name

No resultado, a coluna *ResourceType* destaca os tipos de recursos existentes na Role, que no caso são os recursos de nome de rede, endereço IP e o disco *witness* do cluster.

Nota

Quando o nome do grupo ou Role possuir um espaço entre o nome, é preciso sempre envolver o nome entre as aspas ao utilizar os comandos do PowerShell. Exemplo: *Cluster Group*.

Outra importante informação que em algumas situações você pode querer saber é: quais são os nós que estão contando votos no cluster? Para obter essa informação através do Failover Cluster Manager, simplesmente clique sobre a pasta *Nodes*, como apresentado na Figura 6.33. Em *Nodes*, a coluna *Assigned Vote* indica que o nó está contando voto no cluster.

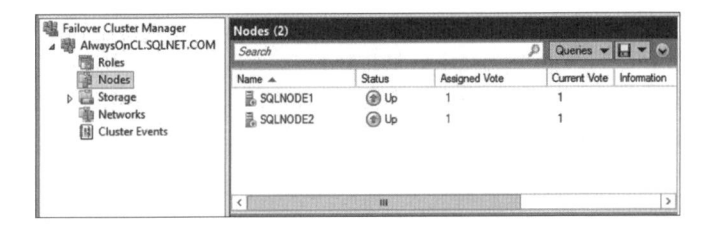

Figura 6.33 | Identificando os nós votantes no cluster.

Como não podia deixar de ser, você também pode visualizar essa informação utilizando o comando **Get-ClusterNode** do PowerShell, como exemplificado a seguir:

PS C:\Users\Administrator.SQLNET>**Get-ClusterNode | FT Name, NodeWeight, State -AutoSize**

Name	NodeWeight	State
SQLNODE1	1	Up
SQLNODE2	1	Up

No resultado apresentado, *NodeWeight* igual a 1 indica que o nó está contando voto no cluster. Se for igual a 0, o nó não está contando voto no cluster.

Configuração do Failover Cluster

1) Qual é o nome da feature do Windows Server 2012 R2 que deve ser instalada para prover ao Windows a funcionalidade para criação do Windows Server Failover Cluster?

   a. Windows Cluster.

   b. Failover Clustering.

   c. Server Cluster.

   d. Nenhuma das alternativas anteriores.

2) Qual é o nome do processo que executa uma validação das configurações de hardware, software, rede e discos para garantir que todos os requisitos necessários para a criação de um cluster sejam atendidos?

   a. Validate a Configuration Wizard.

   b. Validade Cluster.

   c. Failover Cluster Valitator.

   d. Todas as alternativas anteriores.

3) Qual é o nome da ferramenta utilizada para o gerenciamento de um Failover Cluster?

   a. Validate a Configuration Wizard.

   b. Failover Cluster Manager.

   c. Hyper-V Manager.

   d. Validate Cluster Manager.

4) Qual é o modelo de quórum recomendado para um cluster com um número par de nós, mas que possui acesso a um disco de storage?

   a. Node Majority.

   b. Node and File Share Majority.

   c. No Majority: Disk Only.

   d. Nenhuma das alternativas anteriores.

5) Em um Failover Cluster com Windows Server 2012 R2, qual comando PowerShell pode ser utilizado para identificar os nós que estão contando votos em um cluster?

   a. Get-ClusterQuorum.

   b. Get-ClusterResource.

   c. Get-ClusterNode.

   d. Get-ClusterGroup.

7

Configuração de Mount Points para o SQL Server

Quando formatamos um disco no sistema operacional, no nosso caso, no Windows Server 2012 R2, temos a possibilidade de atribuir ao disco uma letra do alfabeto.

Exemplo A:\, B:\, C:\, D:\, E:\ ... Z:\

No entanto, embora essa atribuição de letras seja bem prática, ela nos limita em 26 letras, que é o total de letras que temos no alfabeto latino. Para eliminar essa limitação, podemos fazer uso dos mount points, que consiste em formatar um disco no Windows e em vez de atribuirmos a ele uma letra atribuímos um label apontando para um disco já existente (denominado disco Root) como ponteiro para o mount point. Isso porque mount point é um disco que não usa letra para ser acessado, o acesso é feito através da sua associação com um diretório em outro disco, chamado *root disk*.

A utilização de mount points é muito comum atualmente e praticamente um requisito quando trabalhamos com SQL Server Failover Cluster com múltiplas instâncias ativas no mesmo cluster. Isso porque, dependendo da quantidade de discos alocados para cada instância, apenas as letras existentes no alfabeto podem não ser suficientes para a configuração de discos em todas as instâncias.

Diante disso, neste capítulo abordaremos passo a passo a configuração de mount points para um ambiente em cluster, cobrindo desde a formatação do disco no nível do sistema operacional, a configuração dos mounts points no cluster e a alocação dos mounts points como recursos para o SQL Server 2014. Além disso, você também pode obter mais informações sobre configuração de mount points no Windows lendo o documento *How to configure volume mount points on a server cluster in Windows Server 2008, Windows Server 2008 R2, Windows Server 2012 and Windows Server 2012 R2*[32].

Como um ponto de partida para este capítulo, a Figura 7.1 demonstra como está a configuração inicial dos discos de nosso laboratório.

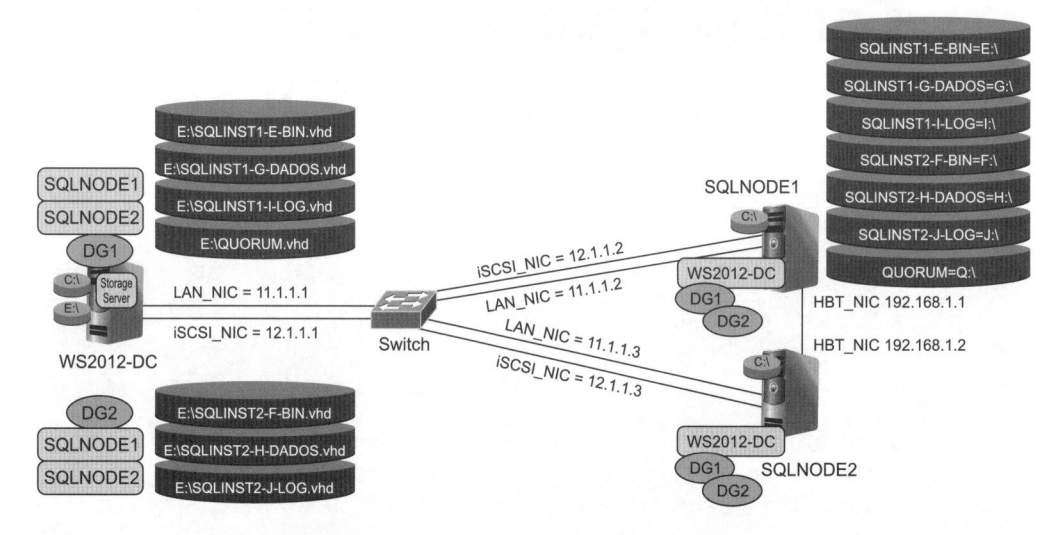

Figura 7.1 | Configuração inicial dos discos do ambiente de laboratório.

Podemos ver na Figura 7.1 que nosso laboratório possui inicialmente sete discos. Esses discos estarão distribuídos da seguinte forma: três serão utilizados pela primeira instância de SQL Server, representada pela sigla SQLINST1 no label dos discos, outros três serão utilizados pela segunda instância de SQL Server, representada pela sigla SQLINST2, e um será utilizado para armazenar o quórum do cluster.

Para mais informações sobre a configuração desses discos, reveja o Capítulo 5, Configuração dos Discos para o Failover Cluster.

---

32 Disponível em: <http://support.microsoft.com/kb/947021>. Acesso em: 3 dez. 2014.

7.1 Introdução ao mount point

Em um servidor com múltiplas instâncias de SQL Server, sejam essas instâncias *standalone* ou clusterizadas, é comum apresentarmos vários discos para dados, log, backup, até chegar a um momento em que não existem mais letras disponíveis para que possamos criar novas instâncias ou apresentar novos discos para as instâncias existentes.

Nesse caso, a saída é utilizar os mount points, funcionalidade introduzida no NTFS e presente no Windows desde o Windows 2000 Server.

A limitação de letras no alfabeto não é o único motivo para a utilização de mount points. Também podemos usar mount points em situações em que desejamos uma padronização do ambiente, flexibilidade, melhor gerenciamento de espaço em ambientes com múltiplas instâncias e melhor desempenho de I/O através da inclusão de novos discos para melhor distribuição dos I/Os no subsistema de disco, e isso sem precisar consumir novas letras.

Para utilizarmos mount points, a primeira coisa a fazer é eleger um dos discos alocados no servidor para ser o disco Root ou raiz. O disco Root é um disco como outro qualquer que, uma vez eleito como Root, receberá uma letra durante sua formatação e será então o root dos demais discos. Os demais discos, ao serem formatados, não recebem uma nova letra. Em vez disso, eles são montados sobre uma pasta ou diretório do disco root, dando então origem ao mount point.

Para melhor exemplificar, podemos utilizar a representação da Figura 7.2, onde existem quatro discos apresentados ao servidor. Note que um dos discos foi eleito para ser o disco Root, e durante sua formatação foi atribuída a ele a letra F. Os discos adicionais foram então formatados e montados sobre pastas (Mount1, Mount2, Mount3) no disco Root.

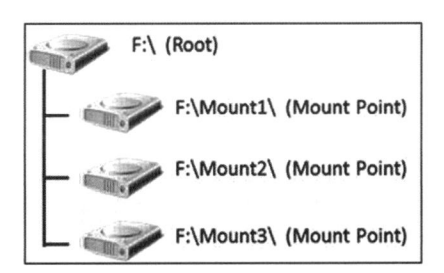

Figura 7.2 | Representação de disco Root com três mount points.

Embora o disco Root seja um disco como outro qualquer e possa ser normalmente utilizado para a alocação de dados, uma boa prática na utilização de mount points é que o disco Root não seja maior que 1 GB e não seja utilizado para a alocação de dados.

Essa prática não está associada a nenhum problema com desempenho ou limitação de I/O no disco Root ou ainda limitação de tamanho do disco, mas simplesmente a uma melhor organização da estrutura de disco no servidor e padronização do ambiente. Lembre-se de que o objetivo do disco Root é ser um ponteiro para os demais discos, e não um disco para a alocação de dados.

Com relação à performance, um mount point têm exatamente a mesma performance de um disco a que foi atribuída uma letra. Para o Windows, esse mount point é um disco como outro qualquer, e a única diferença é que, em vez de atribuir ao disco uma letra do alfabeto, ele foi montado sobre uma pasta no disco Root, ou seja, é um disco como qualquer outro que foi apresentado para o seu servidor.

7.2 Formatação dos discos como mount point

O processo para se criar um mount point é muito simples, basta apresentar os discos ou LUNs (*Logical Unit Number*) para o servidor e ao formatá-los, em vez de atribuir uma letra, associá-los a uma pasta ou diretório no disco Root.

Ao trabalhar com mount point, a definição de uma nomenclatura para a nomeação dos labels dos discos é algo muito importante. Uma boa prática é utilizar a mesma nomenclatura na hora de criar os volumes na Storage e ao formatá-los no Windows. Você pode até achar isso uma bobagem, mas verá o quanto essa padronização será útil nos momentos de manutenção do ambiente, ajudando na identificação muito mais rápida dos discos, na associação dos mesmos com as instâncias de SQL Server e a evitar uma parada indesejada em outra instância por manutenção nos discos.

Então, seguindo os passos abordados no Capítulo 5, utilize as informações apresentadas na Tabela 7.1 para criar dois novos discos virtuais no DG1. Um dos discos será o Root, ao qual deverá ser atribuída a letra W:\, o outro será o mount point, o qual usaremos como disco de backup para a primeira instância SQL Server (INST1) em nosso cluster.

Tabela 7.1 | Disco Root e de mount point para a instância INST1

Label (nome)	Tamanho	Tipo
SQLINST1-W-BACKUP	1 GB	Disco Root
SQLINST1-W-BACKUP01	10 GB	Mount Point

O padrão adotado aqui para o mount point identifica o disco Root seguido de um número sequencial. Como dito anteriormente, podemos ter um ou mais mount point sem um disco Root, então o número sequencial na nomenclatura do mount point ajuda a identificar os discos corretamente em uma futura manutenção.

Após a apresentação dos dois novos discos para os servidores, ao acessar a ferramenta Computer Management do servidor SQLNODE1, em Storage e depois Disk Management, você verá os dois novos discos como apresentado na Figura 7.3.

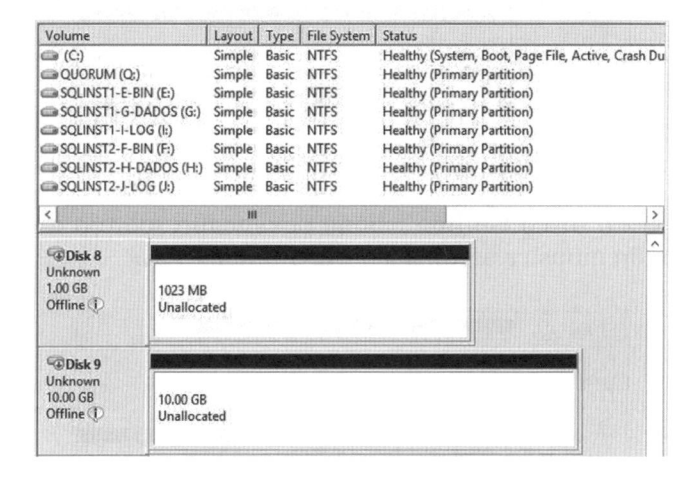

Figura 7.3 | Alocação de dois novos discos para os servidores.

Observe que na Figura 7.3 os discos **Disk 8** e **Disk 9** são respectivamente os dois novos discos criados. No entanto, fique atento, pois não necessariamente os seus discos também serão apresentados no Windows como **Disk 8** e **Disk 9**. Nesse caso, você deverá fazer as respectivas associações sempre que forem feitas referências, a partir desse ponto, a **Disk 8** e **Disk 9**. Então, usaremos o disco 8 (de 1 GB) como Root e o disco 9 (de 10 GB) como mount point. Para isso, seguindo os passos descritos a seguir, vamos formatar e atribuir uma letra para o disco Root.

7.2.1 Criando o disco Root

1) No *Disk Management* do servidor SQLNODE1, clique com o botão direito sobre o disco 8 e escolha a opção *Online* (você deverá clicar com o botão direito do mouse próximo ao texto Disk 8).

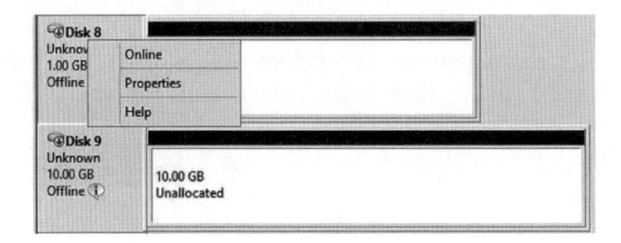

Figura 7.4 | Colocando o disco *Root* Online.

2) Uma vez o disco On-line, clique novamente sobre o disco com o botão direito do mouse e escolha a opção *Initialize Disk*.

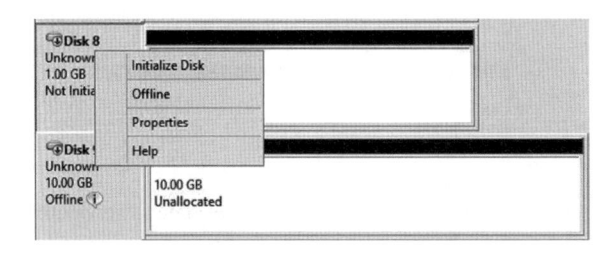

Figura 7.5 | Inicializando um novo disco no *Disk Management*.

3) Na janela *Initialize Disk*, clique sobre o botão *OK* para confirmar a inicialização do novo disco.

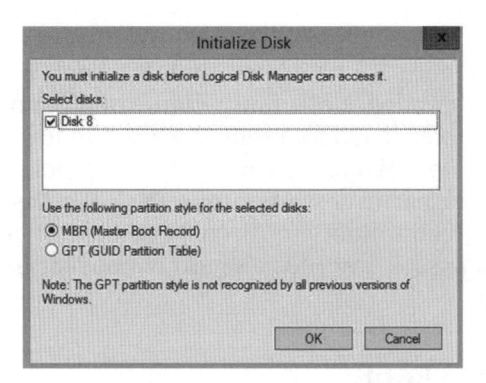

Figura 7.6 | Inicializando um novo disco no *Disk Management*.

4) Inicializado o novo disco, clique novamente sobre ele e selecione a opção *New Simple Volume* para criar um novo volume no Windows.

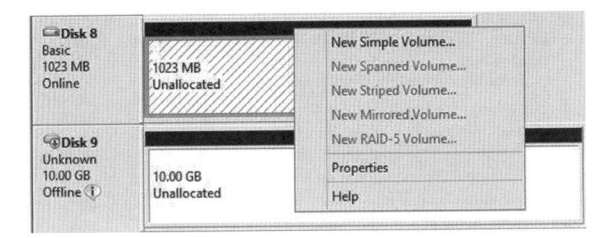

Figura 7.7 | Criando um novo volume com o disco de Root.

5) Na janela *New Simple Volume Wizard*, clique sobre o botão *Next* para prosseguir com a criação do novo volume.

6) Na janela *Specify the Volume Size*, mantenha o valor default e clique sobre o botão *Next*.

7) Na janela *Assign Drive Letter or Path*, mantenha selecionada a opção *Assign the following drive letter* e como apresentado na Figura 7.8 selecione a letra W na lista de letras disponíveis. Depois clique em *Next* para prosseguir.

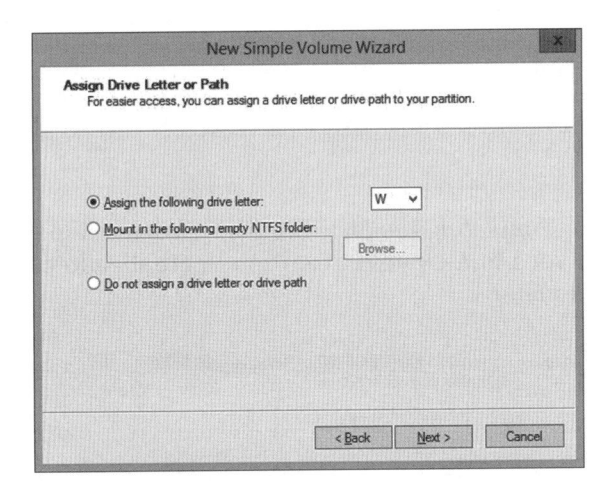

Figura 7.8 | Atribuindo uma letra ao novo volume.

8) Na janela *Format Partition*, preencha os campos com os valores apresentados na Figura 7.9 e clique em *Next*.

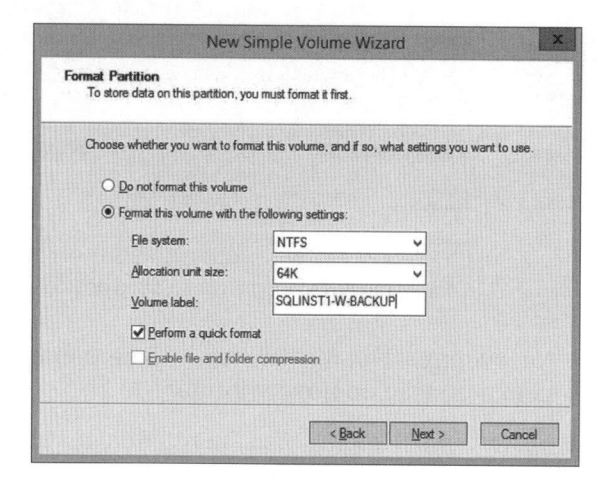

Figura 7.9 | Definindo as opções para formatação do disco.

Nota

Durante a formatação de um disco a ser utilizado pelo SQL Server, a recomendação é que para um melhor desempenho de I/O a formatação do disco seja feita utilizando unidades de alocação (*Allocation unit size*) de 64 K. Você pode obter mais informações sobre boas práticas de configuração de disco para o SQL Server lendo o documento *SQL Server Best Practices*, disponível no link <http://technet.microsoft.com/en-us/library/cc966412.aspx>.

9) Na janela *Completing the New Simple Volume*, clique em *Finish*. No *Disk Manager*, você terá então o disco sendo atualizado com o nome e a letra que selecionamos.

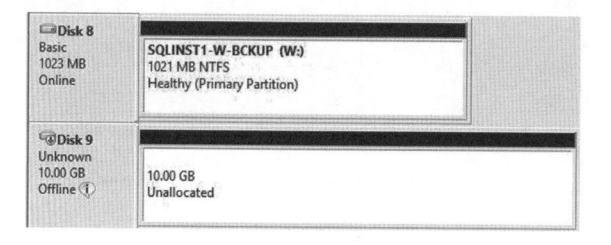

Figura 7.10 | Novo volume no *Disk Manager*.

Isso conclui a inicialização e formatação do disco Root W:\, que será nosso ponteiro para o mount point. Seguindo então com os passos descritos a seguir, vamos inicializar e formatar o disco 9, o qual será utilizado como mount point.

7.2.2 Configurando o mount point

1) No *Disk Management*, clique com o botão direito sobre o disco 9 e escolha a opção *Online*.

2) Uma vez o disco on-line, clique novamente com o botão direito do mouse sobre o disco e escolha a opção *Initialize Disk*.

3) Na janela *Initialize Disk*, clique sobre o botão *OK* para confirmar a inicialização do novo disco.

4) Inicializado o novo disco, clique novamente sobre ele e selecione a opção *New Simple Volume* para criar um novo volume no Windows.

5) Na janela *New Simple Volume Wizard*, clique sobre o botão *Next* para prosseguir com a criação do novo volume.

6) Na janela *Specify the Volume Size*, mantenha o valor default e clique sobre o botão *Next*.

7) Agora, na janela *Assign Drive Letter or Path*, em vez de manter selecionada a opção *Assign the following drive letter*, como apresentado na Figura 7.11, selecione a opção *Mount in the following empty NTFS folder* e clique sobre o botão *Browse*.

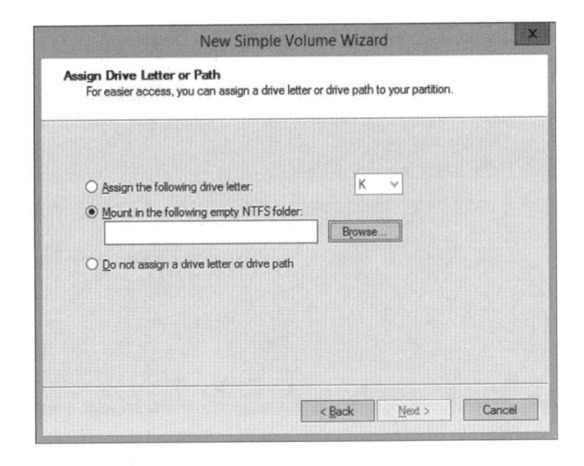

Figura 7.11 | Definindo o disco como um mount point.

 Nota

Quando configurando mount points, a janela *Assign Drive Letter or Path* é onde está o grande segredo da configuração de mount points. Diferentemente da formatação do disco 8 em que foi selecionada a opção *Assign the following drive letter* e depois foi selecionada a letra **W:** para o disco, quando configurando mount points deve-se selecionar a opção *Mount in the following empty NTFS folder* e depois clicando sobre o botão Browse informar o disco Root no qual o mount point será montado.

8) Na janela *Browse for Drive Path*, selecione a letra W:\ (o disco Root para o nosso mount point), clique sobre o botão *New Folder...* e informe o nome **SQLINST1-W-BACKUP01**. Depois clique sobre o botão *OK* para prosseguir.

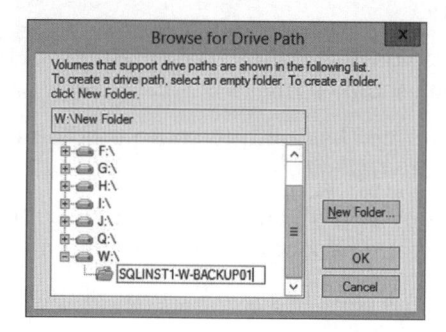

Figura 7.12 | Definindo o disco Root e o nome do mount point.

9) Ao retornar para a janela *Assign Drive Letter or Path* você terá então o nome para o mount point como o apresentado na Figura 7.13. Clique em *Next*.

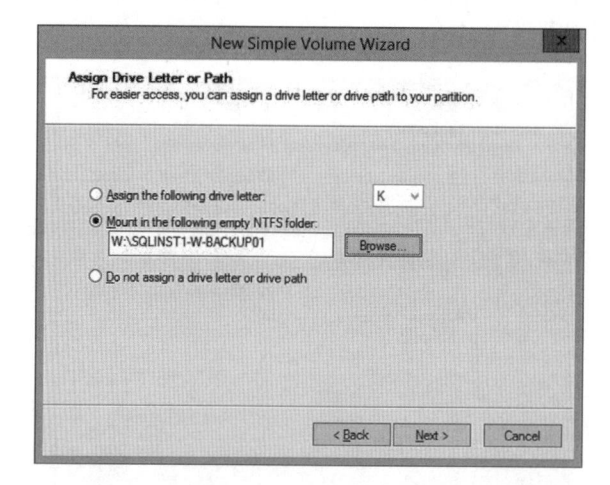

Figura 7.13 | Nome do novo mount point sobre o disco Root W:\.

10) Na janela *Format Partition*, entre com as informações como as apresentadas na Figura 7.14 e clique sobre o botão *Next*. Observe que para facilitar a identificação do disco no Windows estamos definindo o label do volume com o mesmo nome do mount point.

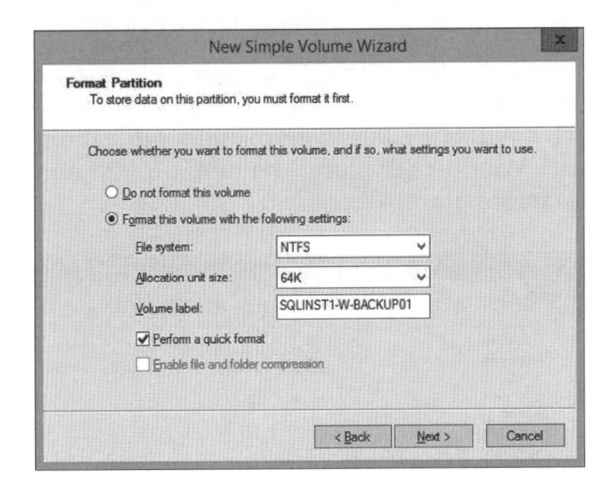

Figura 7.14 | Definindo as opções para formatação do mount point.

11) Na janela *Completing the New Simple Volume*, clique em *Finish*.

Nesse ponto, estão concluídas a formatação e configuração do disco Root e também do mount point para o disco de *backup*. Visualizando os discos pelo *Disk Management* do Windows, você deverá ter algo como o apresentado na Figura 7.15.

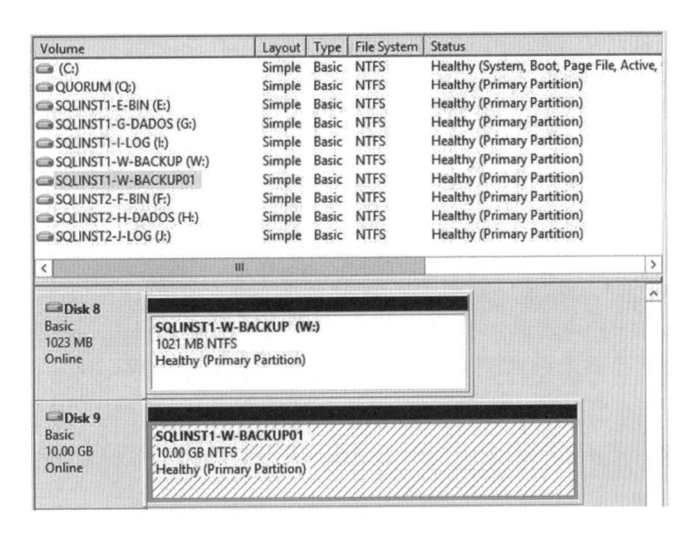

Figura 7.15 | Disco de Root e mount point visualizados pelo *Disk Management*.

A partir desse ponto, qualquer novo disco alocado no servidor para a instância de SQL Server INST1 poderá então ser formatado e configurado como um novo mount point do disco Root W:\, bastando para isso seguir os passos descritos anteriormente e atribuir um novo nome para o mount point.

Como apresentado na Figura 7.16, olhando pelo Windows Explorer temos claramente a visão do disco Root W:\, assim como estamos acostumados a olhar um disco no Windows. No entanto, ao expandir o disco W:\ você verá a pasta SQLINST-W-BACKUP01 como sendo um mount point, ou seja, do ponto de vista do Windows Explorer um mount point é uma simples pasta ou diretório do disco raiz (Root) W:\.

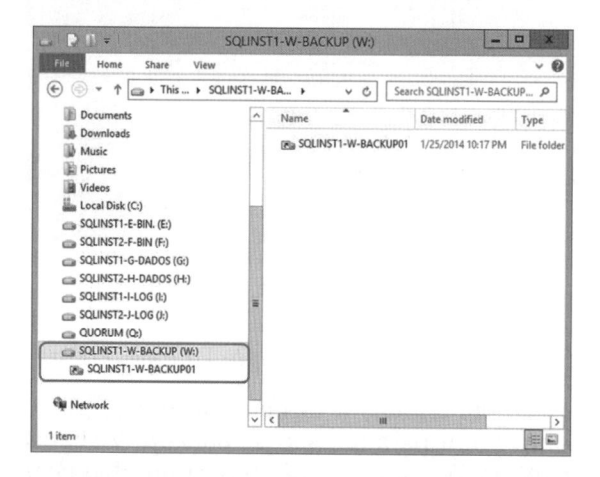

Figura 7.16 | Disco Root e mount point sendo visualizados pelo Windows Explorer.

Vale ressaltar que, seguindo a nomenclatura para nomeação dos discos e labels aqui sugerida, caso você siga a boa prática de separar os bancos de dados de sistemas do SQL Server, os arquivos de dados e logs dos bancos de dados de usuários e também os backups em diferentes discos, você precisará de exatamente quatro letras, uma para cada disco Root, como apresentado na Tabela 7.2.

Tabela 7.2 | Letras e discos Root seguindo a boa prática de alocação de dados do SQL Server

Disco Root	Letra	Descrição
SQLINST1-E-BIN	E:\	Disco para os bancos de dados de sistemas + tempdb do SQL Server
SQLINST1-F-DADOS	F:\	Disco Root para os mount points dos discos de dados
SQLINST1-G-LOG	G:\	Disco Root para os mount points dos discos de log
SQLINT1-W-BACKUP	W:\	Disco Root para os mount points dos discos de Backup

Em situações em que o servidor possui muitas instâncias de SQL Server ou o servidor possui poucas letras disponíveis, também é possível utilizar apenas um disco Root e configurar todos os demais discos de dados, log e backup como mount points desse único disco Root. No entanto, algumas considerações devem ser observadas quando trabalhando com mount points para SQL Server.

1) O setup do SQL Server requer que o disco a ser utilizado para a instalação do SQL Server, em nosso exemplo o disco SQLINST1-E-BIN, obrigatoriamente possua uma letra, ou seja, você não pode instalar o SQL Server em um mount point.

2) Em configurações de Failover Cluster esse disco deve ser um disco de storage (shared disk).

3) Ao configurar um Failover Cluster, certifique-se de que o disco Root e seus respectivos mount points estão configurados como recursos de um grupo de recursos do cluster.

4) Como boa prática, não utilize as letras A:\ ou B:\ para um cluster.

5) Em configurações de Failover Cluster, o disco Root e seus respectivos mount points devem ser apresentados como recursos de disco para o cluster. Adicionalmente, o disco Root e seus mount points devem também ser adicionados como dependências do recurso do SQL Server.

6) Uma vez os discos configurados no Failover Cluster, os mount points devem ser configurados como dependências do disco Root.

7.3 Configuração dos discos no Failover Cluster

Após termos apresentado os discos para os nós que compõem o cluster, executado a formatação dos discos e criação dos mount points no Windows, a próxima etapa do processo antes da criação do nosso SQL Server 2014 AlwaysOn Failover Cluster é disponibilizar ou subir esses discos para o Failover Cluster.

Na Figura 7.17, todos os discos estão visíveis no servidor SQLNODE1, e ela representa como está a configuração dos discos de nosso ambiente de laboratório. Se você estiver seguindo todos os passos já descritos até aqui, seu ambiente deverá estar exatamente igual.

Como vimos no Tópico 6.2, a ferramenta Failover Cluster Manager nos permite executar uma série de validações em diversos componentes que formam ou formarão o cluster, como redes, discos, configurações do cluster, resolução de nomes DNS, entre outros. Então, uma vez que iremos adicionar novos discos ao cluster, a recomendação é que antes de subir os novos discos seja executada uma nova validação do cluster, mas dessa vez validando apenas a categoria relacionada aos discos. As atividades para validação do cluster foram abordadas do Capítulo 6, no entanto, siga os passos indicados na sequência para executar a validação dos novos discos.

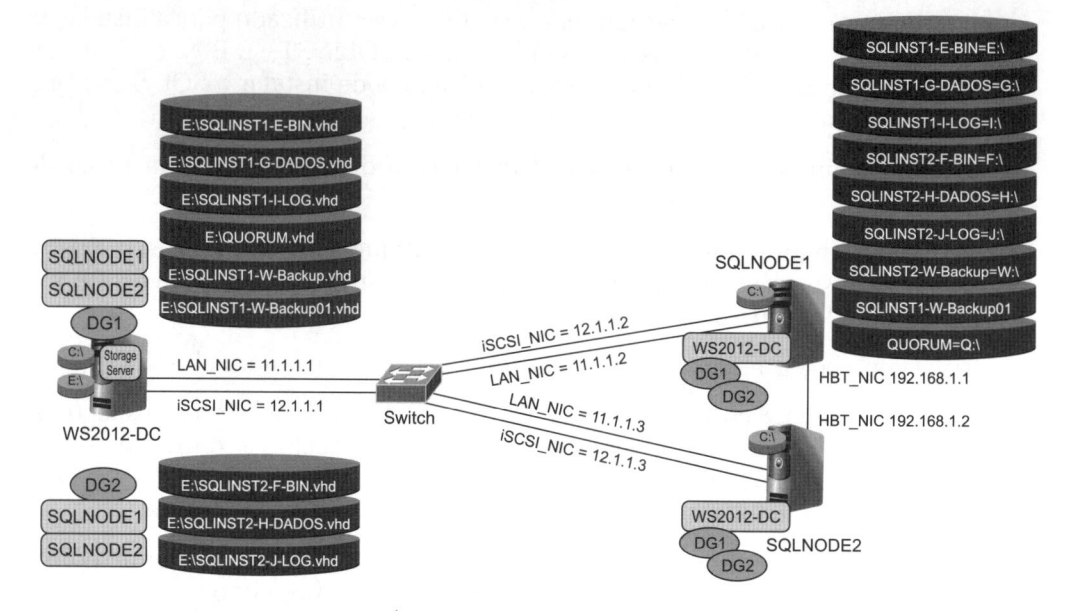

Figura 7.17 | Configuração dos discos do ambiente de laboratório após a inclusão do disco Root e mount point.

7.3.1 Executando a validação dos discos no Failover Cluster

1) Estando no servidor SQLNODE1, no *Server Manager* clique sobre o menu *Tools* e selecione a ferramenta *Failover Cluster Manager*.

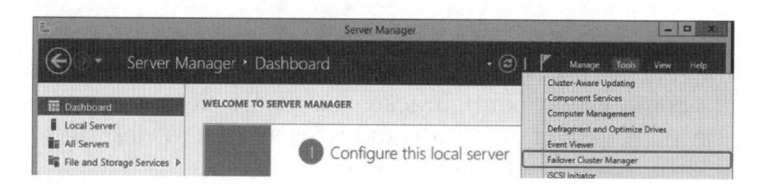

Figura 7.18 | Iniciando o Failover Cluster Manager no Server Manager.

2) No *Failover Cluster Manager*, caso seja exibida a janela *Select Cluster* apresentada na Figura 7.19, simplesmente clique sobre o botão *OK* para gerenciar o serviço de cluster do servidor local SQLNODE1.

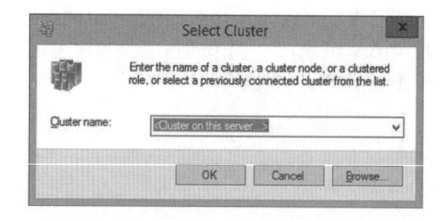

Figura 7.19 | Selecionando o cluster a ser gerenciado.

3) Na janela principal do *Failover Cluster Manager*, em *Configure*, no painel central clique sobre o link *Validate Cluster...* conforme apresentado na Figura 7.20.

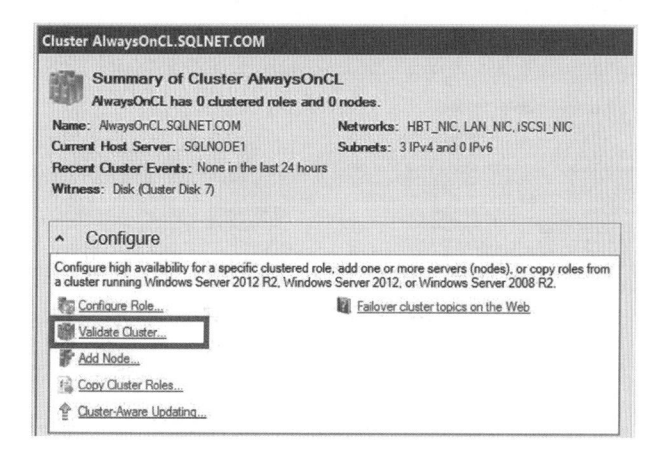

Figura 7.20 | Selecionando a opção para validação do cluster.

4) Na janela *Before You Begin*, clique sobre o botão *Next* para prosseguir.

5) Na janela *Testing Options*, selecione a opção *Run only test I select* e clique sobre o botão *Next*. Lembre-se de que nosso objetivo é executar apenas a validação dos discos, e não uma validação completa do cluster, como abordado no Capítulo 6.

6) Na janela *Test Selection*, conforme apresentado na Figura 7.21, desmarque todas as categorias e mantenha selecionada apenas a categoria *Storage*. Depois clique sobre o botão *Next*.

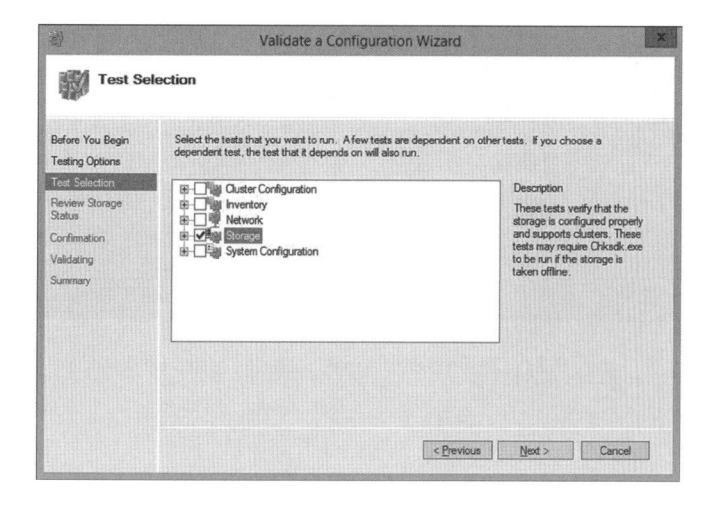

Figura 7.21 | Selecionando apenas o teste de storage.

7) Na janela *Review Storage Status* (Figura 7.22) são apresentados os discos que já estão configurados no cluster. Então, caso deseje, você pode selecioná-los para que seja feita uma validação adicional nesses discos. Clique em *Next*.

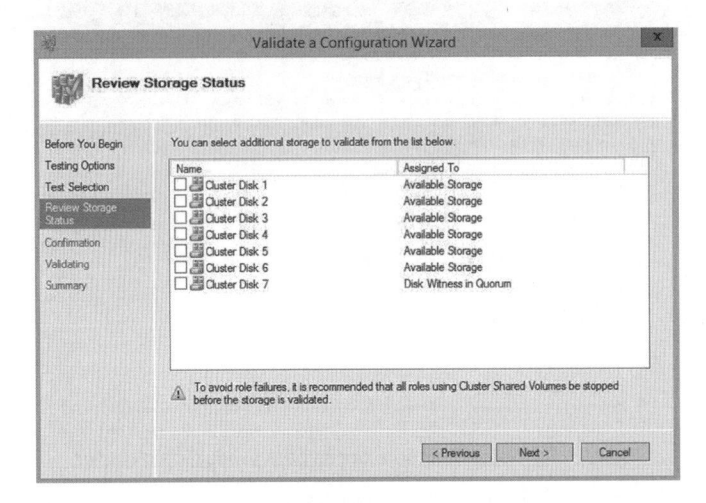

Figura 7.22 | Opção para validação adicional dos discos do cluster.

8) Na janela *Confirmation* (Figura 7.23), você tem uma descrição dos testes de disco que serão executados. Clique sobre o botão *Next* para prosseguir.

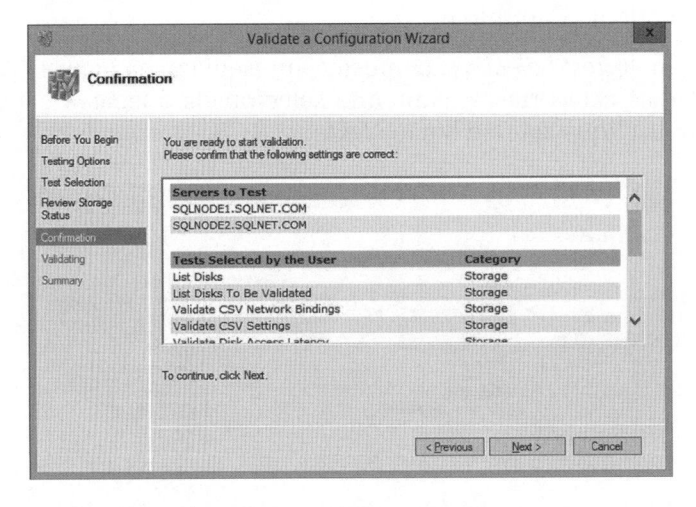

Figura 7.23 | Confirmando a execução dos testes de disco.

9) Durante o processo de validação, você pode acompanhar o progresso na janela *Validating* conforme apresentado na Figura 7.24. Aguarde a execução da validação dos discos e após sua conclusão, na janela *Summary* (Figura 7.25), verifique se todos os itens do relatório foram validados com sucesso, e então clique sobre o botão *Finish*.

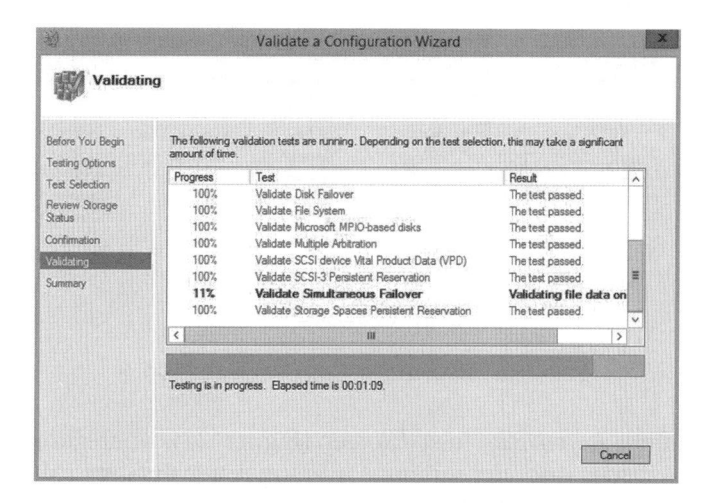

Figura 7.24 | Acompanhando o progresso da validação dos discos.

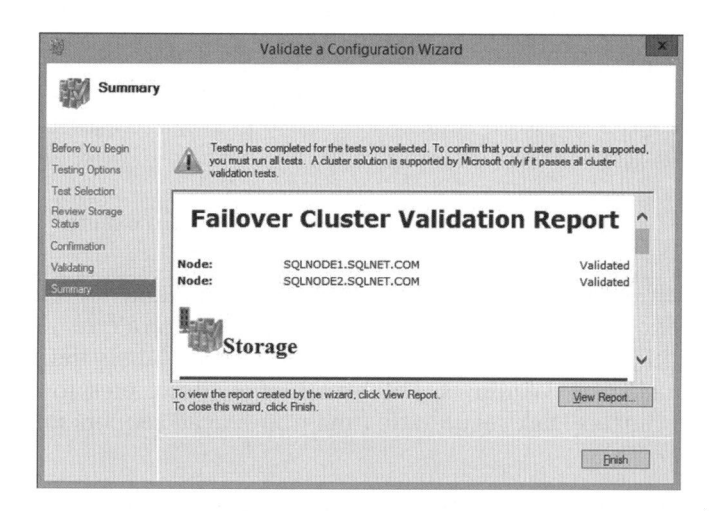

Figura 7.25 | Janela de sumário da validação dos discos.

Concluídos os testes de validação dos discos e tendo estes sido validados com sucesso, temos a confirmação de que os discos estão aptos para funcionar como recursos de um Failover Cluster. Então, o próximo passo é adicionar os discos no cluster, o que pode ser feito com os passos descritos a seguir.

7.3.2 Adicionando os discos no Failover Cluster

1) Na ferramenta *Failover Cluster Manager*, expanda o item *Storage* em *Disks* e clique com o botão direito do mouse selecionando a opção *Add Disk*, como mostrado na Figura 7.26.

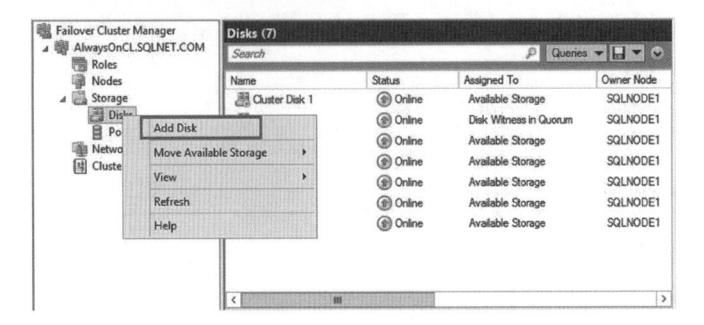

Figura 7.26 | Adicionando discos no Failover Cluster.

2) Na janela *Add Disks to a Cluster* (Figura 27), aparecerão então os dois novos discos que pretendemos adicionar aos clusters. Mantenha-os selecionados e cliente sobre o botão *OK* para prosseguir.

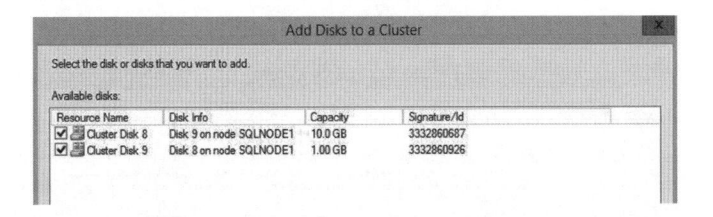

Figura 7.27 | Lista dos discos disponíveis para inclusão no cluster.

Após incluir os discos no cluster, ao selecionar novamente Storage e Disks no painel direito do Failover Cluster Manager você notará que, embora os discos tenham sido adicionados, eles não mantiveram os labels definidos durante a sua formatação no Windows. Diferentemente disso, eles foram adicionados com nome Cluster Disk seguido de uma numeração sequencial, atribuído a ele pelo cluster.

Sabemos que do ponto de vista de manutenção e até mesmo de padronização será muito melhor se os discos dentro do cluster mantiverem o mesmo nome ou label a eles atribuídos no Windows. Então, vamos acertar o nome dos discos no cluster executando o passo-a-passo descrito a seguir.

7.3.3 Alterando o nome dos discos no Failover Cluster

1) No *Failover Cluster Manager*, expanda o item *Storage* e selecione o item *Disks*.

2) No painel central, clique sobre o primeiro disco, o *Cluster Disk 1*. Conforme apresentado na Figura 7.28, podemos ver na parte inferior do painel que o nome original desse disco conforme definido durante sua formatação no Windows é SQLINST2-J-LOG. Se em seu ambiente o volume do *Cluster Disk 1* estiver apresentando um nome diferente, adote a etapa a seguir utilizando o nome que lhe é apresentado. Isso pode ocorrer, pois depende da ordem em que o disco foi identificado pelo cluster.

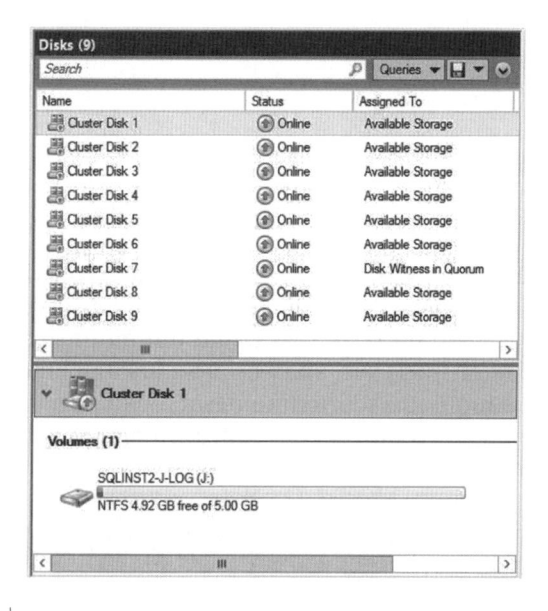

Figura 7.28 | Nome do disco conforme definido na sua formatação no Windows.

3) Então, clique com o botão direito do mouse sobre *Cluster Disk 1* e selecione a opção *Properties*.

4) Na janela *Cluster Disk Properties*, como apresentado na Figura 7.29, altere o nome do disco de *Cluster Disk 1* para o nome original do disco, que neste exemplo é SQLINST2-J-LOG. Feita a alteração, clique sobre o botão *OK* para concluir.

5) Concluída a alteração do nome para o disco *Cluster Disk 1*, faça o mesmo para os demais discos seguindo os passos descritos anteriormente.

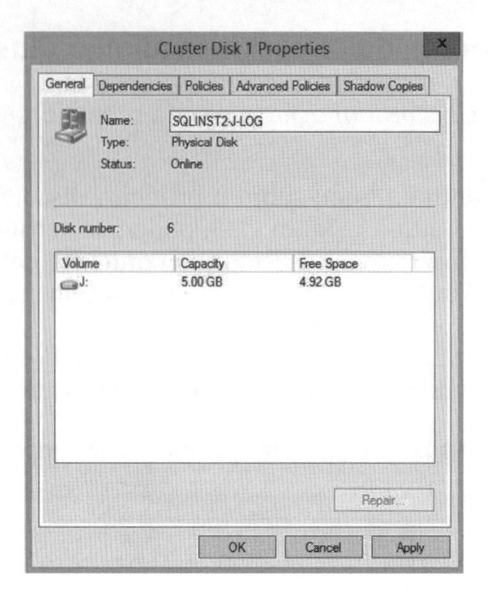

Figura 7.29 | Alterando o nome do disco no Cluster.

Se você tiver executado tudo corretamente, seus discos devem estar nomeados no cluster conforme apresentado na Figura 7.30. Observe ainda na Figura 7.30 que para o disco criado no Windows como um mount point do disco Root W:\ (SQLINST1-W-BACKUP01) ele aparece no cluster como um disco qualquer, porém como ele é montado sobre uma pasta e não possui uma letra específica, dentro do cluster ele possui um ponteiro binário, indicando que este é um mount point.

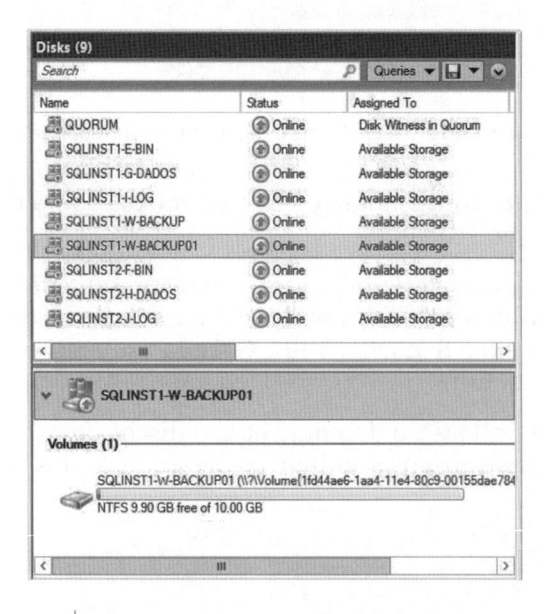

Figura 7.30 | Visualizando um disco mount point dentro do cluster.

Concluída a etapa de inclusão dos discos no Failover Cluster, eles estão prontos para serem utilizados pelas instâncias de SQL Server que serão instaladas no Cluster. No entanto, antes de partir para a instalação do SQL Server, como sabemos que nosso Failover Cluster será composto por duas instâncias de SQL Server 2014 ativas, a SQLINST1 e SQLINST2, vamos então já criar as duas Roles que serão utilizadas pelas respectivas instâncias.

Muitos profissionais não costumam seguir essa prática e acabam deixando para o próprio setup do SQL Server criar as Roles durante o processo de instalação do SQL Server. No entanto, acredito que seja uma boa prática a se seguir, pois, como você notará, ela nos permite já distribuir os discos para as respectivas Roles, facilitando bastante o processo de instalação do SQL Server, principalmente na parte do setup onde selecionaremos os discos para a instância sendo instalada.

7.3.4 Criando as roles no Failover Cluster

1) Estando ainda na ferramenta *Failover Cluster Manager* do servidor SQLNODE1, clique com o botão direito sobre o item *Roles* e selecione o item *Create Empty Role* conforme apresentado na Figura 7.31.

2) Você notará a criação da Role *New Role*. Então, clique com o botão direito sobre ela e selecione a opção *Properties*.

3) Na janela *New Role Properties* informe o nome da Role como **VSQLINST1** – esta Role representa o nome virtual que daremos para a primeira instância de SQL Server que será instalada no cluster. Depois, na lista de *Preferred Owners* selecione o servidor SQLNODE1 e clique sobre o botão *OK*. Neste ponto sua janela deve estar igual à apresentada na Figura 7.32.

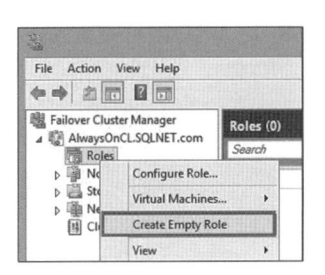

Figura 7.31 | Criando uma nova Role no cluster.

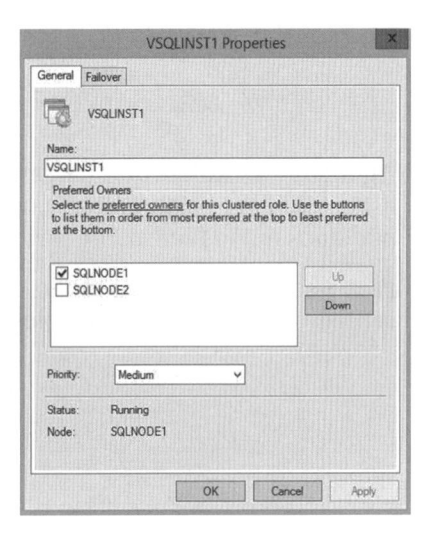

Figura 7.32 | Definindo o nome e o nó preferencial para a Role.

Configuração de Mount Points para o SQL Server

4) Repita os passos de 1 a 3 para criar a Role **VSQLINST2** e definir como *preferred owners* o servidor SQLNODE2. Utilize o botão **Up** para mover o servidor SQLNODE2 para o topo da lista conforme apresentado na Figura 7.33.

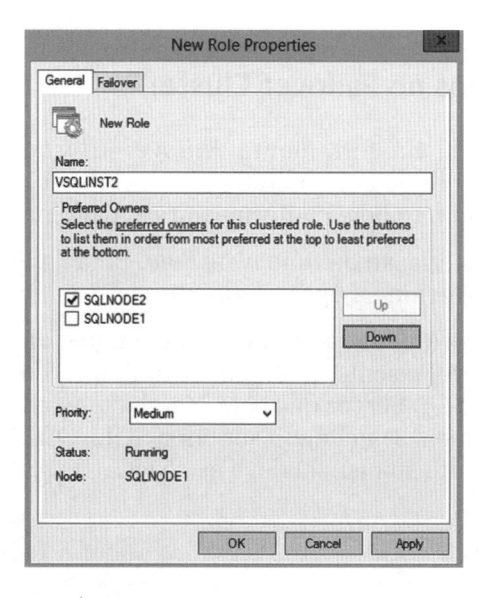

Figura 7.33 | Definindo o nome e o nó preferencial para a Role.

Agora que as Roles, que na verdade representam as instâncias de SQL Server, estão criadas e sabendo quais discos serão utilizados por cada instância, podemos então facilmente atribuir os discos para as respectivas Roles.

Para isso, clique com o botão direito sobre a Role **VSQLINST1** e, como apresentado na Figura 7.34, selecione a opção *Add Storage*.

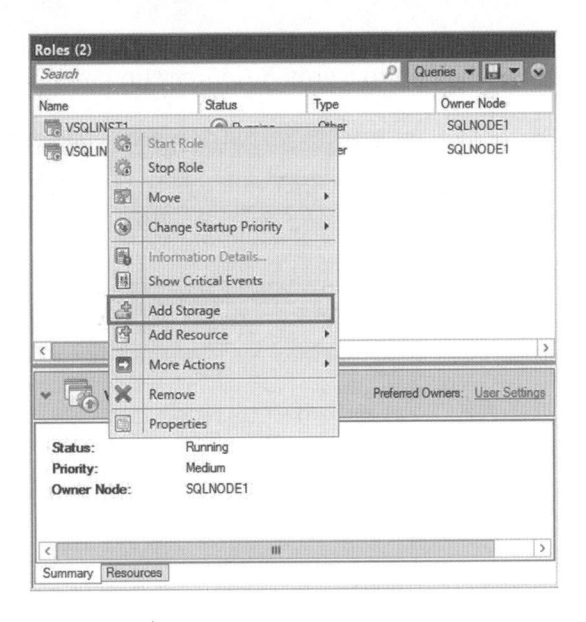

Figura 7.34 | Adicionando os discos à Role VSQLINST1.

Na janela *Add Storage*, você verá todos os discos que estão disponíveis para serem atribuídos á Role. No entanto, conforme apresentado na Figura 7.35, selecione apenas os discos que possuem o prefixo **SQLINST1** e clique em *OK*. Aqui já podemos ver uma das vantagens em se utilizar um padrão de nomenclatura para o label dos discos, pois fica fácil identificar quais discos pertencem a cada instância.

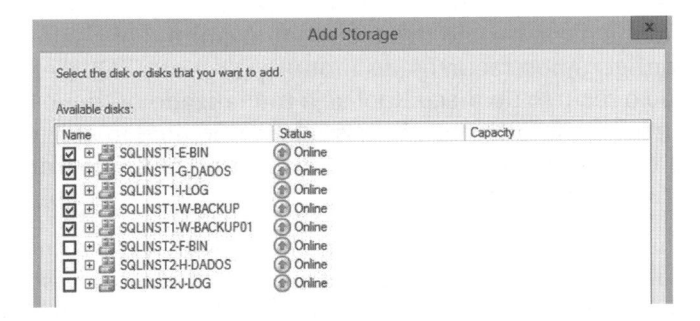

Figura 7.35 | Selecionando os discos a serem utilizados pela Role VSQLINST1.

Isso feito, clique com o botão direito do mouse sobre a Role **VSQLINST2** e adicione a ela os discos com o prefixo **SQLINST2**.

Caso você tenha executado todos os passos corretamente até este ponto, a configuração das Roles em seu cluster deverá estar como o apresentado na Figura 7.36. Após a criação das Roles e a inclusão dos discos nelas, podemos visualizar

os recursos de disco da Role VSQLINST1 selecionando a Role no painel central superior e depois selecionando a guia *Resources* no painel central inferior.

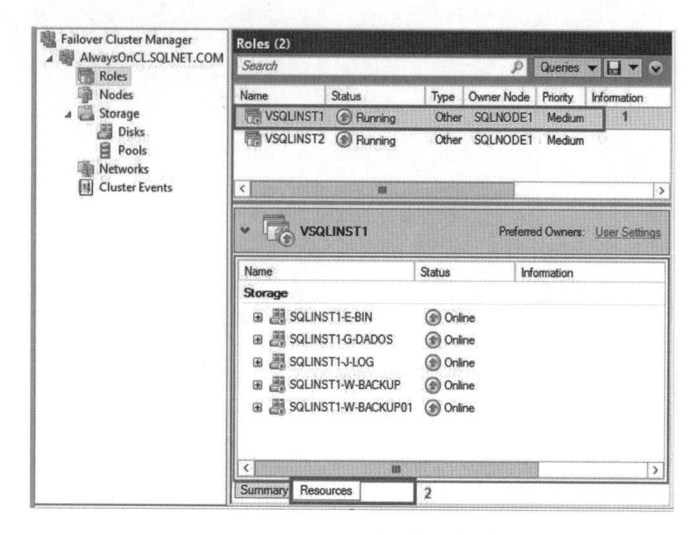

Figura 7.36 | Visualizando os recursos de disco da Role VSQLINST1.

Ao trabalhar com SQL Server Failover Cluster uma coisa que você notará é que alguns recursos possuem dependência entre si. Essa dependência é importante para definir a ordem de inicialização dos recursos e evitar que um recurso falhe na sua inicialização. Ou seja, a dependência de recursos em um cluster é que vai definir a ordem de inicialização de cada recurso.

No caso de uso de mount points, a definição de dependência entre o recurso do disco Root e o recurso do disco de mount point é obrigatória. Isso porque, quando configuramos recursos de mount points no SQL Server, precisamos garantir que o recurso do disco Root seja inicializado ou fique Online primeiro que o recurso do mount point. Se essa definição de dependência não for configurada o recurso de mount point poderá falhar ao inicializar, podendo levar a uma corrupção dos bancos de dados alocados no mount point.

Assim, uma vez que a primeira instância de SQL Server do nosso cluster – a SQLINST1 - fará uso de um mount point, utilize os passos a seguir para definir a dependência entre o recurso do disco Root (SQLINST1-W-BACKUP) e o recurso de mount point (SQLINST1-W-BACKUP01).

7.3.5 Criando Dependências entre os Recursos no Failover Cluster

1) Estando no *Failover Cluster Manager* do servidor SQLNODE1, acesse os recursos da Role **VSQLINST1** conforme apresentado na Figura 7.36. Depois, clique com o botão direito do mouse sobre o recurso de disco SQLINST1-W-BACKUP01 e selecione a opção *Properties*.

2) Na janela de propriedades do recurso de disco de mount point (Figura 7.37), selecione a guia *Dependencies* e clique sobre o botão *Insert*.

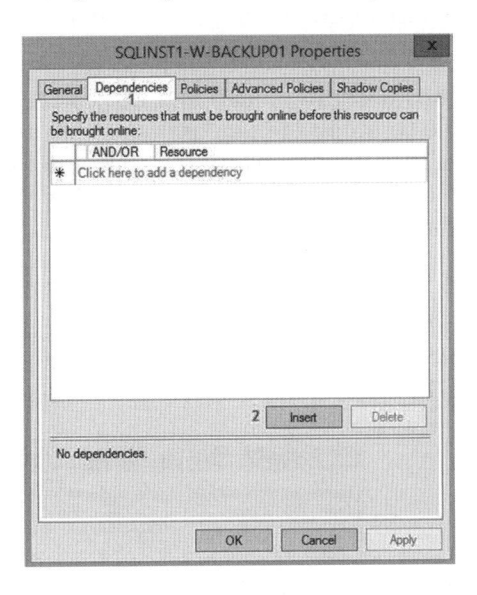

Figura 7.37 | Selecionando a dependência para um recurso.

3) Na coluna *Resource* será então apresentada uma lista de recursos que você poderá estar adicionando como dependências do recurso SQLINST1-W-BACKUP01. Então, conforme apresentado na Figura 7.38, selecione o recurso do disco Root de nosso mount point (**SQLINST1-W-BACKUP**) e clique sobre o botão *OK*.

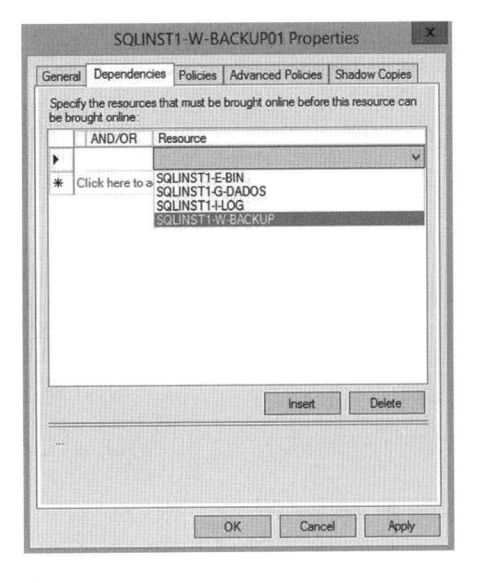

Figura 7.38 | Selecionando o recurso de disco Root do mount point.

Configuração de Mount Points para o SQL Server

Concluídos os passos anteriores, informamos então ao cluster que nosso mount point depende do recurso do disco Root e com isso garantimos que durante uma inicialização dos recursos o recurso do disco Root sempre será iniciado antes do recurso de mount point.

Isso feito, concluímos a configuração dos discos ou recursos de discos para nossas Roles, e pode-se então efetuar um teste de Failover das Roles entre os nós do cluster para garantir que os discos irão funcionar adequadamente em ambos os nós do cluster, ou seja, garantir que quando um dos servidores do cluster ficar indisponível os discos irão inicializar com sucesso no outro nó.

Para fazer esse teste de Failover, execute os passos conforme descritos a seguir.

1) Estando no *Failover Cluster Manager* do servidor SQLNODE1, conforme apresentado na Figura 7.39, clique com o botão direito do mouse sobre a Role **VSQLINST1** e selecione a opção *Move* e depois *Select Node....*

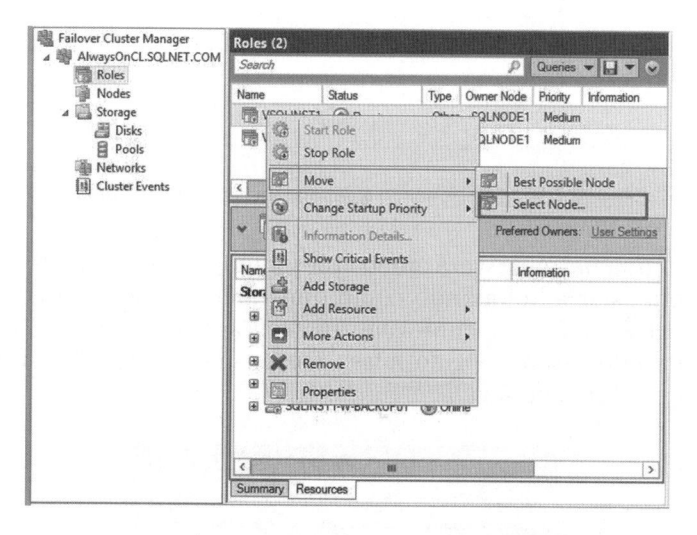

Figura 7.39 | Efetuando um Failover da Role VSQLINST1.

 Nota

Selecionar a opção *Best Possible Node* permitirá que o próprio cluster defina para qual nó ou servidor a Role e seus respectivos recursos serão transferidos. Essa definição é feita baseando-se na ordem definida em *preferred owners*. No entanto, quando temos no cluster apenas dois nós o *Best Possible Node* sempre será o nó em que a Role não está em execução. Em nosso exemplo, o servidor SQLNODE2.

2) Na janela *Move Clustered Role*, será apresentado apenas o servidor SQLNODE2, uma vez que temos apenas ele como opção para transferir ou mover a Role. Então, conforme apresentado na Figura 7.40, selecione o servidor SQLNODE2 e clique sobre o botão *OK*.

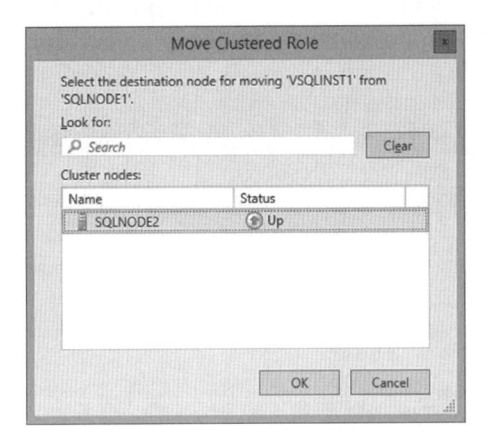

Figura 7.40 | Movendo os recursos da Role VSQLINST1 para o nó SQLNODE2.

Como pode ser observado na Figura 7.41, após executar o Failover da Role e seus respectivos recursos para o nó SQLNODE2, o *owner node* da Role é alterado para SQLNODE2, indicando que os recursos dessa Role estão agora Online nesse servidor. Note ainda que, devido à configuração de dependência entre os recursos SQLINST1-W-BACKUP e SQLINST1-W-BACKUP01, o recurso de disco do mount point (SQLINST1-W-BACKUP01) somente ficará Online depois que o recurso do disco Root já estiver Online ou inicializado.

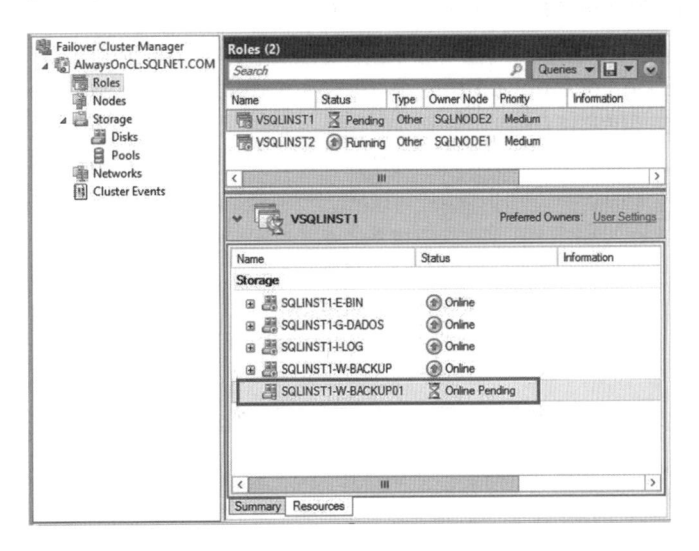

Figura 7.41 | Inicialização dos recursos de disco no servidor SQLNODE2.

Configuração de Mount Points para o SQL Server

Após a conclusão do processo de Failover, se você acessar o servidor SQLNODE2 e abrir o File Explorer (Windows Explorer nas versões anteriores do Windows) notará que todos os recursos de disco da Role VSQLINST1 estarão presentes nesse servidor e, principalmente, estarão acessíveis para leitura e gravação, como demonstrado na Figura 7.41. Isso é controlado pelo cluster, que permite que os discos estejam acessíveis somente no servidor que está definido como *owner node* da Role.

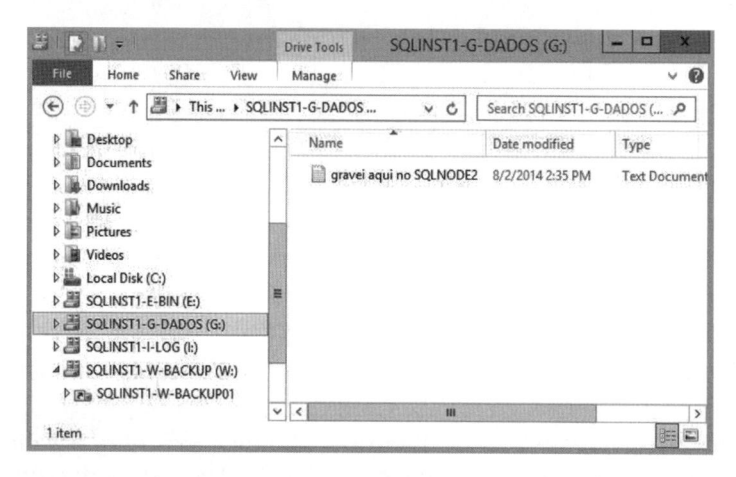

Figura 7.42 | Discos sendo apresentados no servidor SQLNODE2 após o Failover dos recursos.

Note ainda que os recursos de discos da Role VSQLINST2 não estão presentes no servidor SQLNODE2, porque nesse momento eles estão Online no servidor SQLNODE1, ou seja, o SQLNODE1 é o *Owner Node* da Role e somente lá eles estão disponíveis para leitura e gravação.

Execute um novo Failover da Role VSQLINST1 voltando-a para o servidor SQLNODE1 e você notará que os recursos de disco dessa Role voltarão a ficar disponíveis apenas no servidor SQLNODE1.

Prática

1) Selecione uma das principais vantagens na utilização de mount points

   a. Melhorar o desempenho do disco.

   b. Virtualizar o disco.

   c. Não precisar alocar uma letra para o disco.

   d. Nenhuma das alternativas anteriores.

2) Como é conceitualmente chamado o disco em que os mount points são montados?

   a. Disco principal.

   b. Mount point.

   c. Disco Root.

   d. Disco árvore.

3) Como os mount points são montados sobre o disco Root?

   a. Atribuindo a eles uma nova letra.

   b. Como uma pasta no disco Root.

   c. Como um código binário.

   d. Todas as alternativas anteriores.

4) Por que ao criar uma Role no cluster devemos definir seu *Preferred Owner*?

   a. Porque o *Preferred Owner* define qual será o nó em que preferencialmente a Role e seus recursos devem ficar em execução.

   b. Para facilitar o Failover.

   c. Para melhorar o tempo de Failover dos recursos.

   d. Todas as alternativas anteriores.

Instalação e Configuração do MSDTC no Cluster

8.1 Introdução ao MSDTC

Antes de entender o que é o Microsoft Distributed Transaction Coordinator (MSDTC), devemos entender o que é uma transação em um banco de dados. Uma transação é uma sequência de operações executadas formando um único grupo lógico, com início e fim. Uma transação pode ser efetivada (*commit*) ou desfeita (*rollback*). A seguir temos um exemplo de uma transação para um pedido de compra.

Início da transação
       1. Gravar pedido
       2. Abater quantidade de itens do estoque
       3. Gerar Nota
       4. Gerar cobrança
Fim da transação

Em linguagem Transact-SQL podemos traduzir esse pedido para algo como o apresentado a seguir. As transações são iniciadas usando o comando BEGIN TRANSACTION e finalizadas com o comando COMMIT TRANSACTION, comandos que também podem ser abreviados para, respectivamente, BEGIN TRAN e COMMIT TRAN.

```
BEGIN TRAN
        INSERT INTO tb_pedido...
        UPDATE tb_estoque SET quantidade...
        INSERT INTO tb_nota...
        INSERT INTO tb_cobranca...
COMMIT TRAN
```

No processo descrito anteriormente, temos uma sequência de comandos que precisa ser executada como um grupo para que a transação seja efetivada. Se não houver nenhuma inconsistência a transação será efetivada ao final, mas caso ocorra algum erro em uma das operações todo o processo deve ser desfeito (ROLLBACK TRANSACTION). Não podemos gravar uma nota fiscal pela metade, ou enviar uma cobrança para o cliente e não enviar o produto.

O MSDTC é um recurso do Windows responsável por coordenar as transações distribuídas entre sistemas, por exemplo, quando utilizamos transações entre duas ou mais instâncias de SQL Server via *Linked Server*.

Uma transação é composta por quatro importantes propriedades: Atomicidade, Consistência, Isolamento e Durabilidade (ACID). São essas propriedades que garantem a integridade de uma transação. Você pode saber mais sobre as propriedades ACID através do documento *ACID Properties*[33].

Em infraestruturas segregadas, ou seja, em ambientes em que os servidores são dedicados para cada serviço como SQL, COM+, IIS entre outros, é possível usar uma transação distribuída que além das propriedades ACID também possui o *Two-Phase Commit* (2PC). O *Two-Phase Commit* (mais detalhes podem ser lidos no documento *Two-Phase Commit*[34]), é usado em cenários em que uma transação é iniciada em um servidor e é propagada para outro e deve haver um controle nos dois servidores, pois se a transação falhar em um dos servidores toda a transação deve ser desfeita (*rollback*).

Para ilustrar o 2PC em uma transação distribuída, vamos imaginar o seguinte cenário entre dois servidores SQL Server. Uma *stored procedure* no servidor A inicia uma transação, e essa transação precisa alterar um conjunto de informações no servidor B via *Linked Server*. Se a transação falhar no servidor B, a transação em ambos os servidores deverá ser desfeita (*rollback*), caso contrário a transação será efetivada (*commit*) nos dois servidores.

Para exemplificar isso em Transact-SQL vamos utilizar um exemplo retirado do Books Online do SQL Server 2014 e que utiliza o banco de dados Adventure-Works. Neste exemplo, um candidato é excluído do servidor local (instância SQL Server em que a transação é iniciada) e também é executado um DELETE do mesmo candidato que está em uma instância de SQL Server remota. Nesse cenário, temos que a transação precisa ser efetivada ou desfeita no banco de dados de ambas as instâncias.

---

33   Disponível em: <http://msdn.microsoft.com/en-us/library/aa719484(v=vs.71).aspx>. Acesso em: 18 nov. 2014.
34   Disponível em: <http://msdn.microsoft.com/en-us/library/aa754091(BTS.10).aspx>. Acesso em: 1 dez. 2014.

Note no exemplo apresentado a seguir que o comando BEGIN DISTRIBUTED TRANSACTION sinaliza a abertura de uma transação distribuída.

```
USE AdventureWorks
GO
BEGIN DISTRIBUTED TRANSACTION
-- Executa um DELETE para excluir o candidato da instância local.
DELETE AdventureWorks.HumanResources.JobCandidate
WHEREJobCandidateID=13

-- Executa um DELETE para excluir o candidato da instância remota, onde RemoteServer é o nome do
Linked Server.
DELETE RemoteServer.AdventureWorks.HumanResources.JobCandidate
WHERE JobCandidateID=13
COMMIT TRANSACTION
GO
```

Em um ambiente em que não há o MSDTC configurado, ao tentar executar a transação distribuída do cenário descrito anteriormente é apresentada a seguinte mensagem de erro.

```
Server Msg 7391, Level 16, State 1, Line 1
The operation could not be performed because OLE DB provider RemoteServer was unable to begin
a distributed transaction.
```

Então, para solucionar esse problema é preciso configurar o recurso do MSDTC no Failover Cluster.

Até o Windows Server 2003, somente era possível a configuração de um único serviço ou recurso de MSDTC para todo o cluster, também conhecido como configuração de MSDTC compartilhada. No entanto, com a chegada do Windows Server 2008 passou a ser possível configurar um MSDTC para cada Role, proporcionando uma grande melhoria para ambientes com grande utilização de transações distribuídas, como uso intenso de *Linked Server* entre instâncias de SQL Server.

Essa segregação é bem eficiente para o balanceamento de carga por serviço e também para reduzir a indisponibilidade do serviço. Isso porque, ao se trabalhar com MSDTCs dedicados (um MSDTC para cada Role de SQL Server), caso seja necessário fazer o Failover de uma determinada Role, somente as transações da Role em específico são afetadas. No entanto, quando trabalhamos com um MSDTC compartilhado, uma falha no recurso do MSDTC ou mesmo ao fazer o Failover do único recurso de MSDTC, todas as transações distribuídas em execução no cluster são afetadas.

Uma abordagem mais completa sobre o MSDTC está fora do escopo deste livro. No entanto, você pode obter mais informações sobre o MSDTC acessando o documento *MSDTC*[35], assim como também pode obter mais informa-

---

35   Disponível em: <http://technet.microsoft.com/en-us/library/dd337629(v=ws.10).aspx>.
     Acesso em: 1 dez. 2014.

 Instalação e Configuração do MSDTC no Cluster

ções sobre transações distribuídas lendo o documento *Transact-SQL Distributed Transactions*[36].

8.2 Instalação do MSDTC no Failover Cluster

Agora que você sabe qual é a função do MSDTC em um ambiente de Failover Cluster e principalmente que sua configuração é um requisito obrigatório em ambientes em que serão executadas transações distribuídas entre instâncias de SQL Server, vamos ver passo a passo neste tópico como efetuar a instalação e configuração do MSDTC em um Failover Cluster. Veremos como efetuar a configuração do MSDTC de forma dedicada e também compartilhada.

> **Nota**
>
> Vale ressaltar que com o SQL Server 2008 e versões posteriores o MSDTC é necessário apenas se transações distribuídas fazem parte da carga de trabalho do ambiente SQL Server, assim como também não há nenhuma dependência entre o setup de qualquer componente do SQL Server e o MSDTC.

Antes disso, é importante dizer que para configurar o MSDTC em um ambiente Failover Cluster é preciso atender os seguintes requisitos:

1) **Reservar um nome para o MSDTC:** este nome será registrado como um objeto computador no *Active Directory* e será o nome de rede do recurso do MSDTC.

2) **Reservar um endereço TCP/IP para o MSDTC:** este endereço IP será registrado no servidor DNS e será associado ao nome de rede do MSDTC.

3) **Alocar um disco no cluster para o log do MSDTC:** se você estiver pensando em configurar um MSDTC dedicado a uma Role específica, esse disco pode ser exclusivo para uso do MSDTC ou não. Ou seja, você pode usar um disco já apresentado para a Role, como o mesmo disco utilizado para a alocação dos bancos de dados de sistemas do SQL Server, ou pode criar um disco exclusivo para o MSDTC. No entanto, sempre que possível, procure manter dependências separadas para o MSDTC e a instância do SQL Server. Esse disco não precisa ser maior que 1 GB, mas precisa ser um disco de Storage e também pode ser um mount point. Para a configuração de um MSDTC compartilhado (aquele que será utilizado por todas as Roles do cluster), o disco obrigatoriamente precisará ser dedicado ao MSDTC.

---

36 Disponível em: <http://msdn.microsoft.com/library/ms191156(v=sql.105).aspx>. Acesso em: 25 nov. 2014.

8.2.1 Configuração do recurso de MSDTC compartilhado

Como citado na introdução, até o Windows Server 2003 somente era possível a configuração de um único serviço ou recurso de MSDTC para todo o cluster, chamado também de MSDTC compartilhado.

Um MSDTC compartilhado é um serviço do MSDTC que será utilizado para coordenar as transações distribuídas de todo o cluster. No entanto, como o MSDTC é compartilhado, os recursos do MSDTC (nome de rede, endereço IP e disco) precisam ser criados em uma Role dedicada exclusivamente para o MSDTC.

Então, antes de iniciar a instalação do MSDTC, crie e apresente um novo disco para o servidor utilizando os passos descritos no Capítulo 5 e utilizando as informações apresentadas na Tabela 8.1.

Tabela 8.1 | Informações para criação do disco de log do MSDTC

Label	Letra	Tamanho	Disk Group (Storage Server)	Tipo
MSDTCShared	M	1 GB	DG2	Root

Após a apresentação e formatação do disco para o MSDTC, olhando no *Disk Management* do servidor SQLNODE1 você deverá visualizar o novo disco semelhante ao apresentado na Figura 8.1.

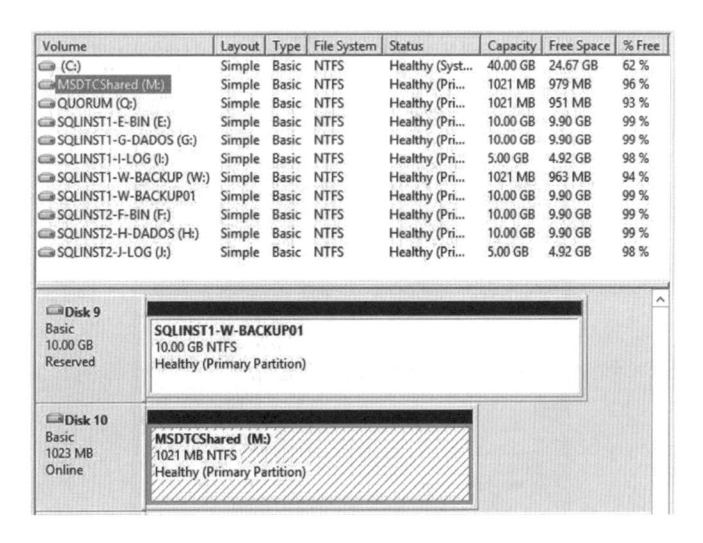

Figura 8.1 | Apresentação do disco do MSDTC ao Windows.

Utilizando então os passos descritos no Capítulo 7, utilize a ferramenta *Failover Cluster Manager* para subir e configurar o novo disco no cluster e também renomeá-lo para **MSDTCShared**.

Tendo configurado e renomeado o disco no cluster, utilize então os passos descritos a seguir para criar o recurso do MSDTC no cluster.

1) No servidor SQLNODE1 inicie a ferramenta *Failover Cluster Manager*.

2) Clique com o botão direito do mouse sobre o item *Roles* e selecione a opção *Create Empty Role* conforme apresentado na Figura 8.2.

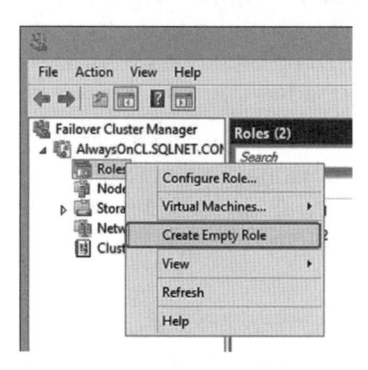

Figura 8.2 | Criando nova Role no Failover Cluster.

3) Criada a nova Role, clique com o botão direito sobre ela e selecione a opção *Properties*.

4) Na janela *New Role Properties*, conforme apresentado na Figura 8.3, informe o nome da Role como **MSDTCShared** e selecione o servidor SQLNODE1 como *Preferred Owners*, mantendo-o como o primeiro da lista. Depois clique sobre o botão *OK* para prosseguir.

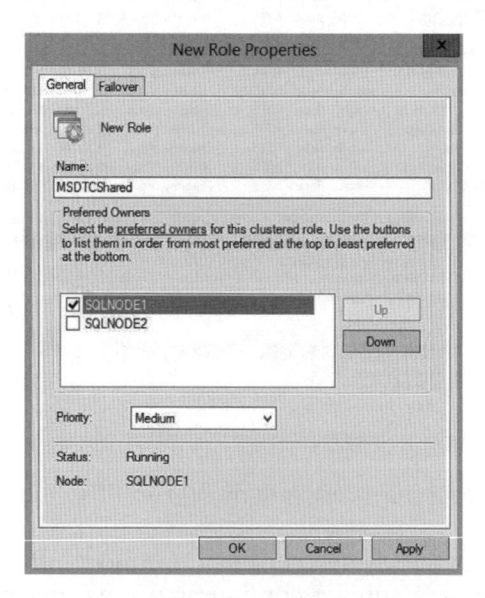

Figura 8.3 | Definindo as propriedades da nova Role.

5) Como apresentado na Figura 8.4, clique sobre a nova Role **MSDTCShared** e selecione a opção *Add Storage*.

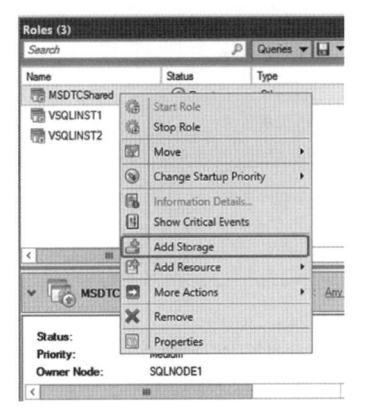

Figura 8.4 | Selecionando a opção *Add Storage*.

6) Na janela *Add Storage*, em *Available disks* selecione o disco **MSDTC-Shared** e clique sobre o botão *OK* para confirmar.

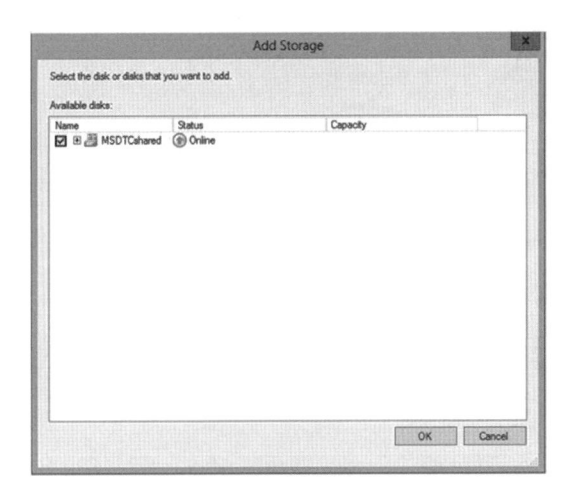

Figura 8.5 | Adicionando o disco MSDTCShared à Role do MSDTC.

7) Uma vez adicionado o recurso de disco, clique novamente com o botão direito do mouse sobre a Role **MSDTCShared**, selecione a opção *Add Resource* e depois a opção *Client Access Point*, como apresentado na Figura 8.6. Esse recurso permitirá a configuração de um nome de rede e um endereço IP para o recurso do MSDTC.

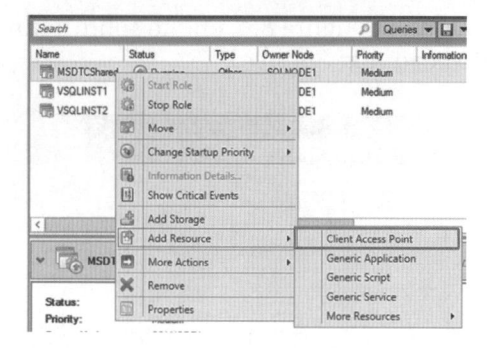

Figura 8.6 | Criando um *Client Access Point* para o MSDTC.

8) Na janela *Client Access Point*, entre com as informações de nome de rede e endereço IP conforme as apresentadas na Figura 8.7 e clique sobre o botão *Next*. Esse será o nome de rede e endereço IP do recurso do MSDTC no cluster, sendo inclusive essas informações registradas no servidor DNS da rede.

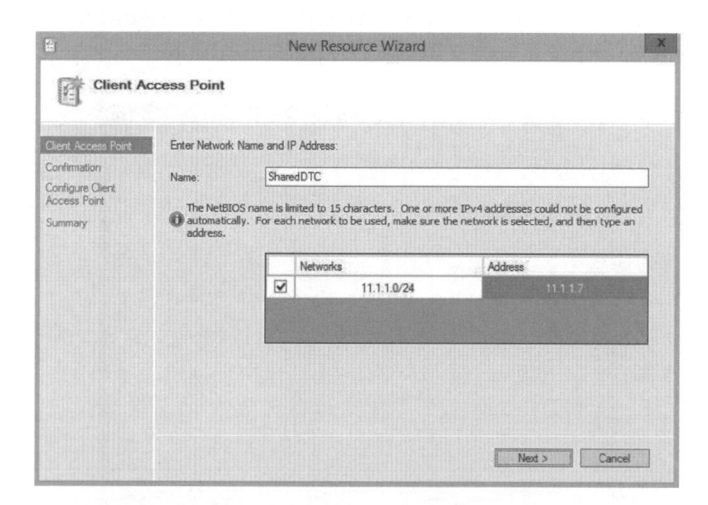

Figura 8.7 | Informando o nome de rede e endereço IP para o MSDTC.

9) Na janela *Confirmation*, clique sobre o botão *Next*.

10) Na janela *Summary*, clique em *Finish* para finalizar o processo de criação do *Client Access Point* para o MSDTC.

Se você executou todos os passos corretamente, ao selecionar novamente a Role **MSDTCShared** terá sua janela igual à apresentada na Figura 8.8, onde se pode observar os recursos de nome de rede, endereço IP e disco já configurados para o MSDTC.

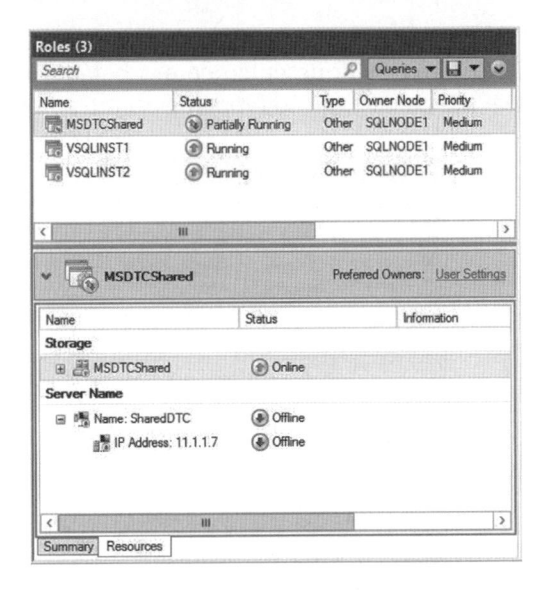

Figura 8.8 | Recursos do MSDTC configurados no cluster.

Até este ponto, embora já tenham sido criados os recursos de nome de rede, endereço IP e o disco que será utilizado para o armazenamento do log do MSDTC, para que este esteja pronto para atender às necessidades do cluster ainda é preciso configurar o recurso mais importante, o próprio serviço do MSDTC.

Para tal, siga o passo-a-passo descrito na sequência:

1) No painel central do *Failover Cluster Manager* clique com o botão direito sobre a Role **MSDTCShared** e selecione as opções *Add Resource*, *More Resource* e depois a opção *Distributed Transaction Coordinator*.

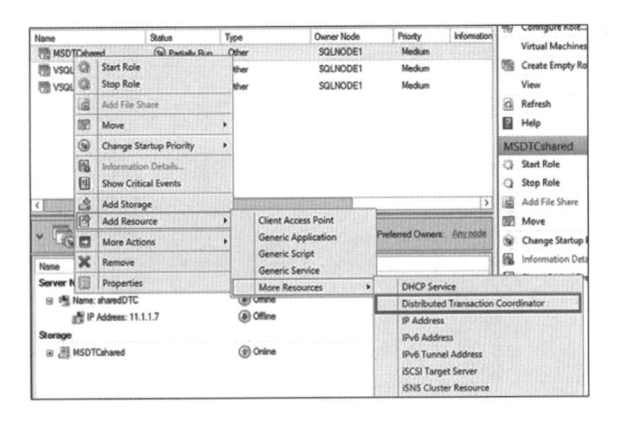

Figura 8.9 | Adicionando o recurso de serviço do MSDTC ao cluster.

2) O novo recurso *New Distributed Transaction Coordinator* será adicionado à Role **MSDTCShared**. Clique então com o botão direito do mouse sobre o novo recurso e selecione a opção *Properties* como apresentado na Figura 8.10.

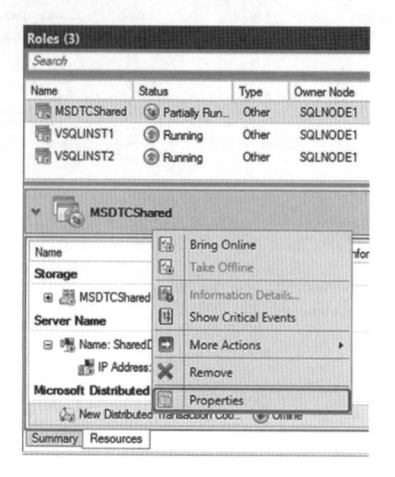

Figura 8.10 | Selecionando as propriedades do novo recurso.

3) Na janela de propriedades, na guia *Dependencies*, conforme apresentado na Figura 8.11, selecione como dependências o nome de rede do MSDTC e também o recurso de disco. Dessa forma garantimos que o recurso do serviço do MSDTC não será iniciado sem que antes os recursos de nome de rede e disco também estejam iniciados. Então, clique sobre o botão *OK* para prosseguir.

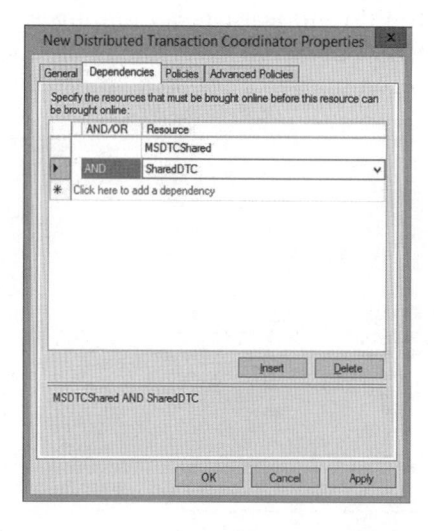

Figura 8.11 | Selecionando as dependências para o recurso do MSDTC.

Isso conclui então a configuração do MSDTC que será compartilhado com todo o cluster. Agora basta apenas colocar os recursos do MSDTC Online. Para isso, clique com o botão direito do mouse sobre a Role MSDTCshared e selecione a opção *Start Role*.

Como apresentado na Figura 8.12, após alguns segundos você notará que todos os recursos da Role ficarão online.

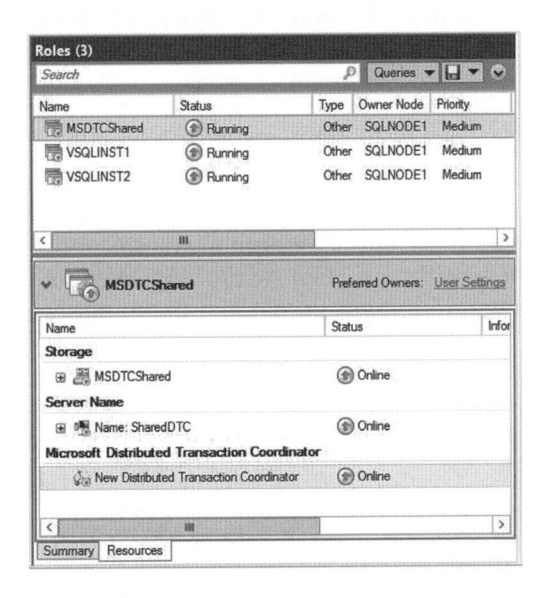

Figura 8.12 | Iniciando os recursos do MSDTC no cluster.

A partir deste ponto o MSDTC está totalmente configurado no cluster, e com os recursos Online resta saber se quando os recursos forem transferidos para o servidor SQLNODE2 estes continuarão a funcionar.

Essa validação pode ser feita através de um teste de Failover. Para executar esse teste e garantir que o MSDTC está devidamente configurado e funcionando em ambos os nós, clique com o botão direito do mouse sobre a Role **MSDTCShared** e selecione as opções *Move* e depois *Best Possible Node*. Nesse momento, ao observar os recursos do MSDTC no painel central inferior você verá os recursos sendo transferidos para o servidor SQLNODE2 e principalmente ficando Online. Isso garante então que o MSDTC está devidamente configurado e totalmente funcional.

Se você realizou todos os passos até aqui deve ter percebido que para configurar o MSDTC compartilhado no cluster foram utilizados basicamente cinco passos como se segue:

1) A criação de uma nova Role vazia e a sua renomeação para MSDTCshared.

2) A adição à nova Role do recurso de disco (MSDTCshared) a ser utilizado pelo MSDTC.

3) A adição à nova Role de um *Client Access Point*, permitindo informar um nome de rede e endereço IP para o MSDTC.

4) A adição à nova Role do recurso *Distributed Transaction Coordinator* – o serviço do MSDTC propriamente dito.

5) Por fim, foi feita a configuração das dependências para o recurso do serviço do MSDTC, adicionando como dependências o nome de rede e o recurso de disco.

Pois bem, caso você tenha achado os passos descritos até aqui muito complexos, uma maneira mais simples e rápida para se configurar o MSDTC compartilhado no cluster é utilizar o *High Availability Wizard*. Como o próprio nome diz, um *wizard* o guiará através do passo-a-passo para essa configuração.

Nota

Os passos descritos a seguir demonstrarão como criar o recurso do MSDTC utilizando o High Availability Wizard do Failover Cluster. Portanto, caso tenha criado com sucesso o MSDTC seguindo os passos já descritos até aqui, você não precisa executar os passos que se seguem, pois caso os execute notará que o disco, o nome de rede e o endereço IP foram utilizados na etapa anterior. Os passos na sequência serão apresentados apenas para efeito de aprendizagem, e prosseguiremos no livro utilizando o MSDTC conforme já configurado nos passos anteriormente.

Para utilizar o *High Availability Wizard* para a configuração do MSDTC compartilhado no cluster siga os passos conforme descritos na sequência.

1) Na ferramenta *Failover Cluster Manager*, clique com o botão direito do mouse sobre *Roles* e selecione a opção *Configure Role...*

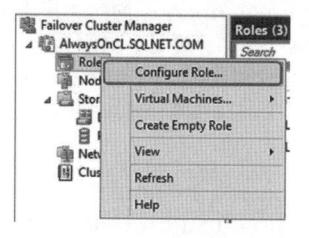

Figura 8.13 | Iniciando os recursos do MSDTC no cluster.

2) Na janela *High Availability Wizard*, clique em *Next* para prosseguir.

3) Em *Select Role*, selecione a Role *Distributed Transaction Coordinator (DTC)* como apresentado na Figura 8.14 e depois clique em *Next* para prosseguir.

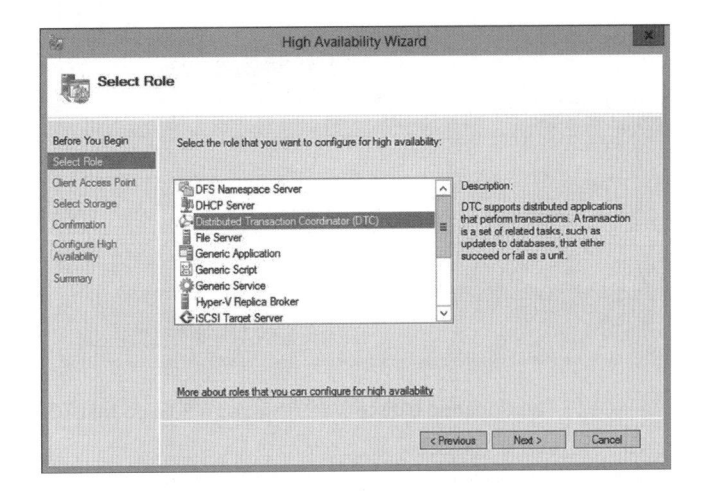

Figura 8.14 | Selecionando a *Role Distributed Transaction Coordinator (DTC)*.

4) Em *Client Access Point*, entre com o nome de rede e endereço IP conforme apresentado na Figura 8.15 e clique em *Next* para prosseguir.

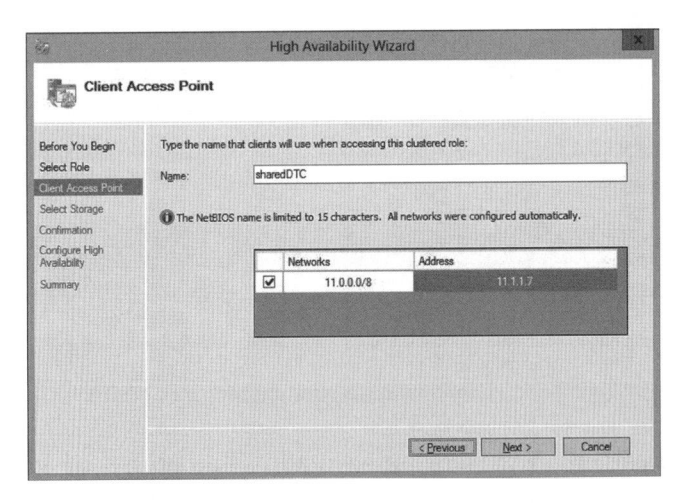

Figura 8.15 | Informando o nome de rede e endereço IP para o MSDTC.

5) Em *Select Storage*, selecione o disco **MSDTCshared** como apresentado na Figura 8.16 e clique em *Next* para prosseguir.

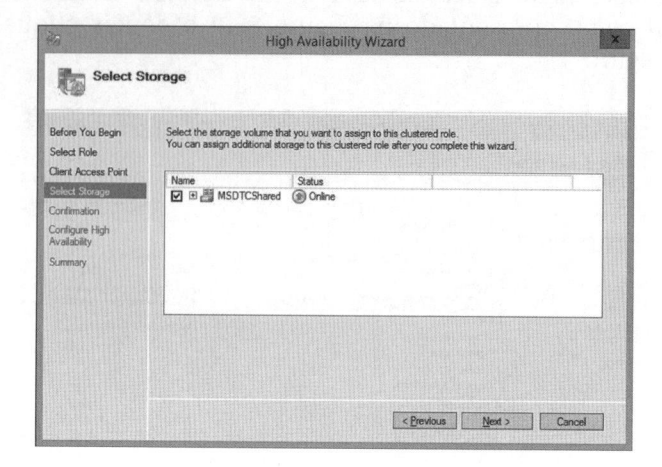

Figura 8.16 | Adicionando o disco MSDTCshared à Role do MSDTC.

6) Em *Confirmation*, confirme que o disco, o nome de rede e o endereço IP estão corretos e clique em *Next* para prosseguir.

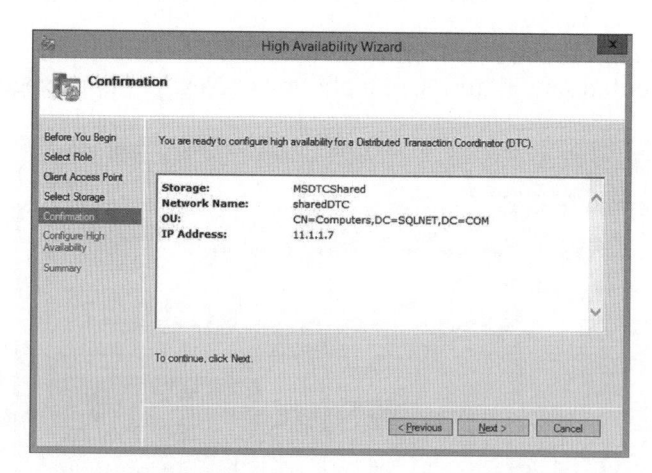

Figura 8.17 | Confirmando as informações para o MSDTC.

7) Ao clicar em *Next* será apresentado o progresso da configuração. Em seguida, clique em *Finish* na janela *Summary* para concluir.

Ao concluir a configuração do MSDTC utilizando o *High Availability Wizard*, você notará que a nova Role **sharedDTC** será adicionada ao cluster e principalmente que todas as dependências do recurso do MSDTC já estarão devidamente definidas. Outro ponto a favor desse método de configuração é que o recurso do serviço do MSDTC foi nomeado automaticamente para **MSDTC-sharedDTC**, diferentemente do primeiro método, em que o nome do recurso

ficou obrigatoriamente como *New Distributed Transaction Coordinator* e não permite alteração.

Se você tiver seguido todos os passos corretamente, ao clicar sobre a Role **sharedDTC** as configurações de recursos do MSDTC deverão estar iguais às apresentadas na Figura 8.18.

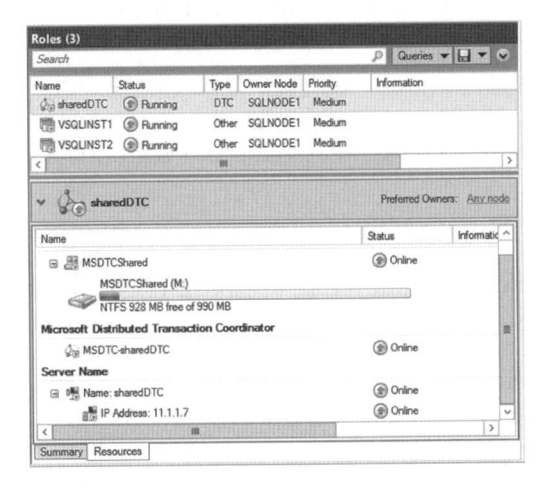

Figura 8.18 | Recursos do MSDTC após a configuração com o *High Availability Wizard*.

8.2.2 Configuração do recurso de MSDTC dedicado

Como falado na introdução deste tópico, até o Windows Server 2003, somente era possível a configuração de um único serviço ou recurso de MSDTC para todo o cluster – o MSDTC compartilhado. No entanto, com a chegada do Windows Server 2008 passou a ser possível configurar um MSDTC para cada Role do cluster, proporcionando assim uma grande melhoria para ambientes com grande utilização de transações distribuídas, como uso intenso de *Linked Servers* entre instâncias de SQL Server.

Essa segregação é bem eficiente para o balanceamento de carga por serviço e também para reduzir a indisponibilidade do serviço. Isso porque, ao se trabalhar com MSDTCs dedicados, caso seja necessário fazer um Failover de uma determinada Role somente as transações tratadas pelo MSDTC existente para a Role em específico serão afetadas.

Como você verá nos passos a seguir, a criação e configuração de um MSDTC dedicado são muito semelhantes às de um MSDTC compartilhado. A diferença é que, em vez de criar uma Role específica para os recursos do MSDTC, você deve selecionar uma Role existente, por exemplo, selecionando uma Role que já possua os recursos do SQL Server.

No mais, lembre-se de que você pode adicionar um novo recurso de disco para o MSDTC ou utilizar um disco existente, por exemplo, um disco que já esteja

sendo utilizado pelo SQL Server, porém a recomendação é evitar esse uso de disco compartilhado principalmente se está prevista uma alta utilização do MSDTC. O objetivo dessa recomendação é evitar que uma alta concorrência no MSDTC com o SQL Server possa causar problemas com o log do MSDTC.

Agora, mesmo que você decida usar um disco existente para o armazenamento do log do MSDTC, os recursos de nome de rede e o endereço IP (ambos criados pelo *Client Access Point*) devem ser dedicados ao MSDTC.

Neste tópico abordaremos a configuração de um MSDTC dedicado, e, para demonstrar como você pode utilizar um mount point com o MSDTC, utilizaremos um disco dedicado, sendo esse disco um mount point.

Criando um recurso de MSDTC dedicado em um mount point

Neste tópico veremos como criar um MSDTC dedicado a uma instância de SQL Server em cluster. No entanto, antes de prosseguir é importante ressaltar que abordaremos este tópico apenas para efeito de aprendizado e que após a criação dos recursos do MSDTC dedicado estes precisarão ser removidos do cluster. Isso será necessário porque ainda não temos nenhuma instância de SQL Server instalada e estaremos criando os recursos do MSDTC dentro de uma Role destinada para a instalação do SQL Server. Uma vez que para a instalação do SQL Server a Role não pode possuir outros recursos que não os discos a serem utilizados pelo SQL Server, precisaremos então remover o MSDTC para que no Capítulo 9 possamos instalar o SQL Server.

 Nota

Normalmente, quando se instala um MSDTC dedicado a instância de SQL Server já está instalada no cluster. Então, instala-se e configura-se o MSDTC na mesma Role em que estão os recursos do SQL Server. Você também pode instalar o MSDTC em uma nova Role e posteriormente efetuar um Move dos recursos do MSDTC para a Role do SQL Server. No entanto, entendemos que esse procedimento é um pouco mais complexo. Portanto, sempre que possível, configure o MSDTC dedicado após a instalação do SQL Server já ter sido executada no cluster.

Antes que você possa seguir com a criação e configuração de um MSDTC dedicado, seguindo os passos já descritos no Capítulo 5, utilize as informações da Tabela 8.2 para criar um novo disco no DG2 e apresentar esse novo disco para os nós SQLNODE1 e SQLNODE2.

Tabela 8.2 | Informações para criação do disco de log do MSDTC

Label	Letra	Tamanho	Disk Group (Storage Server)	Tipo
MSDTCDedicado	MSDTCDedicado	1 GB	DG2	Mount Point no Root F:\

Após ter apresentado o disco para os nós, utilize os passos descritos no Tópico 7.2. Lembre-se de que esse disco deve ser formatado como um mount point do disco Root F:\, portanto, durante a formatação deverá ser criada a pasta **MSDTCDedicado** no disco Root F:\.

Se seguir todos os passos corretamente, ao acessar o *Disk Management* ao final da formatação do mount point você deverá visualizar algo como o apresentado na Figura 8.19.

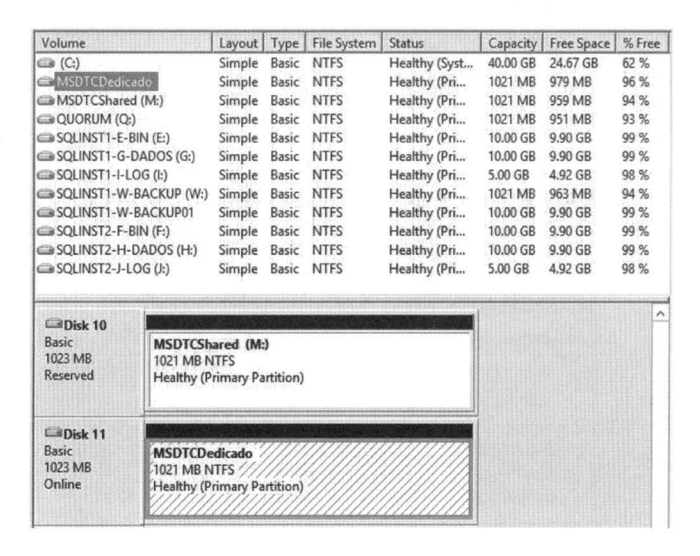

Figura 8.19 | Disco de mount point criado para o MSDTC dedicado utilizando o F:\ como disco Root.

Ao clicar com o botão direito sobre o novo mount point e selecionar a opção *Change Drive Letter and Paths*, deverá ver como na Figura 8.20 o mount point está montado sobre o disco Root F:\.

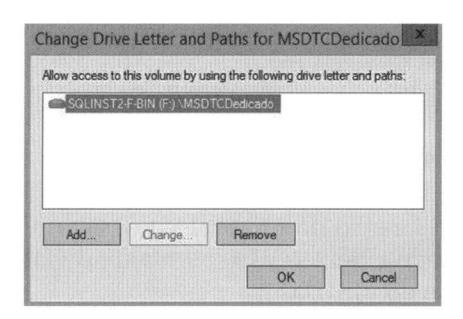

Figura 8.20 | Mount point MSDTCDedicado montado sobre o disco Root F:\.

Estando o novo disco formatado como um mount point no Windows, o próximo passo é subir esse disco para o Failover Cluster. Para isso, execute os mesmos procedimentos realizados no Tópico 8.2.1, quando o disco MSDTCShared foi adicionado ao Failover Cluster. Depois altere o nome do disco no

cluster para **MSDTCDedicado** e adicione-o à Role VSQLINST2. Por fim, altere as dependências do novo disco adicionando o disco SQLINT2-F-BIN às suas dependências.

Nota

Como abordado no Tópico 7.3 do Capítulo 7, um disco de mount point SEMPRE deve ter o seu disco Root como dependência. Assim, informamos ao cluster a ordem em que os discos devem ficar online ou off-line no cluster e evitamos que durante a inicialização dos recursos um disco de mount point fique online antes do Root.

Se você executou todos os passos corretamente até aqui, ao visualizar os discos no *Failover Cluster Manager* você deverá ver algo como o apresentado na Figura 8.21.

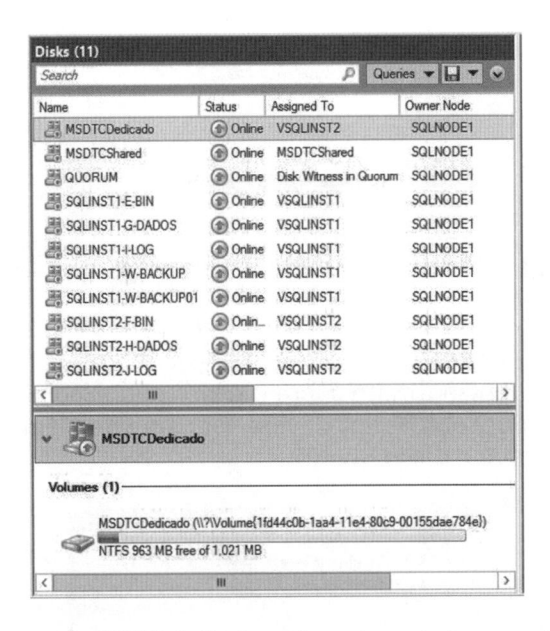

Figura 8.21 | Mount point MSDTC dedicado configurado no cluster para a Role VSQLINST2.

Isso conclui a configuração do novo disco de mount point que será utilizado pelo MSDTC dedicado e deixa nosso ambiente de laboratório apto para a configuração do recurso do MSDTC.

Então, a partir deste ponto, siga estes passos para configurar o MSDTC dedicado no cluster. Esse recurso de MSDTC será dedicado à instância VSQLINST2, portanto sua configuração deve ser feita na Role VSQLINST2. Então, siga os passos conforme descrito na sequência.

1) Estando na ferramenta *Failover Cluster Manager* do servidor SQLNODE1, clique com o botão direito do mouse sobre a Role VSQLINST2, e conforme apresentado na Figura 8.22 selecione as opções *Add Resource* e depois *Client Access Point*.

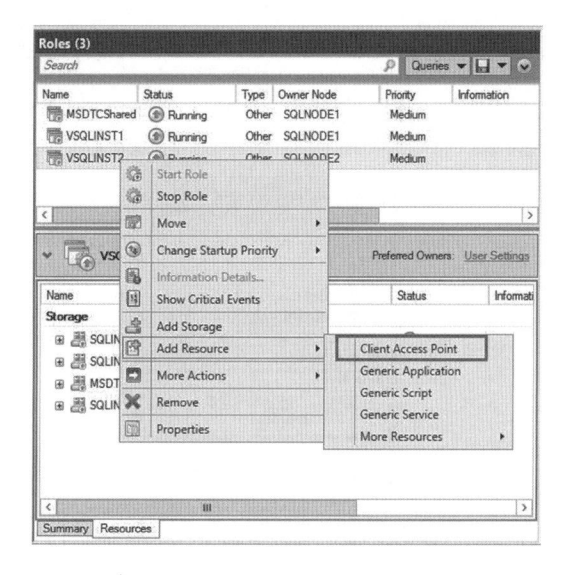

Figura 8.22 | Criando um *Client Access Point* para o MSDTC.

2) Na janela *Client Access Point*, entre com as informações de nome de rede e endereço IP para o MSDTC conforme apresentado na Figura 8.23. Depois clique em *Next* para prosseguir.

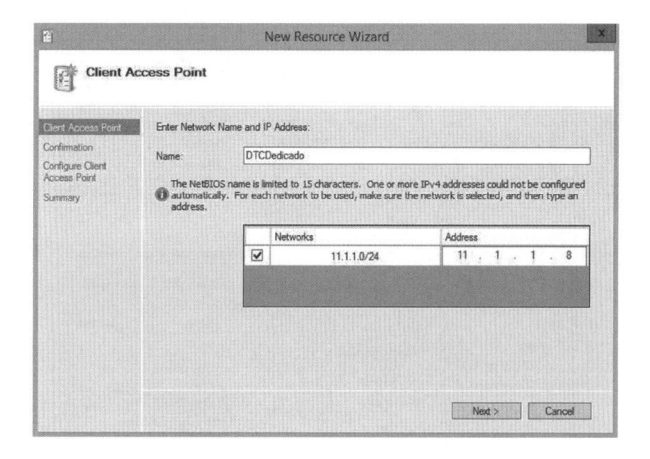

Figura 8.23 | Informando o nome de rede e endereço IP para o MSDTC dedicado.

3) Na janela *Confirmation* clique em *Next* e depois na janela *Summary* clique em *Finish* para concluir.

Criados os recursos de disco, nome de rede e endereço IP para o nosso MSDTC dedicado, ao clicar sobre a Role VSQLINS2, no painel central do *Failover Cluster Manager* você deverá visualizar os recursos da Role igual ao apresentado na Figura 8.24.

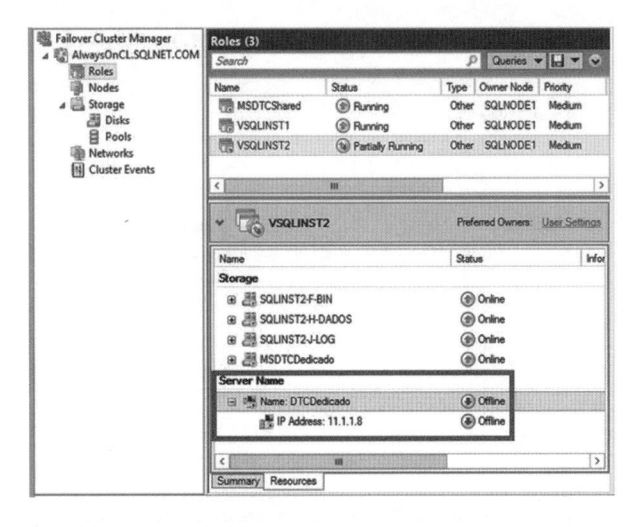

Figura 8.24 | Recursos do MSDTC configurados de forma dedicada à Role VSQLINST2.

A partir deste ponto, ainda nos falta configurar o recurso para o serviço do MSDTC propriamente dito. Para isso, siga estes passos:

1) No *Failover Cluster Manager*, clique com o botão direito sobre a Role VSQLINST2 e selecione as opções *Add Resource*, *More Resources* e *Distributed Transaction Coordinator* como apresentado na Figura 8.25.

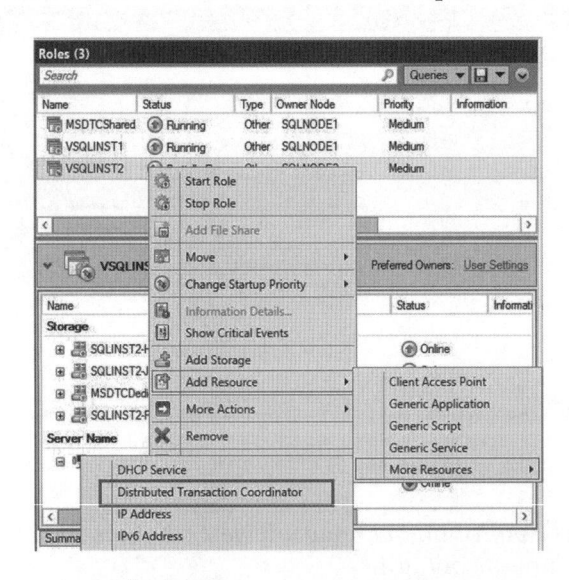

Figura 8.25 | Adicionando o recurso do MSDTC ao cluster.

2) Após adicionar o recurso *New Distributed Transaction* à Role VSQLINST2, clique sobre ele com o botão direito do mouse e selecione *Properties*.

3) Na janela de propriedades, na guia *Dependencies*, conforme apresentado na Figura 8.26, adicione como dependência os recursos de nome de rede e disco do MSDTC.

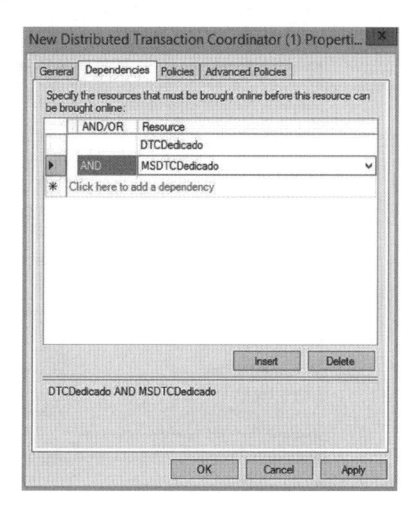

Figura 8.26 | Definindo as dependências para o recurso do MSDTC.

Pronto, a partir deste ponto o MSDTC dedicado está configurado! Agora é preciso apenas colocar a Role VSQLINST2 e seus respectivos recursos Online. Para isso, clique com o botão direito do mouse sobre a Role VSQLINST2 e selecione a opção *Start Role* como apresentado na Figura 8.27.

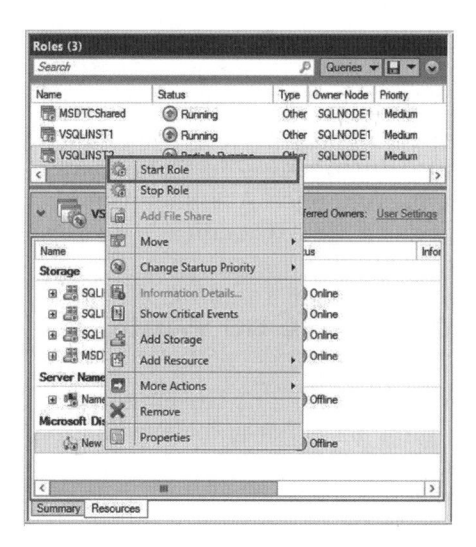

Figura 8.27 | Iniciando a Role VSQLINST2.

Para garantir que o MSDTC estará funcional em ambos os nós do cluster, você também pode fazer um teste de Failover dos recursos movendo a Role VSQLINST2 e seus recursos para o nó SQLNODE2.

Durante o processo de Failover você notará que todos os recursos da Role ficarão Offline e quando voltar a ficar on-line ela passará a ter como *Onwer Node* o nó SQLNODE2, conforme apresentado na Figura 8.28.

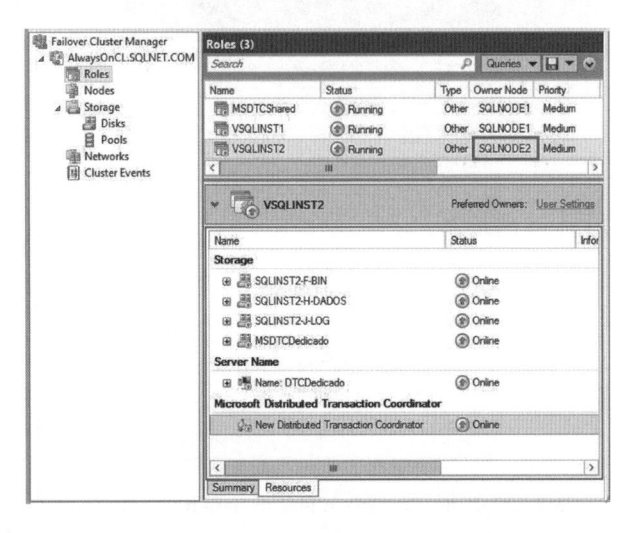

Figura 8.28 | O *Owner Node* da Role VSQLINST2 foi transferido para o servidor SQLNODE2.

É importante destacar que a grande maioria dos ambientes SQL Server não necessariamente precisa ter um de MSDTC dedicado, mas optamos por cobrir esse tópico porque é importante você saber que existe essa possibilidade.

Como mencionado no início deste tópico, para este laboratório o MSDTC foi criado apenas para demonstrar a configuração de um MSDTC dedicado a uma instalação do SQL Server em cluster. Portanto, a partir deste ponto trabalharemos apenas com a configuração do MSDTC compartilhado, o que é o mais comumente utilizado. Então, antes de seguir para o próximo tópico, execute os passos descritos no Apêndice A – Removendo o MSDTC do cluster para remover os recursos deste MSDTC dedicado do cluster.

8.3 Configuração do MSDTC no Windows

Concluída a instalação do MSDTC no cluster, seja ele um MSDTC compartilhado ou dedicado, uma próxima etapa a ser executada quando configurando um MSDTC em cluster é alterar ou definir algumas de suas propriedades de segurança no nível do sistema operacional.

Essa configuração no nível do sistema operacional é necessária para permitir que as transações distribuídas sejam executadas com sucesso entre dois ou mais servidores que compõem um cluster. Sua não configuração ou mesmo a configuração de forma incorreta levará a erros como os apresentados a seguir quando executando uma transação distribuída entre duas instâncias de SQL Server, por exemplo, quando utilizando *Linked Servers* para execução de transações entre bancos de dados de duas diferentes instâncias SQL Server.

OLE DB provider SQLNCLI10 for linked server linked server name returned message No transaction is active. Msg 7391, Level 16, State 2, Line 6
The operation could not be performed because OLE DB provider SQLNCLI10 for linked server linked server name was unable to begin a distributed transaction.
OLE DB provider SQLNCLI10 for linked server linked server name returned message The partner transaction manager has disabled its support for remote/network transactions.
Msg 7391, Level 16, State 2, Line 2
The operation could not be performed because OLE DB provider SQLNCLI10 for linked server linked server name was unable to begin a distributed transaction.

Portanto, para efetuar a configuração do MSDTC no sistema operacional, no nó em que o recurso do MSDTC estiver Online (no nosso exemplo SQLNODE1) siga estes passos.

1) No *Server Manager* do servidor SQLNODE1, clique no menu *Tools* e selecione a opção *Component Services* como apresentado na Figura 8.29.

Figura 8.29 | Component Services do servidor SQLNODE1.

2) Em *Component Services*, expanda *Component Services/Computer/My Computer/ Distributed Transaction Coordinator* e por fim *Clustered DTCs*.

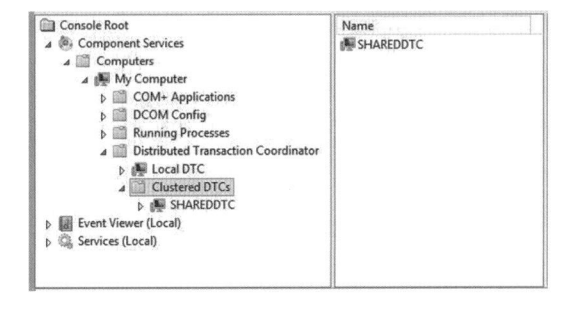

Figura 8.30 | Acessando o MSDTC do cluster em *Component Services.*

3) Em *Clustered DTCs*, você verá todos os recursos de MSDTC que estão configurados no Failover Cluster, sejam eles dedicados ou compartilhados. Para o nosso laboratório, vamos configurar o **SHAREDDTC**, então, clique com o botão direito do mouse sobre **SHAREDDTC** e selecione a opção *Properties*.

4) Na janela de propriedades do **SHAREDDTC** navegue até a guia *Security*, marque as opções conforme as apresentadas na Figura 8.31 e clique em *OK* para confirmar as novas configurações.

5) Ao ser apresentada a janela *MSDTC Service* indicando que o serviço do MSDTC precisa ser reiniciado, clique em *Yes* para permitir o *Restart* e depois clique sobre o botão *OK* na mensagem que informa sobre a conclusão do *Restart* do serviço do MSDTC.

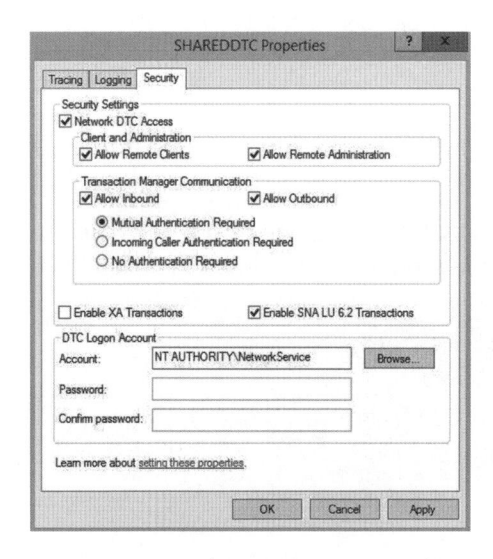

Figura 8.31 | Definindo as novas opções de segurança do MSDTC.

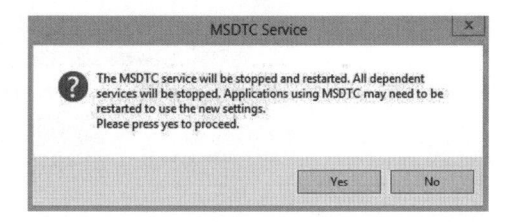

Figura 8.32 | Reiniciando o serviço do MSDTC.

Isso conclui a configuração de segurança para o recurso do MSDTC SHAREDDTC no *Component Services*. Caso tenha dúvidas em relação à configuração do MSDTC em cluster, duas ótimas referências são os artigos do MSDN *How to Cluster MSDTC*[37], e também o documento *Recommended MSDTC Settings for Using Distributed Transactions in SQL Server*[38].

---

37   Disponível em: <http://msdn.microsoft.com/en-us/library/dd897479(v=bts.10).aspx>. Acesso em: 1 dez. 2014.
38   Disponível em: <http://support.microsoft.com/kb/2027550>. Acesso em: 29 nov. 2014.

Prática

1) Qual é a principal função do Microsoft Distributed Transaction Coordinator (MSDTC)?

   a. Excluir transações órfãs.

   b. Prover suporte a transação.

   c. Coordenar transações distribuídas entre sistemas ou instâncias de SQL Server.

   d. Nenhuma das alternativas anteriores.

2) Quando é preciso instalar o MSDTC em cluster em um ambiente FCI?

   a. Quando as execuções de transações distribuídas fazem parte da carga de trabalho do SQL Server.

   b. Sempre que o SQL Server é instalado em cluster.

   c. Em instalações standalone do SQL Server.

   d. Nenhuma das alterativas anteriores.

3) A partir de qual versão do Windows foi adicionado o suporte ao uso de MSDTCs dedicados?

   a. Windows Server 2003.

   b. Windows Server 2008.

   c. Windows Server 2008 R2.

   d. Windows Server 2012.

4) Selecione uma das principais desvantagens do uso do MSDTC de forma compartilhada para todo o cluster.

   a. A configuração é complexa.

   b. Não oferece suporte a transações distribuídas entre instâncias SQL Server.

   c. Uma indisponibilidade do recurso do MSDTC afeta todas as aplicações que usam o MSDTC.

   d. Todas as alternativas anteriores.

5) Selecione duas vantagens do uso do MSDTC de forma dedicada.

    a. Uma indisponibilidade no recurso do MSDTC afeta apenas a aplicação que faz uso do MSDTC dedicado a ela.

    b. Ideal para ambientes com um grande volume de transações distribuídas, por exemplo, uso intenso de *Linked Server*.

    c. Não requer configuração de segurança no nível do Windows.

    d. Todas as alternativas anteriores.

Instalação e Configuração do SQL Server 2014 no Cluster

Agora que toda a infraestrutura de rede e cluster do nosso ambiente de laboratório está pronta, é chegado o momento da instalação do SQL Server 2014 no cluster. Sendo assim, neste capítulo abordaremos como executar a instalação de duas instâncias de SQL Server 2014 em cluster.

Como primeiro passo, veremos como fazer para integrar os arquivos de instalação de uma versão original do SQL Server, também conhecida como versão *Release To Manufacture* (RTM), à sua atualização (Service Pack ou Cumulative Update) mais recente. Depois veremos em detalhes como instalar o SQL Server em cluster e também como adicionar nós a uma instância de SQL Server existente. Nosso objetivo é que ao final deste capítulo você tenha um cluster com duas instâncias de SQL Server 2014 instaladas e rodando em configuração multi-instance, ou seja, cada instância de SQL Server rodando em um dos nós do cluster.

9.1 Integração da instalação do SQL Server com os updates mais recentes

O processo tradicional de instalação de uma instância SQL Server executado pela grande maioria dos Administradores de Banco de Dados (DBA) consiste em executar a instalação da versão original, também conhecida como versão *Release To Manufacture* (RTM), e depois aplicar as atualizações mais recentes como Service Packs e Cumulative Updates.

Um processo absolutamente normal, porém, quando pensamos em uma instalação clusterizada do SQL Server, principalmente em implementações de cluster com quatro ou mais nós, executar o setup do SQL Server uma vez para cada nó e depois executar o setup do Service Pack também uma vez em cada nó, e ainda, se existir o setup do Cumulative Update mais recente novamente uma vez para cada nó, torna-se um processo bastante cansativo e consome um bom tempo de implementação.

Com o intuito de otimizar o processo de instalação do SQL Server, desde a versão do SQL Server 2008 existe uma funcionalidade no setup do SQL Server chamada *Slipstream*, que permite integrar os arquivos de instalação da versão original do SQL Server com os arquivos de Services Packs ou mesmo Cumulative Updates mais recentes. Dessa forma, a instalação do SQL Server pode ser executada juntamente com sua atualização mais recente em um único setup.

Isso funciona tanto para instalações standalone quanto clusterizadas do SQL Server, mas, pensando nas instalações clusterizadas, essa funcionalidade nos permite ganhar muito tempo de instalação e ainda evitar possíveis *restarts* do servidor com a necessidade de instalação de Service Packs ou Cumulative Updates após a instalação da versão RTM.

O processo para criação de um *Slipstream* nas versões do SQL Server 2008 ou SQL Server 2008 R2 é manual e basicamente consiste em extrair o conteúdo dos executáveis dos Service Packs e/ou Cumulative Updates e fazer um merge com os arquivos da versão RTM.

Nota

Este livro não cobrirá os passos para criação de um slipstream, mas, caso você queira saber como criar um slipstream, veja um passo-a-passo completo no documento *Integrando os Arquivos RTM do SQL Server 2008 com o SP1 e Cumulative Update 2* no link <http://www.mcdbabrasil.com.br/modules.php?name=News&file=article&sid=553>.

No entanto, a partir do SQL Server 2012, a funcionalidade de Slipstream foi significativamente melhorada com a inclusão da feature Product Update. O Product Update tem o mesmo objetivo do slipstream, no entanto tornou o processo de integração dos arquivos muito mais prático e simples. Com a nova funcionalidade, não é mais necessário executar nenhum processo manual para extrair os arquivos dos Service Pack ou Cumulative Update e integrá-los aos arquivos da versão RTM.

Agora, ao executar o instalador do SQL Server 2012 ou SQL Server 2014 ele pode buscar por atualizações em quatro possíveis fontes como se segue:

a) Windows Update Service;

b) Windows Server Update Services (WSUS);

c) um diretório no disco local do servidor;

d) um compartilhamento de rede.

Por padrão o setup sempre buscará por atualizações no Windows Update, que funciona muito bem caso o servidor em que o SQL Server estiver sendo instalado tenha acesso direto à internet. E ainda sobre o modo padrão do Windows Update também é possível obter as atualizações através de um servidor WSUS caso exista um configurado em sua rede.

Além do Windows Update Service, o Product Update também permite que você utilize uma pasta local no servidor ou ainda um compartilhamento de rede para informar um local onde existam atualizações a serem integradas. Nesses casos, você pode fazer o download das atualizações desejadas previamente (Service Pack e/ou Cumulative Updates) e executar o instalador do SQL Server via linha de comando com os parâmetros *UpdateEnabled* e *UpdateSource* conforme exemplificado a seguir.

Setup.exe /Action= InstallFailoverCluster /UpdateEnabled=True /UpdateSource=C:\SQL2014Updates

O parâmetro UpdateEnabled diz ao SQL Server que ele deve procurar e integrar as atualizações durante o setup. Seu valor padrão é True, então na verdade ele até pode ser ignorado na montagem da linha de comando.

O parâmetro UpdateSource informa o local onde estão as atualizações, podendo esse local ser MU para pesquisar diretamente no Windows Update (o valor padrão), um caminho válido no servidor local no formato C:\SQL2014Updates ou ainda um compartilhamento de rede válido no formato \\Servidor\SQL2014Updates.

Nota

Caso queira conhecer outros parâmetros para instalação do SQL Server através de linha de comando, veja o documento *Install SQL Server 2014 from the Command Prompt* no link <http://msdn.microsoft.com/en-us/library/ms144259.aspx>.

Um detalhe importante é que com o Product Updates você não precisa extrair os arquivos dos executáveis dos Service Packs ou Cumulative Updates e pode mantê-los todos juntos em uma única pasta que o próprio setup determinará qual atualização deverá ser aplicada. No caso específico dos Cumulative Updates, como eles sempre são liberados como um pacote _zip.exe, é preciso extrair do pacote o executável real e colocá-lo na pasta para atualização.

Até o momento em que este livro está sendo escrito ainda não existe um Service Pack disponível para o SQL Server 2014, no entanto, o último Cumulative Update liberado é o Cumulative Update 3. Então, com os passos descritos a seguir, utilizaremos o Cumulative Update 3 para demonstrar como o Product Update integra as atualizações com a instalação do SQL Server 2014 RTM. Se no momento em que estiver lendo este livro já existirem Service Packs disponíveis, bastará você fazer o download do Service Pack e Cumulative Update mais recentes e colocá-los juntos na mesma pasta.

1) No servidor em que o SQL Server será instalado, crie uma pasta, por exemplo, chamada C:\SQL2014Updates.

2) Faça o download do *Cumulative Update 3*[39].

> **Nota**
>
> Você pode fazer download das atualizações mais recentes para o SQL Server 2014 acessando o documento *How to obtain the latest service pack for SQL Server 2014*, através do link <http://support.microsoft.com/kb/2958069> ou ainda através do site <http://sqlserverbuilds.blogspot.com.br/>, onde você encontrará uma lista completa de todas as atualizações disponíveis para todas as versões de SQL Server.

3) Após fazer o download, copie o arquivo do *Cumulative Update 3 (477672_intl_x64_zip.zip)* para a pasta C:\SQL2014Updates.

4) Execute o arquivo .zip do *Cumulative Update 3* extraindo o arquivo *SQLServer2014-KB2984923-x64.exe* para a mesma pasta.

5) Copie a pasta C:\SQL2014Updates para todos os nós do cluster. Lembre-se de que você pode usar um compartilhamento de rede. Nesse caso, basta salvar o(s) arquivo(s) no compartilhamento.

6) Abra um prompt de comando e execute o setup.exe do SQL Server 2014 utilizando linha de comando como exemplificado a seguir, em que D:\ é o drive onde está o instalador do SQL Server.

D:\setup.exe /Action=InstallFailoverCluster /UpdateSource=C:\SQL2014Updates

Então, durante a instalação você notará a apresentação da página Product Updates listando as atualizações encontradas na pasta e que serão integradas ao setup. Na Figura 9.1 pode-se ver a página Product Updates listando o Cumulative Update 3, que foi encontrado na pasta C:\SQL2014Updates. A partir deste ponto basta seguir normalmente com a instalação do SQL Server.

---

39   Download disponível em: <http://support.microsoft.com/kb/2984923/en-us>. Acesso em: 1 dez. 2014.

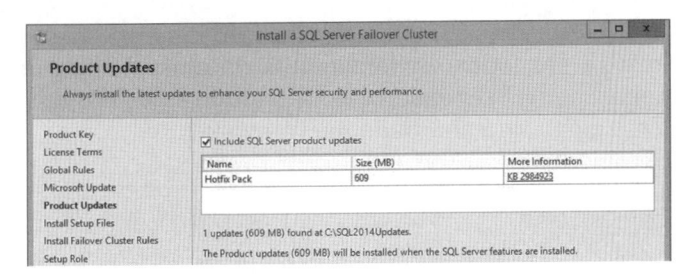

Figura 9.1 | Integração do SQL Server 2014 Cumulative Update 3 ao setup do SQL Server.

Nos Tópicos 9.2 e 9.3 deste capítulo executaremos as instalações do SQL Server 2014 seguindo esta abordagem de integração com o Cumulative Update 3. Assim, caso, no momento em que estiver lendo este livro, existam novas atualizações para o SQL Server 2014, bastará fazer o download e colocá-las em uma pasta ou compartilhamento de rede.

9.2 Instalação da primeira instância virtual do SQL Server

Neste tópico será abordada a instalação da nossa primeira instância de SQL Server 2014 no cluster do nosso laboratório.

Como já dito em capítulos anteriores, quando instalamos o SQL Server 2014 em cluster podemos optar por dois modelos de instalação Multi-Instances (por muito tempo também conhecido como ativo/ativo) e Single-Instance (também conhecido como ativo/passivo).

No modelo Multi-Instances o ambiente possui dois ou mais nós no cluster, e cada um dos nós executa uma ou mais instâncias do SQL Server, ou seja, todos os nós do cluster são ativos. No modelo Single-Instance o ambiente possui dois ou mais nós, mas apenas uma instância de SQL Server é instalada no cluster. Nesse caso, enquanto um dos nós do cluster está ativo executando a instância do SQL Server, os demais nós ficam em standby.

A Figura 9.2 ilustra os dois modelos de instalação do SQL Server. Na imagem da esquerda podemos observar um cluster de dois nós onde ambos os nós executam uma instância, o que dá-se o nome de multi-instance. Na imagem da direita observamos um cluster com dois nós em que apenas um dos nós está executando uma instância, e o outro nó está em standby – o que nomeamos single-instance.

Outro ponto importante que se deve ter em mente é que o processo completo para a instalação do SQL Server 2014 em um cluster é dividido em duas etapas:

1) **Instalação da instância:** nesta etapa escolhe-se um dos nós do cluster para executar a instalação da instância propriamente dita. Essa etapa será abordada no Tópico 9.2.2.

2) **Adição de nó à instância:** nesta etapa deve-se executar o setup do SQL Server 2014 em todos os demais nós do cluster em que a instância de SQL Server poderá ser executada, incluindo esses nós à instância já instalada. Essa etapa será abordada no Tópico 9.2.3.

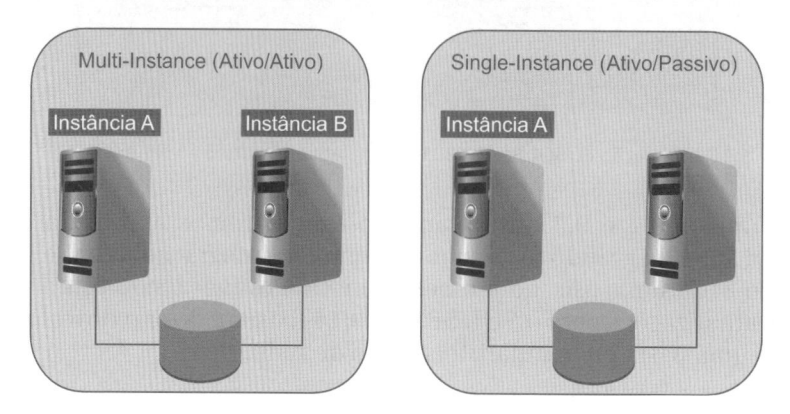

Figura 9.2 | Modelos de instalação do SQL Server em cluster.

9.2.1 Configuração da rede e ambiente

Como um ponto de partida para este capítulo, a Figura 9.3 demonstra como está a configuração dos discos e rede do nosso ambiente de laboratório até o momento.

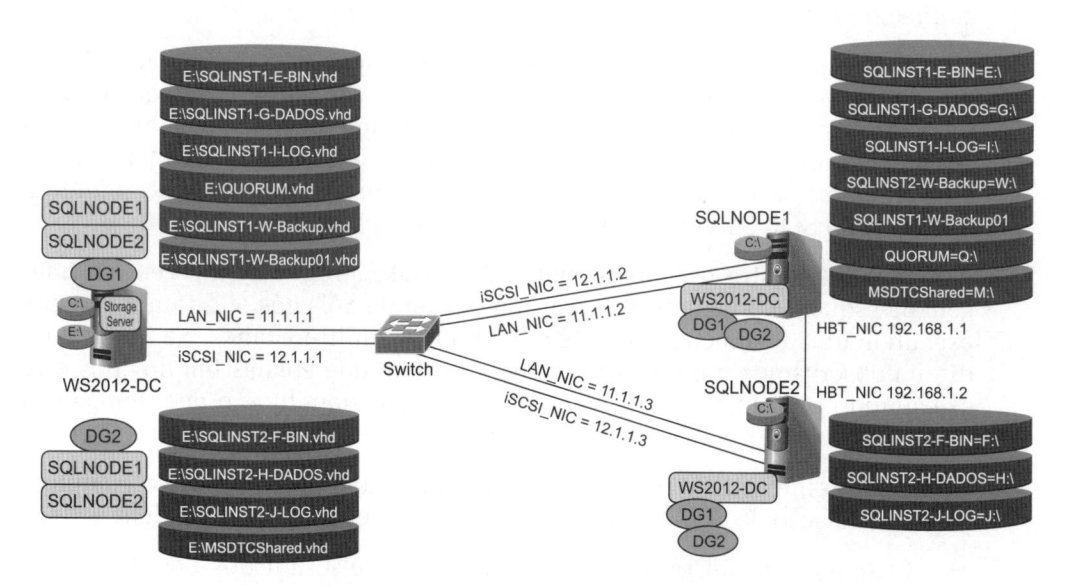

Figura 9.3 | Configuração dos discos e rede do ambiente de laboratório.

Como pode ser observado na Figura 9.3, o laboratório possui atualmente dez discos, distribuídos da seguinte forma:

1) o disco Q:\QUORUM está sendo utilizado pelo quórum do cluster;

2) o disco M:\MSDTCShared está sendo utilizado pelo MSDTC compartilhado;

3) os cinco discos, letras E:\, G:\, I:\, W:\ e seu mount point SQLINST1-W-Backup01 serão utilizados pela primeira instância de SQL Server, representado pela sigla INST1 no label dos discos. Essa primeira instância terá o nome virtual de VSQLINST1;

4) os outros três discos, F:\ H:\ e J:\, serão utilizados pela segunda instância de SQL Server a ser instalada posteriormente, representado pela sigla INST2 no label dos discos. Essa segunda instância terá o nome virtual de VSQLINST2.

Caso você tenha alguma dúvida sobre como esses discos foram criados, reveja o Capítulo 5.

9.2.2 Instalação do SQL Server no Servidor SQLNODE1

Antes de iniciar a instalação em cluster de uma instância do SQL Server é importante ter anotado ou reservado quais serão o endereço IP e o nome de rede (popularmente conhecido como SQL Server Network Name ou Virtual Name) a ser configurados para a instância. O endereço IP e o Virtual Name são necessários, pois será através deles que as estações da rede ou aplicações se conectarão à instância do SQL Server. Esse nome e IP serão movidos entre os nós do cluster durante o processo de Failover, permitindo assim o mínimo downtime das aplicações em caso de falha em um dos servidores. Para essa instalação, utilizaremos o endereço IP **11.1.1.5** e o Virtual Name **VSQLINST1**.

Uma boa prática é também garantir que a Role do cluster em que os recursos do SQL Server serão criados já esteja com os devidos discos. Embora isso não seja um requisito, você verá que durante a instalação ajuda muito na hora de selecionar os discos a serem utilizados pela instância. Então, conforme apresentado na Figura 9.4, garanta que a Role VSQLINST1 já possua os discos e, principalmente, que a Role tenha como Owner Node o nó SQLNODE1.

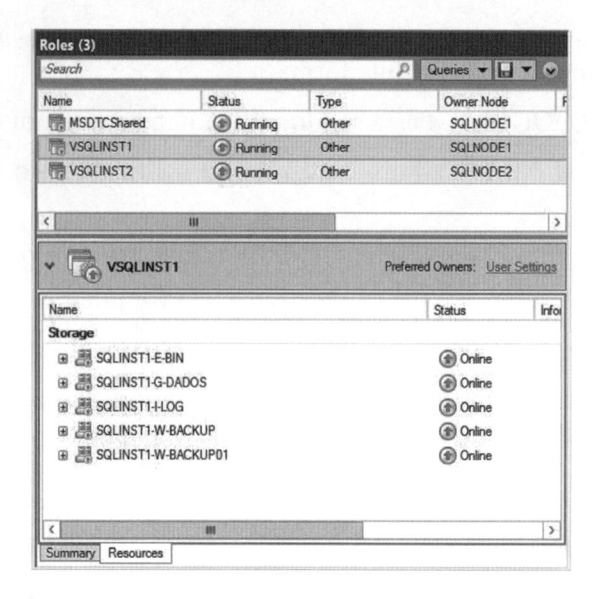

Figura 9.4 | Role VSQLINST1 com os discos que serão utilizados para a instância.

Isso feito, é hora de instalar um dos principais requisitos para a instalação do SQL Server, o *.NET Framework 3.5*. Para instalar essa feature no Windows do servidor SQLNODE1, certifique-se de estar logado no Windows com o usuário SQLNET\Administrator e siga estas etapas:

1) Na janela *Server Manager*, clique sobre o item *2 Add roles and features* conforme apresentado na Figura 9.5.

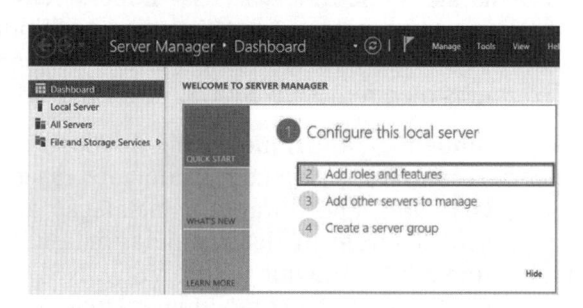

Figura 9.5 | Selecionando a opção *Add roles and features*.

2) Na página *Before you begin*, clique sobre o botão *Next*.

3) Na página *Select installation type*, selecione a opção *Role-base or feature-based installation* e clique sobre o botão *Next*.

4) Na página *Select destination server*, conforme apresentado na Figura 9.6, selecione o servidor SQLNODE1 e clique sobre a página *Features* no painel esquerdo.

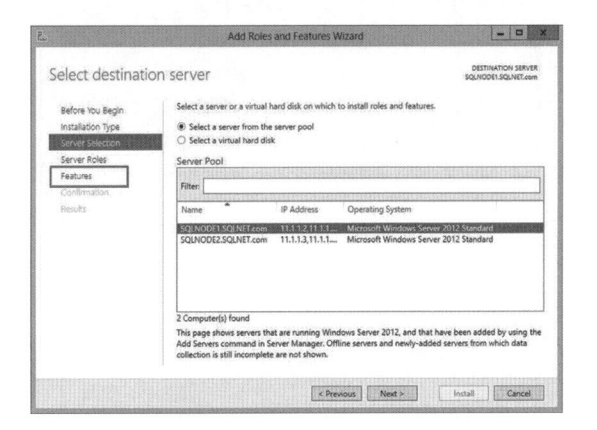

Figura 9.6 | Selecionando o servidor para a instalação da feature.

5) Na página *Select features*, expanda o item *.NET Framework 3.5 Features* e marque o item *.NET Framework 3.5* conforme apresentado na Figura 9.7. Clique sobre o botão *Next*.

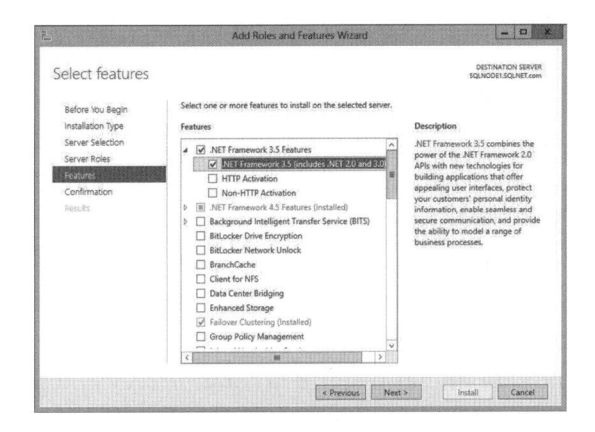

Figura 9.7 | Selecionando a feature *.NET Framework 3.5.*

6) Na página *Confirm installation selections*, caso seja apresentada na parte superior da janela a mensagem *Do you need to specify an alternate source path? One or more installation selections are missing source files on the destinati...*, na parte inferior da janela clique sobre o link *Specify an Alternate Sourcepath* e siga as instruções do passo 7. Caso contrário, clique sobre o botão *Install* e siga as instruções do passo 8.

7) Na tela *Specify Alternate Source Path*, no campo *Path* informe o local dos arquivos fontes. Estes podem ser encontrados na pasta *Sources\SxS* do CD do Windows Server 2012 R2 conforme apresentado na Figura 9.8. Clique sobre o botão *OK* e em seguida clique sobre o botão *Install* na janela *Confirm installation selections*.

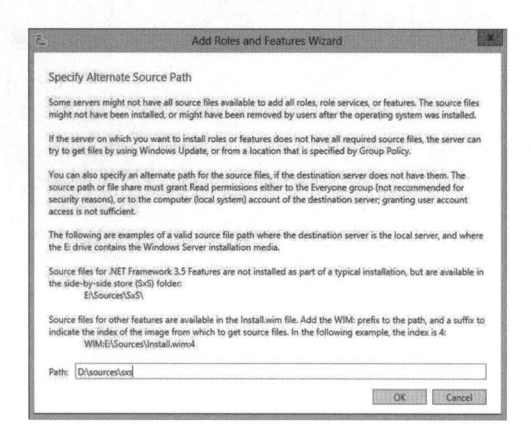

Figura 9.8 | Informando o caminho dos arquivos fontes do Windows.

Nota

Caso você não tenha um CD com os arquivos de instalação do Windows Server 2012 R2, reveja o Tópico 2.3.1 e faça também o download do arquivo .ISO do Windows Server 2012 R2. Depois, mapeie o arquivo .ISO na máquina virtual e execute o passo citado anteriormente.

8) Na página *Installation progress*, após alguns segundos você deverá obter a mensagem de sucesso na instalação da *Feature*. Então, simplesmente clique sobre o botão *Close*.

Concluída a instalação da feature do .NET Framework 3.5 no servidor SQLNODE1, acesse o servidor SQLNODE2 e reexecute os passos de 1 a 8 para instalar a feature também para o servidor SQLNODE2.

Então, antes ainda de iniciar o setup do SQL Server é importante garantir que mais alguns pontos sejam verificados e/ou atendidos. Para isso, garanta que o checklist a seguir seja concluído com sucesso:

II Garanta que você possua uma conta de usuário de domínio que possa ser configurada como conta de serviço para os serviços do SQL Server. Para o nosso laboratório utilizaremos a conta sqlnet\svc_sqlservice.

II Execute o setup do SQL Server com uma conta de usuário de domínio que possua privilégios administrativos em todos os nós do cluster e possua os devidos privilégios no Active Directory (em caso de dúvidas reveja o Tópico 6.2, do Capítulo 6). Para este laboratório utilizaremos a conta sqlnet\administrator.

II Valide a comunicação TCP/IP entre os nós do cluster executando novos testes de ping entre os nós.

II Inicialmente, desabilite o Windows Firewall nos nós do cluster. Caso tenha dúvidas, reveja o Tópico 2.5 do Capítulo 2.

|| Inicie o Failover Cluster Manager e certifique-se de que todos os nós do cluster estão Online.

|| Garanta que todos os nós do cluster tenham acesso aos discos. Preferivelmente, execute um teste de Failover da Role entre os nós do cluster. Caso tenha dúvidas, reveja o Tópico 7.3 do Capítulo 7.

|| Após os testes de Failover, certifique-se de deixar os discos Online no nó em que o setup do SQL Server será executado.

|| Certifique-se que não há antivírus instalado nos nós do cluster ou que estejam desabilitados durante a instalação do SQL Server. Conforme o documento *Antivirus Software That is not Cluster-Aware May cause Problems with Cluster Services*[40], a utilização de um antivírus que não seja cluster-aware pode causar problemas inesperados nos servidores que executam o serviço de cluster.

Uma vez que esse checklist tenha sido revisado e os itens atendidos, já é possível garantir uma instalação mais segura e livre de erros. No entanto, caso você queira ser ainda mais criterioso, não deixe de ler o documento *Before Installing Failover Clustering*[41].

A partir deste ponto, iniciaremos a instalação do SQL Server 2014 em si. Então, um ponto muito importante é certificar-se de que você possui acesso à mídia com a versão e edição corretas do SQL Server. Por outro lado, sabemos que nem todos os que estão lendo este livro devem ter acesso a uma mídia de instalação do SQL Server 2014. Então, para permitir o acompanhamento dos próximos passos deste capítulo por todos, veremos nos passos a seguir como fazer o download da versão de avaliação do SQL Server 2014, o que lhe permitirá avaliar o SQL Server 2014 por 180 dias após sua instalação.

Então, para fazer o download, execute os seguintes passos, salvando o arquivo em um disco qualquer em seu computador:

1) Acesse o link *SQL Server 2014*[42].

2) Na página a ser aberta, conforme apresentado na Figura 9.9, você será solicitado a efetuar login usando sua conta da Microsoft Live. Caso você não tenha uma conta, poderá criar a sua após clicar sobre o botão *Sign In*.

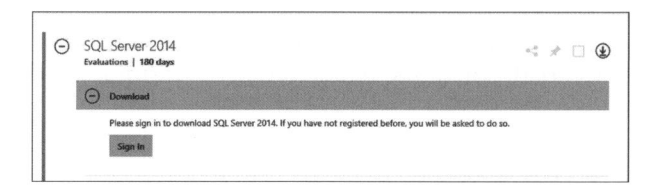

Figura 9.9 | Tela do site da Microsoft para download do SQL Server 2014 Evaluation.

40   Disponível em: <http://support.microsoft.com/kb/250355>. Acesso em: 1 dez. 2014.
41   Disponível em: <http://msdn.microsoft.com/pt-br/library/ms189910.aspx>. Acesso em: 1 dez. 2014.
42   Disponível em: <http://www.microsoft.com/en-us/evalcenter/evaluate-sql-server-2014?i=1>. Acesso em: 9 dez. 2014.

3) Após efetuar o login, selecione a opção *ISO* conforme apresentado na Figura 9.10 e clique sobre o botão *Register to continue* para prosseguir.

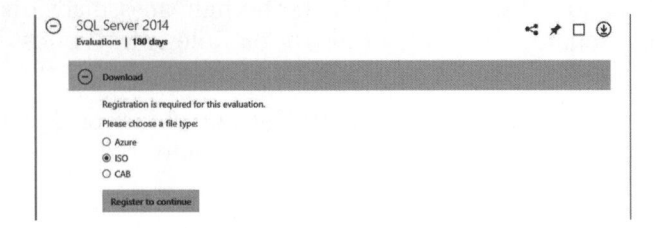

Figura 9.10 | Selecionando o tipo da mídia para download.

4) Será então solicitado o preenchimento de um formulário com algumas informações e onde você poderá selecionar qual a versão que deseja baixar. Preencha o formulário, selecione a versão *64 bit* e depois clique sobre *Continue*.

5) Na próxima janela selecione o idioma como *English* e clique em *Continue* para prosseguir.

6) Caso você tenha dificuldades para fazer o download do arquivo de instalação utilizando os passos descritos anteriormente, você também pode tentar o download utilizando este link direto para o arquivo *.ISO*[43].

Após fazer o download do arquivo de instalação do SQL Server 2014 (arquivo *SQLServer2014-x64-ENU.iso*), é preciso anexar esse arquivo à máquina virtual. Para isso, na janela da máquina virtual do Hyper-V para o servidor SQLNODE1, conforme apresentado na Figura 9.11, selecione o menu *Media,* depois selecione *DVD Drive* e *Insert Disk...*

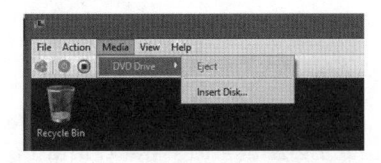

Figura 9.11 | Anexando o arquivo .ISO em uma máquina virtual.

Depois, na janela *Open* (Figura 9.12), navegue até o local onde você salvou o arquivo do download, selecione o arquivo *.ISO* e clique em *Open*.

---

43 Disponível em: <http://care.dlservice.microsoft.com/dl/download/6/1/9/619E068C-7115-490A-BFE3-09BFDE-F83CB9/SQLServer2014-x64-ENU.iso>. Acesso em: 1 dez. 2014.

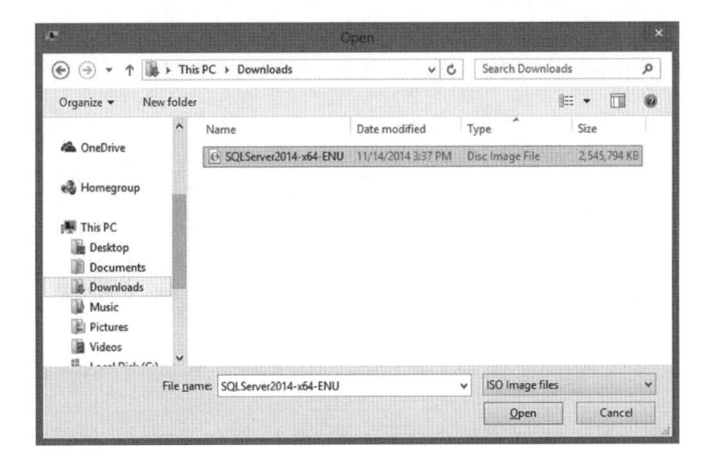

Figura 9.12 | Anexando o arquivo .ISO em uma máquina virtual.

Isso anexará o arquivo à máquina virtual, e, conforme apresentado na Figura 9.13, você notará a presença de um drive D:\, onde estarão os binários para a instalação do SQL Server 2014. Depois, anexe o arquivo .ISO também à máquina virtual SQLNODE2 quando for instalar o SQL Server 2014 nesse servidor.

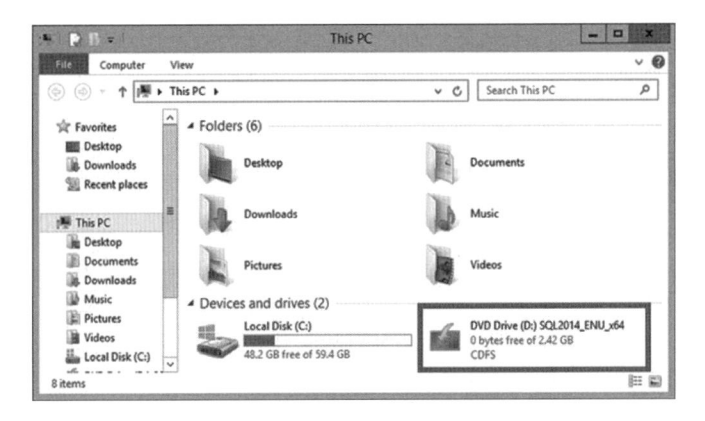

Figura 9.13 | Arquivo .ISO anexado à máquina virtual como disco D.

Agora que você já está com os binários de instalação do SQL Server 2014, vamos então executar a instalação da primeira instância em nosso laboratório. Para isso, siga estes passos:

1) Caso ainda não esteja logado no servidor SQLNODE1, efetue login no SQLNODE1 com o usuário SQLNET\Administrator.

2) Abra um prompt de comando e execute o instalador do SQL Server 2014 (setup.exe) conforme apresentado na Figura 9.14, em que D:\ é a unidade onde está o instalador do SQL Server. Lembre-se de que estaremos executando uma instalação integrada com o *Cumulative Update 3 (CU3)*, então

utilizamos o parâmetro /*UpdateSource* para informar o caminho onde estão as atualizações a serem integradas com a versão RTM.

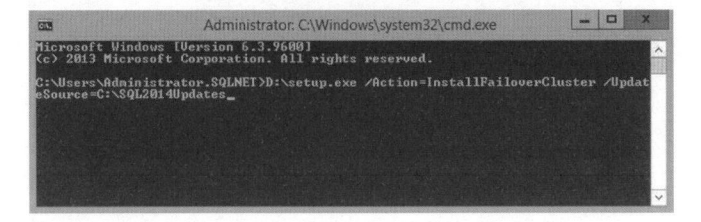

Figura 9.14 | Comando para iniciar a instalação do SQL juntamente com suas atualizações.

3) Após alguns segundos será apresentada a janela *Install a SQL Server Failover Cluster*. Então, na página *Product Key* informe a chave de registro do SQL Server 2014 e clique em *Next* para prosseguir. Para a instalação da versão de avaliação selecione a opção *Specify a free edition* e depois *Evaluation*, conforme demonstrado na Figura 9.15.

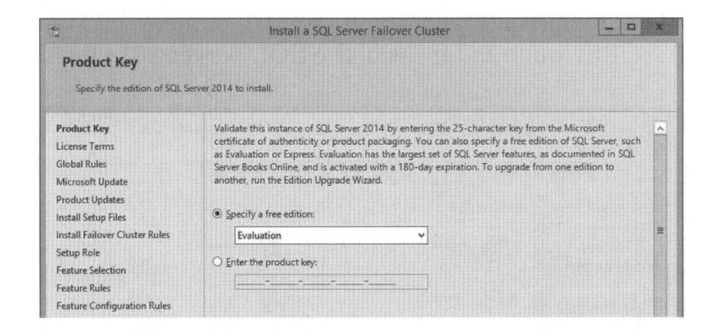

Figura 9.15 | Informe a chave de produto do SQL Server.

4) Na página *License Terms* selecione a opção *I accept the license terms* e clique sobre o botão *Next* para prosseguir.

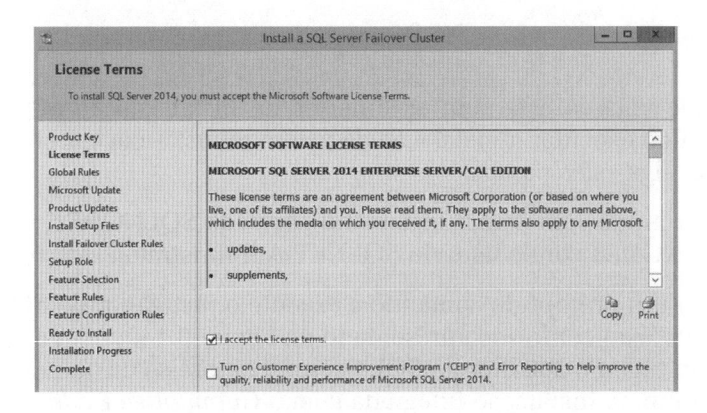

Figura 9.16 | Aceitando os termos da licença de uso do SQL Server.

5) Na página *Global Rules*, aguarde enquanto o *setup* executa algumas verificações de pré-requisitos. Após a conclusão você pode verificar se todos os itens foram aprovados pela validação clicando sobre o botão *Show details* >>. Encontrar um erro na validação de alguma das Rules impedirá o prosseguimento da instalação. Nesse caso você deverá corrigir o problema antes de continuar. Depois clique em *Next* para continuar a instalação.

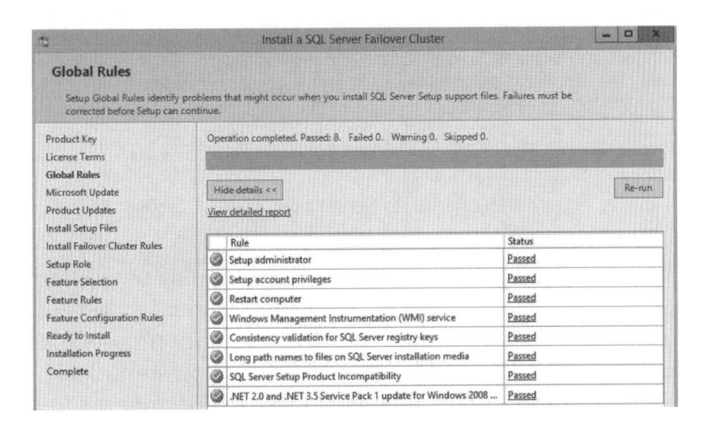

Figura 9.17 | Verificação dos pré-requisitos para instalação do SQL Server.

6) Na página *Microsoft Update*, simplesmente clique em *Next* para prosseguir. Caso você tenha acesso à internet do servidor onde a instalação está sendo executada você pode ativar a opção para que o setup busque por atualização no *Windows Update Services*. No entanto, você não precisa dessa opção caso tenha colocado as atualizações para o SQL Server 2014 na pasta C:\SQL2014Updates.

7) Na página *Product Updates*, caso você tenha feito o download de alguma atualização do SQL Server 2014 e colocado na pasta indicada no parâmetro */UpdateSource*, notará que elas serão listadas aqui. Para o apresentado na Figura 9.18, estamos integrando com o *Cumulative Update 3 (CU3)*. Para prosseguir, clique em *Next*.

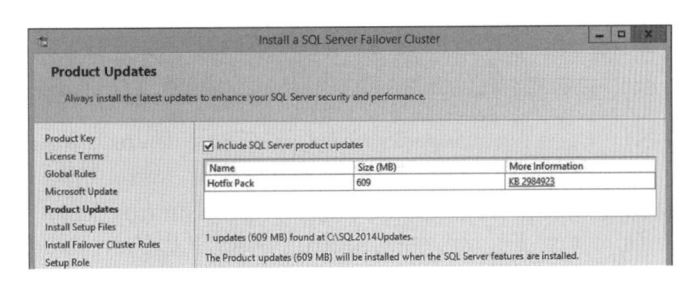

Figura 9.18 | Listagem das atualizações encontradas na pasta *C:\SQL2014Updates*.

8) Na página *Install Setup Files*, simplesmente clique em *Next* para prosseguir.

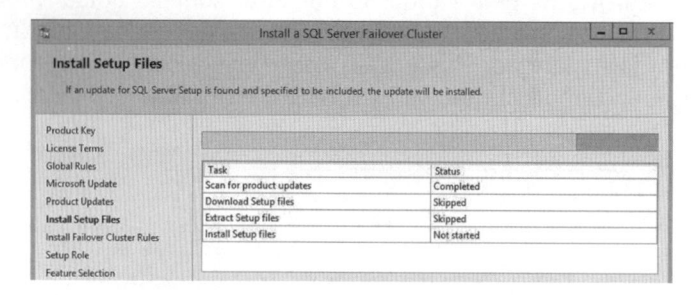

Figura 9.19 | Setup do Server com as atualizações.

9) Na página *InstallFailover Cluster Rules*, uma nova verificação de pré- -requisitos é executada para as Rules de instalação do Failover Cluster, e se não houver nenhuma falha, clique em *Next* para prosseguir. Na Figura 9.20 é possível observar a presença de um *warning* referente ao *Cluster Validation*. Isso ocorreu porque na última execução do *Validate a Cluster Configuration Wizard* foi executada apenas uma validação dos discos.

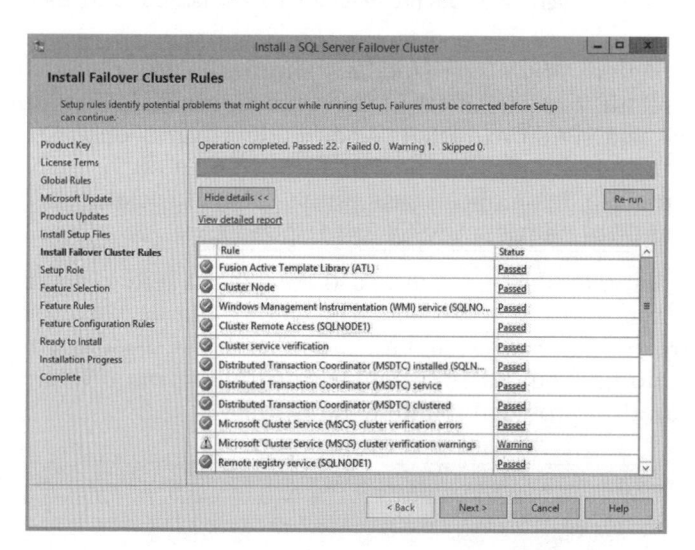

Figura 9.20 | Validação das Rules do Failover Cluster.

10) Na página *Setup Role*, como vamos instalar apenas a feature do *SQL Server Database Engine*, selecione a opção *SQL Server Feature Installation* e clique em *Next* para prosseguir.

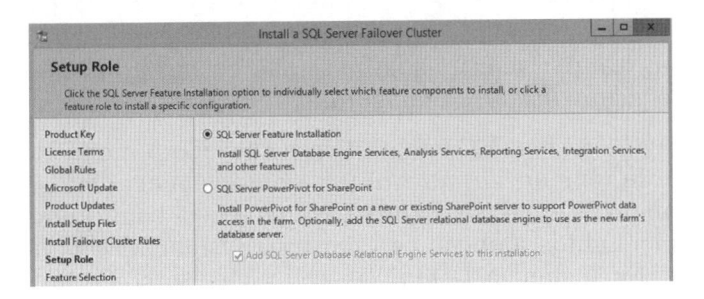

Figura 9.21 | Selecionando a role de Database Engine.

11) Na página *Feature Selection* você deve selecionar as features a serem instaladas. Para nosso laboratório, conforme apresentado na Figura 9.22, selecione apenas as features: *Database Engine Services* (obrigatoriamente serão *selecionadas* também as subfeatures *SQL Server Replication, Full-Text and Semantic Extractions for Search* e *Data Quality Services*), *Client Tools Connectivity, Client Tools Backwards Compatibility* e *Management Tools Basic* com *Management Tools Complete*. Essas são as features comumente instaladas para uma instância de SQL Server que terá como principal função atender a uma necessidade Relacional. Observe que existem ainda várias outras features como *Analysis Services, Reporting Services* (não sendo esta última suportada em instalações clusterizadas), e ao clicar sobre a feature no quadro *Feature Description* será apresentada uma breve descrição da feature. Para nosso laboratório, mantenha apenas as features já selecionadas e clique em *Next* para prosseguir.

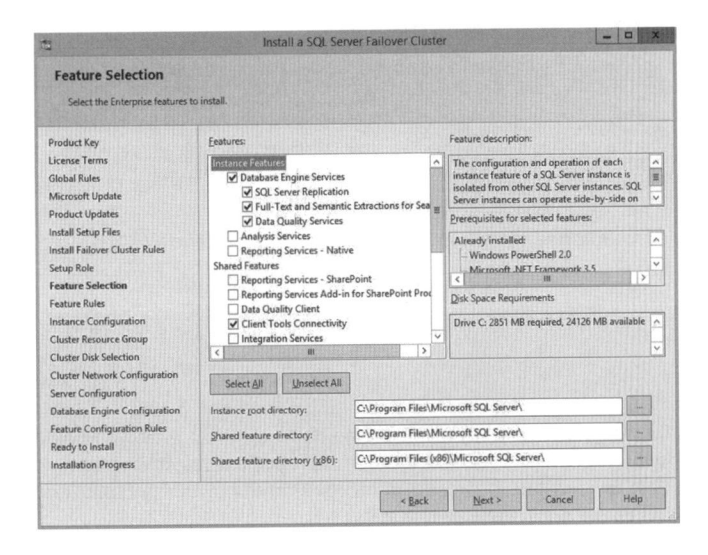

Figura 9.22 | Selecionando as features a serem instaladas.

12) Nesse momento, ao passar por *Feature Rules* será realizada uma validação para as features selecionadas, e se não houver problemas o setup pulará para a página *Instance Configuration*.

13) Na página *Instance Configuration* é chegado o momento de informar o nome de rede ou *Virtual Name* para a instância do SQL Server. Então, no campo *SQL Server Network Name*, entre com o nome **VSQLINST1**. Você tem ainda a opção de criar uma instância *Default* ou *Named Instance*. Na instância *Default* as aplicações se conectam ao SQL Server utilizando como nome de servidor apenas o *Virtual Name* da instância (ex. VSQLINST1) e para uma instância nomeada as aplicações precisam utilizar o *Virtual Name* seguido do nome da instância, no formato VSQLINST1\INST1.

Vale ressaltar que em uma instalação em cluster do SQL Server é possível possuir apenas uma instalação como *Default*. Portanto, para uma configuração *Multi-Instance*, uma vez que uma instância for instalada como *Default*, todas as demais deverão obrigatoriamente ser instâncias nomeadas.

Para essa instalação vamos usar uma instância nomeada. Então, em *Named instance*, digite **INST1** e clique em *Next*.

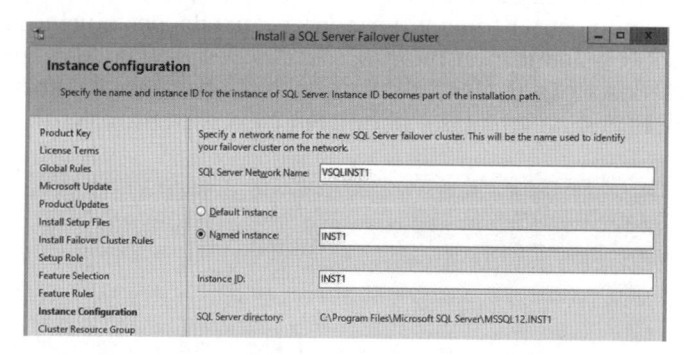

Figura 9.23 | Informando o nome virtual e nome de instância para o SQL Server.

Nota

Ao informar INST1 como *Named Instance*, você notará que o campo Instance ID será preenchido automaticamente com o mesmo nome. O Instance ID é utilizado pelo SQL Server para identificar o diretório de instalação e também as chaves de registro da instância que está sendo instalada. Para uma instância Default, tanto o nome da instância quanto o Instance ID serão MSSQLSERVER.

14) Na página *Cluster Resource Group*, no campo *SQL Server cluster resource group name,* selecione o nome **VSQLINST1**, que na verdade é o nome da Role ativa no nó SQLNODE1 (note que apenas ela ficou em verde) e onde os recursos do SQL Server serão criados. Então, clique em *Next* para prosseguir.

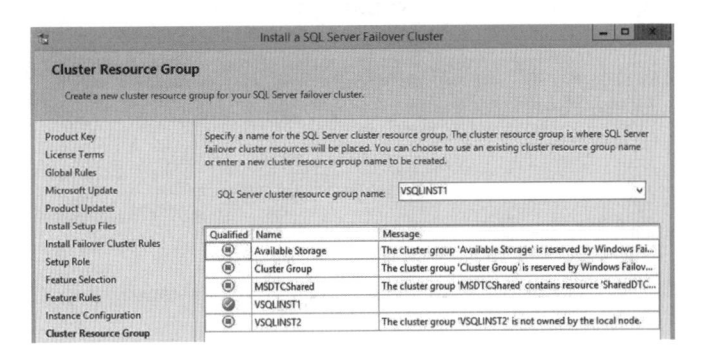

Figura 9.24 │ Selecionando o *Resource Group* para os recursos do SQL Server.

15) Na página *Cluster Disk Selection* é chegado o momento de selecionar os discos que serão usados pela instância de SQL Server que está sendo instalada. Note que aparecem na lista como disponíveis apenas os discos que estão Online no servidor SQLNODE1 e que intencionalmente foram adicionados à Role VSQLINST1. Isso facilita muito a seleção dos discos corretos para a instância. Então, selecione todos os discos conforme apresentado na Figura 9.25 e clique em *Next* para prosseguir.

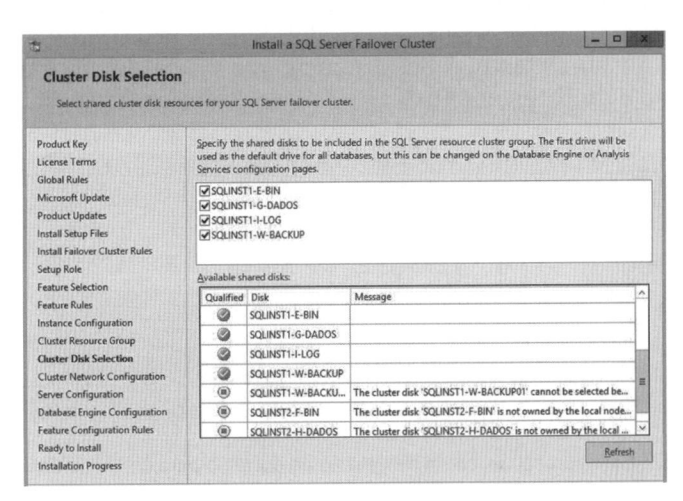

Figura 9.25 │ Selecionando os discos para a instância VSQLINST1.

16) Na página *Cluster Network Configuration*, selecione a opção IPv4 e entre com o endereço IP **11.1.1.5** conforme apresentado na Figura 9.26. Lembre-se de que esse será o endereço IP da instância do SQL Server e que, independentemente do nó físico em que a instância VSQLINST1 estiver Online, o SQL Server sempre responderá às aplicações por esse mesmo endereço IP. Clique em *Next* para prosseguir.

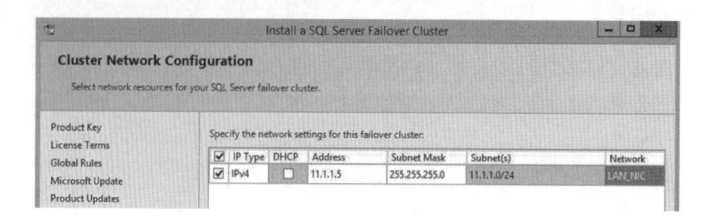

Figura 9.26 | Atribuindo o endereço IP à instância.

17) Na página *Server Configuration*, informe uma conta de usuário de domínio para os serviços *SQL Server Database Engine* e *SQL Server Agent*. Essa conta deve ser de domínio, pois precisa ter direitos de acesso em todos os nós do cluster. Para essa instalação, use a conta criada previamente no AD (*Active Directory*), a conta sqlnet\svc_sqlservice. Caso você tenha seguido as orientações no momento de criação da conta, a senha desse usuário deverá ser P@sswOrd.

Observe na Figura 9.27 que a coluna *Startup Type* para os serviços do *Database Engine* e *SQL ServerAgent* estão definidos como *Manual* e não é possível alterá-los. Isso acontece porque quando instalamos um SQL Server em cluster o serviço do SQL Server fica online apenas no nó em que a instância estiver em execução e a tarefa de colocar o serviço ativo ou não é do Failover Cluster.

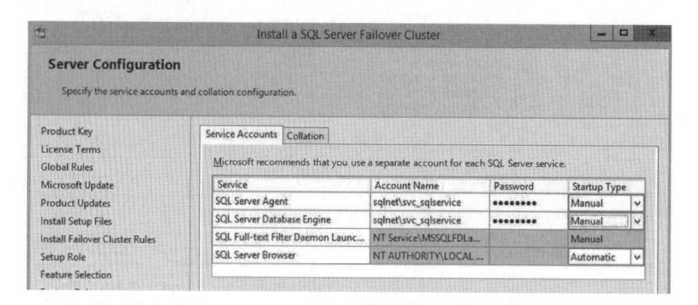

Figura 9.27 | Configuração da conta de usuário de domínio para o serviço do SQL Server.

18) Na página *Collation*, clique sobre o botão *Customize* e selecione a *collation SQL_Latin1_General_CP1_CI_AI*. Esta é a *collation* que recomendamos para aplicações no Brasil, pois tem o acento insensitivo e não diferencia letras maiúsculas de minúsculas. Depois, clique em *Next* para prosseguir.

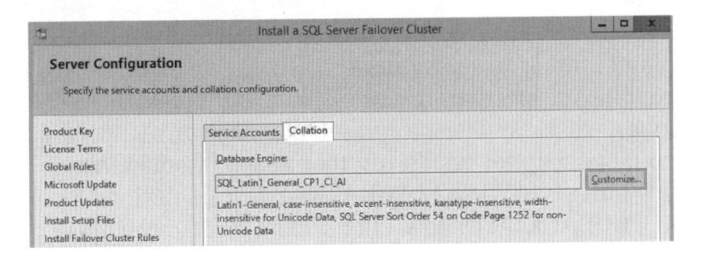

Figura 9.28 | Selecionando a *collation* para a Instância.

19) Na página *Database Engine Configuration*, conforme apresentado na Figura 9.29, selecione a opção *Mixed Mode* para configurar uma autenticação mista (SQL e Windows) ao SQL Server e entre com uma senha. Esta será a senha do login **sa** (system administrator).

Ao configurar uma autenticação mista você permite que o SQL Server aceite conexões de usuários de domínio, por exemplo, sqlnet\user1 (que são criados como logins Windows no SQL Server) e também de logins SQL, logins que só existem no SQL Server, e, portanto, são também autenticados pelo próprio SQL Server. Após inserir uma senha para o login **sa**, clique sobre o botão *Add Current User* para incluir o usuário de domínio **sqlnet\administrator** como administrador (sysadmin) do SQL Server. Isso feito, clique sobre a guia *Data Directories*.

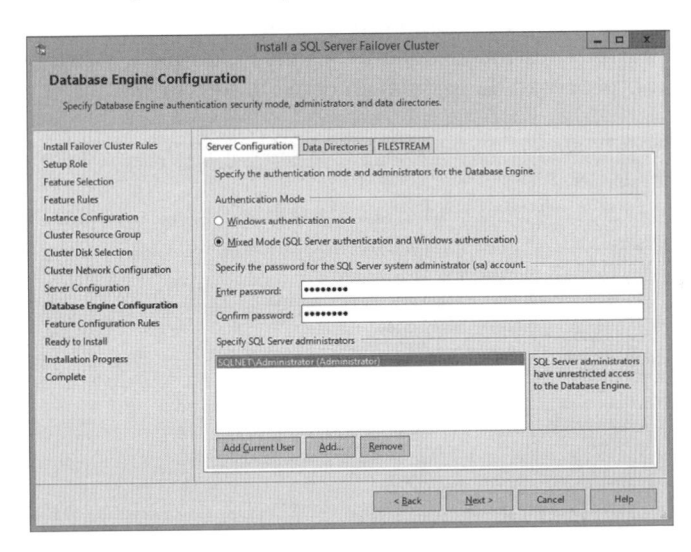

Figura 9.29 | Configuração do modelo de autenticação da instância.

20) Em *Data Directories*, é chegado o momento de informar ao SQL Server os discos e/ou diretórios onde serão alocados os arquivos dos bancos de dados de sistemas (master, model, msdb), os arquivos dos bancos de dados de usuários (*User*

database) e também os arquivos do banco de dados tempdb e disco de backup. No entanto, antes de selecionar os discos, crie os diretórios \DADOS, \LOG e \BACKUP nos respectivos discos G:\, I:\ e W:\SQLINST1-W-BACKUP01\, depois selecione os discos conforme apresentado na Figura 9.30. Lembre-se de que para o disco de backup foi criado um mount point, então, para o disco de backup, expanda o disco SQLINST1-W-BACKUP (W:\), selecione a pasta SQLINST1-W-BACKUP01\BACKUP. Depois, clique sobre o botão Next para prosseguir.

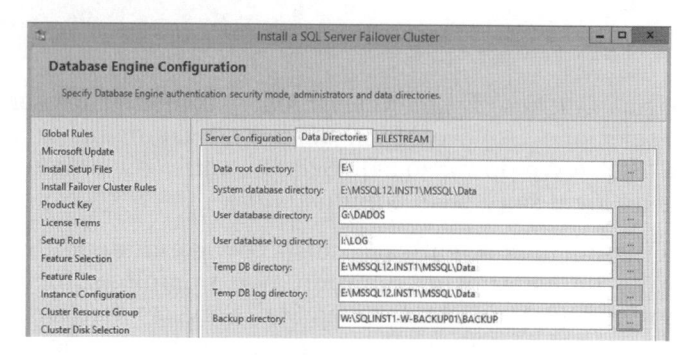

Figura 9.30 | Configuração final dos discos.

21) Na página *Ready to Install*, você poderá fazer uma revisão de tudo que foi selecionado ou informado durante o processo como as features selecionadas, o nome da instância, o diretório do *update*, os discos do cluster, entre outras informações. Feita a revisão, clique sobre o botão *Install* para iniciar o processo de instalação do SQL Server.

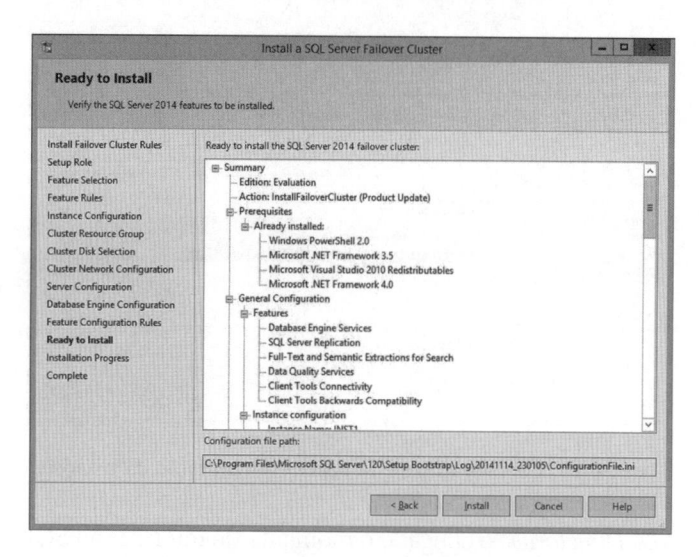

Figura 9.31 | Janela de revisão para a instalação.

Após clicar sobre o botão *Install* você poderá acompanhar o progresso da instalação através da janela *Installation Progress* e uma vez concluída a instalação a página *Complete* apresentará o resultado final da instalação, conforme apresentado na Figura 9.32.

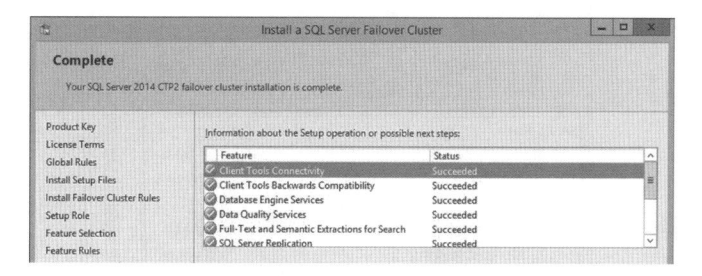

Figura 9.32 | Resultado final do processo de instalação.

Nota

Se durante a instalação da instância do SQL Server você for surpreendido com uma mensagem de warning semelhante à apresentada na Figura 9.33, não clique em Cancel e veja o artigo *Updating permission setting for file - System Volume Information\ResumeKeyFilter* através do link <http://www.mcdbabrasil.com.br/modules.php?name=News&file=article&sid=655> para obter a solução para o problema. Uma vez executadas as etapas do artigo, clique sobre o botão *Retry*.

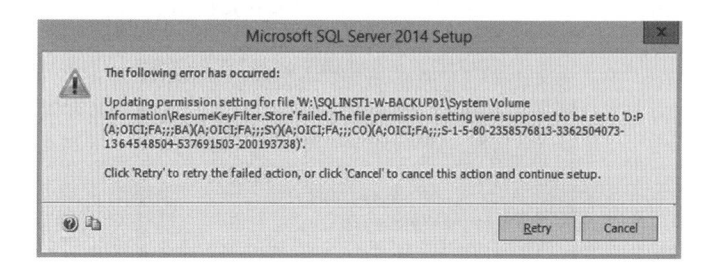

Figura 9.33 | Tela de erro ao instalar o SQL Server.

Concluída a instalação da instância, é possível verificar como ficaram os recursos criados na Role VSQLINST1 dentro do cluster acessando o *Failover Cluster Manager*. Conforme apresentado na Figura 9.34, é possível ver que a instância foi instalada com sucesso e o setup do SQL Server criou quatro novos recursos dentro da Role VSQLINST1, que são os recursos de nome virtual (VSQLINST1) e endereço IP para a instância do SQL Server (os quais as aplicações utilizarão para se conectarem com o SQL Server), o recurso do serviço do SQL Server – *SQL Server (INST1)* e também o recurso do serviço do SQL Server Agent – *SQL Server Agent (INST1)*. Lembre-se de que INST1 é o nome da instância do SQL Server, uma vez que essa é uma instância nomeada.

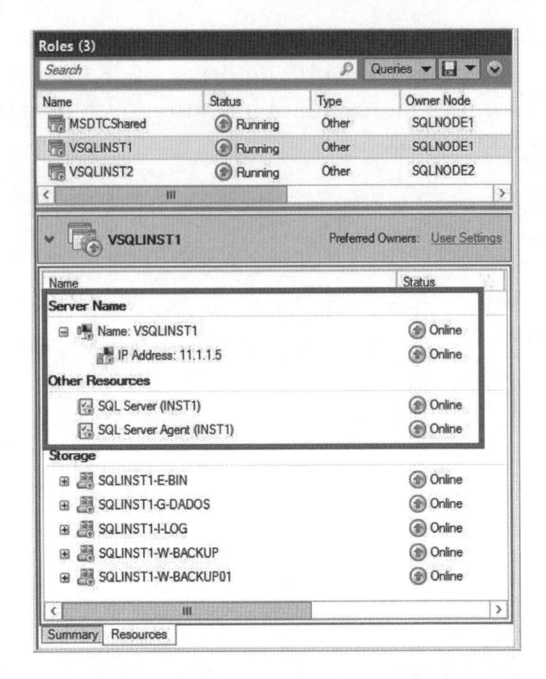

Figura 9.34 | Recursos criados no cluster pelo setup do SQL Server.

Acessando as propriedades do recurso de nome VSQLINST1 é possível notar a dependência que este possui do recurso de endereço IP (Figura 9.35). Com isso, se algum problema impedir que o recurso de endereço IP fique online, automaticamente o recurso de nome também não ficará online.

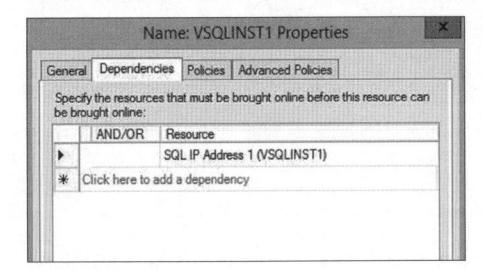

Figura 9.35 | Dependência do recurso de nome do endereço IP.

Consequentemente, uma falha na inicialização do recurso de nome também impedirá o recurso do SQL Server de ficar online, e com isso teremos a indisponibilidade do SQL Server. Da mesma forma o SQL Server não ficará online se ocorrer algum problema com os discos devido a sua dependência dos discos (Figura 9.36).

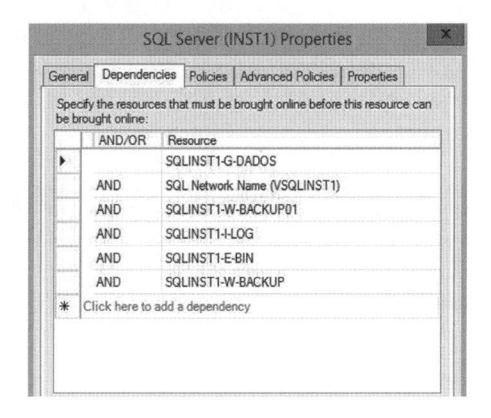

Figura 9.36 | Dependência do recurso do SQL Server do nome e discos.

Neste ponto temos a instância VSQLINST1\INST1 instalada apenas no nó SQLNODE1, ou seja, nosso cluster ainda não está completo. Caso haja alguma falha nesse servidor não ocorrerá o Failover da instância para o nó SQLNODE2, pois o serviço do SQL Server ainda não foi instalado no nó SQLNODE2.

Para comprovar isso, clique com o botão direito sobre o recurso *SQL Server (INST1)* e selecione a opção *Properties*. Observe que na guia *Advanced Policies* a lista de *Possible Owners* lista apenas o nome do primeiro nó (SQLNODE1), ou seja, apenas o nó SQLNODE1 pode até o momento executar os recursos da instância VSQLINST1\INST1.

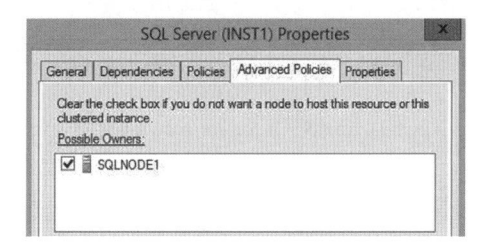

Figura 9.37 | Lista de *Possible Owners* da instância.

Então, para concluir a instalação da nossa primeira instância de SQL Server 2014 no cluster e permitir o Failover dos recursos do SQL Server para o nó SQLNODE2, é preciso adicionar o nó SQLNODE2 como um segundo nó para a instância VSQLINST1\INST1. Isso é o que será abordado no Tópico 9.2.3.

9.2.3 Inclusão do servidor SQLNODE2 à instância virtual do SQL Server

Como podemos observar na Figura 9.38, se você tiver executado todos os passos corretamente até aqui, neste momento estamos com a instância VSQLINST1\INST1 instalada e em execução no nó SQLNODE1. Agora, para

concluirmos o processo de instalação da instância no cluster, é preciso adicionar o nó SQLNODE2 à instalação existente. Como você notará, essa segunda etapa da instalação será muito mais simples e rápida, pois envolve bem menos passos para sua conclusão.

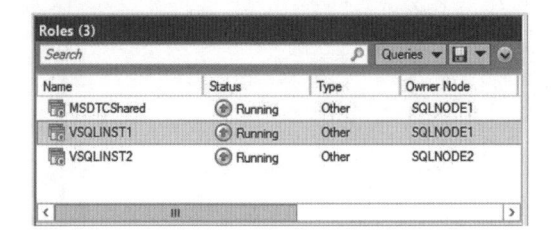

Figura 9.38 | Instância VSQLINST1 ativa no nó SQLNODE1.

Então, efetue logon no servidor SQLNODE2 com o usuário de domínio *SQLNET\Administrator* e execute os passos conforme apresentados a seguir. Vale ressaltar que neste momento estamos assumindo que você já possui o instalador do SQL Server 2014 mapeado como um drive D:\ no servidor SQLNODE2.

1) Abra o prompt de comando e execute o setup do SQL Server utilizando a linha de comando apresentada na Figura 9.39, em que D:\ é a unidade onde está o instalador do SQL Server.

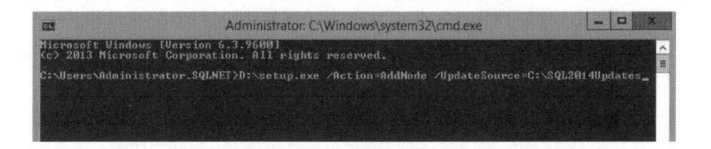

Figura 9.39 | Executando a instalação do SQL Server com a opção AddNode no nó SQLNODE2.

Nota

Observe que, diferentemente da linha de comando utilizada para a instalação da instância no nó SQLNODE1, para adicionar o nó SQLNODE2 à instância o parâmetro **/Action** foi alterado de **InstallFailoverCluster** para **AddNode**. Isso informa ao setup do SQL Server que a operação será de adição de um novo nó a uma instância existente e não da instalação de uma nova instância.

2) Após alguns segundos será apresentada a janela *Add a Failover Cluster Node*. Então, na página *Product Key* informe a chave para instalação e clique em *Next*.

3) Na página *License Terms*, selecione a opção *I accept the license terms* e clique sobre o botão *Next*.

4) Na página *Global Rules*, aguarde enquanto o setup executa a validação dos pré-requisitos.

5) Na página *Microsoft Update*, simplesmente clique em *Next* para prosseguir.

6) Na página *Product Updates*, caso você tenha colocado alguma atualização do SQL Server 2014 na pasta C:\SQL2014Updates, elas serão apresentadas aqui e integradas à instalação do SQL Server. Clique em *Next* para prosseguir.

7) Na página *Add Node Rules*, o setup executará uma pequena análise dos pré-requisitos para a adição do novo nó e se não houver nenhuma falha permitirá que você prossiga com a instalação clicando sobre o botão *Next*.

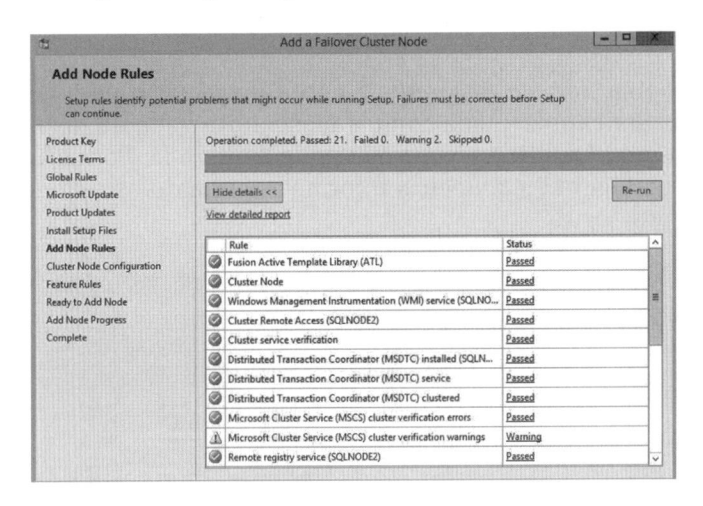

Figura 9.40 | Análise de pré-requisitos para adição do novo nó.

8) Na página *Cluster Node Configuration*, conforme apresentado na Figura 9.41, o setup mostrará automaticamente a instância **INST1** no campo *SQL Server instance name*. Isso porque o setup já identificou a instância instalada e entende que você adicionará o nó SQLNODE2 à instância existente. Então, apenas clique em *Next* para prosseguir.

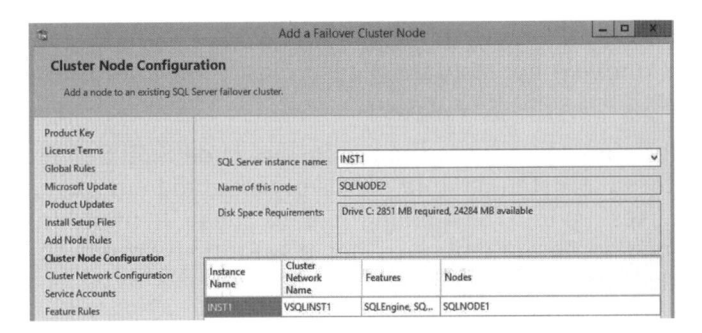

Figura 9.41 | Identificação da instância INST1 no nó SQLNODE2.

9) Na página *Cluster Network Configuration*, o setup também apresentará a configuração de endereço IP da instância **INST1**. Então, basta clicar em *Next* para prosseguir.

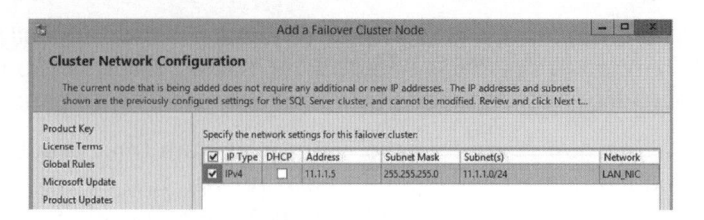

Figura 9.42 | Identificação do endereço IP da instância INST1 no nó SQLNODE2.

10) Na página *Service Accounts*, a conta de usuário para o serviço do SQL Server será apresentada como a mesma utilizada na instalação da instância no nó SQLODE1 e você não poderá alterá-la. Portanto, como apresentado na Figura 9.43, apenas informe a senha do usuário e clique em *Next* para prosseguir.

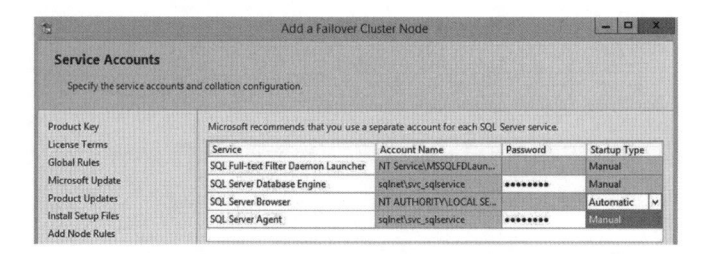

Figura 9.43 | Informando a senha da conta de serviço no nó SQLNODE2.

11) Na página *Ready to Add Node* (Figura 9.44), reveja as informações para garantir que tudo foi selecionado ou definido corretamente e clique sobre o botão *Install* para iniciar o processo de adição do nó SQLNODE2 à instância.

Após clicar sobre o botão *Install* você poderá acompanhar o progresso da adição do novo nó através da página *Add Node Progress* e uma vez concluído a página *Complete* apresentará o resultado final conforme apresentado na Figura 9.45.

Isso conclui a instalação da primeira instância de SQL Server nos dois nós do cluster e torna a instância apta para ser executada em qualquer um dos nós do cluster. Neste ponto, recomenda-se a execução de um teste de Failover para validar a instalação em ambos os nós e garantir o correto funcionamento do processo de Failover da instância.

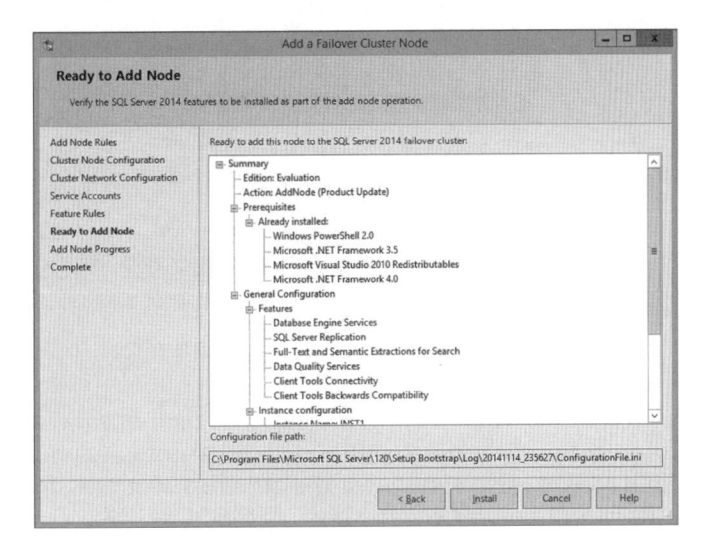

Figura 9.44 | Revisando as opções para adição do novo nó SQLNODE2.

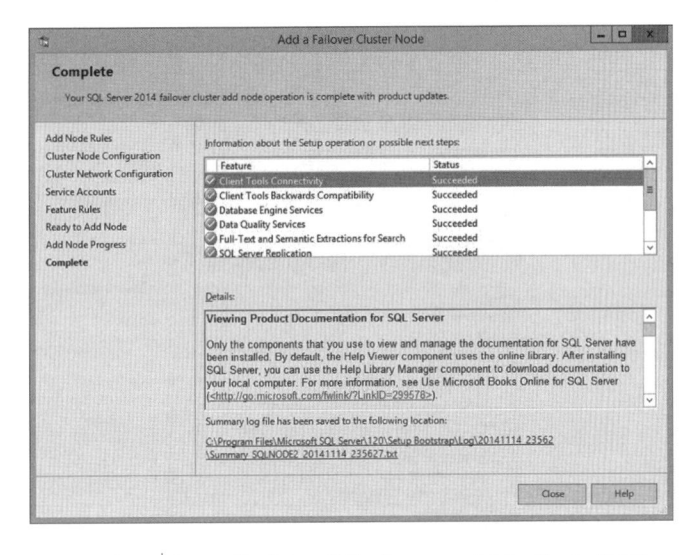

Figura 9.45 | *Status* final da adição do novo nó à instância INST1.

Assim, abra a ferramenta *Failover Cluster Manager* no servidor SQLNODE1 ou ainda no SQLNODE2 e, como apresentado na Figura 9.46, clique com o botão direito do mouse sobre a Role VSQLINST1 e escolha as opções *Move* e depois *Best Possible Owner*.

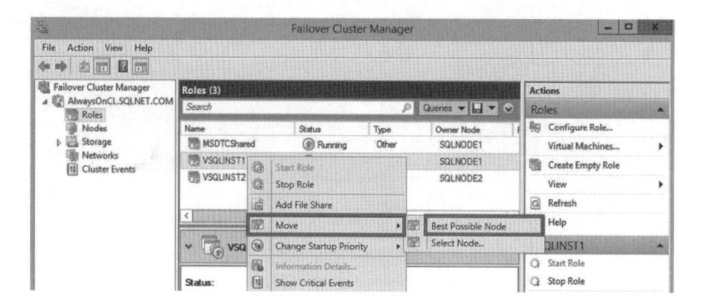

Figura 9.46 | Executando Failover da Role VSQLINST1.

Ao executar o Failover você notará que todos os recursos da Role VSQLINST1 ficarão Offline e após alguns segundos serão automaticamente transferidos para o nó SQLNODE2. Na sequência o status dos recursos será alterado para Online e a Role terá como *Owner Node* o nó SQLNODE2, conforme apresentado na Figura 9.47. Isso garante que o processo de Failover está funcionando corretamente e que a partir desse momento a instância de SQL Server pode ser executada em qualquer um dos nós.

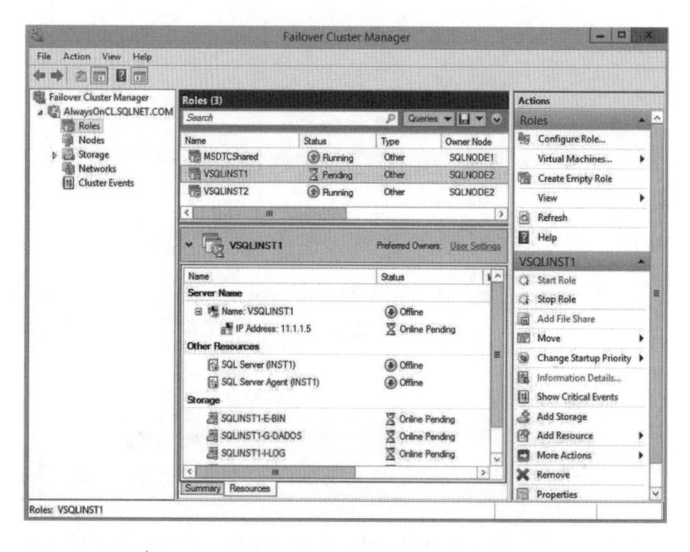

Figura 9.47 | Executando teste de Failover na instância SQL Server.

Agora que o nó SQLNODE2 foi adicionado à instância, consulte novamente a lista de *Possible Owners* nas propriedades do recurso do serviço do SQL Server e conforme apresentado na Figura 9.48 será possível notar a presença do nó SQLNODE2 como *Possible Owner* para a instância.

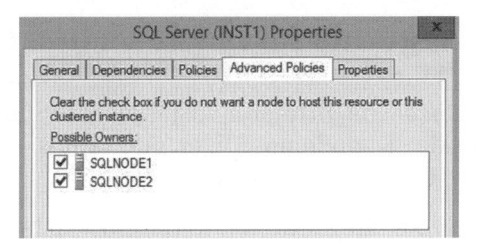

Figura 9.48 | Nó SQLNODE2 adicionado como *Possible Owner* da instância.

O mesmo acontece se você acessar as propriedades do recurso de nome virtual do SQL Server. Inclusive, é aqui nas propriedades do nome virtual que você pode definir se um nó do cluster poderá ou não receber uma instância de SQL Server durante um processo de Failover. Isso é muito útil quando se precisa fazer manutenção de um nó e deseja evitar que o SQL Server faça Failover para o nó em manutenção. Para impedir a movimentação basta desmarcar o nó desejado na lista. No exemplo da Figura 9.49 estamos impedindo que o SQL Server faça Failover para o nó SQLNODE2.

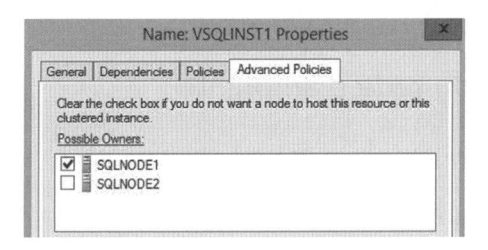

Figura 9.49 | Impedindo o Failover do SQL Server para o nó SQLNODE2.

Com a manipulação dos *Possible Owners* também é possível, por exemplo, em um cluster com vários nós e múltiplas instâncias de SQL Server, balancear as instâncias entre os nós para evitar que duas ou mais instâncias sejam executadas em um mesmo nó. Por exemplo, em um cluster com quatro nós e duas instâncias pode-se configurar as instâncias de forma que uma instância A só pode ter como *Possible Owners* os nós 1 e 2 e que uma instância B só pode ter como *Possible Owners* os nós 3 e 4. Assim evita-se que em caso de falhas em um dos nós as instâncias fiquem em execução em um mesmo nó, competindo pelos recursos de hardware.

Como esse nosso cluster possui apenas dois nós, mantenha a configuração padrão, ou seja, os dois nós podem executar a instância VSQLINST1\INST1, e mantenha também a instância em execução no nó SQLNODE1.

9.3 Instalação da segunda instância virtual do SQL Server

Agora que a instalação da primeira instância de SQL Server (VSQLINST1\INST1) foi concluída, já podemos dizer que temos um single-instance SQL Server 2014 AlwaysOn Failover Cluster.

Porém nosso objetivo é chegar ao modelo multi-instance, então, em verdade, a única coisa que precisa ser feita é instalar mais uma instância virtual do SQL Server 2014 no cluster. Com isso passaremos a ter um cluster com dois nós e duas instâncias SQL Server e com cada uma delas sendo executada em um dos nós.

Como já foi dito antes, tecnicamente é possível ter diversas instância ou instalações de SQL Server no mesmo cluster, mas é importante sempre ter em mente que cada instância requer seus próprios conjuntos de discos, nome de rede (Virtual Name) e endereço IP.

Neste tópico abordaremos todos os passos para a instalação da segunda instância de SQL Server 2014 no cluster, mas, como você notará, na verdade não é nada diferente do que foi visto para a instalação da primeira instância.

9.3.1 Configuração da rede e ambiente

Como um ponto de partida para essa segunda instalação do SQL Server 2014, utilizemos a Figura 9.50 como uma referência de como deve estar a arquitetura do ambiente do laboratório até este momento.

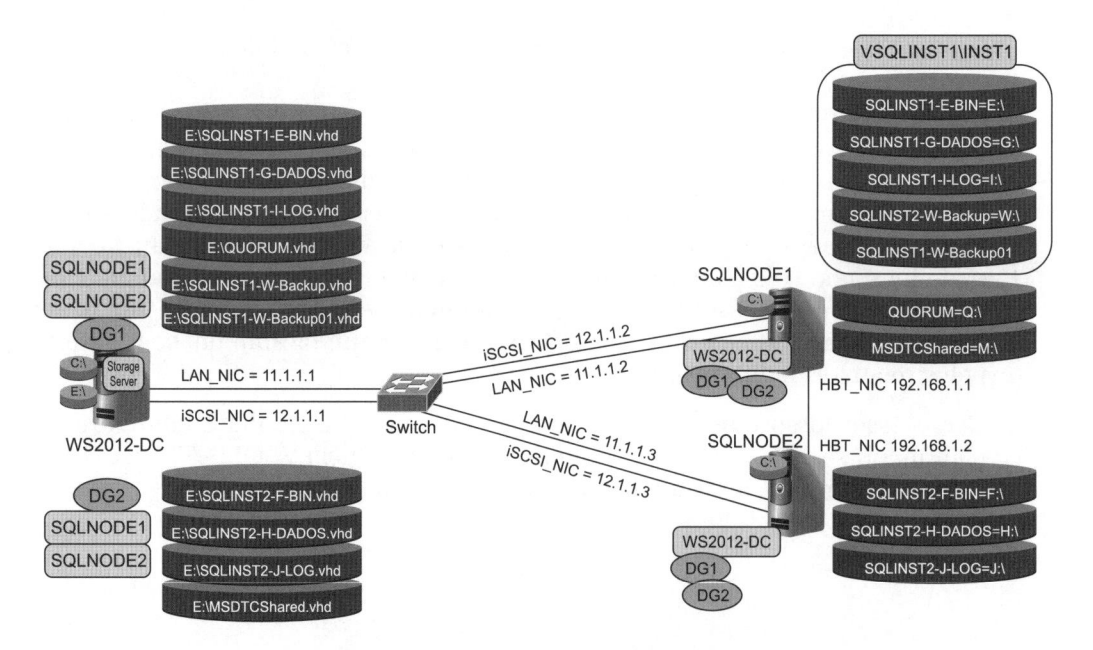

Figura 9.50 | Configuração atual dos discos e rede do ambiente de laboratório.

Podemos ver na Figura 9.50 que nosso laboratório possui dez discos que estão distribuídos da seguinte forma

1) O disco Q:\QUORUM está sendo utilizado pelo quórum do cluster.

2) O disco M:\MSDTCShared está sendo utilizado pelo MSDTC compartilhado.

3) Os cinco discos, letras E:\, G:\, I:\, W:\ e seu mount point SQLINST1-W-Backup01 estão agora sendo utilizados pela primeira instância de SQL Server.

4) Os outros três discos, F:\, H:\ e J:\ serão utilizados pela segunda instância de SQL Server a ser instalada neste tópico.

Caso você tenha alguma dúvida sobre como esses discos foram criados, reveja o Capítulo 5.

9.3.2 Instalação do SQL Server no Servidor SQLNODE2

Assim como foi feito na instalação da primeira instância, a instalação da segunda instância também requer um nome de rede (Virtual Name), endereço IP e nome de instância exclusivos para ela. Para essa segunda instalação usaremos o nome de rede VSQLINST2, endereço IP 11.1.1.6 e o nome de instância INST2.

Considerando que todo o processo de instalação é igual ao utilizado na instalação da primeira instância, neste tópico deixaremos que você execute o instalador do SQL Server 2014 no servidor SQLNODE2 e faça a instalação utilizando o conhecimento já obtido com a instalação da primeira instância e os dados fornecidos na Tabela 9.1.

No entanto, antes de iniciar a instalação da segunda instância no nó SQLNODE2, reveja o checklist para validação dos pré-requisitos, o mesmo checklist utilizado na instalação da primeira instância, e garanta que tudo está dentro do esperado.

Uma boa prática é também garantir que a Role do cluster onde os recursos da segunda instância serão criados já esteja com os devidos discos. Então, conforme apresentado na Figura 9.51, garanta que a Role VSQLINST2 já possua os discos e principalmente tenha como Owner Node o nó SQLNODE2.

Isso feito, efetue logon no servidor SQLNODE2 utilizando o usuário de domínio SQLNET\Administrator e execute o instalador do SQL Server 2014 via linha de comando, conforme apresentado na Figura 9.52.

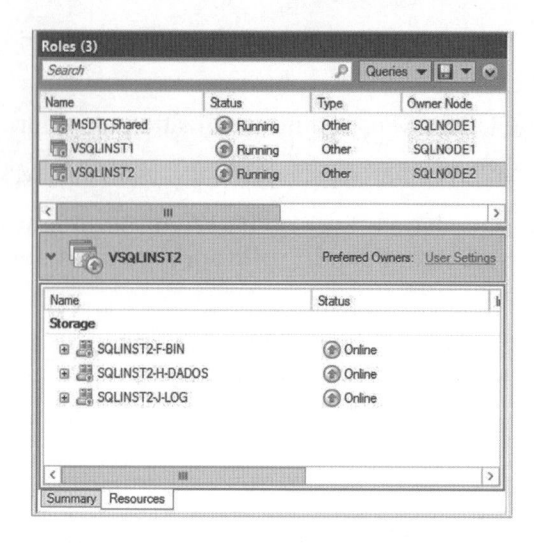

Figura 9.51 | Discos na Role VSQLINST2 e tendo como *Owner Node* o nó SQLNODE2.

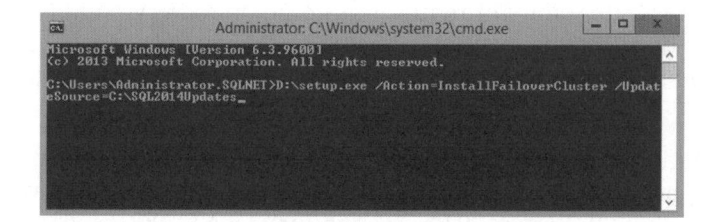

Figura 9.52 | Executando o instalador do SQL Server 2014 no nó SQLNODE2.

Após alguns segundos será apresentada a janela *Install a SQL Server Failover Cluster* e a partir desse ponto execute a instalação como foi feito para a instalação da primeira instância e utilizando as informações apresentadas na Tabela 9.1.

Tabela 9.1 | Informações para instalação da instância VSQLINST2\INST2

Página	Campo	Valor
Feature Selection	Features	Database Engine Services (SQL Server Replication, Full-Text and Semantic Extraction for Search, Data Quality Service)
Instance Configuration	SQL Server Network Name	VSQLINST2
	Named Instance	INST2
Cluster Resource Group	SQL Server Cluster Resource Group Name	VSQLINST2

Página	Campo	Valor
Cluster Disk Selection	Selecione os discos	SQLINST2-F-BIN SQLINST2-H-DADOS SQLINST2-J-LOG
Cluster Network Configuration	Address	11.1.1.6
Server Configuration	Account Name	sqlnet\svc_sqlservice
	Collation	SQL_Latin1_General_CP1_CI_AI
Database Engine Configuration (Data Directories)	Data Root directory	F:\
	User database directory	H:\DADOS
	User database log directory	J:\LOG
	Temp DB directory	F:\MSSQL12.INST2\MSSQL\Data
	Temp DB log directory	F:\MSSQL12.INST2\MSSQL\Data
	Backup directory	F:\MSSQL12.INST2\MSSQL\Backup

Se executar todos os passos corretamente, ao abrir a ferramenta *Failover Cluster Manager* após concluir o processo de instalação, você verá os novos recursos criados na Role VSQLINST2 e terá a instância VSQLINST2\INST2 Online no nó SQLNODE2, como apresentado na Figura 9.53.

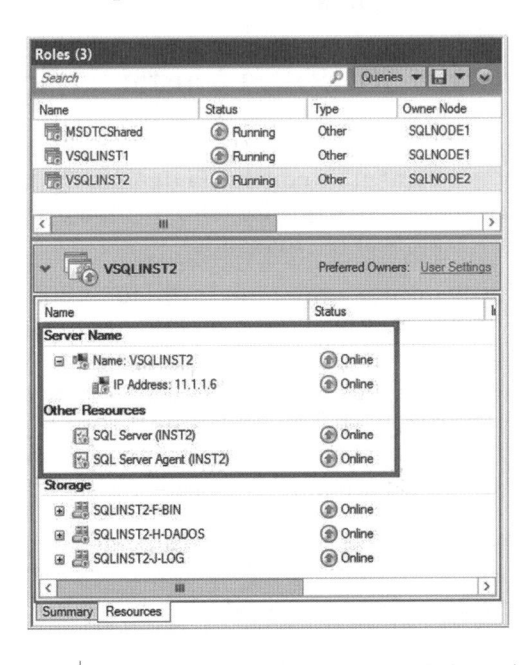

Figura 9.53 | Recursos da segunda instância instalada no cluster.

Neste momento, se você abrir a ferramenta SQL Server 2014 Management Studio (SSMS) no nó SQLNODE1 ou SQLNODE2 já conseguirá se conectar normalmente à instância do SQL Server utilizando o Server Name VSQLINST2\INST2 como apresentado na Figura 9.54.

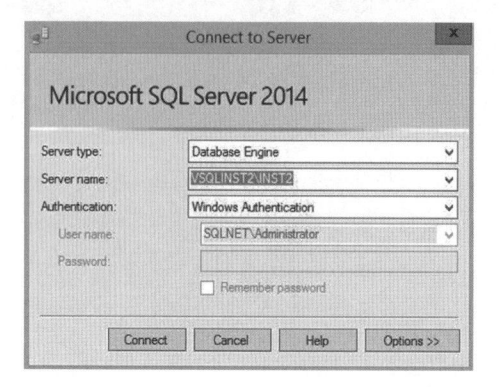

Figura 9.54 | Conectando-se à instância VSQLINST2\INST2.

No entanto, é importante lembrar que por enquanto a instância VSQLINST2\INST2 existe apenas no nó SQLNODE2, o que impede a execução de um Failover da instância para o nó SQLNODE1. Então, para concluir todo o processo de instalação da instância no cluster é preciso executar o setup do SQL Server 2014 também no nó SQLNODE1, mas dessa vez usando a opção *AddNode*, como veremos no tópico seguinte.

9.3.3 Inclusão do servidor SQLNODE1 à instância virtual do SQL Server

Como já abordado neste capítulo, a instalação completa de uma instância SQL Server em um cluster somente é concluída quando em um dos nós instalamos a instância propriamente dita, o que foi feito no tópico anterior, e depois adicionamos os demais nós à instância instalada.

Executamos esta segunda etapa no Tópico 9.2.3 quando a instância VSQLINST1\INST1 foi instalada, adicionando o nó SQLNODE2 a ela. Agora é o momento de fazer o mesmo para adicionar o nó SQLNODE1 à instância VSQLINST2\INST2. Então, estando logado no servidor SQLNODE1 com o usuário de domínio SQLNET\Administrator, abra o prompt de comando e execute o setup do SQL Server utilizando a linha de comando apresentada na Figura 9.55, em que D:\ é a unidade onde está o instalador do SQL Server.

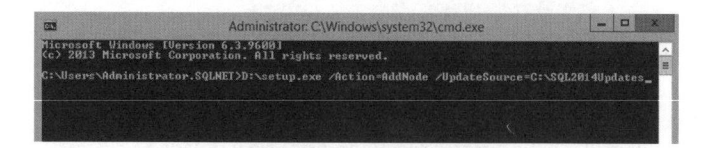

Figura 9.55 | Executando a instalação do SQL Server com a opção AddNode no nó SQLNODE1.

> **Nota**
>
> Observe que, diferentemente da linha de comando utilizada para a instalação da instância no nó SQLNODE2, para adicionar o nó SQLNODE1 à instância o parâmetro **/Action** foi alterado de **InstallFailoverCluster** para **AddNode**. Isso informa ao setup do SQL Server que a operação será de adição de um novo nó a uma instância existente e não a instalação de uma nova instância.

Após alguns segundos será apresentada a janela *Add a Failover Cluster Node*, e a partir desse ponto utilize o conhecimento obtido com a adição do nó SQLNODE2 à instância VSQLINST1\INST1 e as informações da Tabela 9.2 para prosseguir com o setup.

Tabela 9.2 | Informações para inclusão do nó SQLNODE1 à instância VSQLINST2\INST2

Página	Campo	Valor
Cluster Node Configuration	SQL Server Instance Name	INST2
Service Accounts	Password	Para SQL Server Database Engine e SQL Server Agent entre com a senha do usuário de domínio sqlnet\svc_sqlservice

Uma vez concluído o processo de adição do nó SQLNODE1 à instância VSQLINST2\INST2, agora sim pode-se dizer que a instalação da instância no cluster está completa e, principalmente, que a instância está pronta para o processo de Failover entre os nós. Nesse momento, ao acessar as propriedades do recurso *SQL Server (INST2)* na *Role* VSQLINST2, na guia *Advanced Policies* é possível ver que o nó SQLNODE1 já consta como um *Possible Owners* para a instância (Figura 9.56).

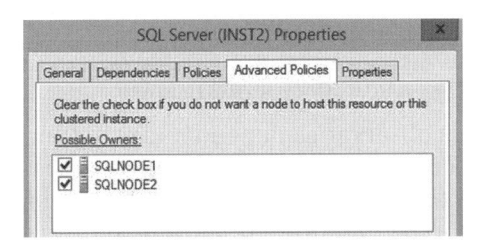

Figura 9.56 | Propriedades do recurso SQL Server (INST2).

Com isso, valide a instalação forçando um Failover da Role VSQLINST2 para o nó SQLNODE1 clicando com o botão direito do mouse sobre a Role e selecionando as opções *Move* e *Best Possible Node*. Depois volte a Role para o nó SQLNODE2.

Se tudo estiver correto com a instalação do SQL Server, você verá os recursos da Role ficando Offline no nó SQLNODE2 e depois de alguns segundos ficando Online no nó SQLNODE1, conforme apresentado na Figura 9.57.

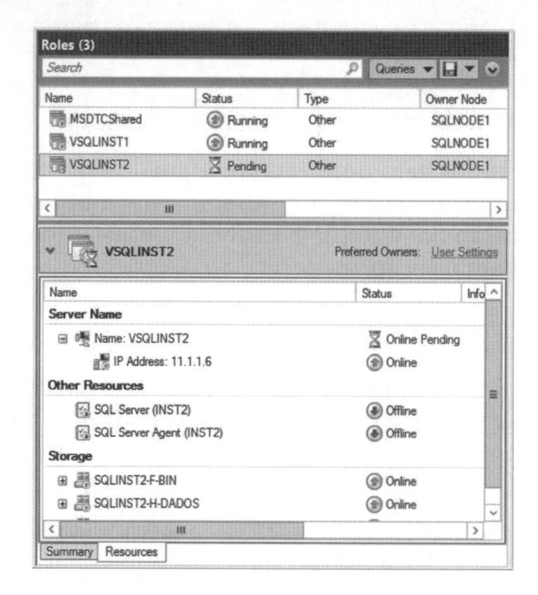

Figura 9.57 | Recursos da Role VSQLINST2 sendo transferidos para o nó SQLNODE1.

Neste momento, se você observar com atenção o *status* de cada recurso, notará que eles ficarão Online na seguinte ordem:

1) os recursos de discos;

2) o recurso de endereço IP da instância;

3) o recurso de nome virtual da instância;

4) o recurso do serviço do SQL Server;

5) o recurso do serviço do SQL Server Agent.

Na verdade, se você observar as dependências entre os recursos não verá uma dependência do recurso de endereço IP dos recursos de discos, mas na maioria das vezes você notará que os discos iniciam mais rapidamente. Por outro lado, o recurso de nome não fica Online sem antes o endereço IP ficar Online, e o recurso do serviço do SQL Server também não fica on-line sem antes o nome e discos estarem Online.

Agora que as duas instâncias de SQL Server estão instaladas no cluster e com o processo de Failover funcionando para ambas, podemos finalmente dizer que concluímos com sucesso a instalação de um multi-instance *SQL Server 2014 AlwaysOn Failover Cluster* de dois nós. Então, execute um Failover da Role VSQLINST2 e seus recursos para o nó SQLNODE2 e assim será mantida uma instância rodando em cada nó.

Prática

1) Qual é o nome da feature do SQL Server 2014 que permite a integração da versão RTM com suas atualizações mais recentes, proporcionando uma instalação integrada?

   a. Integration Package.

   b. Integration Services.

   c. Product Updates.

   d. Windows Update.

2) Quais são as etapas envolvidas para a instalação de uma instância de SQL Server 2014 em cluster?

   a. Executar o setup em um dos nós do cluster com a opção *InstallFailoverCluster* e depois nos demais nós com a opção *AddNode*.

   b. Executar o setup em todos os nós com a opção *AddNode*.

   c. Executar o setup em todos os nós do cluster com a opção *InstallFailoverCluster*.

   d. Nenhuma das alternativas anteriores.

3) Selecione uma das features do Windows que é um dos principais requisitos para a instalação do SQL Server 2014.

   a. iSCSI Target Server.

   b. .NET Framework 3.5.

   c. File Server.

   d. WINS.

4) Qual parâmetro deve ser utilizado na execução do setup do SQL Server 2014 via linha de comando para informar o caminho onde estão as atualizações a serem integradas na instalação?

   a. /MU.

   b. /UpdateSource.

   c. /Action.

   d. Nenhuma das alternativas anteriores.

5) Selecione três informações necessárias para a instalação de uma instância de SQL Server 2014 em cluster.

a. Nome de rede.

b. Endereço IP.

c. Se a instância será default ou nomeada.

d. Versão do SQL Server.

Implementação do SQL Server 2014 com *Cluster Shared Volumes*

Como abordado no Tópico 1.6.2, o *Cluster Shared Volumes* (CSV) passou a ser suportado a partir do SQL Server 2014. Com o CSV finalmente podemos dizer que temos uma solução de shared disk de verdade, pois, embora ele tenha como requisito uma shared storage para prover os shared disk ao cluster, o CSV permite que os discos sejam acessados para leitura e gravação de forma simultânea por todos os nós que compõem o cluster.

Outro ponto importante com relação ao uso do CSV é que, como os discos ficam acessíveis para leitura e gravação em todos os nós, em um cluster com múltiplas instâncias do SQL Server você não precisa mais dedicar um conjunto de discos para cada instância, como acontece com o uso tradicional de shared disks. Isso facilita o gerenciamento de discos no cluster e permite um melhor provisionamento e uso dos discos.

Na Figura 10.1 temos uma representação de um cluster de dois nós e duas instâncias do SQL Server usando CSV. Note que ambas as instâncias fazem uso do mesmo conjunto de discos. Isso se aplica independentemente do número de nós e instâncias no cluster.

Embora seja transparente para as instâncias, os discos continuam tendo um *owner node*, chamado na arquitetura do CSV de *Coordinator Node*. Esse owner faz uso do SMB3.0 (*Server Message Block*) para gerenciar a sincronização de informações de metadata entre os nós e garantir a continuidade das operações de I/O em caso de falha no acesso aos discos por um dos nós.

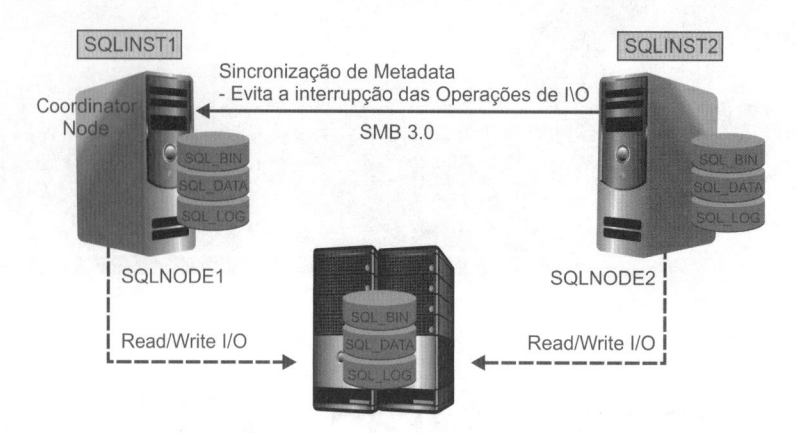

Figura 10.1 | Discos CSV disponíveis para leitura e gravação simultânea entre os nós.

Por padrão, todos os nós do cluster possuem comunicação direta com a storage durante suas operações de I/O. No entanto, se por algum motivo um dos nós do cluster perder seu acesso aos discos, as requisições de I/O geradas pelo nó são redirecionadas via SMB 3.0 para o *Coordinator Node* (onde na verdade os discos estão montados) usando uma das redes configuradas no cluster. Essa rede, então, servirá como um caminho alternativo para as requisições de I/O geradas pelo SQL Server sendo executado no nó com problemas de acesso direto aos discos, até que o acesso seja restabelecido.

Na Figura 10.2 temos uma representação desse redirecionamento de I/Os em caso de falha de acesso aos discos por um dos nós do cluster.

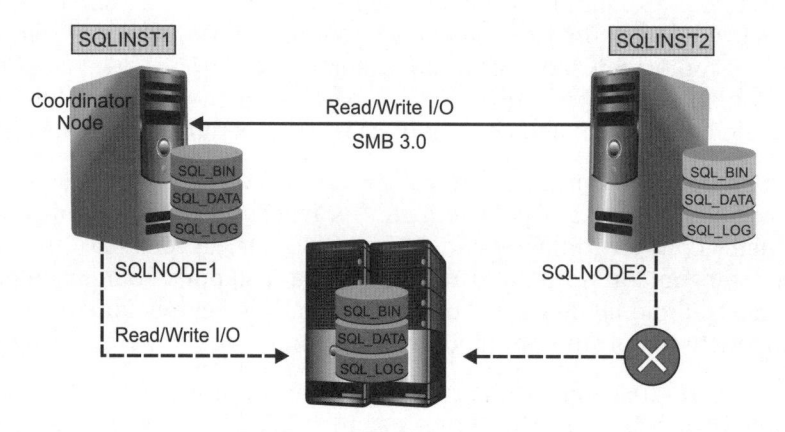

Figura 10.2 | Redirecionamento de I/O da instância SQLINST2 via SMB 3.0.

Quando um dos nós perde acesso aos discos e o redirecionamento via SMB 3.0 acontece, isso é feito no nível de bloco, conhecido como *Block redirection*, o que garante às operações o melhor desempenho possível. Você pode consultar o *status* dos discos através do comando PowerShell **Get-ClusterSharedVolumeState**. No exemplo a seguir é apresentado o status para o disco SQL_BIN:

```
PS C:\Users\Administrator.SQLNET\Get-ClusterSharedVolumeState "SQL_BIN"
```

```
Name                         : SQL_BIN
VolumeName                   : \\?\Volume{dfa2c964-ea3d-434b-b11b-7a44c9b6785b}\
Node                         : SQLNODE1
StateInfo                    : Direct
VolumeFriendlyName           : SQL_BIN
FileSystemRedirectedIOReason : NotFileSystemRedirected
BlockRedirectedIOReason      : NotBlockRedirected

Name                         : SQL_BIN
VolumeName                   : \\?\Volume{dfa2c964-ea3d-434b-b11b-7a44c9b6785b}\
Node                         : SQLNODE2
StateInfo                    : Direct
VolumeFriendlyName           : SQL_BIN
FileSystemRedirectedIOReason : NotFileSystemRedirected
BlockRedirectedIOReason      : NotBlockRedirected
```

No resultado podemos observar que o disco está apresentado aos nós SQLNODE1 e SQLNODE2 e ambos estão com acesso direto ao disco. Um status de Block Redirected significa que algum problema aconteceu com o acesso direto aos discos pelo nó e o I/O está sendo redirecionado via SMB 3.0 para o *Coordinator Node*, sendo também possível saber a razão do redirecionamento como apresentado a seguir.

```
Name                         : SQL_BIN
VolumeName                   : \\?\Volume{dfa2c964-ea3d-434b-b11b-7a44c9b6785b}\
Node                         : SQLNODE1
StateInfo                    : Direct
VolumeFriendlyName           : SQL_BIN
FileSystemRedirectedIOReason : NotFileSystemRedirected
BlockRedirectedIOReason      : NotBlockRedirected

Name                         : SQL_BIN
VolumeName                   : \\?\Volume{dfa2c964-ea3d-434b-b11b-7a44c9b6785b}\
Node                         : SQLNODE2
StateInfo                    : BlockRedirected
VolumeFriendlyName           : SQL_BIN
FileSystemRedirectedIOReason : NotFileSystemRedirected
BlockRedirectedIOReason      : NoDiskConnectivity
```

Você pode obter mais informações sobre os *status* de um disco CSV no documento *Understanding the state of your Cluster Shared Volumes in Windows Server 2012 R2*[44].

É possível então imaginar que para uma implementação de SQL Server utilizando CSV a configuração da rede é um fator muito importante, pois em determinados momentos ela poderá estar trafegando também dados de I/O do CSV. Portanto, eis algumas considerações que você deve, na medida do possível, procurar seguir com relação à rede:

1) Configure redes redundantes em seu cluster, seja através da configuração de múltiplas redes ou ainda configurando *teaming* entre múltiplas placas de rede dos servidores.

2) Ao trabalhar com múltiplas redes no cluster, desative a comunicação intracluster das redes que não poderão passar tráfego CSV. Por exemplo, uma rede iSCSI caso você esteja utilizando discos iSCSI. Para isso, no *Failover Cluster Manager* basta desativar a opção *Do not allow cluster network communication on this network* nas propriedades da rede desejada. Para saber mais sobre essa configuração, reveja o Tópico 6.2 no Capítulo 6.

3) Nas propriedades das placas de rede que serão utilizadas para comunicação intracluster, certifique-se de manter habilitados

   a) O *Client for Microsoft Network* e *File and Printer Sharing for Microsoft Networks*. Essas configurações provêm o suporte ao SMB 3.0, o qual será utilizado para o tráfego CSV entre os nós.

   b) O *Microsoft Failover Cluster Virtual Adapter Performance Filter*. Essa opção otimiza a capacidade de redirecionamento de I/O pelos nós quando uma falha impedir a conectividade direta do nó com os discos.

4) Certifique-se de que em todos os nós do cluster os serviços *Server* e *Workstation* estão iniciados e configurados para iniciar automaticamente.

Outras considerações e requisitos importantes para a implementação de CSV em um Failover Cluster também podem ser vistos no documento *Use Cluster Shared Volumes in a Failover Cluster*[45].

10.1 Configuração do Cluster Shared Volume no cluster

Agora que você já sabe o que é o CSV e como ele funciona, vamos ver na prática como configurar os discos como CSV no cluster para posteriormente instalar uma instância de SQL Server 2014 utilizando os discos CSV.

---

44 Disponível em: <http://blogs.msdn.com/b/clustering/archive/2013/12/05/10474312.aspx>. Acesso em: 1 dez. 2014.
45 Disponível em: <http://technet.microsoft.com/en-us/library/jj612868.aspx>. Acesso em: 1 dez. 2014.

Um ponto que você deve ter em mente é que, embora se pretenda utilizar CSV, toda a preparação dos discos, criação do Windows Server Failover Cluster e apresentação dos discos para o cluster é exatamente igual ao uso tradicional com um shared disks.

Se você chegou até este capítulo, presumimos que você já passou por todos os capítulos anteriores, incluindo a instalação das duas instâncias de SQL Server 2014 seguindo o uso tradicional com *shared disks*. Então, a partir desse ponto, utilize os conhecimentos já adquiridos para:

1) Criar três novos discos no iSCSI do servidor WS2012-DC. Crie os discos conforme informações apresentadas na Tabela 10.1 e caso tenha dúvidas sobre como criar os discos reveja o Capítulo 5, Configuração dos Discos para o Failover Cluster.

2) No servidor SQLNODE1, utilize o *Disk Management* para colocar os três novos discos *Online*, inicializá-los e formatá-los com blocos de 64 K e usando os mesmos *labels* e letras apresentados na Tabela 10.1. Caso inicialmente você não veja os três novos discos (em preto), clique com o botão direito do mouse sobre *Disk Management* e selecione a opção *Rescan Disks*. Lembre-se também de verificar o *LUN ID* de cada disco no iSCSI para identificá-lo corretamente no *Disk Management*.

3) No *Failover Cluster Manager*, execute o *Validate a Configuration Wizard* apenas para a categoria *Storage* (não valide os discos existentes) e adicione os três novos discos ao cluster. Caso tenha dúvidas, reveja o Tópico 7.3 do Capítulo 7.

Tabela 10.1 | Criando os discos para o CSV

Label (nome)	Tamanho	Target Name (Disk Group)	Letra no Windows
SQL_BIN	10 GB	DG1	P:\
SQL_DADOS	10 GB	DG1	R:\
SQL_LOG	5GB	DG1	S:\

Se você executou corretamente todos os passos descritos anteriormente, nesse momento o seu *Failover Cluster Manager* deve estar com os três novos discos em *Available Storage* como apresentado na Figura 10.3.

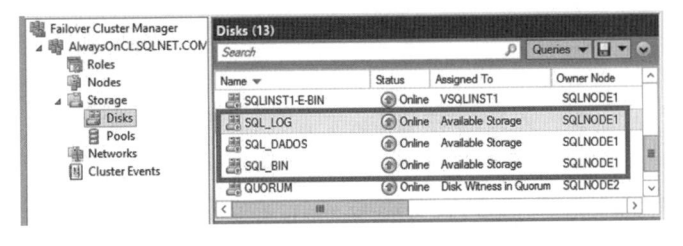

Figura 10.3 | Discos para o CSV adicionados ao Failover Cluster.

Isso conclui a apresentação dos novos discos para o cluster e deixa o ambiente pronto para a configuração dos discos como CSV. Como você deve ter notado, até aqui nada diferente da configuração tradicional, até porque, como foi dito anteriormente, o CSV depende de um shared disk provido de uma shared storage.

A partir desse ponto é que existe uma pequena mudança em comparação com a configuração tradicional, que é adicionar ou converter os três novos discos como CSV. Para isso, como apresentado na Figura 10.4, clique com o botão direito do mouse sobre o disco SQL_BIN e selecione a opção *Add to Cluster Shared Volume*.

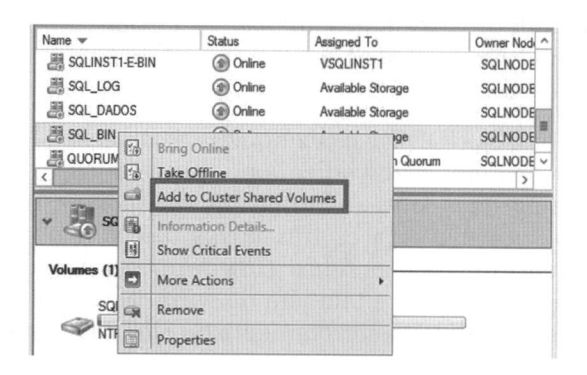

Figura 10.4 | Adicionando o disco SQL_BIN como CSV.

Ao adicionar o disco como CSV, você notará duas mudanças significativas no disco, como apresentado na Figura 10.5. A primeira é que ele deixa de ser um *Available Storage* e passa para *Cluster Shared Volume*, indicando que esse disco é um CSV. A segunda é que ele passa a ser um mount point no disco local C:\, liberando para o Windows a letra que estava utilizando até então e ficando associado à pasta C:\ClusterStorage do servidor. Em outras palavras, para o Windows, ele é como se fosse um disco local, mas na verdade é um mount point para um shared disk.

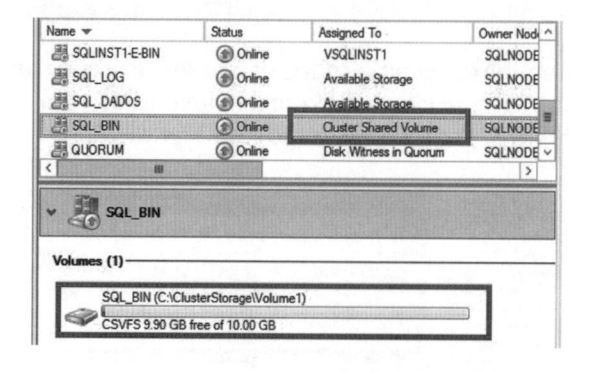

Figura 10.5 | Disco CSV como mount point de C:\ClusterStorage.

Agora, no servidor SQLNODE1 abra o Windows Explorer e em C:\ClusterStorage altere o nome Volume1 para SQL_BIN, mantendo assim a mesma nomenclatura usada dentro do cluster. É importante ressaltar que qualquer alteração realizada na pasta C:\ClusterStorage é automaticamente refletida em todos os nós do cluster, então, se nesse momento você acessar a pasta C:\ClusterStorage do servidor SQLNODE2, verá exatamente a mesma estrutura de mount points ou volumes.

Então, depois de alterar o nome de Volume1 para SQL_BIN, repita os passos listados anteriormente para os dois outros discos, adicionando-os como CSV e fazendo a alteração dos nomes dos volumes no Windows Explorer. Ao final, o Windows Explorer do servidor SQLNODE1 deverá estar igual à Figura 10.6 (o que também refletirá no servidor SQLNODE2) e dentro do cluster deverá estar como o apresentado na Figura 10.7, com os três discos marcados como Cluster Shared Volume. Observe ainda que neste momento o Owner node dos discos ou *Coordinator Node* é o nó SQLNODE1.

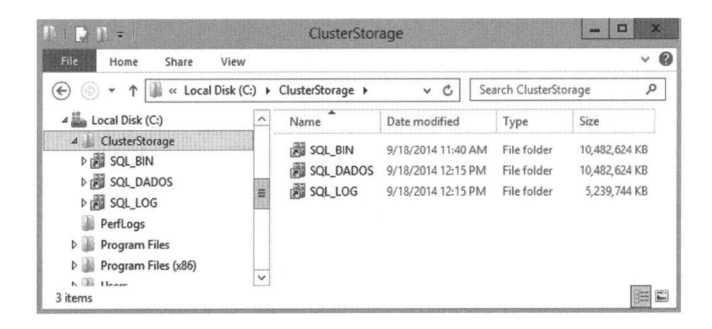

Figura 10.6 | Discos CSV renomeados no Windows Explorer do servidor SQLNODE1.

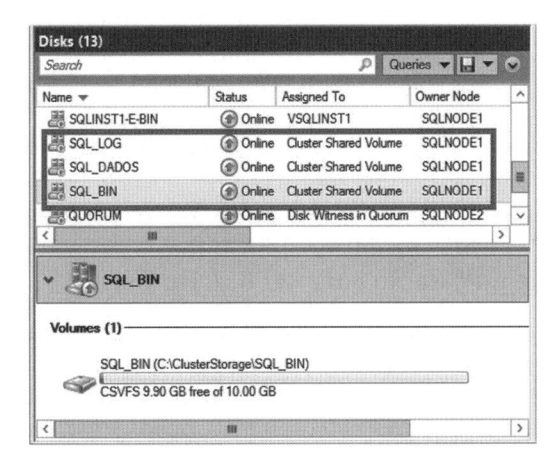

Figura 10.7 | Discos adicionados como CSV no cluster.

10.2 Instalação do SQL Server 2014 com Cluster Shared Volume

Concluída a configuração dos discos como CSV no cluster, o próximo passo é executar a instalação do SQL Server 2014 usando os novos discos CSV. Na verdade, os passos para a instalação do SQL Server 2014 com CSV são exatamente os mesmos que você já executou no Capítulo 9. No entanto, aproveitaremos este tópico para apresentar outro método para se executar a instalação do SQL Server 2014 em cluster, conhecido habitualmente como *Advanced Option*, que, embora não muito popular, pode ser uma boa estratégia de instalação para configurações com um grande número de nós.

Quando instalamos o SQL Server 2014 em cluster através do *Advanced Option* o processo de instalação é dividido em duas fases, chamadas *Preparation* e *Completion*. Como o próprio nome diz, a fase *Preparation* prepara os nós para que eles possam receber uma instância de SQL Server, mas nesse ponto não há ainda a instalação de uma instância propriamente dita. Concluída a execução da fase *Preparation* em todos os nós, escolhe-se então um dos nós do cluster para a execução da fase *Completion*, quando é então instalada a instância propriamente dita.

Veremos nos tópicos a seguir como esse processo funciona.

10.2.1 Execução da fase *Preparation*

Assim, estando logado no servidor SQLNODE1 com o usuário de domínio SQLNET\Administrator, execute a fase de preparação do Failover Cluster seguindo estes passos:

1) Abra um prompt de comando e execute o instalador utilizando o comando apresentado a seguir. Lembre-se de que com o parâmetro **/UpdateSource** o setup procurará por possíveis atualizações do SQL Server 2014 na pasta *SQL2014Updates* e as integrará à instalação.

   D:\ setup.exe /ACTION=PrepareFailoverCluster /UpdateSource=C:\SQL2014Updates

   Observe que na chamada do setup.exe o parâmetro */Action* é passado como *PrepareFailoverCluster*. Isso informa ao setup.exe que se trata de uma fase de preparação para um *Failover Cluster*.

   Caso você não queira instalar o SQL Server 2014 já integrando suas possíveis atualizações, basta executar o setup.exe com um duplo clique. Após alguns segundos será apresentada a janela *SQL Server Installation Center*, e em *Advanced* selecione a opção *Advanced cluster Preparation* como destacado na Figura 10.8.

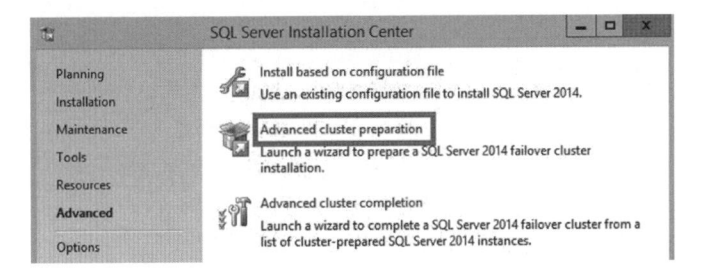

Figura 10.8 | Selecionando a opção *Cluster Preparation* no SQL Server Installation Center.

2) Após alguns segundos será apresentada a janela *Prepare a SQL Server Failover Cluster*. Então, na página *Product Key*, entre com o *Product Key* para o seu SQL Server, caso exista um, ou simplesmente clique em *Next* para prosseguir.

3) Na página *License Terms*, selecione a opção *I accept the license terms* e clique em *Next*.

4) Na página *Feature Selection* selecione a opção *Database Engine Services* como apresentado na Figura 10.9 e clique em *Next* para prosseguir.

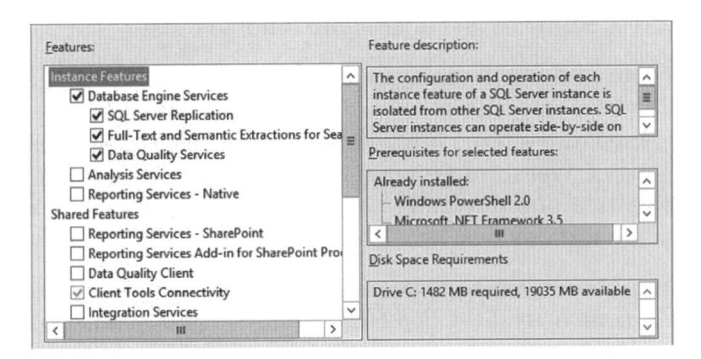

Figura 10.9 | Selecionando a feature *Database Engine Services*.

5) Na página *Instance Configuration* serão apresentadas as instâncias INST1 e INST2, já instaladas no Capítulo 9. Então, selecione a opção *Named Instance* e utilize o nome INST3 como apresentado na Figura 10.10, depois clique em *Next* para prosseguir.

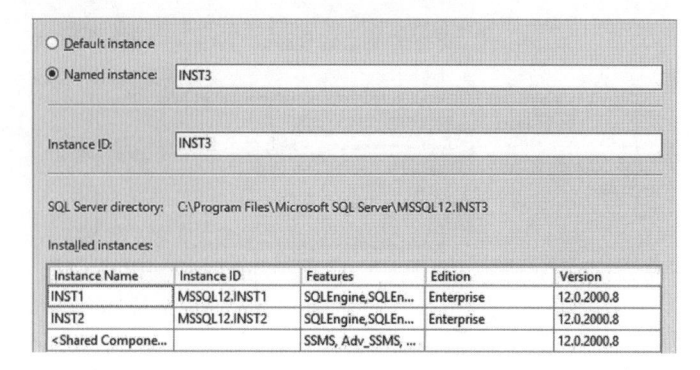

Instance Name	Instance ID	Features	Edition	Version
INST1	MSSQL12.INST1	SQLEngine,SQLEn...	Enterprise	12.0.2000.8
INST2	MSSQL12.INST2	SQLEngine,SQLEn...	Enterprise	12.0.2000.8
<Shared Compone...		SSMS, Adv_SSMS, ...		12.0.2000.8

Figura 10.10 | Informando o nome da instância do SQL Server.

6) Na página *Server Configuration*, informe o usuário de domínio *sqlnet\svc_sqlservice* como *Account Name* para os serviços do *SQL Server Agent* e *SQL Server Database Engine*. Depois clique em *Next*.

7) Na janela *Ready to Install*, reveja as informações para garantir que tudo está correto e clique sobre o botão *Install* para iniciar a instalação.

Você poderá acompanhar o progresso da instalação pela página *Installation Progress* e ao concluir basta clicar sobre o botão *Close*.

Uma vez concluída a instalação da fase *Preparation* no nó SQLNODE1, é preciso lembrar que antes de partir para a execução da fase *Completion* é necessário reexecutar a fase *Preparation* em todos os nós que compõem o cluster. Portanto, se você vier a implementar um *Failover Cluster* com quatro ou mais nós, isso significa que deverá reexecutar os passos 1 a 7 abordados anteriormente em cada um dos nós.

Assim, como nosso cluster possui apenas dois nós, efetue logon no nó SQLNODE2 com o usuário *SQLNET\Administrator* e reexecute os passos de 1 a 7. Fique atento no passo 5, pois você deverá utilizar exatamente o mesmo nome de instância, no caso, INST3.

10.2.2 Execução da fase *Completion*

Concluída a fase de preparação dos nós do cluster, é chegado o momento de executar a fase que se pode dizer mais delicada do processo – a *Completion*. Isso porque nessa fase é que ocorrerá a instalação propriamente dita da nova instância. É nessa fase que o setup criará os objetos dentro de uma nova Role no cluster e utilizará os discos *Cluster Shared Volumes* que configuramos no início deste capítulo.

Vale ressaltar que essa opção *Advanced* pode ser utilizada em qualquer instalação do SQL Server em cluster. A única ressalva é que quando ao utilizar *shared disks*, como os utilizados nas instalações do Capítulo 9, essa segunda fase deve ser obrigatoriamente executada no nó que for o *Owner node* dos discos que

serão utilizados durante o setup. Como para essa nossa instalação estaremos utilizando CSV e os discos CSV estão disponíveis para leitura e gravação em qualquer um dos nós do cluster, essa obrigatoriedade não se aplica.

No mais, lembre-se de que essa segunda fase trata de instalar a instância propriamente dita, então tenha em mãos um novo nome de rede (*Virtual Name*) e endereço IP para ser configurado para a nova instância de SQL Server. Para essa instalação usaremos o nome VSQLINST3 e o endereço IP 11.1.1.8.

Isso dito, acesse primeiramente o nó SQLNODE1 e inicie o setup do SQL Server 20014 como segue:

1) Abra um prompt de comando e execute o instalador utilizando o comando apresentado a seguir.

   D:\ setup.exe /ACTION=CompleteFailoverCluster

   Observe que na chamada do setup.exe o parâmetro /*Action* é passado como *CompleteFailoverCluster*. Isso informa ao setup.exe que se trata da fase final do processo de instalação do *SQL ServerFailover Cluster*. O parâmetro /*UpdateSource* também não precisa mais ser informado, uma vez que ele já foi executado na fase de preparação.

   Caso deseje, também pode executar o setup.exe com um duplo clique. Após alguns segundos será apresentada a janela *SQL Server Installation Center*, e em *Advanced* selecione a opção *Advanced cluster Completion* como destacado na Figura 10.11.

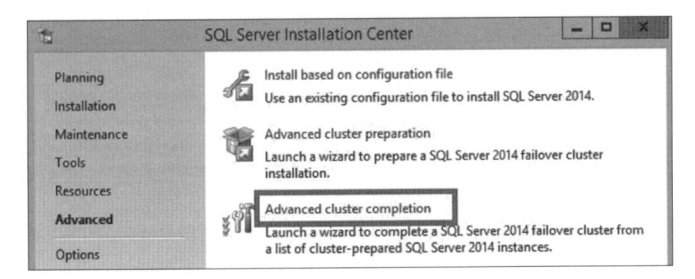

Figura 10.11 | Selecionando a opção Advanced cluster *Completion* no SQL Server Installation Center.

2) Após alguns segundos será apresentada a janela *Complete a SQL Server Failover Cluster*. Então, na página *Complete Failover Cluster Rules*, caso não seja encontrado nenhum erro durante a validação o botão *Next* estará habilitado e basta clicar sobre ele para prosseguir.

3) Na página *Cluster Node Configuration* você notará que o campo *SQL Server Instance Name* já estará preenchido com o nome de instância informado durante a fase de preparação dos nós. Então, neste momento basta informar qual será o nome de rede ou nome virtual para a instância. Para esta instalação utilize o nome VSQLINST3 conforme apresentado na Figura 10.12 e clique em *Next*.

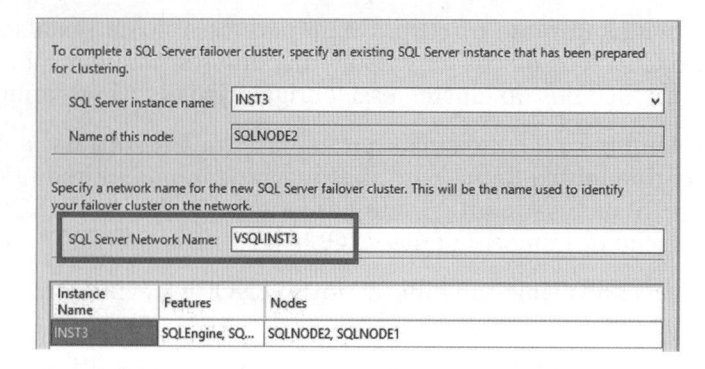

Figura 10.12 | Informando o nome de rede para a instância.

4) Na página *Cluster Resource Group*, em *SQL Server cluster resource group name* digite o nome VSQLINST3 conforme apresentado na Figura 10.13 e clique em *Next* para prosseguir. Na verdade, esse será o nome da Role no cluster em que o SQL Server colocará os recursos de nome de rede, endereço IP e dos serviços SQL Server e SQL Server Agent. Como a Role não foi criada previamente no cluster, o próprio setup do SQL Server irá criá-la durante a instalação.

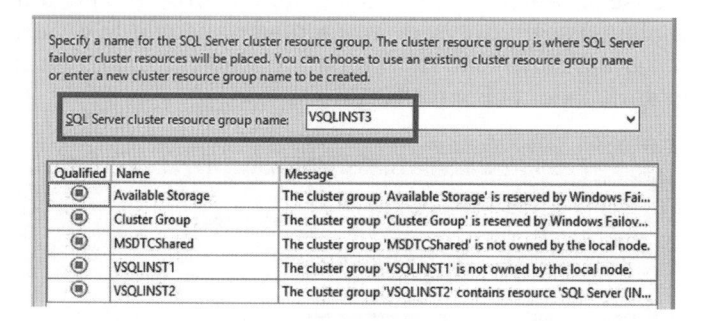

Figura 10.13 | Informando o nome do cluster Resource Group (Role) para o SQL Server.

5) Na página *Cluster Disk Selection* é chegado o momento de selecionar os discos que serão utilizados pela instância que está sendo instalada. Selecione os discos conforme apresentado na Figura 10.14 e clique em *Next*.

Note que esses são exatamente os discos CSV configurados no início deste capítulo. Do ponto de vista do cluster, esses não são verdadeiramente *shared disks*, no entanto, aparecem durante o setup como se fossem. Podemos dizer que essa é a mágica por trás do CSV.

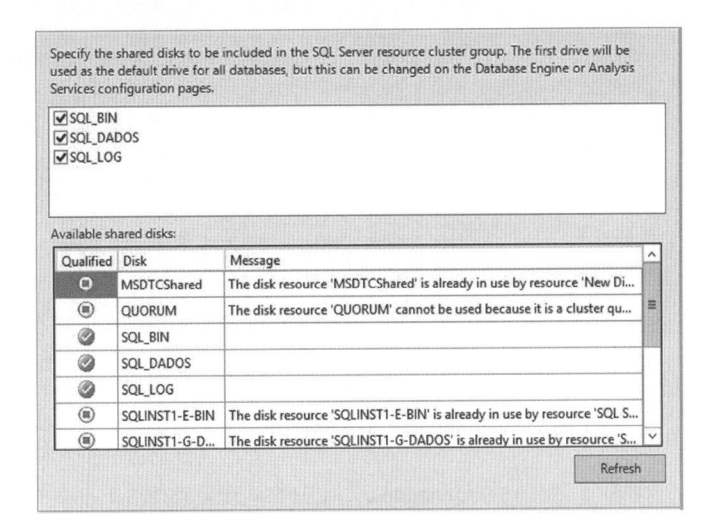

Figura 10.14 | Selecionando os discos CSV para o SQL Server.

6) Na página *Cluster Network Configuration* informe o endereço IP a ser utilizado pela instância do SQL Server. Para esta instalação, entre com o IP 11.1.1.8 e clique em *Next* para prosseguir.

7) Na página *Server Configuration*, clique sobre o botão *Customize...* e selecione a collation *SQL_Latin1_General_CP1_CI_AI*. Depois clique em *Next* para prosseguir.

8) Na página *Database Engine Configuration* selecione o modo de autenticação como *Mixed Mode* e informe uma senha para o login **sa**. Depois clique sobre o botão *Add Current User* para adicionar o usuário *SQLNET\Administrator* como um administrador do SQL Server. Ainda na página Database Engine Configuration, selecione a guia Data Directories e efetue a configuração dos discos para User database directory e User database log directory, como apresentado na Figura 10.15. Porém, antes de selecionar os discos, crie as pastas \DADOS e \LOG nos respectivos discos C:\ClusterStorage\SQL_DADOS e C:\ClusterStorage\SQL_LOG. Por fim, clique em Next para prosseguir. Observe que esses são exatamente os discos CSV que estão em verdade mapeados como *mount points* na pasta *C:\ClusterStorage*. Como para essa instância não foram alocados discos específicos para o tempdb e também para backup, mantenha-os no caminho *default* no *C:\ClusterStorage\SQL_BIN*.

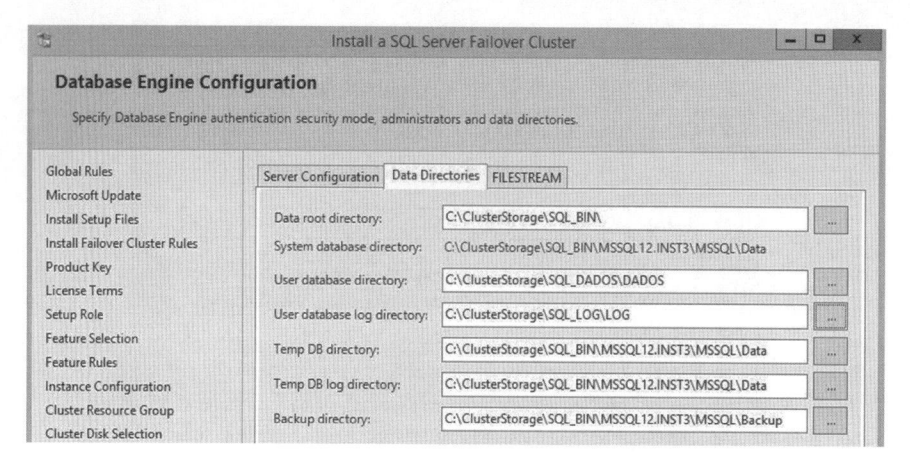

Figura 10.15 | Selecionando os discos CSV para o SQL Server.

9) Na janela *Ready to Install*, reveja as informações para garantir que tudo está correto e clique sobre o botão *Install* para iniciar a instalação. Você poderá acompanhar o progresso da instalação pela página *Installation Progress* e ao concluir basta clicar sobre o botão *Close*.

Concluída a execução desta segunda fase, todos os nós em que foi executada a fase de preparação serão automaticamente incluídos como parte do *SQL Server Failover Cluster* e o setup da instância no cluster estará concluído.

Ao abrir o Windows Explorer nos nós SQLNODE1 e SQLNODE2 você verá a estrutura de pastas da instância criadas no disco CSV *C:\ClusterStorage\SQL_BIN* de ambos os nós, como apresentado na Figura 10.16.

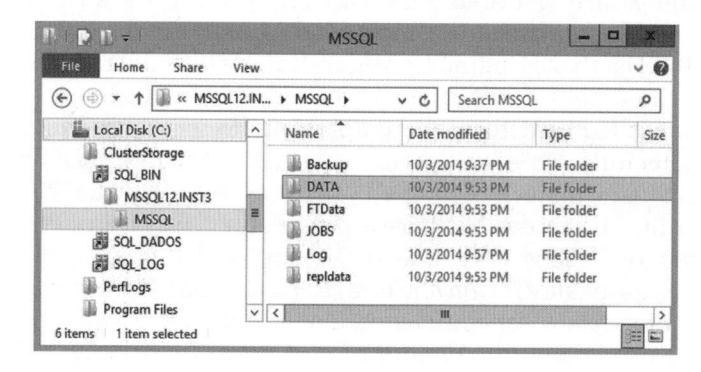

Figura 10.16 | Pastas das instalações da instância criada no disco CSV.

Uma significativa mudança no uso do CSV também ocorre nos recursos de cluster para a instância instalada. Ao abrir a ferramenta *Failover Cluster Manager,* você notará que uma nova Role (VSQLINST3) foi criada no cluster e que, diferentemente das Roles VSQLINST1 e VSQLINST2 que estão usando os *shared disks* tradicionais, a VSQLINST3 não possui os recursos de discos (*Storage*).

Isso acontece porque com o uso do CSV não existe mais uma dependência do SQL Server pelos discos. Agora eles estão locais em cada servidor, e, mesmo que algum problema de acesso aos discos aconteça em um dos nós, a leitura e gravação dos dados serão garantidas via SMB 3.0 através do *Coordinator Node.* Vale ressaltar que sem indisponibilidade para o SQL Server.

Na Figura 10.17 temos uma representação de como devem estar os recursos no cluster neste momento. Para garantir que tudo está funcionando como esperado, execute um Failover da Role VSQLINST3 para o nó SQLNODE1 e volte-a para o nó SQLNODE2. Então siga em frente e crie alguns bancos de dados na instância VSQLINST3\INST3, acompanhando depois o armazenamento dos arquivos nos discos e fazendo novos Failovers.

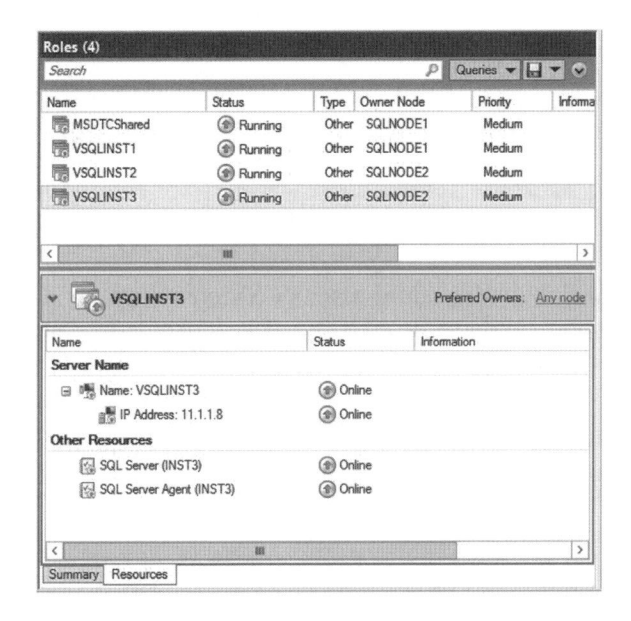

Figura 10.17 | Recursos da instância VSQLINST3\SQLINST3 sem os recursos de discos.

Com isso, concluímos este tópico sobre SQL Server Failover Cluster usando discos CSV. Sem dúvida uma excelente feature e que, pelo que observamos, provê grandes vantagens quando comparada à utilização tradicional de *shared disks*. Dentre elas, algumas que podemos citar são:

a) Acaba com a limitação de letras em ambientes com múltiplas instâncias SQL Server em cluster, uma vez que os CSVs são montados como mount points sob *C:\ClusterStorage*.

b) Não existe limite para o número de mount points CSV.

c) Melhor planejamento de capacidade e utilização dos discos, uma vez que é possível instalar ou consolidar múltiplas instâncias em um mesmo disco CSV.

d) Acaba com a necessidade de alocação de um conjunto de discos dedicados para cada instância SQL Server em um cluster.

e) Tolerância a falhas de discos, uma vez que, em caso de falhas no acesso direto à storage por um dos nós do cluster, os I/Os gerados pelo SQL Server são redirecionados via rede para o *Coordinator Node* usando SMB 3.0. Toda essa atividade é transparente para o SQL Server.

f) Redução do tempo de Failover de uma instância, uma vez que como todos os nós possuem acesso de leitura e gravação nos discos não existe mais a necessidade do cluster de desmontar e remontar os discos na ocorrência de um Failover.

g) Melhor gerenciamento dos discos, uma vez que eles estão acessíveis em todos os nós do cluster.

h) Execução de Chkdsk sobre discos CSV com reparação dos discos sem afetar a disponibilidade do SQL Server, a partir do Windows Server 2012. Mais informações sobre as melhorias do Chkdsk no Windows Server 2012 podem ser lidas no documento *NTFS Health and Chkdsk*[46].

E é por todas essas vantagens que esperamos poder ver discos CSVs sendo utilizados com maior frequência em ambientes SQL Server.

---

46 Disponível em: <http://technet.microsoft.com/en-us/library/hh831536.aspx>. Acesso em: 1 dez. 2014.

Prática

1) Em qual versão do SQL Server é suportada a utilização de discos CSV em ambientes FCI?

   a.   SQL Server 2008.

   b.   SQL Server 2008 R2.

   c.   SQL Server 2012.

   d.   SQL Server 2014.

2) Com o uso de CSV, o que acontece quando um dos nós do cluster perde o acesso direto aos discos?

   a.   A instância de SQL Server rodando sobre o nó fica indisponível.

   b.   O servidor é reiniciado.

   c.   O tráfego de dados gerados sobre os discos é redirecionado via SMB 3.0 para o *Coordinator Node*.

   d.   Todas as alternativas anteriores estão corretas.

3) Selecione três vantagens da utilização de discos CSVs em ambientes FCI quando comparados ao uso tradicional com *shared storage*.

   a.   Redução do tempo de Failover.

   b.   Acaba com a necessidade de alocação de conjunto de discos dedicados para cada instância.

   c.   Provê tolerância a falhas de acesso aos discos pelos nós.

   d.   Os discos não são mais associados a um *Owner node* e assim estão disponíveis para leitura e gravação em todos os nós.

4) Em quais fases é dividida a instalação de uma instância de SQL Server em cluster quando se utiliza a opção *Advanced Option*?

   a.   Prepare e Complete.

   b.   *Preparation* e *Completion*.

   c.   Start e End.

   d.   *Preparation* e Completation.

5) Cite uma mudança que ocorre nos recursos de discos no cluster quando se compara o uso de discos CSVs ao uso dos *shared disks* tradicionais.

a. Existe dependência do SQL Server apenas para o disco C:\.

b. Os discos CSVs não são criados como recursos na Role do SQL Server e não existe mais uma dependência do SQL Server pelos discos.

c. Os discos CSVs não precisam ser validados pelo cluster.

d. Nenhuma das alternativas anteriores.

Desinstalação da Instância SQL Server do Cluster

Ao administrar um ambiente de alta disponibilidade com AlwaysOn Failover Cluster Instances, muitas vezes é preciso, além de instalar, também remover instâncias SQL Server de um cluster.

A necessidade de desinstalação de uma instância clusterizada do SQL Server pode se dar por vários motivos, dois dos quais bastante comuns são:

a) O nó precisa ser removido do cluster, seja por problemas físicos e irreparáveis ou simplesmente por questão de desativação.

b) Realocação do nó entre clusters, ou reutilização do mesmo sem que o sistema operacional precise ser reinstalado.

No primeiro caso a solução é bastante simples estando no Failover Cluster Manager, basta clicar com o botão direito do mouse sobre o nó a ser removido e executar um Evict do mesmo, selecionando as opções *More Actions* e depois *Evict*. Nesse caso muito provavelmente o servidor será formatado e reinstalado, então tudo pode ser perdido e refeito do zero.

No segundo caso, quando normalmente se pretende reutilizar o servidor sem a reinstalação do sistema operacional, é importante que a instância do SQL Server seja removida de forma adequada do nó para evitar problemas com futuras instalações do SQL Server.

Neste capítulo abordaremos então todos os passos necessários para remover com segurança uma instância SQL Server de um cluster. A princípio pode parecer assustador remover uma instância SQL Server do cluster, mas como você verá o processo é bastante simples. Assim como na instalação de uma instância em cluster, em que o processo completo ocorre em duas fases, o processo de remoção de uma instância em cluster também deve ser executado em duas fases como se segue:

1) **Remover os nós passivos da instância:** nesta fase você deve identificar em qual nó do cluster a instância SQL Server a ser removida está em execução – o *owner node* da instância. Depois, executar o setup do SQL Server com a opção *RemoveNode* em todos os nós em que a instância não está em execução – os nós passivos, removendo os nós da instância em questão. É importante observar que ao remover o nó da instância você ainda não está removendo a instância propriamente dita, mas apenas removendo os binários da instância em questão do respectivo nó.

É importante observar ainda que em um ambiente *multi-instances* o nó passivo para determinada instância pode ser o nó ativo de outra instância, portanto é preciso estar atento no momento da remoção da instância e identificar todos os nós passivos da instância a ser removida. Usando como exemplo a Figura 11.1, na qual temos um AlwaysOn Failover Cluster Instances com três nós e três instâncias de SQL Server, na Tabela 11.1 temos então a determinação dos nós ativos e passivos para cada instância.

Figura 11.1 | Multi-instances AlwaysOn Failover Cluster Instances.

Considerando então que para o exemplo da Figura 11.1 a instância a ser removida seja a instância VSQLINST2\INST2, é preciso primeiramente executar o setup do SQL Server com a opção *RemoveNode* nos nós SQLNODE1 e SQLNODE3 removendo esses nós da instância INST2.

Tabela 11.1 | Relação de nós ativos para cada instância

Instância / Nó	SQLNODE1	SQLNODE2	SQLNODE3
VSQLINST1\INST1	Ativo	Passivo	Passivo
VSQLINST2\INST2	Passivo	Ativo	Passivo

Instância / Nó	SQLNODE1	SQLNODE2	SQLNODE3
VSQLINST3\INST3	Passivo	Passivo	Ativo

2) **Remover o nó ativo da instância:** após executar o setup em todos os nós passivos removendo-os da instância, esta ainda estará em execução no nó ativo. Então, executa-se novamente o setup do SQL Server com a opção *RemoveNode*, dessa vez no nó ativo, removendo assim definitivamente a instância SQL Server do cluster.

Neste capítulo abordaremos esses dois passos para remover a instância VSQLINST2\INST2 do cluster montado em nosso laboratório. Porém, antes de prosseguir, é importante destacar alguns pontos:

1) Para remover uma instância SQL Server do cluster você precisa estar logado no servidor com uma conta de usuário que seja administrador local em todos os nós do cluster.

2) Se por qualquer motivo o componente *SQL Server Native Client* (SNAC) for desinstalado, os recursos do SQL Server no cluster irão falhar ao inicializar. Para reinstalar o *SQL Server Native Client,* execute o instalador do SQL Server para que sejam reinstalados os pré-requisitos ou reinstale o SNAC individualmente.

3) Antes de remover a instância, certifique-se da necessidade de backup ou não dos bancos de dados. Se necessário, execute backup dos bancos de dados, incluindo os bancos de dados de sistemas (master, model e msdb) do SQL Server.

4) Ao remover uma instância que possui dois ou mais recursos de endereços IP, você deverá remover o endereço IP adicional diretamente no cluster usando a ferramenta *Failover Cluster Administration*.

Isso dito, podemos então prosseguir com a remoção da instância.

11.1 Removendo os nós passivos da instância SQL Server

Nesse tópico seguiremos o passo-a-passo para remover uma instância SQL Server de um cluster. Para abordarmos a parte prática, executaremos a remoção da instância VSQLINST2\INST2 do cluster montado em nosso laboratório.

Assim, se você executou corretamente todos os passos descritos nos Capítulos 9 e 10, neste momento a disposição das instâncias deve estar como apresentado na Figura 11.2.

Caso você não tenha executado a instalação da instância VSQLINST3\INST3 abordada no Capítulo 10, garanta que nesse momento a instância VSQLINST2\INST2 esteja em execução no nó SQLNODE2.

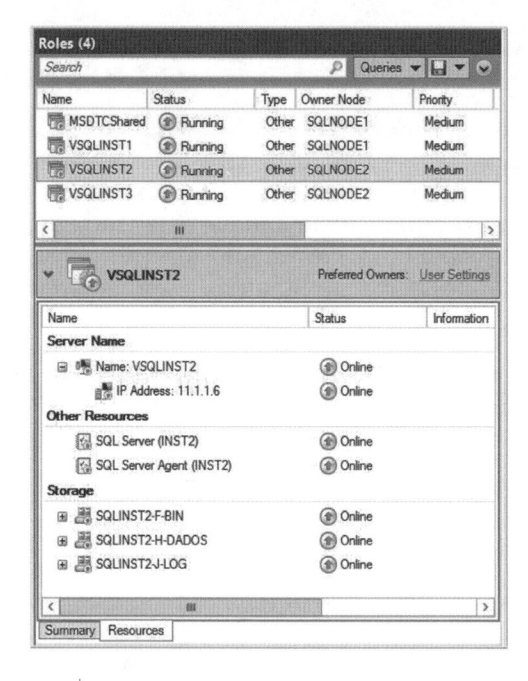

Figura 11.2 | Disposição das instâncias no cluster do laboratório.

Isso feito, temos que no momento a instância a ser removida está em execução no nó SQLNODE2, tendo então como nó passivo o nó SQLNODE1. Então efetue logon no servidor SQLNODE1 usando o usuário de domínio SQLNET\Administrator e execute os passos conforme descrito a seguir:

1) Abra um prompt de comando e execute o instalador utilizando o comando apresentado a seguir.

D:\ setup.exe /ACTION=RemoveNode

Caso deseje, você também pode executar o setup.exe com um duplo clique. Após alguns segundos será apresentada a janela *SQL Server Installation Center*, e em *Maintenance* selecione a opção *Remove node from a SQL Server Failover Cluster* como destacado na Figura 11.3.

Figura 11.3 | Selecionando a opção para remover um nó do cluster.

2) Após alguns segundos será apresentada a janela *Remove a Failover Cluster Node*. Então, na página *Cluster Node Configuration*, no campo *SQL Server instance name* selecione a instância a ser removida e clique em *Next* para prosseguir. Em nosso exemplo, selecione a instância INST2 como apresentado na Figura 11.4. Observe que neste exemplo estamos removendo a instância nomeada INST2. No entanto, caso em um mundo real você pretenda remover uma instância default, esta aparecerá como *MSSQLSERVER*. É importante ficar atento também à coluna *Cluster Network Name* para garantir que o *Instance Name* selecionado corresponde ao nome de rede correto da instalação de SQL Server que está sendo removida.

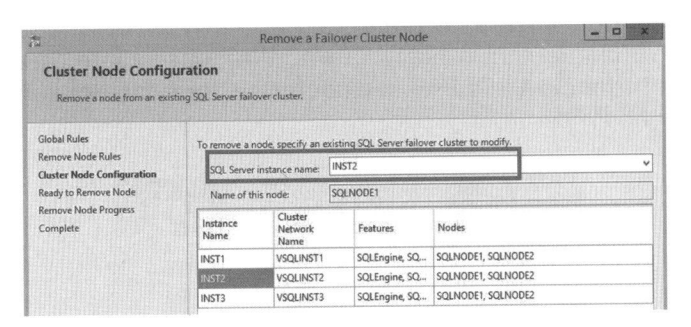

Figura 11.4 | Selecionando a instância a ser removida.

3) Na página *Ready to Remove Node*, reveja as opções do setup e estando tudo correto clique sobre o botão *Remove* para iniciar o processo de remoção do nó. Esse processo pode ser acompanhado pela página *Remove Node Progress* conforme apresentado na Figura 11.5.

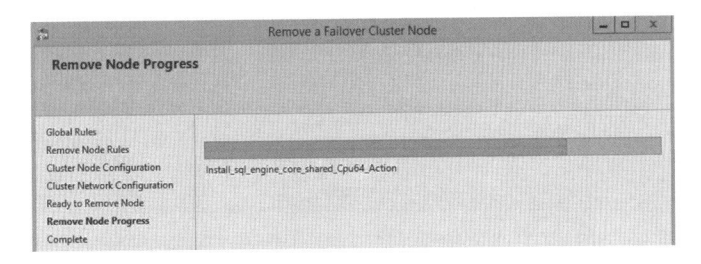

Figura 11.5 | Selecionando a instância a ser removida.

Ao concluir o processo, você verá o resultado da remoção do nó na página *Complete*, conforme apresentado na Figura 11.6.

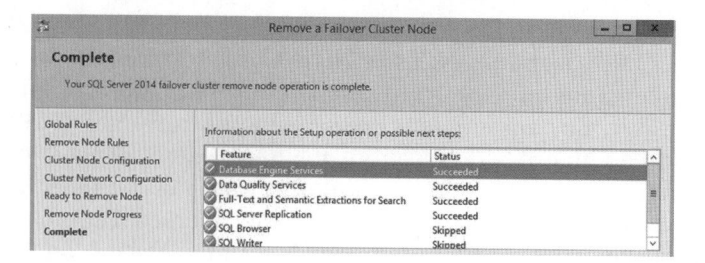

Figura 11.6 | Conclusão do processo de remoção do nó da instância SQL Server.

Neste momento, abra a ferramenta *Failover Cluster Manager* e na Role VSQLINST2 clique com o botão direito do mouse sobre o recurso de nome de rede da instância VSQLINST2 e conforme apresentado na Figura 11.7 selecione a opção *Properties*.

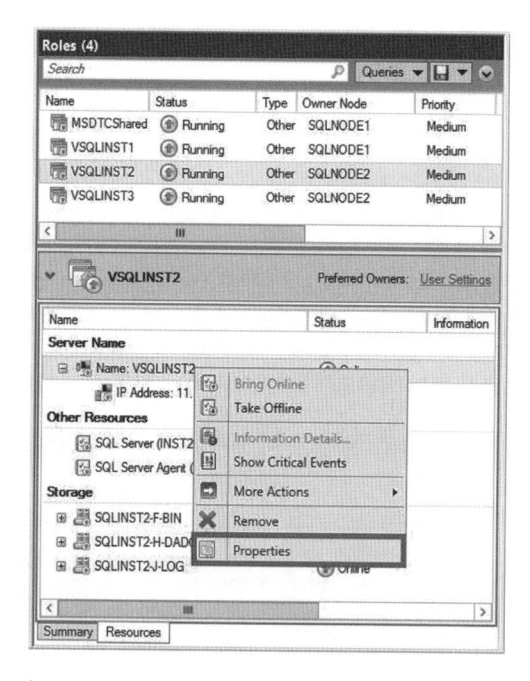

Figura 11.7 | Acessando as propriedades do recurso de nome da instância.

Então, conforme se pode observar na Figura 11.8, na guia *Advanced Policies* o nó SQLNODE1 não consta mais como um *Possible Owner* para a instância VSQLINST2\INST2, comprovando que a remoção do nó SQLNODE1 foi concluída com sucesso.

Uma vez concluída a remoção do nó, caso existam outros nós passivos para a instância que está sendo removida, os passos de 1 a 3 devem ser reexecutados em todos os demais nós, e somente após a remoção de todos os nós passivos deve-se partir para a remoção do nó ativo para a instância.

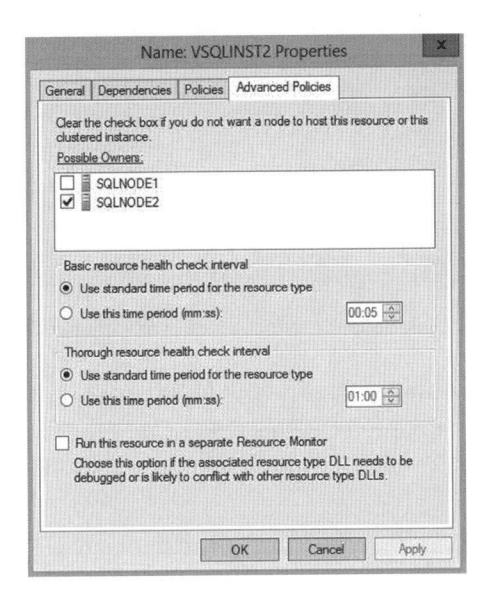

Figura 11.8 | SQLNODE1 removido da instância.

Para o nosso laboratório, a remoção do nó SQLNODE1 conclui a remoção de todos os nós passivos para instância VSQLINST2\INST2. Então, podemos seguir para o próximo tópico, quando serão executadas a remoção do nó ativo e consequentemente a remoção propriamente dita da instância do cluster.

11.2 Removendo o nó ativo da instância SQL Server

Uma vez concluída a remoção de todos os nós passivos da instância SQL Server que está sendo desinstalada, é chegado o momento de executar a remoção do nó em que a instância estiver ativa.

No caso do nosso laboratório, o único nó restante para a instância VSQLINST2\INST2 é o nó SQLNODE2, onde ela está ativa. Assim, efetue logon na console do servidor SQLNODE2 usando o usuário de domínio SQLNET*Administrator* e execute os passos conforme descritos a seguir.

1) Abra um prompt de comando e execute o instalador utilizando o comando apresentado a seguir:

D:\ setup.exe /ACTION=RemoveNode

Caso deseje, você também pode executar o setup.exe com um duplo clique. Após alguns segundos será apresentada a janela *SQL Server Installation Center*, e em *Maintenance* selecione a opção *Remove node from a SQL Server Failover Cluster* como destacado na Figura 11.9.

Desinstalação da Instância SQL Server do Cluster

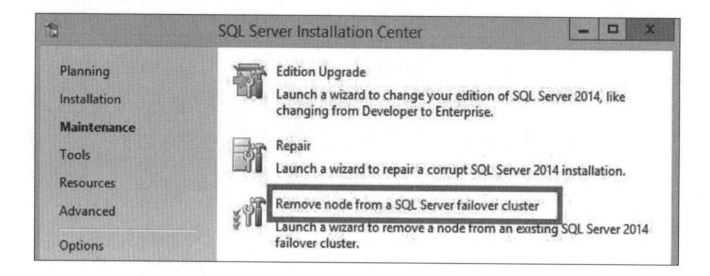

Figura 11.9 | Selecionando a opção para remover um nó do cluster.

2) Após alguns segundos será apresentada a janela *Remove a Failover Cluster Node*. Então, na página *Cluster Node Configuration*, no campo *SQL Server instance name*, selecione a instância a ser removida e clique em *Next* para prosseguir.

Em nosso exemplo, selecione a instância INST2 como apresentado na Figura 11.10 e observe que neste momento a instância INST2 existe apenas no nó SQLNODE2.

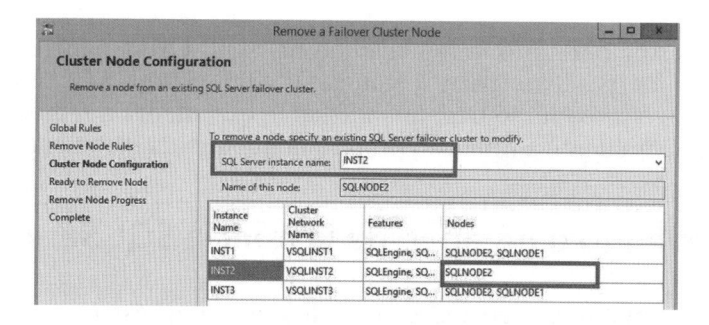

Figura 11.10 | Selecionando a instância a ser removida.

3) Na página *Ready to Remove Node*, reveja as opções do setup e estando tudo correto clique sobre o botão *Remove* para iniciar o processo de remoção do nó ativo.

Após alguns segundos você verá o resultado da remoção do nó na página *Complete*. Então, clique em *Close* para fechar a janela, e se neste momento você acessar a ferramenta *Failover Cluster Manager* notará que a Role VSQLINST2 bem como todos os seus recursos foram removidos do cluster.

Se você tiver executado todos os passos corretamente, seu *Failover Cluster Manager* deverá estar similar ao apresentado na Figura 11.11, sem a presença da Role VSQLINST2.

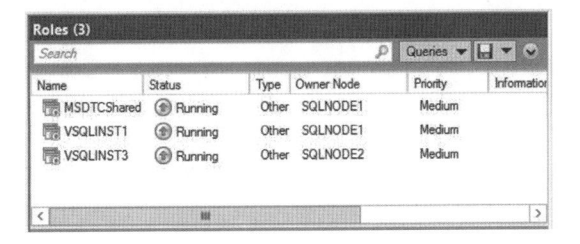

Figura 11.11 | Roles no *Failover Cluster Manager* após a remoção da instância VSQLINST2\INST2.

Agora você deve estar se perguntando: Mas o que aconteceu com os discos que estavam sendo utilizados pela instância? Uma vez que a Role foi removida, os discos voltaram a ficar disponíveis para o cluster e foram atribuídos à Role *Available Storage*, como pode ser visto na Figura 11.12. A partir desse ponto eles podem ser reutilizados em outras Roles do cluster, ser utilizados por uma nova *SQL Server Failover Cluster Instance* ou simplesmente ser removidos do cluster (botão direito do mouse sobre o disco e selecionar a opção *Remove*).

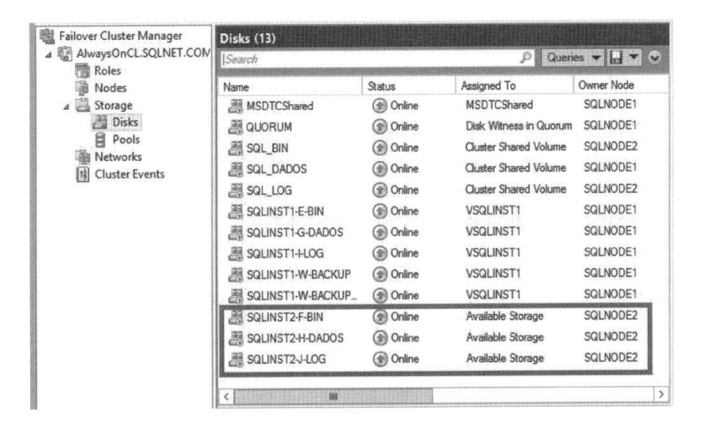

Figura 11.12 | Roles no *Failover Cluster Manager* após a remoção da instância VSQLINST2\INST2.

Como você pôde acompanhar, o processo de remoção ou desinstalação de uma instância SQL Server de um Failover Cluster é tão simples quanto a instalação. O segredo está em primeiramente remover todos os nós passivos da instância que está sendo desinstalada e, uma vez isso concluído, executar o setup no nó ativo, removendo definitivamente a instância e todos os recursos a ela associados no cluster.

1) Quais são as fases envolvidas no processo de desinstalação de uma instância SQL Server de um cluster?

   a. Remover primeiramente todos os nós passivos e depois remover o nó em que a instância estiver ativa.

   b. Executar a desinstalação primeiramente no nó ativo e depois nos nós passivos.

   c. Executar a desinstalação apenas no nó ativo. Os nós passivos serão removidos automaticamente.

   d. Nenhuma das alternativas anteriores.

2) Qual comando pode ser executado no *Failover Cluster Manager* para remover um nó do cluster quando este precisar ser totalmente reinstalado?

   a. Drop.

   b. Evict.

   c. Uninstall.

   d. Nenhuma das alterativas anteriores.

3) Ao executar o setup do SQL Server pelo prompt de comando, qual parâmetro deve ser utilizado para sinalizar ao instalador do SQL Server a remoção de uma instância?

   a. DropNode.

   b. EvictNode.

   c. RemoveNode.

   d. Nenhuma das alterativas anteriores.

4) Ao remover uma instância SQL Server do cluster, o que acontece com os discos até então utilizados pela instância?

   a. São formatados automaticamente pelo Windows.

   b. Voltam para a Role *Available Storage*.

   c. São removidos do cluster.

   d. São removidos do servidor.

5) Para remover uma instância do cluster qual a permissão requerida para o usuário que esta executando a remoção?

   a. Sysadmin.

   b. Usuário do domínio.

   c. Administrador local em cada nó do cluster.

   d. Nenhuma das alternativas anteriores.

Solução de Problemas do Failover Cluster

O *WSFC* é uma solução de alta disponibilidade. Com ele construímos soluções de alta disponibilidade, buscando prover ao ambiente a maior disponibilidade possível, seja em problemas com falhas de hardware ou software. No entanto, sabemos que problemas acontecem e, nessas horas, é muito importante saber onde buscar informações que ajudem na solução dos problemas.

Tanto o Windows quanto o próprio SQL Server possuem várias fontes de log, que podem auxiliar na busca de informações para a solução de um problema, e neste capítulo abordaremos como solucionar alguns erros comuns usando tais fontes.

12.1 Solucionando problemas do WSFC

Como visto no Tópico 6.2, durante o processo de criação de um cluster, um dos principais requisitos é a execução da etapa de validação do cluster. Para evitar futuros problemas ou incompatibilidades, é recomendada a execução desse teste de validação a cada alteração no cluster, ou seja, ao adicionar um novo disco, novo recurso clusterizado (outra instância, MSDTC etc.).

No artigo *Use Validation Tests for Troubleshooting a Failover Cluster*[47] é possível obter uma visão completa de como o *Validatition a Configuration Wizard* pode ser usado para solucionar problemas no cluster.

Mas, mesmo com o *Validation a Configuration Wizard* erros podem ocorrer em nosso cluster, e uma das principais ferramentas que o *Windows Server* utiliza para registrar os erros que potencialmente podem estar afetando o cluster é o *Event Viewer*. O *Failover Cluster Manager*, no entanto, também possui seus próprios mecanismos para filtrar e mostrar os erros registrados nos logs.

O *Event Viewer* armazena logs de todas as atividades do *Cluster* como falhas de recursos, Failover de recursos, falhas de inicialização de serviços, falhas de discos etc.., e você pode acessá-lo através dos passos descritos a seguir:

1) Abra a janela *Run* pressionando as teclas ⊞ + R (tecla com o símbolo do Windows + R) e digite **eventvwr.msc** no campo *Open* conforme apresentado na Figura 12.1. Depois clique sobre o botão *OK*.

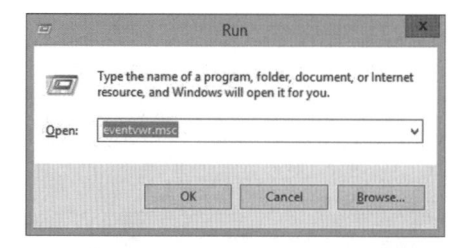

Figura 12.1 | Executando o *Event Viewer* através do RUN.

2) Será então aberta a janela do *Event Viewer*, conforme pode ser visto na Figura 12.2.

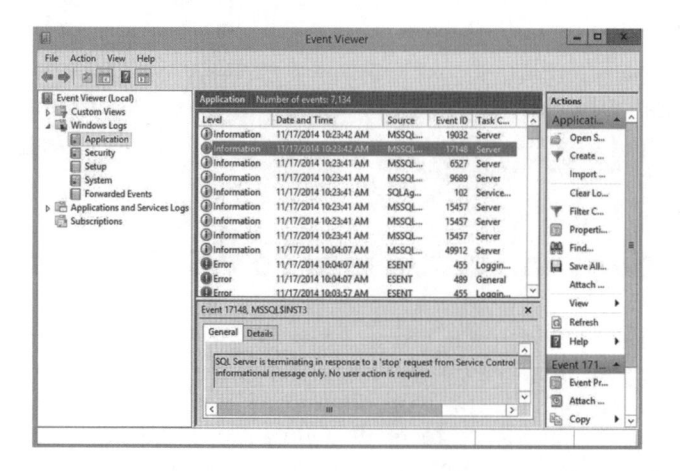

Figura 12.2 | Janela do *Event Viewer*.

47   Disponível em: <http://technet.microsoft.com/library/cc770807.aspx>. Acesso em: 10 dez. 2014.

Quando enfrentamos algum problema no *Cluster* ou mesmo no *Windows* ou aplicações como o *SQL Server*, o *Event Viewer* é uma das principais ferramentas ou caminho mais rápido para identificar erros que possam ser causados tanto no nível de sistema quanto de aplicação.

12.1.1 Etapas básicas para solucionar problemas com o WSFC

Não existe uma regra específica para se analisar ou pesquisar os eventos de erros no *Event Viewer*. Tudo depende muito da origem do problema. No entanto, no geral podemos dizer que para investigar ou pesquisar por erros causados no *WSFC* com SQL Server FCI pode-se seguir esta estratégia de investigação.

1) **Hardware:** no *Event Viewer*, em *Windows Logs*, analise os logs na pasta *System*.

2) **Sistema operacional ou aplicações:** no *Event Viewer*, em Windows Logs, analise os logs nas pastas *System* e *Application*.

3) **Rede:** no *Event Viewer*, em *Windows Logs*, analise os logs nas pastas *System* e *Application*. Execute testes de conexões em todas as placas de redes e verifique também as configurações de seu firewall.

4) **Segurança:** no *Event Viewer*, em *Windows Logs*, analise os logs nas pastas *Application* e *Security*.

5) **WSFC:** no *Event Viewer*, em *Windows Logs*, analise os logs nas pastas *System*, *Application*.

6) **SQL Server:** faça as validações comuns para instalações novas e de novos hardwares, sistemas operacionais, Rede e Segurança. No próximo tópico abordaremos em detalhes a investigação de problemas com SQL Server em FCI.

O *Event Viewer* também possui quatro pastas com eventos relacionados especificamente ao cluster, que em verdade é específico para o nó que está sendo analisado. Para acessar essas pastas no *Event Viewer*, basta expandir o item **Applications and Services Logs**, depois **Microsoft** e navegar nas quatro pastas iniciadas pelo nome **FailoverClustering** conforme apresentado na Figura 12.3.

No mais, você também pode verificar os eventos de erros ou alertas gerados no cluster acessando os logs diretamente da ferramenta Failover Cluster Mangager. Nela, ao clicar sobre o nome do cluster você terá informações sobre os erros e alertas mais recentes que ocorreram no cluster, conforme apresentado na Figura 12.4.

Solução de Problemas do Failover Cluster

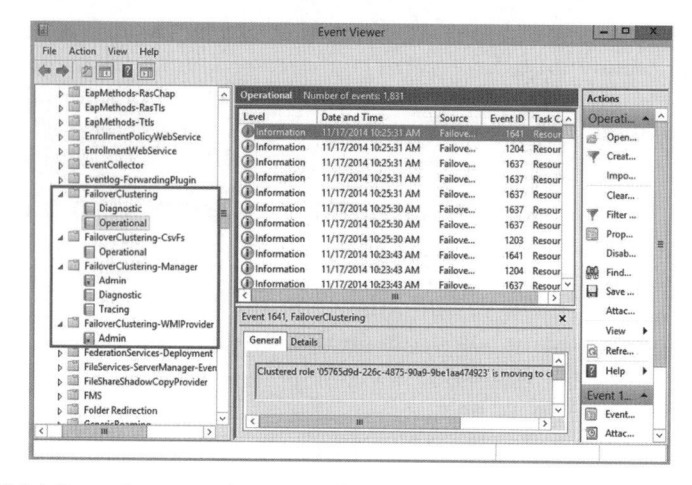

Figura 12.3 | Grupo de captura de eventos dedicados ao *Failover Cluster* no *Event Viewer*.

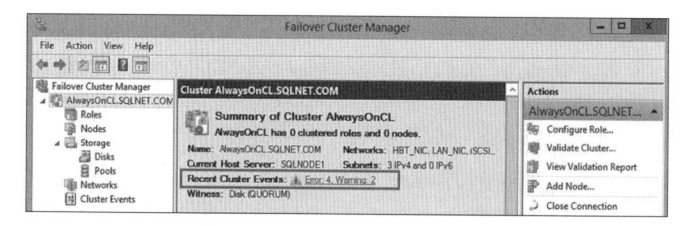

Figura 12.4 | *Failover Cluster Manager* apresentando os erros e alertas mais recentes no cluster.

Ao clicar então sobre o link que indica a quantidade de erros e alertas será possível avaliar com mais detalhes os erros e tentar identificar suas causas.

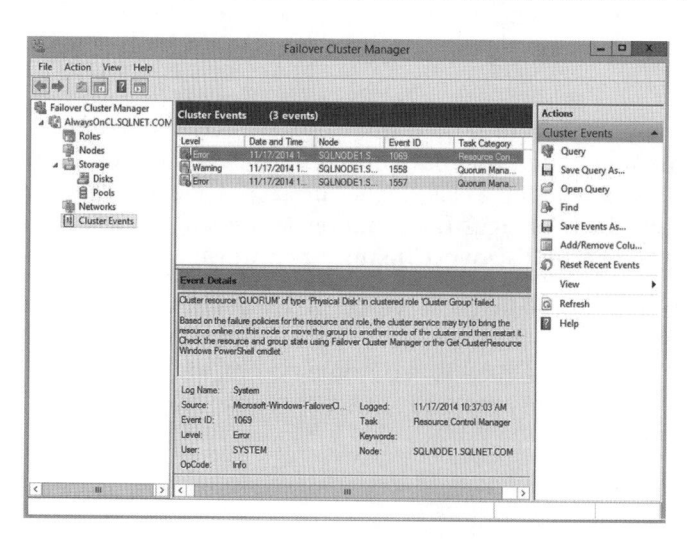

Figura 12.5 | Erros e alertas gerados no cluster sendo apresentados no Failover Cluster Manager.

12.1.2 Obtendo e entendendo o ClusterLog

Além das ferramentas já citadas, outra maneira de você analisar ou fazer troubleshooting sobre problemas que acontecem no cluster é analisando o arquivo de log do cluster, popularmente chamado de *clusterLog*.

O clusterlog é sem dúvida uma das melhores fontes para se diagnosticar possíveis causas de erros que acontecem em um cluster. Muitas vezes usada em conjunto com o *Event Viewer*, enquanto o *Event Viewer*, na maioria das vezes ajudará você a diagnosticar e apontar o problema, o clusterlog ajudará a achar a causa raiz do problema. Por isso que saber gerar, ler e interpretar o clusterlog é um dos principais pontos quando falamos em troubleshooting de ambiente cluster.

Para gerar o arquivo de log de um cluster você deve utilizar o comando PowerShell **Get-Clustelog** conforme exemplificado a seguir:

```
PS C:\Users\Administrator.SQLNET\Get-Clusterlog
```

Ao executar o comando **Get-Clusterlog**, será apresentado o seguinte resultado e o arquivo de log (Cluster.log) será gerado na pasta *Reports* em cada nó do cluster no caminho *%windir%\Cluster\Reports*, em que por padrão %windir%\ aponta para C:\Windows.

```
Mode            LastWriteTime       Length  Name
----            -------------       ------  ----
-a---           11/17/2014  2:45 PM 154373446 Cluster.log
-a---           11/17/2014  2:46 PM 147752864 Cluster.log
```

Caso deseje centralizar os arquivos de log de todos os nós em uma única pasta, você pode usar o parâmetro *–Destination* para informar a pasta na qual quer que os arquivos de log de cada nó sejam salvos. No exemplo a seguir, os arquivos dos dois nós (SQLNODE1 e SQLNODE2) são salvos na pasta C:\temp de cada nó.

```
PS C:\Users\Administrator.SQLNET\Get-Clusterlog –Destination C:\temp
```

```
Mode            LastWriteTime       Length  Name
----            -------------       ------  ----
-a---           11/17/2014  2:51 PM 154373446 SQLNODE1.SQLNET.COM_cluster.log
-a---           11/17/2014  2:52 PM 147752864 SQLNODE2.SQLNET.COM_cluster.log
```

Solução de Problemas do Failover Cluster

Ao realizar troubleshooting com o clusterlog, alguns pontos que você deve também ter em mente são os seguintes:

O clusterlog é único para cada nó do cluster

II Portanto, se um destinado nó recebeu um erro devido a qualquer falha (física ou lógica) devemos analisar o clusterlog do nó em específico.

Explorado por timestamp

II Analisar um clusterlog não é uma tarefa simples se você não sabe qual foi o horário do erro. Então, utilize o *Event Viewer* para localizar os erros e os horários em que eles ocorreram e depois aprofunde-se na pesquisa da causa batendo os horários no clusterlog.

II O clusterlog considera o horário GMT, portanto você deve calcular o seu fuso horário e adicionar ou reduzir do horário GMT 0. A partir do Windows Server 2012 ou Windows Server 2012 R2 podemos utilizar o parâmetro *–UseLocalTime* no comando PowerShell para gerar o cluster-log considerando o horário local. Isso facilita muito a correlação com os horários apontados no *Event Viewer*.

II Caso queira obter apenas uma parte das entradas mais recentes do clusterlog, utilize o parâmetro *–TimeSpan*<minutos>, em que <minutos> indica os últimos minutos de log desejado.

Você pode conhecer outros parâmetros disponíveis no comando *Get-ClusterLog* acessando o documento *Get-ClusterLog*[48].

Ao abrir o arquivo de log no bloco de notas, você verá um arquivo com a estrutura como a apresentado a seguir. Na Figura 12.6 tem-se um exemplo do clusterlog gerado para o servidor SQLNODE1.

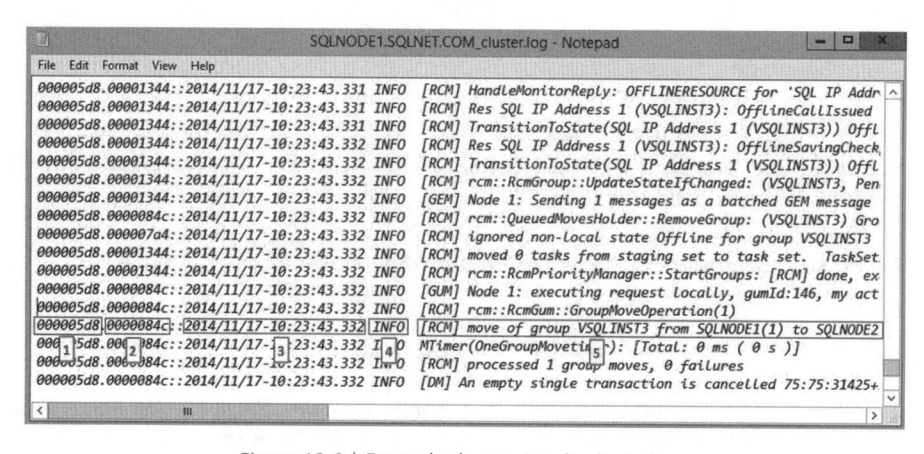

Figura 12.6 | Exemplo de arquivo do clusterlog.

---

48 Disponível em: <http://technet.microsoft.com/en-us/library/hh847315.aspx>. Acesso em: 7 dez. 2014.

Na Figura 12.6 é possível então observar a anotomia do clusterlog dividida em cinco partes como se segue:

1) **ProcID:** ID do processo (em formato hexadecimal) que gerou a entrada no log. Você pode identificar todas as entradas geradas pelo processo em específico executando um *find* no arquivo pelo processo identificado.

2) **Thread ID:** a thread do processo (em formato hexadecimal) que gerou a entrada no log.

3) **Timestamp:** data e hora em que a entrada foi registrada no log. Lembre-se de que esta hora será apresentada no formato GMT, a menos que você utilize o parâmetro -UseLocalTime.

4) **Tipo da mensagem:** também chamado de *nível*, pode aparecer em vários formatos, mas os mais comuns são INFO (Informational), WARN (Warning), ERR (Erro) e DBG (Debug).

5) **Tipo de recurso + mensagem.**

A partir deste ponto, é na maioria das vezes, bater o horário da ocorrência do erro do *Event Viewer* com o horário apontado no clusterlog e navegar no clusterlog em busca da causa raiz do problema.

Uma vez que este livro não tem como objetivo se aprofundar na análise do clusterlog, caso deseje ampliar seus conhecimentos na análise do arquivo de log do cluster, algumas excelentes fontes são os documentos *Anatomy of a Cluster Log Entry*[49], *Techniques for Tracking the Source of a Problem*[50] e *Understanding the Cluster Debug Log in 2008*[51]. Este último, embora esteja relacionado ao Windows Server 2008, lhe proverá um ótimo entendimento do clusterlog.

12.1.3 Recuperando o nó do cluster

Levando sempre em consideração que problemas acontecem, muitas vezes os problemas em um ambiente cluster podem levar a uma perda irreparável do nó. Na grande maioria das vezes a estratégia mais adotada é remover o nó com falha do cluster, reparar o problema (que às vezes pode levar à formatação completa do sistema operacional) e readicionar o nó ao cluster.

No entanto, como abordaremos a seguir, existem mecanismos que nos permitem restaurar um backup do banco de dados do cluster e assim facilitar o processo de recuperação do cluster ou dos nós.

Basicamente, existem dois modelos de restore para o cluster, que podemos chamar *Non-Authoritative* e *Authoritative*.

49 Disponível em: <http://technet.microsoft.com/en-us/library/cc962179.aspx>. Acesso em: 1 dez. 2014.
50 Disponível em: <http://technet.microsoft.com/en-us/library/cc962185.aspx>. Acesso em: 1 dez. 2014.
51 Disponível em: <http://blogs.technet.com/b/askcore/archive/2010/04/13/understanding-the-cluster-debug-log-in-2008.aspx>. Acesso em: 24 nov. 2014.

II **Authoritative:** nesse modelo, uma vez que temos um backup das configurações do cluster podemos recuperar o cluster através do restore de um backup mais recente. Nesse caso, as configurações restauradas serão aplicadas em todos os nós do cluster substituindo as configurações existentes.

II **Non-Authoritative:** nesse modelo, o servidor falho é removido do cluster, reparado ou refeito e adicionado novamente ao cluster. Nesse caso, assim que o nó é adicionado ao cluster, as configurações mais recentes do cluster são replicadas para o novo nó.

12.1.3.1 Restore Authoritative

Em algumas situações podemos recuperar o cluster partindo de um backup, o que é um caminho mais fácil e rápido para restaurar o ambiente.

A partir do *Windows Server 2008 R2* o *Windows Backup* nos oferece o backup do tipo *bare metal*, que é um backup que nos permite recuperar todo o sistema (exceto os bancos de dados do SQL Server que devem ser efetuados o backup separadamente) de uma falha catastrófica.

Então, para colocar em prática como um restore *authoritative* funciona, vamos excluir a *Role* VSQLINST1 do cluster e em seguida vamos recuperá-la a partir de um backup mais recente.

Instalando o Windows Server Backup

Bom, todos nós que trabalhamos com banco de dados sabemos que não há como restaurar um backup ou um banco de dados se não houver um backup, então, a primeira coisa a ser feita é garantir que existe um processo que está fazendo backup do banco de dados ou configurações do cluster periodicamente.

Para este laboratório, utilizaremos a ferramenta de backup do próprio Windows para executar um backup pontual e depois demonstrar como recuperar o cluster a partir do backup realizado. Para isto é preciso instalar a ferramenta de backup nos nós do cluster. Então, siga os passos descritos adiante para instalar e efetuar o *Bare Metal* Backup do servidor SQLNODE1.

1) Acesse o nó SQLNODE1 e em *Server Manager* e no menu *Manage* clique sobre o item *Add Roles and Feature*.

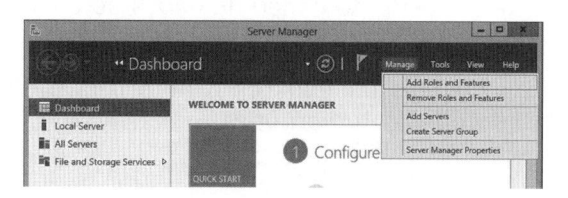

Figura 12.7 | Tela do Server Manager.

2) Na página *Before you Begin* clique em *Next*.

3) Na página *Select installation type* selecione o item *Role-based or feature-based installation* e clique em *Next*.

4) Na página *Select destination server*, selecione o servidor SQLNODE1 e clique em *Next*.

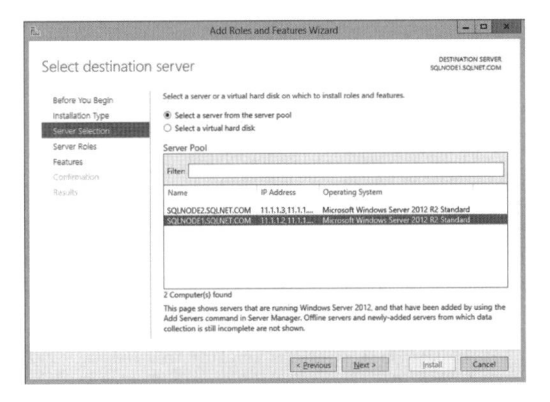

Figura 12.8 | Selecionando o servidor SQLNODE1 para a instalação do Windows Backup.

5) Na página *Select server roles* clique em *Next*.

6) Na página *Select features* localize e selecione o item *Windows Server Backup* e depois clique em *Next*.

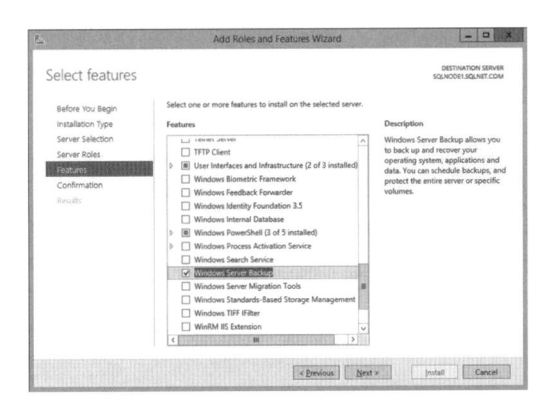

Figura 12.9 | Selecionando a feature Windows Server Backup.

7) Na página *Confirmation installation selections* clique em *Install*.

8) Aguarde a conclusão da instalação e na tela *Installation progress* clique sobre o botão *Close*.

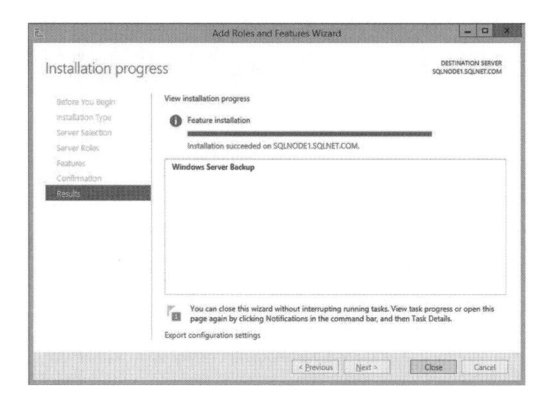

Figura 12.10 | Conclusão da instalação do Windows Server Backup no SQLNODE1.

9) Repita os passos de 1 a 8 para a instalação do *Windows Server Backup* também no servidor SQLNODE2.

Executando o Bare Metal Backup

Uma vez que a ferramenta de backup estiver instalada, é possível então executar um backup para demonstrar o funcionamento da funcionalidade para recuperação do cluster. Para isso, acesse então o servidor SQLNODE1 e siga as etapas adiante para efetuar o *Bare Metal* Backup.

1) Acesse o servidor SQLNODE1 e na janela *Server Manager*, no menu *Tools*, execute a ferramenta *Windows Server Backup*.

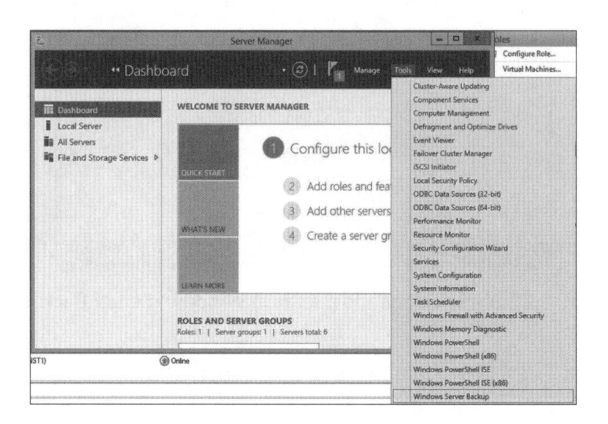

Figura 12.11 | Iniciando o Windows Server Backup no SQLNODE1.

2) Na janela do *Windows Server Backup*, selecione o item *Local Backup* no painel esquerdo e em seguida no painel *Actions* selecione a opção *Backup Once...*

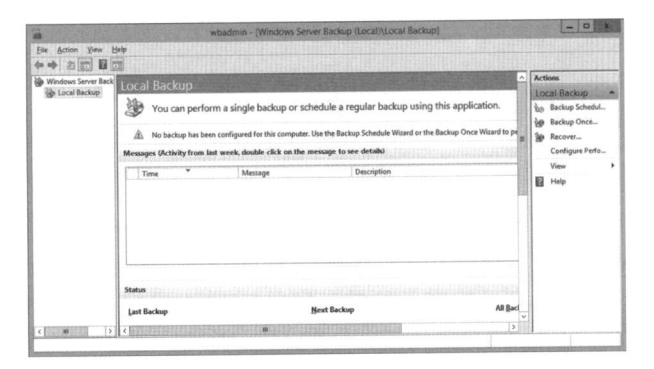

Figura 12.12 | Tela do Windows Server Backup.

Nota

No menu *Backup Scheduler* (painel Actions) é possível criar um *scheduler* ou agendamento para que o backup do servidor seja executado de forma periódica.

3) Na página *Backup Options*, mantenha selecionada a opção *Different options* e clique em *Next* para prosseguir.

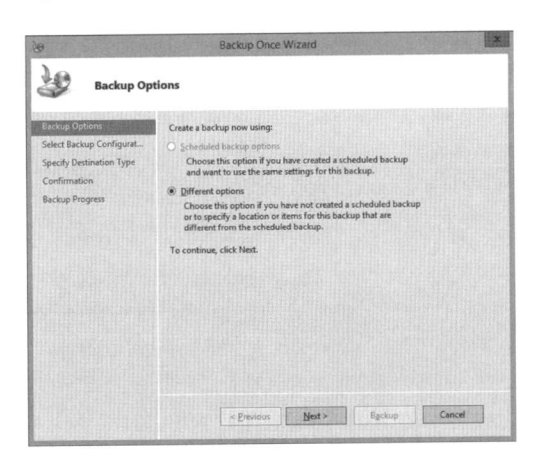

Figura 12.13 | Tela de opções de backup.

4) Na página *Select Backup Configuration* selecione o item *Custom* e depois clique em *Next*.

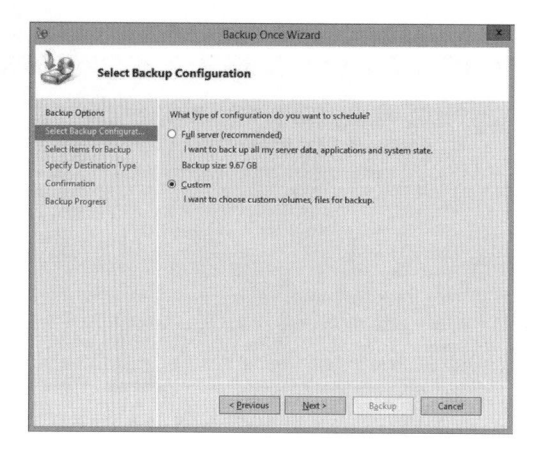

Figura 12.14 | Tela de configurações do Backup.

5) Na página *Select items for Backup* clique sobre o botão *Add Items* e selecione o item *Bare metal recovery*. Você notará que outros itens também serão selecionados, entre eles o C:\. Então clique sobre o botão *OK* e em seguida clique sobre o botão *Next* para prosseguir.

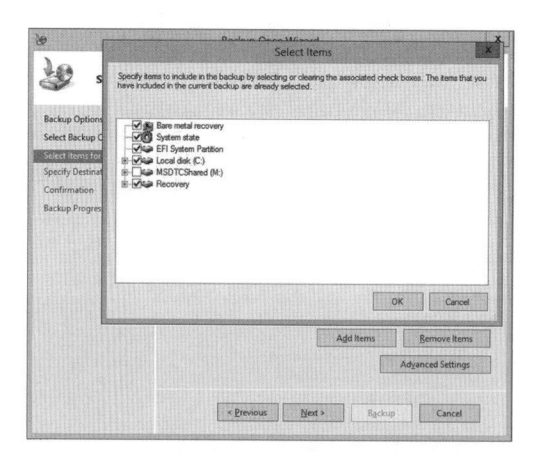

Figura 12.15 | Efetuando o *Bare metal backup*.

6) Na página *Specify Destination Type* selecione o item *Remote shared folder* para armazenar o backup em um caminho remoto ou *Local drives* para armazená-los em um disco local do servidor. Para nosso laboratório, selecione a opção *Remote shared folder* e clique em *Next*.

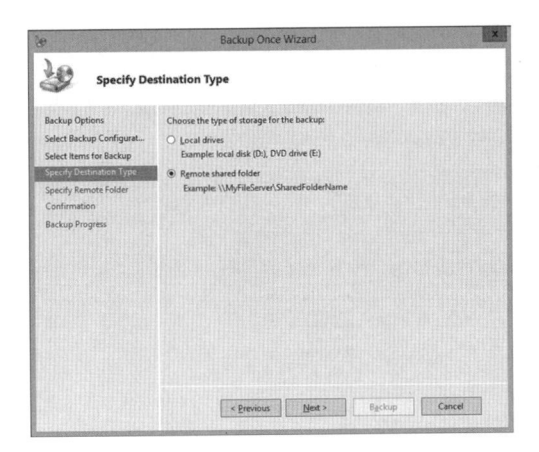

Figura 12.16 | Selecionando um local para o backup.

7) Na página *Specify Remote Folder*, no campo *Location* especifique o caminho onde o backup deve ser armazenado e clique em *Next*. Note na Figura 12.17 que para este exemplo foi utilizada a pasta **C:\temp** do servidor WS2012-DC, o que permitirá guardar os backups em um compartilhamento de rede ou caminho remoto.

Nota

Como uma boa prática, procure sempre armazenar seus backups em um local diferente do servidor onde será efetuado o backup.

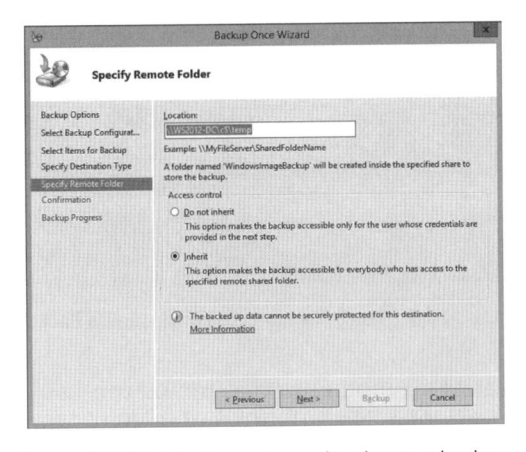

Figura 12.17 | Selecionando um local para o backup.

8) Na página *Confirmation* clique sobre o botão *Backup*.

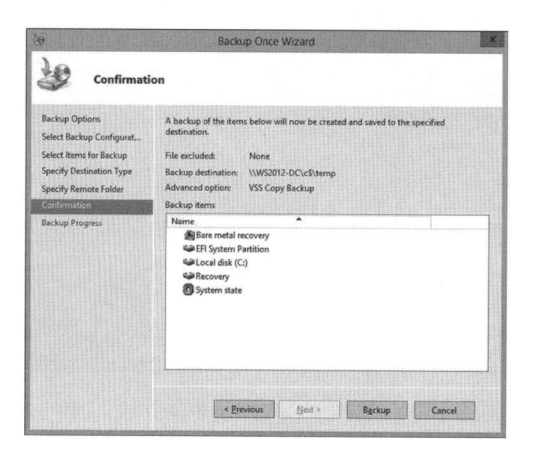

Figura 12.18 | Concluindo o backup.

9) Isso feito, simplesmente aguarde até que o backup seja concluído. Ao final, na tela *Backup Progress* certifique-se de que o backup de todos os itens foi efetuado com sucesso. Se tudo correu bem, já é possível dizer que você possui um backup do banco de dados de configuração do cluster conforme apresentado na Figura 12.19. Neste ponto, clique no botão *Close*.

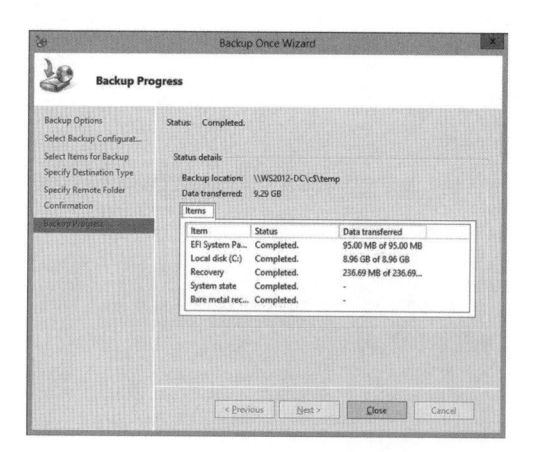

Figura 12.19 | Tela informando a conclusão do Backup.

Sendo assim, a partir do momento que temos um backup já é possível simular o *Restore Authoritative*. No entanto, antes disso, vamos simular um desastre em nosso cluster excluindo do cluster a *Role* VSQLINST1 e todos os seus recursos. Após isso, obviamente perderemos a instância de SQL Server VSQLINST1\INST1 e, neste caso, o restore será nossa salvação. Então, siga os passos para excluir a *Role* do cluster.

1) Acesse o *Failover Cluster Manager* no nó SQLNODE1.

2) Na pasta *Roles*, clique com o botão direito do mouse sobre a *Role* VSQLINST1 e conforme apresentado na Figura 12.20 selecione a opção *Remove*.

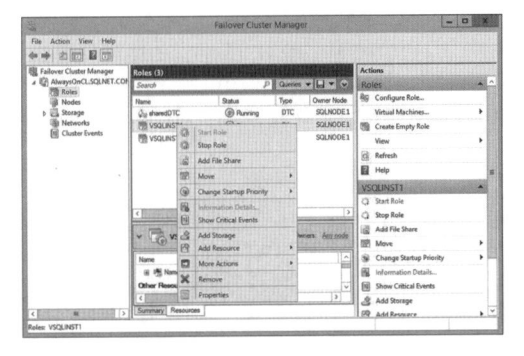

Figura 12.20 | Excluindo a *Role* VSQLINST1.

3) Na mensagem de confirmação, clique em *Yes* para confirmar a exclusão da *Role*.

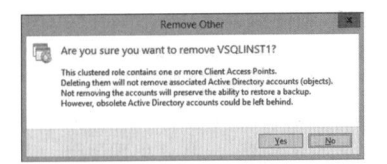

Figura 12.21 | Confirmando a exclusão da *role* VSQLINST1.

Se você seguiu os passos corretamente, neste momento o cluster deverá estar apenas com as *Roles sharedDTC* e a *VSQLISNT2*, conforme apresentado na Figura 12.22.

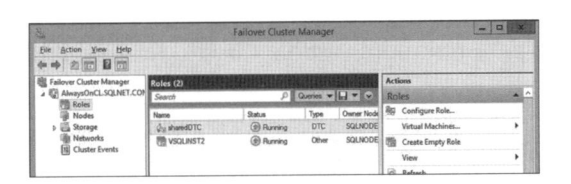

Figura 12.22 | WSFC com apenas duas *Roles*.

Uma vez feita a exclusão da *Role*, para restaurar um objeto do cluster precisamos obrigatoriamente utilizar o utilitário *wbadmin* e executar o restore via linha de comando, pois na tela gráfica não temos a opção para restaurar apenas o banco de dados de configuração do cluster.

Sendo assim, para efetuar o restore, estando no servidor SQLNODE1 inicie um prompt de comando e digite o comando apresentado a seguir. Ao executá-lo, você notará que será apresentada uma lista com os backups existentes.

WBadmin get versions -backuptarget:\\ws2012-dc\c$\temp

Observe na Figura 12.23 que serão listadas informações sobre o backup criado anteriormente. No exemplo, temos apenas um backup e o importante para nós, nesse momento, é a informação referente ao *Version identifier*.

Figura 12.23 | Listando informações sobre o backup via linha de comando.

Você deve então identificar o *Version identifier* que corresponde ao horário do backup que se deseja restaurar. Em nosso exemplo temos apenas um backup, que foi realizado às 15h10 do dia 31 de outubro de 2014. Então, em posse da informação do *Version identifier* para o backup a ser restaurado, executa-se novamente o utilitário *wbadmin* com o comando *get items*, passando o *Version identifier* para o parâmetro **–version** e obtendo assim mais informações sobre o conteúdo do backup.

Wbadmin get items -version:10/31/2014-17:10 -backuptarget:\\ws2012-dc\c$\temp

Como pode ser observado na Figura 12.24, o resultado mostra que temos um backup do banco de dados do cluster (*Application=Cluster*), e, portanto, podemos usá-lo para recuperar a *Role* que foi excluída do cluster.

Figura 12.24 | Detalhes do backup de cluster.

Deste modo, podemos utilizar novamente o utilirário *wbadmin* com o comando *start recovery* para executar o restore do banco de dados de configuração do cluster e, assim, recuperar a *Role* excluída. Para isso, execute o utilitário *wbadmin* conforme exemplificado a seguir. Observe que na execução do comando de restore são utilizados também os parâmetros **–itemtype:app** (indicando que se trata de uma recuperação de nível aplicação) e **–items:cluster** (indicando que é uma recuperação da aplicação Cluster).

```
wbadmin start recovery -version:10/31/2014-17:10 -backuptarget:\\ws2012-dc\c$\
temp -itemtype:app -items:cluster
```

Nota

Embora não seja um requisito, dependendo do overhead existente nas instâncias SQL Server (considerando um cluster com múltiplas instâncias) de um cluster no mundo real, pode ser prudente que antes de iniciar o restore do banco de dados de configuração do cluster todas as Roles de aplicação existentes no cluster sejam colocadas em Offline. Isso pode evitar que aplicações sejam derrubadas enquanto executando operações em outras instâncias que não a sendo recuperada.

Conforme apresentado na Figura 12.25, após a execução do comando será apresentada mensagem solicitando a confirmação do restore. Tecle *Y* e depois **ENTER** para prosseguir.

Figura 12.25 | **Confirmação do Restore.**

Caso você abra o *Failover Cluster Manager* enquanto o restore estiver em execução, notará que o status do cluster estará como *Down* e com todos os nós *stopped*, porém, voltando a ficar operacional e com todas as *Roles* Online, após a conclusão do restore. Na Figura 12.26 temos o status do cluster logo após o ínicio do restore executado no passo anterior.

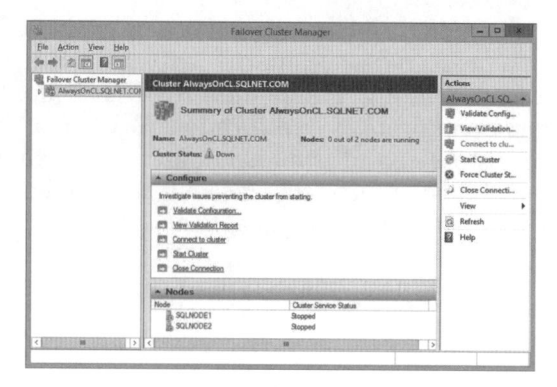

Figura 12.26 | Status do cluster foi alterado para *Down* durante o restore.

Após o término do restore, observe na Figura 12.27 que será exibida uma mensagem informando que o componente *Cluster Database* foi recuperado com sucesso, no entanto, para completar a restauração do cluster associado ao nó (onde o restore está sendo executado) alguns passos ainda precisam ser executados, sendo eles:

1) Iniciar o serviço do cluster no nó onde o restore foi executado (neste caso, conforme apresentado na Figura 12.28, o próprio utilitário *wbadmin* já fará isso para nós).

2) Iniciar o serviço do cluster nos outros nós do cluster.

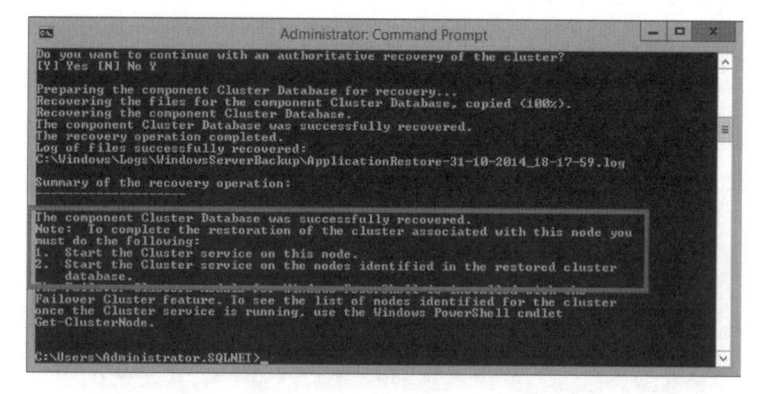

Figura 12.27 | Término do restore e indicações de próximos passos.

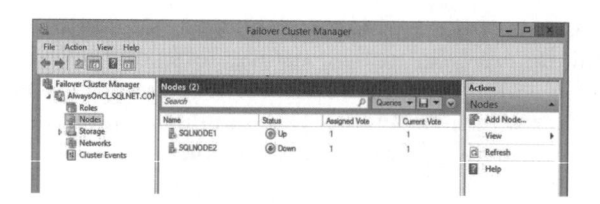

Figura 12.28 | Status dos nós do cluster após conclusão do restore.

Na Figura 12.28 é possível notar que após o *restore* o nó *SQLNODE1* está com o status *UP* e o nó *SQLNODE2* está como *Down*. Isso acontece porque durante o processo de restore todo o cluster é colocado em Offline e o banco de dados de configuração do cluster é restaurado no nó onde o restore está sendo executado. Ao final, para garantir que a cópia restaurada será a utilizada pelo cluster a partir de então, este nó precisa ser iniciado primeiro e o próprio utilitário *wbadmin* já faz isso para nós. No entanto, os demais nós precisam ser iniciados manualmente.

Então, para concluir o processo de recuperação é preciso iniciar o serviço do *cluster* também no nó *SQLNODE2*. Para isto, estando no *Failover Cluster Manager* clique com o botão direto do mouse sobre o nó *SQLNODE2* e selecione as opções *More Actions* e depois *Start Cluster Service* conforme apresentado na Figura 12.29.

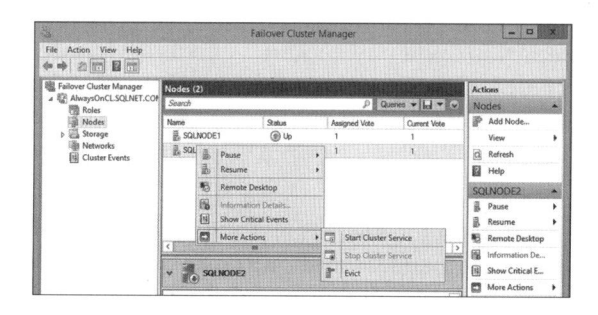

Figura 12.29 | Iniciando o serviço do cluster no nó SQLNODE2.

Após isso temos todos os nós Online e o cluster totalmente recuperado e pronto para o uso novamente (Figura 12.30). No *Failover Cluster Manager* clique sobre o item *Roles* e certifique-se que a *Role* VSQLINST1 e seus recursos foram restaurados com sucesso e estão *Online*. Apenas como uma garantia, clique com o botão direito sobre a *Role* e faça um teste de *Failover* para validar que o cluster está totalmente íntegro em todos os nós.

Figura 12.30 | Recursos do cluster restaurados e online.

Neste cenário excluímos deliberadamente a *Role* VSQLINST1 e vimos como fazer um backup e depois restaurá-lo. Como pôde ser notado é muito importante garantir um *bare metal backup* atualizado para quando houver a necessidade de recuperar um recurso, o restore *Authoritative* é mais simples e rápido de ser concluído em relação ao restore *Non-Authoritative*, onde seria

necessário remover o nó do *cluster* e instalar novamente desde o início, o que será demonstrado no próximo tópico.

Caso deseje obter mais informações sobre *Windows Backup* e o *Bare Metal Restore* duas excelentes fontes de informação são os documentos *Backing Up Your Server*[52] e *Bare Metal Restore*[53].

12.1.3.2 Restore Non-Authoritative

Existem situações onde uma falha de hardware ou uma falha lógica nos obriga a reinstalar o servidor por completo. Quando isto ocorre e este servidor pertence a um cluster, cuidados adicionais precisam ser tomados e algumas tarefas adicionais, além do simples setup da máquina, também precisam ser executadas.

Vale ressaltar que os procedimentos que serão abordados neste tópico se aplicam apenas a cenários onde é necessário reinstalar o sistema operacional para recuperar o servidor. Para cenários onde o objetivo é simplesmente remover ou desinstalar a instância de SQL Server do cluster, siga as etapas descritas do Capítulo 11.

Isso posto, considerando um cenário onde um nó do cluster tenha apresentado algum problema e o mesmo precise ser refeito, o primeiro passo é expulsar o nó com falha do cluster executando uma operação popularmente conhecida como *Evict Node*. Desta maneira é possível então reformatar o nó falho e reinstalar o sistema operacional para posteriormente adicioná-lo de volta ao cluster ou até, se for o caso, adicioná-lo em um outro cluster.

Como veremos, o procedimento para execução do *Evict Node* é bastante simples e seguro. Nos passos a seguir, simularemos um problema com o nó SQLNODE1 e então executaremos sua remoção do cluster. Para isso, desligue a máquina virtual do servidor SQLNODE1 e siga os passos descritos:

1) Efetue logon no servidor SQLNODE2 uma vez que neste momento ele é o único servidor ativo no cluster.

2) No *Failover Cluster Manager* clique em *Nodes*. Conforme apresentado na Figura 12.31, você notará que o servidor SQLNODE1 (nosso servidor com falha) possui um ícone vermelho, indicando que o nó está *Down*. Então, clique com o botão direito do mouse sobre o nó SQLNODE1 e selecione as opções *More Actions* e depois *Evict*.

52 Disponível em: <http://technet.microsoft.com/library/cc753528.aspx>. Acesso em: 1 dez. 2014.
53 Disponível em: <http://blogs.technet.com/b/askcore/archive/2011/05/12/bare-metal-restore.aspx>. Acesso em: 10 dez. 2014.

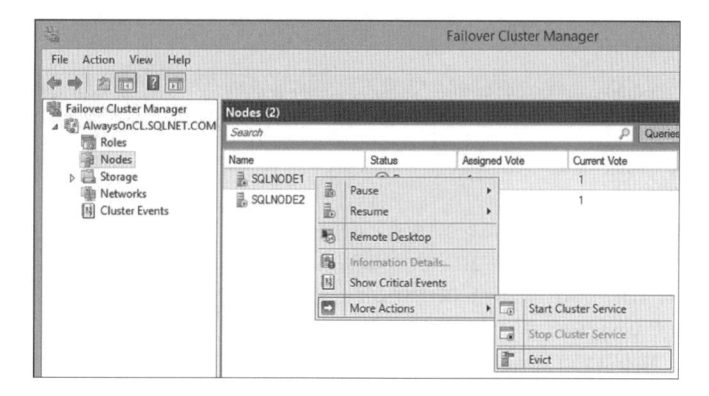

Figura 12.31 | Executando o *Evict Node* do nó SQLNODE1.

3) Na tela de confirmação do *Evict Node* (Figura 12.32), clique sobre o botão *Yes* para confirmar.

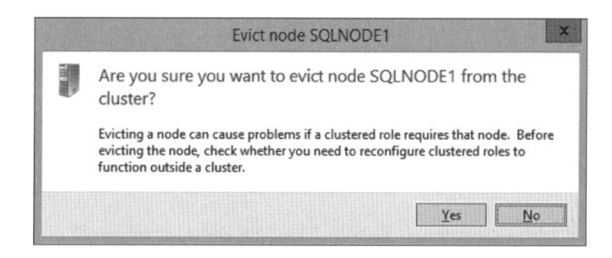

Figura 12.32 | Tela de confirmação para o *Evict Node*.

4) Com a execução do *Evict* o nó é removido do cluster e o próximo passo é refazer o servidor para posteriormente readicioná-lo ao cluster e também à instância do SQL Server. Para o nosso exemplo, observe na Figura 12.33 que agora o cluster ficou apenas com o servidor SQLNODE2.

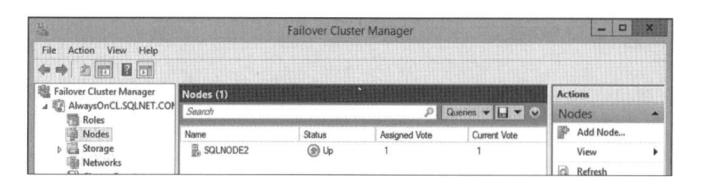

Figura 12.33 | O nó SQLNODE1 foi removido do Cluster.

A partir deste ponto é refazer o servidor SQLNODE1. Para nosso laboratório, adotaremos a estratégia de criar uma nova máquina virtual e reutilizar o mesmo endereço IP do nó que acabamos de executar o Evict do cluster, até então, do servidor SQLNODE1. Para isso, utilize os procedimentos já aprendidos no Tópico 2.3.1 do Capítulo 2 e as informações apresentadas na Tabela 12.1 para criar um novo servidor virtual.

Tabela 12.1 | Configuração do novo nó

Servidor	Função	LAN_NIC	iSCSI_NIC	HBT_NIC
SQLNODE3	Servidor SQL Server	11.1.1.2	12.1.1.2	192.168.1.1

5) A partir do momento que o servidor foi refeito ou um novo foi criado, antes de adicioná-lo de volta ao cluster é preciso garantir que o serviço de cluster foi instalado. Cobrimos esse assunto no Tópico 6.1 do Capítulo 6, então, caso tenha dúvidas revise o Tópico 6.1 e instale o serviço de cluster no novo servidor SQLNODE3.

6) Isso feito, acesse o *Failover Cluster Manager* do nó SQLNODE2.

7) Clique com o botão direito do mouse sobre o item *Nodes* e escolha a opção *Add Node*, conforme apresentado na Figura 12.34.

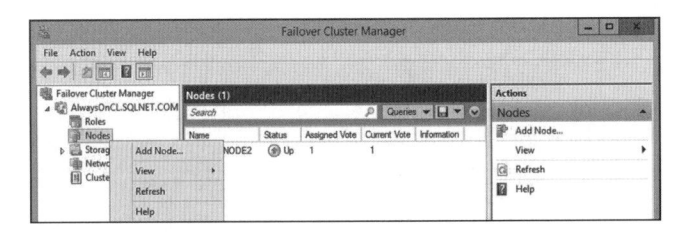

Figura 12.34 | Tela do Failover Cluster Manager para incluir novo nó no cluster.

8) Na tela de *Before You Begin,* clique em *Next*.

9) Na página *Select Servers,* informe o nome do novo servidor como SQLNODE3 e clique sobre o botão *Add*. Em seguida, clique em *Next* para prosseguir.

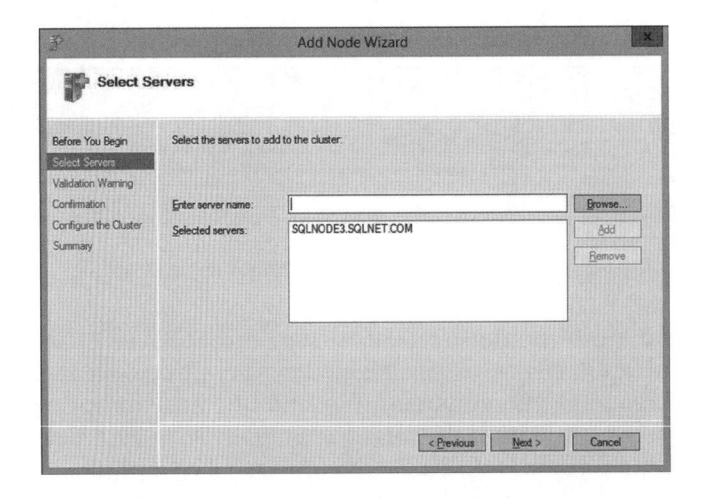

Figura 12.35 | Incluindo o SQLNODE3 no cluster atual.

10) Na página *Validation Warning*, mantenha a opção *Yes...* e clique sobre o botão *Next*.

11) Na página *Before You Begin*, clique em *Next*.

12) Na página *Testing Options*, você tem a opção de executar um teste completo, o que inclui a validação dos servidores, rede e discos, ou pode selecionar um teste mais específico. Para nosso laboratório, mantenha selecionada a opção *Run all tests (recommended)* e clique em *Next* para prosseguir.

13) Na página *Review Storage Status*, selecione todos os discos e clique em *Next*.

14) Na página *Confirmation*, você pode visualizar todos os testes que serão executados. Mais detalhes podem ser vistos no Tópico 6.2 do Capítulo 6.

15) Após revisar a lista de testes a serem executados, clique sobre o botão *Next* para iniciar o processo de validação. Todo o processo pode ser acompanhado por meio da página *Validating*, conforme apresentado na Figura 12.36.

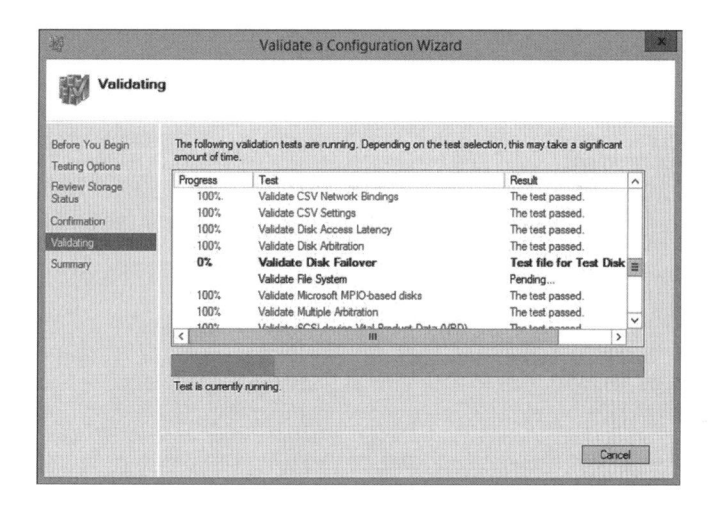

Figura 12.36 | Status da execução da validação do cluster.

16) Na página *Summary* (Figura 12.37), clique então sobre o botão *Finish* para concluir o processo de validação.

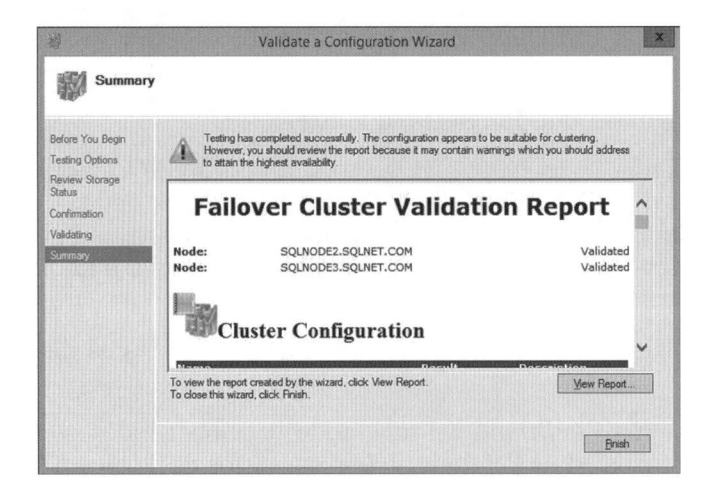

Figura 12.37 | Sumário de execução da validação do cluster.

17) Na tela *Confirmation*, clique sobre o botão *Next* (Figura 12.38).

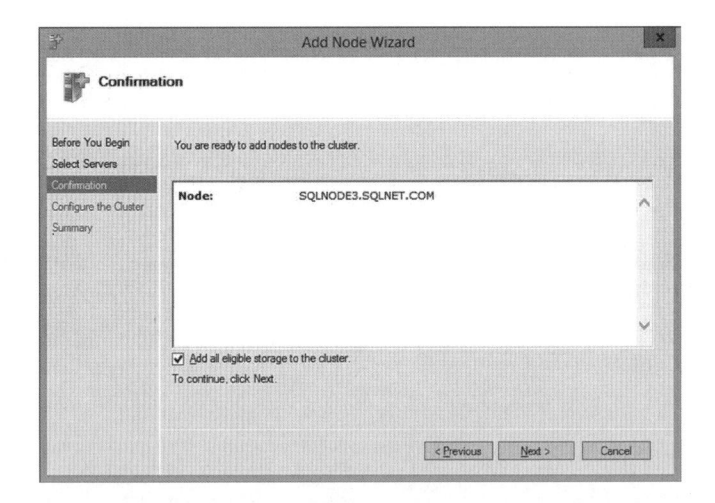

Figura 12.38 | Confirmação para inclusão do SQLNODE3 no cluster.

18) Depois, aguarde alguns segundos enquanto o nó é adicionado ao cluster e, ao final do processo, será exibida a página com o resumo da instalação, conforme apresentado na Figura 12.39.

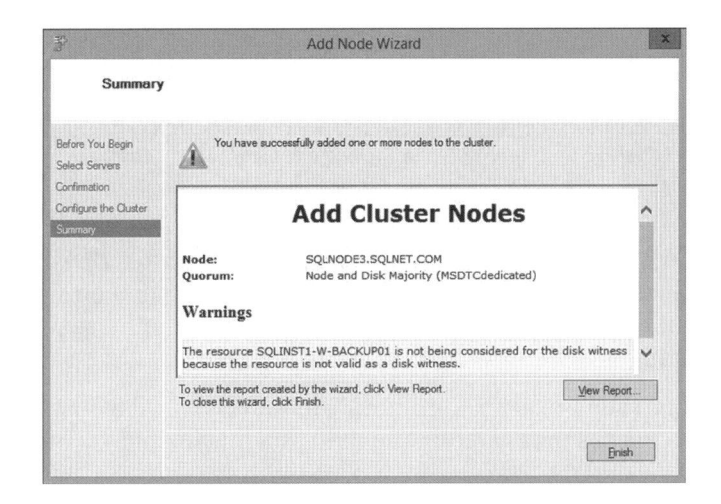

Figura 12.39 | Resumo da instalação do cluster.

Como pode ser observado na Figura 12.39, em nosso caso, o cluster assumiu o disco MSDTCdedicated como sendo seu novo disco de Quórum e, portanto, será preciso alterá-lo. Para alterá-lo, reveja os passos abordados no Tópico 6.3 do Capítulo 6 e volte o Quórum do cluster para o disco Quórum (Q:).

Conforme podemos observar na Figura 12.40, a partir deste ponto temos então o cluster novamente com dois nós, o SQLNODE2 e o SQLNODE3. Mas lembre-se que apenas adicionar um nó ao cluster não significa que o SQL Server poderá usá-lo; até o momento, apenas o SQLNODE2 está apto a hospedar os recursos do SQL Server, pois apenas esse nó possui o serviço do SQL Server instalado.

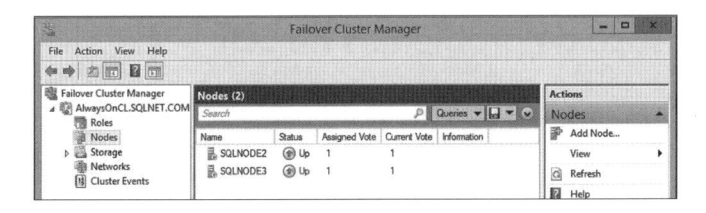

Figura 12.40 | Cluster com o novo nó SQLNODE3.

Sendo assim, para que o nó SQLNODE3 esteja apto a receber a instância de SQL Server, é preciso executar o setup do SQL Server nesse nó, utilizando a opção *AddNode* e, assim, adicionando o novo nó à(s) instância(s) de SQL Server existente(s). Cobrimos este assunto no Tópico 9.2.3. Portanto, execute esta atividade seguindo os passos lá descritos para adicionar o nó SQLNODE3 às instâncias de SQL Server existentes no cluster.

Após concluir a inclusão do nó SQLNODE3 para as duas instâncias, seu Failover Cluster Manager deverá estar igual ao apresentado na Figura 12.41 e isso conclui os processos de recuperação de um nó falho seguindo pela estratégia adotada.

Neste ponto, vale a execução de um teste de Failover das instâncias para o nó SQLNODE3 apenas para garantir que tudo está funcionando conforme o esperado.

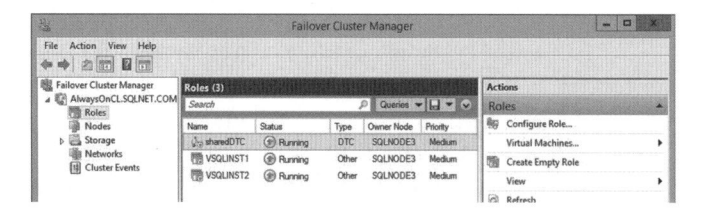

Figura 12.41 | Failover dos recursos para o novo nó SQLNODE3.

Caso você queira aprofundar seus conhecimentos nos processos envolvidos no backup e recuperação para um Failover Cluster, uma fonte de leitura recomendada é o documento *Understanding Backup and Recovery Basics for a Failover Clusteri*[54].

12.2 Diagnóstico de problemas no SQL Server

Não são raros os momentos em que precisamos diagnosticar problemas em uma instância ou servidor SQL Server, e as formas de abordagem ou metodologia de análise variam de profissional para profissional. No entanto, quando analisam problemas ou buscam a causa raiz de um problema no SQL Server, um dos pontos mais importantes é reunir o máximo de logs que você conseguir. Assim, você pode começar pelos seguintes:

‖ **SQL Server logs:** você pode iniciar buscando por indícios de erros olhando os arquivos de erros do SQL Server. Caso o SQL Server esteja offline, você pode abrir os arquivos de log usando o notepad.exe (bloco de notas) e acessando diretamente a pasta de log do SQL Server.

---

54 Disponível em: <http://technet.microsoft.com/en-us/library/cc771973.aspx>. Acesso em: 1 dez. 2014.

Como exemplo, para nossa instância VSQLINST1\INST,1 essa pasta é E:\MSSQL12.INST1\MSSQL\Log. O arquivo de log corrente é nomeado como ERRORLOG, o anterior como ERROLOG.1, ERROLOG.2 e assim por diante, até o mais antigo. Por padrão, o SQL Server armazena os últimos seis logs, mas essa configuração pode ser alterada. Por outro lado, caso o SQL Server esteja online você pode ler os arquivos de log usando a *stored procedure* de sistema *sp_readerrorlog*. Ao executá-la em uma janela do *SQL Server Management Studio* (SSMS), obtenha o resultado em fomato texto (Crtl +T) e você notará que a leitura do mesmo ficará posicionada já no final do arquivo, onde normalmente estão os possíveis erros. Principalmente se você estiver buscando por erros que possam ter causado a reinicialização do SQL Server. Para ler os arquivos de log mais antigos, execute a procedure passando como parâmetro o número do arquivo no formato *sp_readerrorlog 1*, *sp_readerrorlog 2* e assim por diante, tendo em mente que quanto maior o número, mais antigo será o arquivo pesquisado.

‖ **Event Viewer (system e application logs):** a leitura dos logs do *Event Viewer* pode não ser muito amigável pela tela gráfica, então, sempre que possível, exporte o conteúdo para um arquivo .txt. Isso tornará a leitura e navegação pelos eventos bem mais simples, sendo mais fácil, inclusive, relacionar os horários com algum horário de erro encontrado no errorlog do SQL Server. Para exportar para .txt, clique com o botão direito do mouse sobre o nome do Log – por exemplo, *Applocation* e selecionar a opção *Save All Events As...*

‖ **Log de eventos do cluster (clusterlog):** reveja o Tópico 12.1.2.

A partir do SQL Server 2012, uma nova *stored procedure* chamada *sp_server_diagnostics* facilitou muito a coleta de informações para diagnosticar potenciais problemas em uma instância de SQL Server 2012 ou superior.

Em verdade, a partir do SQL Server 2012 essa *stored procedure* passou a ser utilizada para prover uma política de *Failover* muito mais flexível ao cluster. Até o SQL Server 2008 R2, a decisão de *failoveir* era baseada no resultado de duas verificações chamadas *LooksAlive* (processo executado pelo cluster a cada 5 segundos para verificar se o serviço do SQL Server está *running* nos nós que compõem o cluster) e *IsAlive* (processo executado pelo cluster a cada 60 segundos que estabelece conexão com a instância SQL Server e executa o comando SELECT @@ServerName para verificar se o SQL Server está operacional). No entandto, tomar a decisão de Failover tendo como base apenas o resultado destas duas verificações nem sempre produz o resultado esperado, principalmente em condições de alto overhead da instância SQL Server, na qual, muitas vezes, a verificação do *IsAlive* não consegue ser executada com sucesso, retornando um valor inválido ao cluster e provocando a execução do Failover do SQL Server.

Então, a partir do *SQL Server 2012* foi introduzida a *stored procedure* *sp_server_diagnostics* que complementa os processos de *LooksAlive* e *IsAlive*,

retornando informações muito mais completas sobre a saúde da instância, abrangendo informações sobre a saúde do sistema, recursos, processador de consultas, subsistema de IO e erros que possam ocorrer no SQL Server.

O lado bom é que, embora utilizada internamente pelo cluster, essa *stored procedure* também pode ser executada de forma manual pelo DBA em qualquer instância SQL Server (mesmo nas standalone), sempre que necessário para acompanhar a saúde destes componentes e identificar potenciais problemas que possam ocorrer na instância.

Na Figura 12.42 temos o resultado da execução da *sp_server_diagnostics* sobre a instância VSQLINST1\INST1. Como se pode observar, a chamada da *stored procedure* pode ser feita passando-se um valor para o parâmetro interno @ repeat_interval e que indica o tempo em segundos no qual a *stored procedure* deve ser automaticamente reexecutada. No resultado, podemos observar ainda que a coluna *create_time* é acrescida de 15 segundos (o mínimo aceitável é 5 segundos) entre as duas execuções. Uma vez executada a *stored procedure*, esta ficará em execução até que seja manualmente cancelada, exceto quando não for informado nenhum valor ou este for 0, o que faz com que a *stored procedure* seja executada apenas uma vez.

Nota

Para conseguir executar essa *stored procedure*, é necessário que o usuário possua permissão de VIEW SERVER STATE na instância na qual a procedure estiver sendo executada.

```
use master
go
exec sp_server_diagnostics 15
```

	create_time	component_type	component_name	state	state_desc	data
1	2014-11-18 12:59:29.343	instance	system	1	clean	<system spinlockBackoffs="0" sickSpinlockType=
2	2014-11-18 12:59:29.343	instance	resource	1	clean	<resource lastNotification="RESOURCE_MEMPH
3	2014-11-18 12:59:29.343	instance	query_processing	1	clean	<queryProcessing maxWorkers="512" workersCre
4	2014-11-18 12:59:29.343	instance	io_subsystem	1	clean	<ioSubsystem ioLatchTimeouts="0" intervalLongI
5	2014-11-18 12:59:29.343	instance	events	0	unknown	<events><session startTime="2014-11-18T08:53:

	create_time	component_type	component_name	state	state_desc	data
1	2014-11-18 12:59:44.357	instance	system	1	clean	<system spinlockBackoffs="0" sickSpinlockType=
2	2014-11-18 12:59:44.357	instance	resource	1	clean	<resource lastNotification="RESOURCE_MEMPH
3	2014-11-18 12:59:44.357	instance	query_processing	1	clean	<queryProcessing maxWorkers="512" workersCre
4	2014-11-18 12:59:44.357	instance	io_subsystem	1	clean	<ioSubsystem ioLatchTimeouts="0" intervalLongI
5	2014-11-18 12:59:44.357	instance	events	0	unknown	<events><session startTime="2014-11-18T08:53:

Figura 12.42 | Execução da sp_server_diagnostics enviando resultado a cada 15 segundos.

Como abordado anteriormente, ao executar a *stored procedure* é possível obter informações sobre a saúde de cada componente por meio da coluna *state_desc*, que pode alternar entre os possíveis valores *clean*, *warning*, *error* ou *unknown*, dependendo das condições de cada componente.

A coluna *component_name* apresenta os cinco componentes, cuja a saúde é monitorada e os quais detalhamos a seguir.

System

Para o componente *system* são coletados dados do ponto de vista de sistema, provendo informações relacionadas a spinlocks, condições severas de processamento, tarefas não responsivas, falhas de página, access violation, dumps, páginas corrompidas e recuperadas, uso de CPU e outros objetos relacionados ao sistema, provendo uma recomendação geral sobre a integridade do sistema.

Olhando para a coluna *data* (Figura 12.43) é possível obter informações mais detalhadas para entender uma possível variação do status do componente.

	create_time	component_type	component_name	state	state_desc	data
1	2014-11-18 15:14:35.373	instance	system	1	clean	<system spinlockBackoffs="0" sickSpinlockType="n
2	2014-11-18 15:14:35.373	instance	resource	1	clean	<resource lastNotification="RESOURCE_MEMPHYS
3	2014-11-18 15:14:35.373	instance	query_processing	1	clean	<queryProcessing maxWorkers="512" workersCreate
4	2014-11-18 15:14:35.373	instance	io_subsystem	1	clean	<ioSubsystem ioLatchTimeouts="0" intervalLonglos=
5	2014-11-18 15:14:35.373	instance	events	0	unknown	<events><session startTime="2014-11-18T08:53:46.

Figura 12.43 | Coluna data para o componente *system*.

Colocando, por exemplo, o conteúdo da coluna em uma nova janela do SSMS, é possível identificar no detalhe os atributos que podem estar indicando algum problema, como apresentado a seguir:

```
<system spinlockBackoffs="0"
sickSpinlockType="none"
sickSpinlockTypeAfterAv="none"
latchWarnings="0"
isAccessViolationOccurred="0"
writeAccessViolationCount="0"
totalDumpRequests="0"
intervalDumpRequests="0"
nonYieldingTasksReported="0"
pageFaults="3736"
systemCpuUtilization="0"
sqlCpuUtilization="0"
BadPagesDetected="0"
BadPagesFixed="0"
LastBadPageAddress="0x0"/>
```

Então, baseado nos valores encontrados para cada objeto, o valor para o campo *state_desc* pode alternar entre *clean*, *warning* ou mesmo *error*, indicando assim uma situação possivelmente mais crítica.

Resource

Para o componente *resource* são coletados dados do ponto de vista de recurso, provendo informações relacionadas à memória física e virtual, buffer pools, páginas, cache e outros objetos relacionados à memória, também provendo uma recomendação geral sobre a integridade destes recursos.

Assim como para o componente *System*, a coluna *data* também provê infomações sobre as condições dos recursos. Na Figura 12.44 temos um exemplo em que o status do recurso é alterado de clean para warning após o valor de *max server memory* ser alterado para 128 MB, entre uma execução e outra da *stored procedure sp_server_diagnostics*.

	create_time	component_type	component_name	state	state_desc	data
1	2014-11-18 15:47:53.240	instance	system	1	clean	<system spinlockBackoffs="0" sickSpinlockType="none" sickSpinlock
2	2014-11-18 15:47:53.240	instance	resource	1	clean	<resource lastNotification="RESOURCE_MEMPHYSICAL_HIGH" out
3	2014-11-18 15:47:53.240	instance	query_processing	1	clean	<queryProcessing maxWorkers="512" workersCreated="49" workersI
4	2014-11-18 15:47:53.240	instance	io_subsystem	1	clean	<ioSubsystem ioLatchTimeouts="0" intervalLongIos="0" totalLongIos=
5	2014-11-18 15:47:53.240	instance	events	0	unknown	<events><session startTime="2014-11-18T08:53:46.683" droppedEve

	create_time	component_type	component_name	state	state_desc	data
1	2014-11-18 15:48:03.263	instance	system	1	clean	<system spinlockBackoffs="0" sickSpinlockType="none" sickSpinlock
2	2014-11-18 15:48:03.263	instance	resource	2	warning	<resource lastNotification="RESOURCE_MEMPHYSICAL_LOW" out
3	2014-11-18 15:48:03.263	instance	query_processing	1	clean	<queryProcessing maxWorkers="512" workersCreated="49" workersI
4	2014-11-18 15:48:03.263	instance	io_subsystem	1	clean	<ioSubsystem ioLatchTimeouts="0" intervalLongIos="0" totalLongIos=
5	2014-11-18 15:48:03.263	instance	events	0	unknown	<events><session startTime="2014-11-18T08:53:46.683" droppedEve

Figura 12.44 | Coluna *data* para o componente *resource*.

Ainda na Figura 12.44, podemos notar o parâmetro *lastNotification* sendo alterado de RESOURCE_MEMPHYSICAL_HIGH para RESOURCE_MEMPHYSICAL_LOW, o que disparou a alteração do *state_desc* para *warning*, indicando uma situação de atenção para o componente.

Olhando para o conteúdo da coluna *data* podemos obter um panorama geral dos atributos gerenciados para o componente *resource*.

```
<resource lastNotification="RESOURCE_MEMPHYSICAL_LOW"
outOfMemoryExceptions="0"
isAnyPoolOutOfMemory="0"
processOutOfMemoryPeriod="0">
<memoryReport name="Process/System Counts" unit="Value">
<entry description="Available Physical Memory" value="1037910016"/>
<entry description="Available Virtual Memory" value="140731798315008"/>
<entry description="Available Paging File" value="1353420800"/>
<entry description="Working Set" value="189153280"/>
<entry description="Percent of Committed Memory in WS" value="100"/>
<entry description="Page Faults" value="198036"/>
<entry description="System physical memory high" value="1"/>
<entry description="System physical memory low" value="0"/>
<entry description="Process physical memory low" value="1"/>
<entry description="Process virtual memory low" value="0"/>
</memoryReport>
<memoryReport name="Memory Manager" unit="KB">
<entry description="VM Reserved" value="5160024"/>
<entry description="VM Committed" value="131064"/>
<entry description="Locked Pages Allocated" value="0"/>
```

```
<entry description="Large Pages Allocated" value="0"/>
<entry description="Emergency Memory" value="1024"/>
<entry description="Emergency Memory In Use" value="16"/>
<entry description="Target Committed" value="131072"/>
<entry description="Current Committed" value="131064"/>
<entry description="Pages Allocated" value="96072"/>
<entry description="Pages Reserved" value="0"/>
<entry description="Pages Free" value="8176"/>
<entry description="Pages In Use" value="87928"/>
<entry description="Page Alloc Potential" value="36592"/>
<entry description="NUMA Growth Phase" value="2"/>
<entry description="Last OOM Factor" value="0"/>
<entry description="Last OS Error" value="0"/>
</memoryReport>
</resource>
```

Query_Processing

No componente *query_processing*, temos as coletas de dados do ponto de vista de processamento de consultas, provendo informações relacionadas a worker threads, tasks, wait types, sessões gerando alto consumo de CPU e informações relacionada a bloqueios de sessões, também provendo recomendação geral sobre a integridade deste componente.

Assim como os demais componentes, a coluna *data* provê um panorama geral dos vários atributos existentes para esse recurso. Possivelmente um dos mais completos dentre todos os componentes e, portanto, temos a seguir apenas uma pequena parte deles visto que todo seu conteúdo seria inviável incluir neste tópico.

```
<queryProcessing maxWorkers="512" workersCreated="51"
workersIdle="14" tasksCompletedWithinInterval="24"
pendingTasks="2" oldestPendingTaskWaitingTime="0"
hasUnresolvableDeadlockOccurred="0"
hasDeadlockedSchedulersOccurred="0" trackingNonYieldingScheduler="0x0">
 <topWaits>
  <nonPreemptive>
   <byCount>
    <wait waitType="HADR_FILESTREAM_IOMGR_IOCOMPLETION"
waits="61777" averageWaitTime="514" maxWaitTime="1408" />
    <wait waitType="CLR_AUTO_EVENT" waits="1462"
averageWaitTime="42377" maxWaitTime="24835035" />
    <wait waitType="ASYNC_NETWORK_IO" waits="886"
averageWaitTime="28" maxWaitTime="1337" />
    <wait waitType="PAGEIOLATCH_SH" waits="559"
averageWaitTime="34" maxWaitTime="1647" />
    <wait waitType="QDS_PERSIST_TASK_MAIN_LOOP_SLEEP" waits="531"
averageWaitTime="59903" maxWaitTime="60301" />
    <wait waitType="IO_COMPLETION" waits="129"
averageWaitTime="40" maxWaitTime="414" />
   <wait waitType="WRITE_COMPLETION" waits="98"
averageWaitTime="25" maxWaitTime="308" />
    <wait waitType="MSQL_XP" waits="64"
```

```
averageWaitTime="7" maxWaitTime="137" />
    <wait waitType="WRITELOG" waits="46"
averageWaitTime="23" maxWaitTime="624" />
    <wait waitType="THREADPOOL" waits="44"
averageWaitTime="73" maxWaitTime="658" />
   </byCount>
   ...
 </topWaits>
 <cpuIntensiveRequests>
  <request sessionId="51" requestId="0" command="EXECUTE"
taskAddress="0xf07a9088" cpuUtilization="0" cpuTimeMs="1531" />
 </cpuIntensiveRequests>
 <pendingTasks>
  <entryPoint moduleName="sqldk.dll" imageBase="0x7ffa299b0000"
size="0x4c9000" address="0x7ffa299b4e30" count="2" />
 </pendingTasks>
 <blockingTasks />
</queryProcessing>
```

IO_Subsystem

Coleta dados relacionados ao subsistema de IO, provendo informações relacionadas à utilização de discos como IO Latch Time Outs, requisições pendentes por IO, entre outras. Na prática indica problemas de IO que possam estar impactando o desempenho do SQL.

A seguir temos o conteúdo da coluna *data*, onde os dados para o atributo *longestPendingRequests* pode variar na medida que requisições irão ficando pendentes no SQL Server. Nestes casos, será possível visualizar informações sobre a duração da requisição pendente e o caminho completo para o arquivo do banco de dados onde a requisição está pendente.

```
<ioSubsystem
ioLatchTimeouts="0"
intervalLongIos="0"
totalLongIos="0">
<longestPendingRequests>
</longestPendingRequests>
</ioSubsystem>
```

Importante ressaltar que para este recurso você poderá ver a coluna *state_desc* alternando entre *clean* ou *warning* e muito possivelmente será alterada para *warning* quando houver ocorrências de I/O levando mais de 15 segundos no SQL Server. Certamente coincidindo com os momentos onde você também verá as entradas de error 833 no errorlog do SQL Server.

--# error 833
SQL Server has encountered %d occurrence(s) of I/O requests taking longer than %d seconds to complete on file [%ls] in database [%ls] (%d). The OS file handle is 0x%p. The offset of the latest long I/O is %#016l64x.

Events

Por fim, o recurso *Events* coleta dados referente aos eventos que acontecem no servidor incluindo detalhes sobre exceções de Ring Buffer, memória insuficiente, scheduler monitor, buffer pool, spinlocks, segurança e conectividade.

Diferente dos demais recursos, o *Events* sempre apresentará o state_desc como *Unknow*.

Caso deseje aprofundar seus conhecimentos sobre a *stored procedure* sp_server_diagnostics, uma ótima fonte de referência é o documento *sp_server_diagnostics (Transact-SQL)*[55].

---

55   Disponível em: <http://msdn.microsoft.com/en-us/library/ff878233.aspx>. Acesso em: 11 dez. 2014.

Solução de Problemas do Failover Cluster

Prática

1) Qual ferramenta do Windows pode ser utilizada como fonte de informação primária para avaliação de problemas ou erros no Windows ou aplicação?

a. Event Viewer.

b. System Monitor.

c. Registro do Windows.

d. Nenhuma das alternativas anteriores.

2) Considerando a entrada do clusterlog apresentada a seguir, o que significam os dois primeiros conjuntos de número hexadecimal?

00000b98.00000ac4::2014/10/17-15:12:40.083 INFO[RES] Physical Disk <SQLINST1-W-BACKUP01> VolumeIsNtfs Volume \\?\GLOBALROOT\Device\Harddisk11\ClusterPartition1\ has FS type NTFS

a. Process ID e Thread ID.

b. Process ID.

c. Thread ID.

d. Nenhuma das alternativas anteriores.

3) Que utilitário de linha de comando você deve utilizar para restaurar o banco de dados do cluster e assim recuperar uma Role ou recurso que tenha sido excluído do cluster?

a. Restorecluster.exe

b. Restore.exe

c. Wbadmin.exe

d. Nenhuma das alternativas anteriores.

4) Qual o nome da stored procedure que você pode executar de forma recursiva para capturar informações e diagnosticar a saúde da instância SQL Server?

a. sp_diagnostics.

b. sp_who.

c. sp_msver.

d. sp_server_diagnostics.

5) Qual stored procedure de sistema você pode utilizar para ler os arquivos de log do SQL Server por meio da ferramenta SSMS?

a. sp_diagnostics.

b. sp_readerrorlog.

c. sp_sqllog.

d. sp_server_diagnostics.

Removendo o MSDTC
do Cluster

No Capítulo 8 cobrimos todos os passos para a instalação e configuração do Microsoft Distributed Transaction Coordinator (MSDCT) no cluster. No entanto, muitas dúvidas surgem no dia a dia de um Administrador de Banco de Dados sobre como executar a correta desinstalação ou remoção desse mesmo recurso de um cluster.

Assim, decidimos incluir este apêndice para mostrar passo a passo como você pode executar a remoção do recurso do MSDTC de um cluster. Neste apêndice removeremos o recurso do MSDTC que foi inicialmente instalado de forma dedicada à instância VSQLINST2, e, portanto, dentro da Role VSQLINST2.

Então, a partir do momento em que você decide não mais utilizar o recurso do MSDTC em um cluster, sua remoção pode ser executada conforme os passos descritos a seguir:

1)   Na ferramenta *Failover Cluster Manager*, selecione a Role em que estão os recursos do MSDTC a ser removido. Para este laboratório, selecione a Role VSQLINST2 conforme apresentado na Figura A.1 para remover o MSDTC dedicado que foi criado no Tópico 8.2.2 do Capítulo 8. Em seguida, no painel inferior, selecione a guia *Resources*.

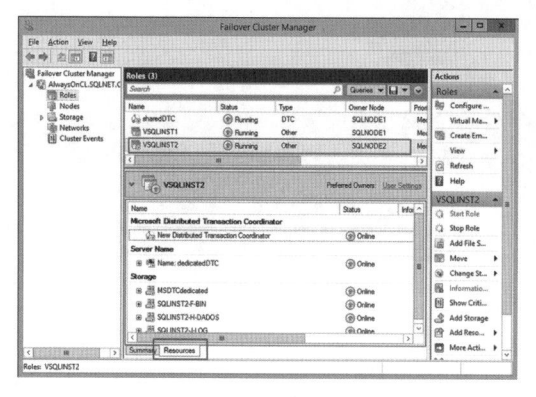

Figura A.1 | Selecionando a Role VSQLINST2 para exclusão do MSDTC.

2) Na guia *Resources*, clique com o botão direito do mouse sobre o recurso do serviço do MSDTC, que em nosso exemplo possui o nome *New Distributed Transaction Coordinator*, e selecione a opção *Remove*.

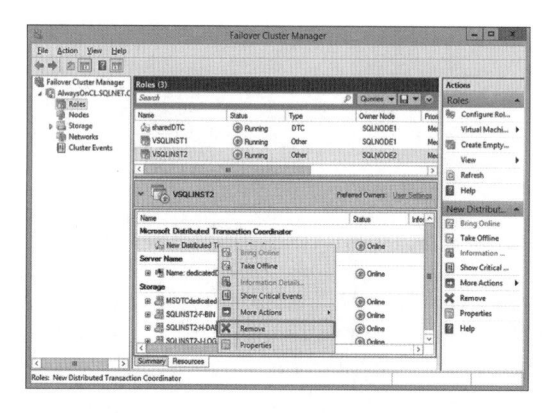

Figura A.2 | Removendo o MSDTC da Role VSQLINST2.

3) Em seguida, na janela *Remove Distributed Transaction Coordinator*, clique sobre a opção *Yes* para confirmar a exclusão do recurso.

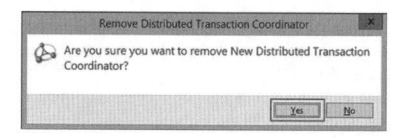

Figura A.3 | Confirmando a exclusão do MSDTC.

4) Uma vez excluído o recurso do MSDTC, é preciso remover também os recursos de nome virtual e endereço IP que estavam associados ao MSDTC. Então, para o nosso exemplo, conforme apresentado na Figura A.4, clique com o botão direito do mouse sobre o recurso de nome *DTCDedicado* e escolha também a opção *Remove*.

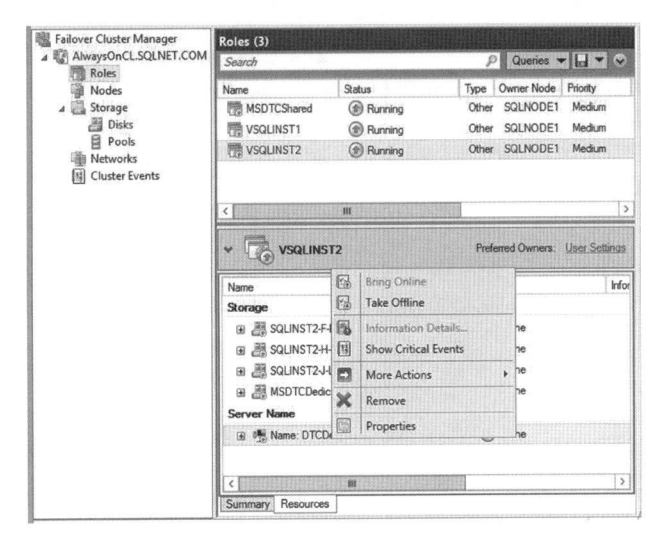

Figura A.4 | Removendo o nome virtual e IP do MSDTC.

5) Então, na janela *Remove Client Access Point* (Figura A.5), clique sobre o botão *Yes* para confirmar a exclusão do recurso. Note que ao remover o nome de rede do MSDTC seu endereço IP também já será removido.

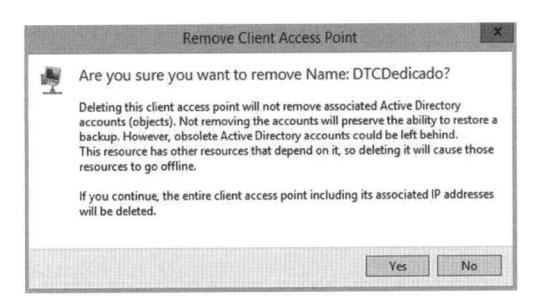

Figura A.5 | Tela de confirmação da exclusão.

6) Lembremos que o MSDTC também possui um recurso de disco em que são armazenados seus logs. Então, com a remoção do MSDTC é preciso remover o disco que foi dedicado ao MSDTC. Antes porém de simplesmente excluir o recurso de disco é preciso remover qualquer dependência que o disco possa ter de outros recursos da Role. Para o nosso exemplo, clique com o botão direito do mouse sobre o recurso de disco de nome *MSDTCDedicado* e escolha a opção *Properties*. Então, conforme apresentado na Figura A.6, na guia *Dependencies* remova a dependência do disco SQLINST2-F-BIN clicando no botão *Delete* e em *OK*.

7) Removida a dependência do disco SQLINST2-F-BIN, já é possível remover o disco que até então era utilizado pelo *MSDTCDedicado* clicando com o botão direito do mouse sobre ele e selecionando a opção *Remove from VSQLINST2*, como apresentado na Figura A.7.

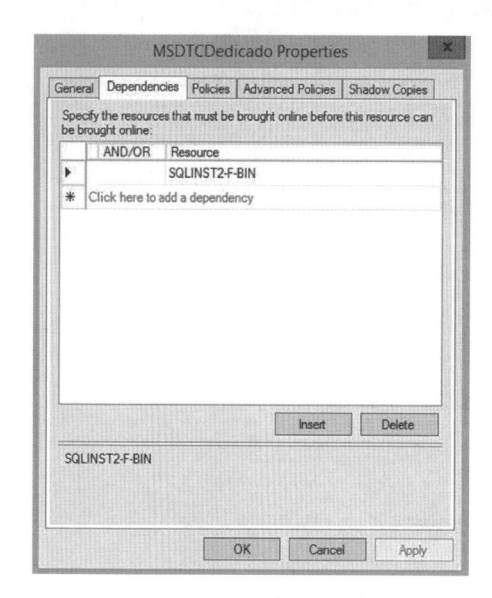

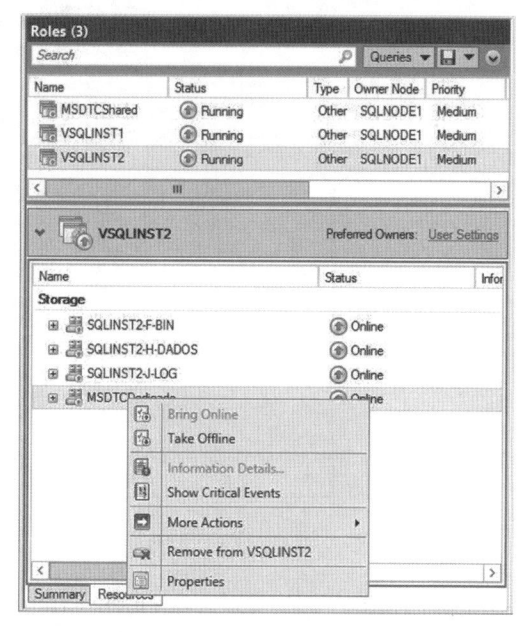

Figura A.6 | Removendo as dependências do disco.

Figura A.7 | Removendo o disco dedicado ao MSDTC.

8) Então, na janela de confirmação basta clicar sobre o botão *Yes* para confirmar a exclusão do recurso de disco e concluir assim a remoção completa do MSDTC do cluster.

É importante destacar que no caso dos recursos de discos, uma vez que eles são excluídos de uma determinada Role do cluster, eles voltam a ficar disponíveis para uso dentro do grupo *Storage | Disks*. A partir deste ponto eles podem ser renomeados e reutilizados em outras Roles ou ser simplesmente excluídos definitivamente do cluster. Em nosso exemplo, na Figura A.8 podemos observar o disco MSDTCDedicado disponível para uso dentro do grupo *Storage | Disks*.

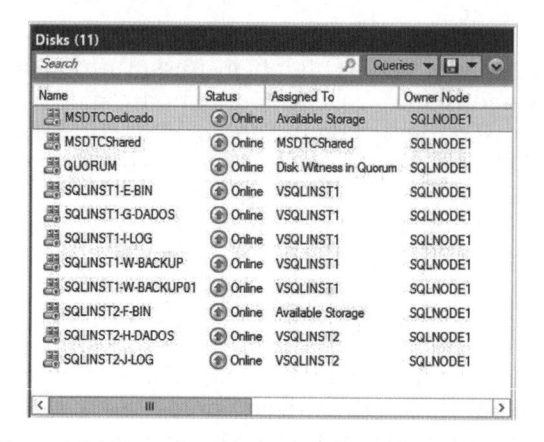

Figura A.8 | Disco disponível para reutilização pelo cluster.

Checklist Pré e Pós-Instalação

Muitas vezes, ao implementar uma instalação de *SQL Server Failover Cluster Instance* é comum que na correria se acabe esquecendo de instalar algum pré-requisito, levantar alguma informação importante para a instalação, aplicar alguma atualização no nível de sistema operacional ou SQL Server, ou mesmo configurar algum item na instância SQL Server após sua instalação.

Pensando nisso, decidimos criar este apêndice elaborando um checklist com vários itens que você poderá revisar antes e após a instalação de uma instância SQL Server em cluster. Assim, dividiremos o checklist em duas partes: Checklist Pré-Instalação e Checklist Pós-Instalação.

B.1 Checklist pré-instalação

Item	Descrição
CD de Instalação do SQL Server	Certifique-se de estar com o CD de instalação do SQL Server em mãos ou mesmo extraído em uma pasta local do servidor ou ainda em um caminho de rede. Certifique-se também de estar com o instalador da versão e edição corretas.
Inclusão dos servidores no domínio	Certifique-se de que os servidores estão corretamente incluídos no domínio.
Windows Update	Garantir a execução do *Windows Update* em todos os nós do cluster visando aplicar os updates mais recentes para o sistema operacional.
Aplicar os hotfixes recomendados para o *Windows Server 2012 R2* em cluster	Verificar o documento *Recommended hotfixes and updates for Windows Server 2012 R2-based Failover Clusters*, no link 0<https://support.microsoft.com/kb/292015> e aplicar os hotfixes recomendados para ambiente cluster com Windows Server 2012 R2. **Nota:** a partir do Windows 2012, foi feita uma grande mudança na maneira como atualizações de sistema operacional são distribuídas. Na prática, não existem mais Service Packs, mas pacotes de updates são liberados periodicamente por meio do Windows Update. Então, a maneira mais efetiva de se conseguir updates para o Windows Server 2012 e/ou Windows Server 2012 R2 é usar o Windows Update, mais provavelmente via WSUS, quando em um ambiente corporativo, ou os servidores não possuírem acesso direto à internet. Nesse último caso, para se manter atualizado é preciso acompanhar o ritmo de liberações desses updates, baixá-los e fazer a instalação.
Instalação da feature *.NET Framework 3.5*	Instale ou certifique-se de ter instalado a feature *.NET Framework 3.5* do *Windows Server 2012 R2* em todos os nós do cluster. A não instalação dessa feature causará erro durante a instalação do SQL Server.
Nome de rede para a instância virtual do SQL Server e MSDTC	Defina ou obtenha junto à área responsável um nome de rede (*Virtual Network Name*) a ser configurado para a instância SQL Server e MSDTC (se este for utilizado). Lembre-se de que será esse o nome usado pelas aplicações para se conectarem ao SQL Server. Em um ambiente *multi-instances* você precisará de um nome de rede para cada instância.
Endereço IP para a instância virtual do SQL Server e MSDTC	Obtenha junto à área responsável o endereço IP a ser configurado para a instância SQL Server e MSDTC (se este for utilizado). Em um ambiente *multi-instances* você precisará de um endereço IP para cada instância.
Nome de rede e endereço IP para o cluster	Defina ou obtenha junto à área responsável um nome de rede e endereço IP para o cluster.
Instância padrão ou nomeada	Defina se a instalação será uma instância *Default* ou nomeada e se nomeada defina qual será o nome da instância. Lembre-se de que instância *Default* assume por padrão *MSSQLSERVER* como nome da instância e em um ambiente *multi-instances* pode existir apenas uma instância *Default*.
Conta de usuário de domínio para o serviço do SQL Server	Defina ou levante junto à área responsável qual será a conta de usuário de domínio a ser utilizada para a inicialização dos serviços do SQL Server. Lembre-se de que não há nenhum requisito para que essa conta seja um administrador de domínio e nem mesmo requer que seja administrador local em todos os nós.

Item	Descrição
Conta de usuário de domínio para a criação do *Failover Cluster* e instalação do SQL Server	Defina ou levante junto à área responsável qual será a conta de usuário de domínio a ser utilizada para a criação do *Windows Server Failover Cluster* e instalação do SQL Server. A conta de usuário não precisa ser necessariamente a mesma para ambas as atividades, mas precisa pertencer ao grupo de administrador local de cada nó do cluster, além de precisar ter permissões para criação de objetos no *Active Directory*. Para mais informações, reveja o Tópico 6.2 do Capítulo 6.
Atualização do firmware das HBAs (controladora de disco)	Trabalhe junto com o time de Windows ou storage para garantir que o *firmware* da controladora de discos foi atualizado ou esteja na versão estável mais recente em todos os nós do cluster.
Atualização dos drives das placas de rede	Trabalhe junto com o time de Windows para garantir que os drivers das placas de rede foram atualizados ou estejam na versão estável mais recente em todos os nós do cluster.
Configuração de *bindings* das placas de rede	Certifique-se ou valide que as configurações de *bindings* das placas de rede foi executada em todos os servidores que irão compor o cluster. Em caso de dúvidas, reveja o Capítulo 2.
Teste de ping entre os nós	Execute testes de ping entre todos os servidores que irão compor o cluster utilizando o endereço IP e também o nome físico de cada servidor. Garanta que a resolução de nomes DNS esteja funcionando adequadamente, tendo no retorno o nome do domínio, como *sqlnode1.sqlnet.com*.

Formatação e blocagem dos discos	Garanta que os discos que serão utilizados pelo SQL Server estejam formatados com blocos de 64 K. O script PowerShell a seguir pode ajudar nessa verificação.
	
	Get-WmiObject -Query "SELECT BlockSize, DriveLetter, Label FROM Win32_Volume WHERE FileSystem='NTFS'" | Select-Object DriveLetter,Label,BlockSize | Format-Table –AutoSize
	
	`DriveLetter Label        BlockSize`
	`----------- -----        ---------`
	`C:                       4096`
	`F:          SQLBIN       65536`
	`G:          SQLDATA      65536`
	`H:          SQLOG        65536`

Instalação da feature Failover Clustering	Execute a instalação da feature Failover Clustering em todos os servidores que irão compor o cluster.
Execute a validação do cluster	Após a instalação da feature de Failover Clustering, mas antes de criar o cluster propriamente dito, execute o *Validate a Configuration Wizard* fazendo uma validação completa.
Criação do *Failover Cluster*	Execute a criação do *Failover Cluster* utilizando o nome de rede e endereço IP obtidos anteriormente.
Configuração do Quórum	Revise e se necessário execute os devidos ajustes nas configurações do quórum do cluster.

Checklist Pré e Pós-Instalação

Item	Descrição
Criação das Roles no cluster	Embora não seja um requisito, sempre que possível crie as Roles no cluster, atribua a elas os respectivos discos e execute um teste de Failover com os discos. Isso proverá maior segurança quanto à correta configuração dos discos em todos os nós do cluster.
Instalação do SQL Server	Execute a instalação do SQL Server utilizando os nomes de rede e endereços IPs obtidos anteriormente. Se é de conhecimento que a instância trabalhará com transações distribuídas, por exemplo, usando linked server entre instâncias de SQL Server, execute também a instalação e configuração do MSDTC.

B.2 Checklist Pós-Instalação

Após ter concluído a instalação da instância ou instâncias SQL Server no cluster, é uma boa prática ter em mãos um checklist para garantir que algumas configurações pós-instalação não sejam esquecidas. Neste checklist listamos alguns itens que podem ajudar nessa tarefa.

Item	Descrição
Teste de Failover	Execute um teste de Failover das instâncias entre todos os nós, garantindo que elas poderão ser executadas em todos os nós do cluster.
Paging File	Desative a opção que permite ao Windows gerenciar o tamanho do arquivo de page file automaticamente em todos os discos. Utilize a opção *Custom Size* e fixe o tamanho mínimo e máximo com um mesmo valor, evitando assim que o arquivo seja expandido em outro momento que não durante a inicialização do Windows. Recomenda-se também alocar o page file em um disco diferente do padrão C:\. Para alterar as configurações do page file acesse o *Control Panel*, selecione *System and Security*, *System* e depois *Advanced System Settings*. Na janela *System Properties*, selecione a guia *Advanced* e no item *Performance* clique sobre o botão *Settings*. Na janela *Performance Options*, selecione a guia *Advanced* e no item *Virtual Memory* clique sobre o botão *Change...* **Nota:** o paging file existe para suportar a coleta de um dump e para estender o limite de comprometimento de memória do sistema (*system commit limit*). Em princípio, a configuração padrão do Windows Server 2012 ou do Windows Server 2012 R2 para o paging file deve ser suficiente na grande maioria dos cenários.

Item	Descrição
Definir *Processor scheduling* como *background services* (não se aplica para Windows Server 2012/2012 R2, uma vez que já é o padrão nesses sistemas operacionais)	Ajustar a configuração do Windows para favorecer os processos/serviços que estão sendo executados em *background*, como o SQL Server. ![Performance Options dialog showing Processor scheduling set to Background services] Para alterar a configuração de *Processor scheduling*, acesse o *Control Panel*, selecione *System and Security*, *System* e depois *Advanced System Settings*. Na janela *System Properties*, selecione a guia *Advanced* e no item *Performance* clique sobre o botão *Settings*. Na janela *Performance Options*, selecione a guia *Advanced*.
Power Options	Ajuste as configurações de *Power Options* do Windows para *High Performance*. Em ambientes SQL Server a prioridade deve ser performance. ![Preferred plans dialog showing High performance selected] Para alterar a configuração de *Power Options*, acesse o *Control Panel*, selecione *System and Security* e depois *Power Options*.
Exclusão de Antivírus	Revise o documento *How to choose antivirus software to run on computers that are running SQL Server*[1] e garanta a exclusão dos pontos a seguir da varredura do antivírus: • Arquivos com extensão .mdf, .ndf e .ldf. • Pasta de Quórum do cluster \mscs caso usando quorum disk. • Pasta do cluster C:\Windows\Cluster. • A pasta em que está o executável do SQL Server (sqlservr.exe). Normalmente em C:\Program Files\Microsoft SQL Server\MSSQL11... • Pasta na qual são armazenados os arquivos de backup dos bancos de dados. • Pasta de log do MSDTC caso este esteja sendo utilizado.

Item	Descrição
Aumentar o tamanho do clusterlog	Aumentar o tamanho do arquivo de log do cluster para 250 MB visando manter entre 8 a 10 horas de log e assim ajudar a obter mais informações em eventuais troubleshootings. Set-ClusterLog -Size 250
Aumentar os parâmetros de heartbeat do cluster *SameSubnetDelay* e *SameSubnetThreshold*	Esses parâmetros respectivamente definem a frequência com que os testes de heartbeat são enviados entre os nós e o número de heartbeats que podem falhar antes que o cluster execute a ação de Failover dos recursos. O padrão para esses parâmetros são SameSubnetDelay=1000 milessegundos e SameSubnetThreshold =5, o que significa que o cluster possui uma tolerância a falhas de heartbeat de 5 segundos. Para um ambiente em que a comunicação de rede é problemática, muitas falhas de rede, perdas de pacotes de rede ou mesmo em uma configuração *multi-site*, esse padrão de 5 segundos pode ser considerado bastante agressivo. Então, sempre que necessário é possível alterar esses dois parâmetros para aumentar um pouco a tolerância a essas falhas de rede. Uma boa opção pode ser aumentar o *Threshold* para 10, como se segue: (get-cluster).SameSubnetThreshold = 10 ou ainda alterar o delay com (get-cluster).SameSubnetDelay = 2 Você pode obter mais informações sobre esses parâmetros no documento *Tuning Failover Cluster Network Thresholds*[2]. **Nota** alterar a tolerância para o heartbeat entre sites pode ser necessário, mas no mesmo site (intra-site) isso é feito normalmente para mascarar problemas com a rede, e que podem muitas vezes causar a remoção temporária de nós do cluster. Então a ideia é alterar esses parâmetros apenas se esse tipo de problema estiver acontecendo, enquanto a causa raiz do particionamento da rede é identificada. Precisar alterar a tolerância intra-site para resolver algum problema de nós sendo removido/adicionados no cluster poderá na prática estar mascarando outro problema.

Item	Descrição
Configurar porta TCP do SQL Server como fixa	Por padrão o SQL Server utiliza a porta TCP 1433 para instâncias *Default* e portas dinâmicas para instâncias nomeadas, o que faz com que o SQL Server possa alterar sua porta de comunicação a cada restart. Isso pode causar problemas em aplicações que forçam o número da porta ao se conectar com o SQL Server. Então, evite a utilização de portas dinâmicas e após a instalação do SQL Server configure a porta do SQL Server como fixa. Para isso, na ferramenta *SQL Server Configuration Manager* acesse o item *SQL Server Network Configuration* e localize a instância desejada. Nas propriedades do protocolo TCP/IP, mude a porta para 1433 ou simplesmente reutilize a porta apresentada em *TCP Dynamic Ports* em *TCP Port*. Clique em *OK* e execute um stop/start no SQL Server para efetivar a alteração.  **Nota:** vale ressaltar que em ambientes *multi-instances* todas as instâncias podem ser configuradas para utilizar a porta 1433, uma vez que cada instância possui seu próprio endereço IP. No entanto, para ambientes que utilizam instâncias nomeadas, o uso da Porta 1433 deve ser mais bem avaliado, uma vez que sua utilização torna opcional o uso do nome da instância ao se conectar com o SQL Server.
Atribuir permissão *Lock Pages in Memory* para a conta de serviço do SQL Server	Embora existam muitas discussões quanto à ativação ou não do LPIM em ambientes de 64 bits, sua configuração evita, por exemplo, a paginação do buffer pool do SQL Server em casos de pressão por memória no Windows. Por outro lado, não ative o LPIM sem antes configurar o *max server memory* de forma apropriada. É importante sempre manter memória suficiente para evitar problemas com falta de memória no Windows e o comportamento conhecido como *memory trimming*. **Nota:** mais informações podem ser lidas nos documentos *How to reduce paging of buffer pool memory in the 64-bit version of SQL Server*[3], *Enable the Lock Pages in Memory Option (Windows)*[4], e *Memory Trimming A significant part of SQL server process memory has been paged out*[5].

Item	Descrição
Configuração do *max server memory* e *min server memory* nas instâncias SQL Server	Antes de liberar seu ambiente para produção, não esqueça de acertar as configurações de memória do SQL Server. Definir um valor para o *max server memory* é importante para evitar que em casos de uma pressão por memória o SQL Server acabe tomando toda a memória do servidor e deixando o Windows sem memória, o que pode levar a problemas com o servidor como um todo. Para os casos de ambientes *multi-instances*, é preciso considerar que em um certo momento as instâncias poderão estar em execução em um mesmo nó. De qualquer forma, somos favoráveis ao esquema que permite a cada instância tirar o máximo de proveito da memória alocada no servidor. Se cada nó é dedicado a uma instância do SQL Server, isso significa configurar o *max server memory* para um valor que deixe memória física livre suficiente para o sistema operacional, mas maximize o uso do buffer pool. Se duas ou mais instâncias do SQL Server tiverem que rodar no mesmo nó por um longo período de tempo, então o *max server memory* pode ser reconfigurado para reduzir o impacto da competição por recursos entre as instâncias.
Ativação do *Windows Firewall*	Em ambientes seguros a recomendação é sempre que possível manter o *Windows Firewall* ativo e configurar as devidas liberações de portas ou processos do SQL Server para que o mesmo possa ser acessado. Você pode obter mais informações sobre como configurar o *Windows Firewall* para permitir o acesso ao SQL Server através do documento *Configure the Windows Firewall to Allow SQL Server Access*[6].

1   Disponível em: <http://support2.microsoft.com/?id=309422>. Acesso em: 11 dez. 2014.

2   Disponível em: <http://blogs.msdn.com/b/clustering/archive/2012/11/21/10370765.aspx>. Acesso em: 1 dez. 2014.

3   Disponível em: <http://support.microsoft.com/kb/918483>. Acesso em: 2 dez. 2014.

4   Disponível em: <http://msdn.microsoft.com/en-us/library/ms190730.aspx>. Acesso em: 8 dez. 2014.

5   Disponível em: <http://blogs.msdn.com/b/cindygross/archive/2010/08/13/memory-trimming-a-significant--part-of-sql-server-process-memory-has-been-paged-out.aspx>. Acesso em: 1 dez. 2014.

6   Disponível em: <http://msdn.microsoft.com/en-us/library/cc646023.aspx>. Acesso em: 1 dez. 2014.

Bibliografia

CHANNEL 9. **Serie SQL Server Failover Clustering End-to-End**. Parte 1. Disponível em: <http://channel9.msdn.com/posts/Serie-SQL-Server-Failover-Clustering-End-to-End-Parte-1>. Acesso em: 30 dez. 2014.

_____. **Serie SQL Server Failover Clustering End-to-End**. Parte 2. Disponível em: <http://channel9.msdn.com/posts/Serie-SQL-Server-Failover-Clustering-End-to-End-Parte-2>. Acesso em: 30 dez. 2014.

_____. **Serie SQL Server Failover Clustering End-to-End**. Parte 3. Disponível em: <http://channel9.msdn.com/posts/Serie-SQL-Server-Failover-Clustering-End-to-End-Parte-3>. Acesso em: 30 dez. 2014.

_____. **Serie SQL Server Failover Clustering End-to-End**. Parte 4. Disponível em: <http://channel9.msdn.com/posts/Serie-SQL-Server-Failover-Clustering-End-to-End-Parte-4>. Acesso em: 30 dez. 2014.

_____. **Serie SQL Server Failover Clustering End-to-End**. Parte 5. Disponível em: <http://channel9.msdn.com/posts/Serie-SQL-Server-Failover-Clustering-End-to-End-Parte-5>. Acesso em: 30 dez. 2014.

_____. **Serie SQL Server Failover Clustering End-to-End**. Parte 6. Disponível em: <http://channel9.msdn.com/posts/Serie-SQL-Server-Failover-Clustering-End-to-End-Parte-6>. Acesso em: 30 dez. 2014.

_____. **Serie SQL Server Failover Clustering End-to-End**. Parte 7. Disponível em: <http://channel9.msdn.com/posts/Serie-SQL-Server-Failover-Clustering-End-to-End-Parte-7>. Acesso em: 30 dez. 2014.

_____. **Serie SQL Server Failover Clustering End-to-End**. Parte 8. Disponível em: <http://channel9.msdn.com/posts/Serie-SQL-Server-Failover-Clustering-End-to-End-Parte-8>. Acesso em: 30 dez. 2014.

_____. **Serie SQL Server Failover Clustering End-to-End**. Parte 9. Disponível em: <http://channel9.msdn.com/posts/Serie-SQL-Server-Failover-Clustering-End-to-End-Parte-9>. Acesso em: 30 dez. 2014.

_____. **Serie SQL Server Failover Clustering End-to-End**. Parte 10. Disponível em: <http://channel9.msdn.com/posts/Serie-SQL-Server-Failover-Clustering-End-to-End-Parte-10>. Acesso em: 30 dez. 2014.

_____. **SerieSQL Server Failover Clustering End-to-End**. Parte 11. Disponível em: <http://channel9.msdn.com/posts/Serie-SQL-Server-Failover-Clustering-End-to-End-Parte-11>. Acesso em: 30 dez. 2014.

_____. **Serie SQL Server Failover Clustering End-to-End**. Parte 12. Disponível em: <http://channel9.msdn.com/posts/Serie-SQL-Server-Failover-Clustering-End-to-End-Parte-12>. Acesso em: 30 dez. 2014.

GROSS, C. **Using Mount Points with SQL Server**. 5 jul. 2011. Disponível em: <http://blogs.msdn.com/b/cindygross/archive/2011/07/05/using-mount-points-with-sql-server.aspx>. Acesso em: 30 dez. 2014.

MICROSOFT. **AlwaysOn Failover Cluster Instances (SQL Server)**. Disponível em: <http://msdn.microsoft.com/en-us/library/ms189134.aspx>. Acesso em: 30 dez. 2014.

_____. **Dynamic witness**. Disponível em: <http://technet.microsoft.com/en-us/library/dn265972.aspx#BKMK_Witness>. Acesso em: 30 dez. 2014.

_____. **Failover Cluster Step-by-Step Guide: Configuring a Two-Node File Server Failover Cluster**. Disponível em: <http://technet.microsoft.com/en-us/library/cc731844(v=ws.10).aspx>. Acesso em: 30 dez. 2014.

_____. **Failover Clustering Overview**. Disponível em: <http://technet.microsoft.com/en-us/library/hh831579.aspx>. Acesso em: 30 dez. 2014.

_____. **Failover Clustering (OLTP):** a Technical Reference Guide for Designing Mission-Critical OLTP Solutions. Disponível em: <http://technet.microsoft.com/en-us/library/hh393533.aspx>. Acesso em: 30 dez. 2014.

_____. **Quorum configuration and dynamic quorum**. Disponível em: <http://technet.microsoft.com/en-us/library/dn265972.aspx#BKMK_multisite>. Acesso em: 30 dez. 2014.

_____.**Reviewing Key Failover Cluster Terms**. Disponível em: <http://technet.microsoft.com/en-us/library/dd197457(v=ws.10).aspx>. Acesso em: 30 dez. 2014.

_____. **Use Cluster Shared Volumes in a Failover Cluster**. Disponível em: <http://technet.microsoft.com/en-us/library/jj612868.aspx>. Acesso em: 30 dez. 2014.

_____. **What's New in Failover Clustering in Windows Server**. Disponível em: <http://technet.microsoft.com/en-us/library/dn265972.aspx>. Acesso em: 30 dez. 2014.

_____. **Windows Server Failover Clustering (WSFC) with SQL Server**. Disponível em: <http://msdn.microsoft.com/en-us/library/hh270278.aspx>. Acesso em: 30 dez. 2014.

Leitura sugerida

CARRASCO, E. P. **Cluster SQL Server 2012 En Windows Server 2012:** Instalacion y Configuracion. Kindle Edition, 2012.

HIRT, A. **Pro SQL Server 2008 Failover Clustering**. Berkeley: Apress, 2009.

RUFFING, J. **Windows Server 2008 R2 & SQL Server 2008 R2 High Availability Clustering**: Project Series. ScreamPublications.com, 2011.

Marcas Registradas

SQL Server 2014 e Windows são marcas registradas da Microsoft Corporation.

Os demais nomes registrados, marcas registradas ou direitos de uso citados neste livro pertencem aos respectivos proprietários.